國譯 史略通攷 1

曾先之　　編次
餘進宗海　通攷
鄭昌順　　續錄
李權宰　　譯註

다시 읽는 동방의 역사(국역사략통고)

초 판 인 쇄 | 2012년 2월 24일
초 판 발 행 | 2012년 3월 2일

지 은 이 | 이권재
펴 낸 이 | 채종준
펴 낸 곳 | 한국학술정보㈜
주   소 | 경기도 파주시 문발동 파주출판문화정보산업단지 513-5
전   화 | 031) 908-3181(대표)
팩   스 | 031) 908-3189
홈 페 이 지 | http://ebook.kstudy.com
E-mail | 출판사업부 publish@kstudy.com
등   록 | 제일산-115호(2000. 6. 19)
정   가 | 18,000원

ISBN   978-89-268-3208-0 93910

이 책은 (사)대한민국한자교육연구회의 지원으로 집필되었습니다.
이 책은 한국학술정보(주)와 저작자의 지적 재산으로서 무단 전재와 복제를 금합니다.
책에 대한 더 나은 생각, 끊임없는 고민, 독자를 생각하는 마음으로 보다 좋은 책을 만들어갑니다.

증보판 머리말

본서는 한자급수자격검정 사범급 교재에 덧붙여 간행했던 자료를 다시 편집하여 역사서 강독교재로 발행한 것이다. 『사략통고』는 한자급수자격검정 사범급과 전문지도사 훈장 1급 시험 과목이자 전문지도사 훈장 1급 연수교과로 편성되어 있다. 따라서 단일권의 간행에 대한 요청이 있어서 금번 몇 가지 그림과 도표를 증보하여 편찬한 것이다. 원문을 영인하여 실어 강독의 기초자료로 삼았고, 번역문을 실어 강독에 참고하도록 하였다. 옛 어른 들께서 『사략』에서 문리를 얻는다 말씀하셨다. 아무쪼록 사서강독(史書講讀)의 기초교재로 삼아 공부하면 큰 성과가 있을 것이라 기대한다.

작금의 시대 상황이 왜곡된 역사를 바로 잡아가려는 노력이 절실히 필요한 때이다. 한쪽에서는 동북공정이란 명분으로 우리의 역사가 훼손의 기로에 있고, 또 한쪽에서는 영토의 분쟁지역화를 노리는 잔꾀가 난무하고 있기 때문이다. 그 뿐이겠는가? "우리민족의 상고사는 없으며, 오직 중심 민족의 위치에 있지 못했다"는 무지의 상변을 들어야만 하는 현실을 극복해야 하기 때문이다. 따라서 이 책을 읽어 나가면서 우리 민족의 잃어버린 상고사의 실마리를 찾을 수 있기를 소망한다.

단기4345(서기2012)년 입춘절에

북한산 자락 홍문관에서 역주자 근지

『십팔사략(十八史略)』은 曾先之가 찬한 것이다. 증선지는 宋末 元初 때의 사람으로서 字는 從野이고, 盧陵人이다. 송 15대 도종 때 과거에 급제하였으며 몽고에 의해 송이 멸망하자 벼슬에 나아가지 않고 은둔하여 『십팔사략』을 집필하였으며 92세를 일기로 세상을 떠났다.

사마천의 『사기(史記)』, 반고의 『한서(漢書)』, 법엽의 『후한서(後漢書)』, 진수의 『삼국지(三國志)』, 방현령의 『진서(晉書)』, 심약의 『송서(宋書)』, 소자현의 『남제서(南齊書)』, 요사렴의 『양서(梁書)』와 『진서(陳書)』, 위수의 『후위서(後魏書)』, 이백약의 『북제서(北齊書)』, 영호와 덕분의 『후주서(後周書)』, 위징의 『수서(隋書)』 등의 13史와 이연수의 『남사(南史)』와 『북사(北史)』, 구양수의 『당서(唐書)』, 설거정과 구양수의 『오대사(五代史)』 등의 4史 및 탁극탁의 『송감(宋鑑)』 등 열여덟 가지의 史書를 바탕으로 하고 宋代의 史料인 李燾의 『續資治通鑑長編』과 劉時擧의 『續宋編年資治通鑑』을 참고하여 시대 순으로 抄略한 것이다.

『十八史略』의 서술은 上世에 있어서는 神話나 寓言을 많이 취하였으며, 堯·舜·禹의 三代는 『詩』·『書』·『淮南子』·『莊子』 등의 經子書를 많이 이용하였고, 三代 이하는 正史에서 초략하였으며, 蜀漢을 정통으로 서술하고 있다.

본 교재의 대본은 총 9권 8책으로 이루어진 『古今歷代標題註釋十九史略通攷』이다. 明나라의 余進宗海가 『십팔사략』에다 송렴의 『元史』를 간추려 추가하고 통고를 붙여 1446년에 만든 책으로 『十九史略』 혹은 『십구사략통고』라고도 부른다. 이 책에는 청의 徐元文·徐乾學·王鴻緖·張廷玉이 차례로 총책임을 맡아 편찬한 『明史』를 조선의 鄭昌順(1727~ ?)이 간추려 續錄하였다. 木板本(丁酉字改刻)으로 간행한 것으로, 속표지에 "己卯新刊 史略通考·春坊藏板"이라 쓰여 있다. 권말에는 1785년(正祖 9)에 쓴 鄭昌順 跋文이 수록되어 있다.

『十九史略通攷』에는 서술 사이에 史論이 첨가되어 있는데, 그 史論은 編撰者 자신의 것을 비롯하여 孔子·孟子·司馬溫公·班固·史斷·荀悅·胡氏·賀善·李德裕·唐太宗·習鑿齒·張裔·范氏·陳氏·朱子 등 많은 사람의 것을 인용하고 있다.

본서의 특징은 국내 최초로 주석과 통고 부분을 포함하여 전체를 국역하였다는 점이다. 이제 1권을 시작하였으니 꾸준한 작업을 통하여 완간할 것을 기약한다.

2008년 여름

역주자 근지

1. 太古

太古라

태고라

天皇氏는　以木德으로　王하여　歲起攝提하여　無爲而化하니　兄弟
十二人이　各一萬八千歲러라

　천황씨는 목덕으로 왕이 되어 세(歲)를 섭제(攝提)에 일으켜 함이 없이도 백성
들이 교화 되었다. 형제 열두 사람이 각각 18,000年을 누렸다.

* 天皇氏(천황씨): 고대 중국 전설에 나오는 첫 번째 임금. 攝提(섭제): 60갑자 地支의 寅에 해당
하는 고갑자(古甲子)를 일컬음. 正月을 寅月로 함. 敎令(교령): 제후나 왕의 명령. 古甲子(고갑
자): 옛적 간지(干支)의 이름. 곧, 알봉(閼逢;甲)·전몽(旃蒙;乙)·유조(柔兆;丙)·강어(强圉;丁)·저옹
(著雍;戊)·도유(屠維;己)·상장(上章;庚)·중광(重光;辛)·현익(玄黙;壬)·소양(昭陽;癸), 곤돈(困敦;子)·적
분약(赤奮若;丑)·섭제격(攝提格;寅)·단알(單閼;卯)·집서(執徐;辰)·대황락(大荒落;巳)·돈장(敦牂;午)·
협흡(協洽;未)·군탄(涒灘;申)·작악(作噩;酉)·엄무(閹茂;戌)·대연헌(大淵獻;亥). 閼(알): 막다. 旃(전
몽): 기. 깃대가 구부정한 붉은 기. 圉(어): 마부. 마굿간. 屠(도): 잡다. 죽이다.黙(익): 검다. 攝
(섭): 당기다. 가지다. 굳건히 유지하다. 牂(장): 암양. 배를 매는 말뚝 洽(흡): 윤택하게 하다. 합
하다. 涒(탄): 크다. 먹을 것을 토하다. 噩(악): 놀라다. 閹(엄): 내시. 환관.

王은　去聲이라　凡有天下者를　人稱之曰　王이니　則　平聲이요　據其身臨天下而言曰　王이
라하니　則去聲이라　後皆倣此니라

　왕은 거성으로 쓰인 것이다. 무릇 천하를 소유한 자를 사람들이 칭하여 말하기를 '왕'이라 하
니 곧 평성으로 쓰일 때이고, 그 몸에 의거하여 천하를 다스림을 일러 말하기를 '왕이 되다, 왕
노릇 한다.'고 말하니 곧 거성으로 쓰일 때이다. 뒤에도 모두 이와 같다.

木德王은　謂以木德으로　治天下하니　凡旂服牲用에　皆尙靑色이라　餘如火赤土黃金白水
黑도　皆此意也라　爾雅에　太歲在寅이면　曰　攝提格이라　無爲而化는　謂上古에　民淳하여
不待敎令而自化也라

　木德王은 木德으로 天下를 다스림을 이름이니 무릇 旂와 服飾과 犧牲을 씀에 모두 靑色을

숭상한다. 나머지도 火德은 赤色, 土德은 黃色, 金德은 白色, 水德은 黑色으로 함과 같은 것도 모두 이러한 뜻이다. 爾雅에 太歲가 寅年에 있으면 攝提格이라 하였다. 無爲而化는 上古에 백성들이 순박하여 교령을 기다리지 않고도 저절로 교화됨을 이른다.

* 旂(기): 기. 날아오르는 용과 내려오는 용을 그린 기. 제후의 기.

地皇氏는 以火德으로 王하여 兄弟十一人이 亦各一萬八千歲러라

지황씨는 화덕으로 왕을 하여 형제 열 한 사람이 또한 각각 18,000年을 누렸다.

人皇氏는 兄弟九人이 分長九州하여 凡一百五十世에 合四萬五千六百年이러라

인황씨는 형제 아홉 사람이 아홉 주로 나누어 長이 되었다. 무릇 150世에 합하여 45,600年이었다.

長은 上聲이라 ○長은 君長之也라 九州는 冀兗靑徐揚荊豫梁雍也라 此時에 未有九州之目이러니 盖追言之耳라

長은 上聲으로 쓰였다. 長은 君長이다. 九州는 冀·兗·靑·徐·揚·荊·豫·梁·雍의 아홉 주이다. 이 때에 아직 九州의 名目이 있지 않았을 것이니 아마도 미루어 말한 것일 뿐이다.

○愚聞之컨대 師 曰 八千之千은 當作百이라 盖邵子以하되 自有天地로 至于窮盡을 謂之一元이니 一元은 有十二會하고 一會는 有一萬八百年이라 子會生天하고 丑會生地하고 寅會生人하나니 至戌會則 閉物而消人하며 亥會則 消天而消地니 至子會則 又生天而循環無窮矣라 自寅會箕一度로 至午會星一度하니 該四萬五千餘年이라 正唐堯起甲辰之時也라 夫自開闢以來로 固有民物이러니 帝王第以書契未興이라 無從稽考라 其曰 天皇氏地皇氏人皇氏는 盖亦傳聞其名而已라 故로 作史者 以生民以來로 若干年歲源派於三皇等이면 人氏之下로 以足其數豈眞有一萬八千歲哉아 然이나 不以四萬五千六百年으로 錄之於唐堯之前하여 而置之於此면 盖亦誤矣리니 學者는 不可不察이니라

내가 들었는데 선생님이 다음과 같이 말씀하셨다. "八千의 千은 마땅히 百으로 보아야 한다." 하였다. 대개 邵子가 다음과 같이 말하였다. "天地가 있음으로부터 窮盡에 이르기까지를 一元이라 이르고 一元에는 十二會가 있고, 一會에는 一萬八百年이라. 子會에 生天하고 丑會에 生地하고 寅會에 生人한다. 戌會에 이르면 만물이 폐색되고 사람이 소멸하며, 亥會에는 하늘이 소멸되고 땅이 소멸되는 것이다. 子會에 이르면 또 다시 生天하여 循環함이 無窮한 것이다. 寅會에 箕宿 一度로부터 午會에 星宿一度에 이르니 四萬五千餘年에 해당하니 바로 唐堯가 甲辰에 일어난 때이다." 저 開闢으로부터 이래로 본디 인민과 만물이 있었으나 帝王의 차례가 書契로써 일으키지 못하여 稽考하여 따를 바가 없었다. 그 天皇氏, 地皇氏, 人皇氏라 말하는 것은 대개 또한 그 이름을 들어 전한 것일 뿐이다. 그러므로 역사를 기술한 자가 백성이 생겨난 이래로 부터를 만약 三皇 등에서 年歲와 근원의 갈래를 구하려 한다면 인민과 임금의 아래로 족히 그 수가 어찌 진실로 一萬八千歲만 있을 것인가? 그러나 四萬五千六百年으로써 唐堯의 앞쪽을 기록하여 여기에 두지 않는다면 대개 또한 잘못된 것일 것이니 學者들은 잘 살피지 않으면 안 될 것이다.

* 愚聞之(우문지): 내가 이것을 들었다. 通攷를 붙인 餘進宗海이다. 師曰(사왈): '스승께서 다음과 같이 말씀하셨다.' 정도로 풀이한다. 스승은 松塢이다. 三皇(삼황): 천황씨, 지황씨, 인황씨를 삼황이라 칭한다. 복희(伏羲), 신농(神農), 황제(黃帝)를 삼황이라 칭하기도 한다. 稽考(계고): 지나간 일을 상고(詳考)함. 箕(기): 이십팔수의 하나. 二十八宿(이십팔수): 고대인들이 해와 달 및 행성들의 소재를 밝히기 위하여 황도를 중심으로 나눈 천구(天球)의 스물여덟 자리. 동쪽의 각(角)·항(亢)·저(氐)·방(房)·심(心)·미(尾)·기(箕), 북쪽의 두(斗)·우(牛)·여(女)·허(虛)·위(危)·실(室)·벽(壁), 서쪽의 규(奎)·누(婁)·위(胃)·묘(昴)·필(畢)·자(觜)·삼(參), 남쪽의 정(井)·귀(鬼)·유(柳)·성(星)·장(張)·익(翼)·진(軫)을 이른다.

人皇氏以後에 有曰有巢氏하니 構木爲巢하고 食木實이러라

인황씨 이후에 유소씨라는 이가 있으니 나무를 얽어 새집처럼 만들고 나무 열매를 먹었다.

* 有巢氏(유소씨): 인간의 巢居生活을 가르침.

構는 架也니 謂聚柴薪以居라 禮記에 所謂居檜巢 是也라 木實은 桃李之類라

構는 시렁처럼 얽어 맨 것이니 柴薪을 모아서 居所로 삼는 것을 이른다. 禮記에 이른바 橧巢에 거한다는 것이 이것이다. 木實은 복숭아나 오얏 같은 종류이다.

至燧人氏하여 始鑽燧하여 教人火食하니라

수인씨에 이르러 비로소 나무를 부비고 부싯돌을 쳐서 불씨를 일으켜 사람들에게 화식(火食)을 가르쳤다.

* 燧(수): 부싯돌. 횃불. 봉화. 燧人氏(수인씨): 火食生活의 개시를 상징하는 임금. 鑽(찬): 뚫다. 구멍을 내다. 끌. 鑽燧(찬수): 나무에 구멍을 뚫어 그 구멍을 마찰시켜 불을 만들고, 부싯돌을 쳐서 불씨를 일으킴. 火食(화식): 불로 음식을 익혀 먹음. 書契(서계): 사물(事物)을 나타내는 부호(符號)로서의 글자. 팔괘(八卦)를 이름.

鑽燧는 謂鑽木以取火也라 火食은 謂烹炊而食也라

鑽燧는 나무를 뚫고 문질러 불씨를 취하는 것이다. 火食은 불을 지펴 삶아서 먹는 것이다.

在書契以前하여 年代國都는 不可攷러라

서계(書契)가 있기 이전이라 연대나 나라의 도읍지는 상고할 수 없다.

攷는 與考同이니 證也라

攷는 考와 더불어 같은 뜻이지 考證한다는 뜻이다.

2. 三皇

太昊伏羲氏라

태호 복희씨라

昊與皥通하니 明也라 盖以木德으로 王하여 位在東方하여 象日之明이라 故로 號太昊요 以能馴伏犧牲이라 故로 號伏羲氏也라

昊와 皥는 通用하니 밝다는 뜻이다. 대개 木德으로 王이 되어 자리가 東方에 있어서 태양의 밝음을 상징함이라 故로 太昊라 부르고, 犧牲을 능히 길들여 복종하게 하였으므로 伏羲氏라고도 부른다.

太昊伏羲氏는 風姓이오 蛇身人首니 代燧人氏而王하다

伏犧女媧圖

태호 복희씨는 풍성이요 뱀의 몸에 사람의 머리를 하였으니 수인씨를 이어 왕이 되었다.

臨川陳氏殷曰 姓者는 統其祖考之所自出이오 氏者는 別其子孫之所自分이라

임천진씨 진은이 말하기를 "姓이란 그 할아버지와 아버지가 부터 나온 바의 계통이고, 氏란 그 子孫의 부터 나누인 바를 분별하는 것이다." 하였다.

* 祖考(조고): 죽은 할아버지. 왕고(王考). 할아버지와 아버지.

始畫八卦하시고

비로소 팔괘를 지으셨다.

* 八卦(팔괘): 건(乾☰)·태(兌☱)·이(离☲)·진(震☳)·손(巽☴)·감(坎☵)·간(艮☶)·곤(坤☷).

    八卦는 乾坤離坎震巽艮兌也라 孔安國 曰 伏羲王天下에 龍馬負圖出河하니 遂則其文으로 以畫八卦라하니 是也라

    八卦는 乾·坤·離·坎·震·巽·艮·兌이다. 孔安國이 말하기를 "복희씨가 천하에 왕이 되었을 때에 龍馬가 그림을 등에 지고 하수에서 나왔으니 드디어 곧 그 문양으로써 八卦를 그린 것이다." 하였으니 이것이다.

造書契하여 以代結繩之政하시며

서계를 만들어 결승으로 하는 정사를 대신하셨다.

* 結繩之政(결승지정): 새끼로 매듭을 지어 뜻을 나타내는 文字로 의사 전달의 기반을 만들어 정치함.

    書契는 謂刻木書字也라 結繩者는 上古未有文字러니 大事則大其繩하고 小事則小其繩하여 以記之也라

    書契는 나무에 새겨 글자를 쓴 것이다. 結繩이란 上古에 아직 文字가 있지 아니하여 大事에는 그 끈을 크게 묶고 小事에는 그 끈을 작게 묶어서 그것을 기억하였다.

制嫁娶하여 以儷皮로 爲禮하시고

시집가고 장가드는 제도를 마련하여 여피(儷皮)로 예물을 교환하게 하였다.

* 嫁(가): 여자가 사내를 따라 시집가는 것. 娶(취): 여자를 取하여 아내로 삼는 것. 儷皮(여피): 한 쌍의 사슴 가죽. 관례의 예물 또는 혼례의 폐백으로 씀.

    以女從夫曰嫁요 取女爲妻曰娶라 儷는 偶數也라 上古에 未有布帛이러니 衣鳥獸皮라 故로 以之爲禮하니 後世納幣本此라

여인으로서 지아비를 따르게 함을 嫁라 하고 여인을 취하여 아내를 삼음을 娶라 한다. 儷는 偶數이다. 上古에 아직 布帛이 있지 않아서 衣獸의 가죽을 입었다. 그러므로 이로써 예를 삼으니 후세의 納幣는 여기에서 근본 한 것이다.

結網罟하여 敎佃漁하시고

그물을 얽어서 사냥하고 물고기 잡는 것을 가르치셨다.

佃取禽獸하고 漁取魚鼈이라

사냥하여 禽獸를 취하고 물고기 잡이로 魚鼈을 취한다.

養犧牲하여 以充庖廚故로 曰庖犧라

희생(犧牲)을 길러 부엌 음식 거리를 채웠다 하여 포희(庖犧)라고 하였다.

* 犧牲(희생): 색이 순수한 제물. 희(犧)는 색이 순수한 것이고 생(牲)은 牛, 羊, 豕 등이다.

牛羊豕 曰 牲이니 犧는 色純者也라 宰殺之所曰 庖요 烹飪之所曰 廚라 ○六畜之類 其初亦野物也러니 惟聖人能察其性馴者하사 敎人家養之라

牛·羊·豕는 牲이라 이르니 犧라 함은 그 희생의 色이 純한 때문이다. 요리하는 자가 그 동물을 죽이는 곳을 庖라하고 삶고 익히는 곳을 廚라 한다. ○六畜의 무리는 그 처음엔 또한 野生의 動物들이었으나 오직 聖人께서 능히 그 성정이 길들일만한 것을 살펴서 人家이서 기르도록 가르친 것이다.

* 烹飪(팽임): 삶아 익히다. 六畜(육축): 집에서 기르는 대표적(代表的)인 여섯 가지 가축(家畜). 곧 소·말·돼지·양·닭·개를 통틀어 이르는 말.

有龍瑞어늘 以龍으로 紀官하여 號를 龍師라 하다

용의 상서로움이 있어 용으로써 관직을 기록하고 부르기를 용사(龍師)라 하였

다.

伏羲受命에 有龍馬負圖出河之瑞라 故로 以龍으로 紀官也러니 春官靑龍이요 夏官赤龍
이요 秋官白龍이요 冬官黑龍이요 中官黃龍이라

伏羲가 命을 받을 때에 龍馬가 등에 그림을 지고 하수로부터 나온 상서로움이 있었다. 그러
므로 용으로써 관명을 기록하였으니 春官은 靑龍이요 夏官은 赤龍이요 秋官은 白龍이요 冬官은
黑龍이요 中官은 黃龍이다.

木德으로 王하여 都於陳이러니

목덕으로 왕이 되여 진(陳)에 도읍을 하였다.

天子所居曰 都니 都는 總也요 天下總會之所라 陳은 州名이니 屬河南이라

天子가 계신 곳을 都라 하니 都는 總合함이니 天下가 모두 모이는 곳이다. 陳은 州名이니 河
南에 속한다.

庖犧崩에

포희가 붕함에

禮記에 天子死曰 崩이라하니 王者 尊居民上이라가 其死면 如從天隆地라 故로 曰 崩
이라

禮記에 天子가 죽으면崩이라 하니 王者가 백성의 위에 높이 계시다가 그 죽게 되면 마치 하
늘로부터 땅으로 떨어지는 것 같다. 그러므로 崩이라 한 것이다.

女媧氏立하니 亦風姓이라 木德으로 王하여 始作笙簧하니라

여와씨(女媧氏)가 즉위하니 또한 풍성이다. 목덕으로 왕이 되여 비로소 생황
(笙簧)을 만들었다.

* 笙簧(생황): 아악에 쓰는 관악기의 하나.

女媧氏는 盖伏羲之女也요 或曰 伏羲妹也라 笙中金葉曰 簧이라 嚴氏曰 笙은 以匏爲之하니 十三管列匏中하고 而施簧管中하여 吹笙則 皷動其簧하여 以發聲也라

女媧氏는 대개 伏羲의 딸이라 하고, 或은 伏羲의 누이라고 한다. 笙의 속에 金葉을 簧이라 한다. 嚴氏가 말하기를 "笙은 匏로써 이것을 만드니 13개의 管을 匏에 벌여 세우고 管 속에 簧을 끼워 넣어 笙을 불면 그 簧을 皷動시켜서 소리를 내게 한다."하였다.

女媧氏 沒에 有工共氏 大庭氏 栢皇氏 中央氏 歷陸氏 驪連氏 赫胥氏 尊廬氏 混沌氏 昊英氏 朱襄氏 葛天氏 陰康氏 無懷氏하여 風姓이 相承十五世하니라

여와씨가 몰(沒)함에 공공씨, 대정씨, 백황씨, 중앙씨, 역륙씨, 여련씨, 혁서씨, 존려씨, 혼돈씨, 호영씨, 주양씨, 갈천씨, 음강씨, 무회씨가 있어 풍성이 서로 15世를 계승하였다.

* 驪(려): 검은 말. 陳(진): 河南州名(하남 지방의 주 이름).

承은 繼也라 陳氏曰 年代莫知幾何러니 不敢强說이라 愚按컨대 伏羲以下로 唐堯以上은 年代不見於經傳이라 無從稽考하니 世紀所載를 固難盡信이나 今姑從之로라

承은 계승함이다. 陳氏가 말하기를 "年代가 얼마인지는 알 수 없으니 감히 억지로 말해서는 안 될 것이다."라고 하였다. 내가 살펴보건대 伏羲 이하로부터 唐堯 이상은 年代가 經傳에 보이지 않아서 따라 稽考할 수가 없다. 『世紀』에 실린 바를 진실로 다 믿기 어려우나 이제 우선 그대로 따른다.

* 世紀(세기): 晉의 황보 밀(皇甫謐)이 撰한 『제왕세기(帝王世紀)』를 이름.

炎帝神農氏라

염제 신농씨라

以火德으로 王이라 故로 號炎帝하고 以始敎耕이라 故로 又號神農氏也라

火德으로써 王이 되었으므로 炎帝라 부르고, 비로소 밭가는 것을 가르쳤으므로 또한 神農氏라고도 부른다.

炎帝神農圖

炎帝神農氏는 姜姓이오 人身牛首니 繼風姓而立하여 火德으로 王하니라 斲木爲耜하고 揉木爲耒하여 始敎耕하며 作蜡祭하여 以赭鞭으로 鞭草木하고 嘗百草하여 始有醫藥하고 敎人日中爲市하여 交易而退하니라 都於陳이러니 徙曲阜하여 傳帝承 帝臨 帝則 帝百 帝來 帝襄 帝楡하니 姜姓이 凡八世에 五百二十年이러라

염제 신농씨는 姜姓이요 사람 몸에 소의 머리니 風姓을 이어서 즉위하여 火德으로 왕이 되었다. 나무를 깎아서 보습을 만들고 나무를 휘어서 쟁기를 만들어 비로소 밭가는 법을 가르쳤다. 사제(蜡祭)를 거행하고 붉은 채찍으로써 초목들을 채찍질하고 온갖 풀을 맛보아 비로소 병 고치는 약을 있게 하였다. 사람들로 하여금 한 낮에는 시장을 열어 서로 필요한 물건을 바꾸어 돌아오는 것을 가르쳤다. 진(陳)에 도읍을 정하였다가 곡부로 옮겨 제승과 제림과 제칙과 제백과 제래과 제양과 제유에게 전하니 강성(姜姓)이 모두 8世에 520年 이었다.

* 耜(사): 보습. 쟁기 술 끝에 맞추는 날. 蜡(사): 납제. 사제(蜡祭)는 세말(歲末,음력 12월)에 뭇 신에게 드리는 제사. 日中(일중): 오정(午正) 때. 한 낮. 退(퇴): 제자리로 돌아오다. 陳(진): 하남(河南)의 회양(淮陽). 曲阜(곡부): 중국 동부 山東省에 있는 현(縣). BC 6~4세기에 번창했던 작은 제후국인 노(魯)의 수도.

* 염제는 斷腸草(창자를 끊어낸다는 毒이 있는 풀)를 잘못 맛보는 바람에 大腸의 經脈을 다쳐서

그만 世上을 떠나고 말았다 한다.

牛首는 盖頭有角也라 斲은 斫也라 朱子 曰 耜는 所以起土요 耒는 柄也라 蜡는 當作
禈니 臘祭名이라 夏曰 淸祀요 商曰 嘉平이요 周曰 大禈요 秦曰 臘이니 其義一也라 赭
는 赤也라 崇仁吳氏曰 禈祭之後에 用赤鞭하니 鞭動春氣하여 欲草木早生이라하니 赤은
屬陽하니 假其氣也라 陳氏曰 謂鞭起其毒則是嘗百草之事라 然이나 亦無所據也라 醫亦作
毉라 貿易居貨之所曰 市요 又貿易曰 市라 曲阜는 縣名이니 屬兗州라 世紀엔 則은 作明
하고 百은 作直하고 襄은 作哀라

牛首는 대개 머리에 뿔 장식이 있음을 말한다. 斲은 쪼개다, 자르다의 뜻이다. 朱子가 말씀하
기를 "耜는 흙을 일구는 도구요, 耒는 그 자루이다."라고 하였다. 蜡는 마땅히 禈니 臘祭의 이
름이다. 夏나라는 淸祀라 하고 商나라는 嘉平이라 하고 周나라는 大禈라 하고 秦나라는 臘이라
하니 그 뜻은 하나이다. 赭는 붉은 것이다. 崇仁吳氏가 말하기를 "禈祭를 드린 뒤에 赤鞭을 쓰
니 채찍을 들어 春氣를 동하게 하여 草木이 일찍 돋아나게 하고자 한 것이다."라고 하였으니
赤은 陽에 속한지라 그 기운을 빌린 것이다. 陳씨가 말하기를 "채찍질 하여 그 독성을 일깨운
것이니 곧 百草를 맛 본 일을 이른다."라고 하였다. 그러나 또한 근거로 삼을만한 것이 없다.
醫는 또한 毉로 쓸 수 있다. 재화를 쌓아두고 사고 바꾸는 곳을 市라하고, 또한 사고 바꾸고 함
을 市라 한다. 曲阜는 縣의 이름이니 兗州에 속한다. 『世紀』에는 帝則은 帝明으로, 帝百은 帝直
으로, 帝襄은 帝哀로 썼다.

* 斲(착):깎다. 쪼개다. 연장. 斫(작): 베다. 자르다. 찍다. 耜(사): 보습. 쟁깃날. 耒(뢰): 쟁기. 굽정
  이. 蜡(사): 납향. 구더기. 禈(자): 납향. 납일에 신에게 올리는 제사. 赭(자): 붉은 빛. 붉은 흙.
  벌거벗기다. 毉(의): 의원. 居(거): 쌓아두다.

黃帝軒轅氏라

황제헌원씨라

以土德으로 王이라 故로 號黃帝하고 以居軒轅之
丘라 故로 又號軒轅氏也라

하남성 성도 신정 黃帝軒轅像

土德으로 王이 되었으므로 黃帝라 부르고 軒轅의 언덕에서 살았으므로 또한 軒轅氏라고도

부른다.

* 軒(헌): 처마. 수레. 轅(원): 끌채. 수레의 양쪽으로 길게 앞으로 나와 마소의 등에 매는 곳.

黃帝軒轅氏는 公孫姓이오 又曰姬姓이오 名은 軒轅이니 有熊國君
少典의 子也라 母見大電이 繞北斗樞星하고 感而生帝하니라 炎帝世
衰에 諸侯相侵伐이어늘 軒轅이 乃習用干戈하여 以征不享하니 諸侯
咸歸之라 與炎帝로 戰于阪泉之野하여 克之하니라 蚩尤作亂하니 其
人이 銅鐵額이오 能作大霧라 軒轅이 作指南車하여 與蚩尤로 戰於
涿鹿之野하여 禽之하고 遂代炎帝하여 爲天子하니라 土德으로 王하
여 以雲으로 紀官하여 爲雲師하다 以風后로 爲相하고 力牧으로 爲
將하고 受河圖하니라 見日月星辰之象하여 始有星官之書하고 命大
撓하여 占斗建作甲子하고 容成으로 造曆하고 隷首로 作筭數하고
伶倫으로 造律呂하고 爲文章하여 以表貴賤하고 作舟車하여 以濟不
通하고 畫壄分州하여 得百里之國萬區하니 遠夷之國에 莫不入貢이
러라 帝崩하고 有子二十五人하니 其得姓者 十四러라

蚩音笞 涿音卓 禽與擒同 相將皆去聲 後多倣此 學者當以意求之 撓音鬧 占音詹 隷音利
壄音野

황제 헌원씨는 공손성이요, 또한 희성이라고도 하였다. 이름은 헌원이니 유웅
국의 임금인 소전의 아들이다. 어머니가 큰 번개가 북두의 추성(樞星)을 휘어
감는 것을 보고 감응(感應)하여 황제를 낳았다. 염제(炎帝)의 세상이 쇠하여지니
제후들이 서로 침벌하거늘 헌원이 이에 무기 쓰는 법을 익혀 조공을 드리지 않
는 제후를 정벌하니 제후가 다 그(헌원)에게 돌아갔다. 염제와 더불어 판천의
들에서 전쟁을 히여 이겼다. 치우(蚩尤)가 난을 일으키니 그 사람이 구리쇠의

이마였고 능히 큰 안개를 일으키기도 하였다. 헌원이 지남거를 만들어 치우와 더불어 탁록의 들에서 싸워서 사로잡고 드디어 염제를 대신하여 천자가 되었다. 토덕(土德)으로 왕이 되어 구름으로써 벼슬을 기록하여 운사라 했다. 풍후로 정승을 삼고 역목(力牧)으로 장수를 삼고 하도(河圖)를 받았다. 해와 달과 성신(星辰)의 형상을 보아 비로소 성관의 글이 있게 되었다. 대요에게 命하여 북두를 점쳐서 갑자를 짓게 하고, 용성으로 하여금 역법을 만들게 하고, 예수로 하여금 셈법을 짓게 하고, 영윤으로 하여금 율려(律呂)를 짓게 하였다. 문장을 만들어 귀함과 천함을 표하게 하고, 배와 수레를 만들어 통하지 못한 곳을 건너게 하였고, 들을 구획(區劃)하여 州를 나누어 100里의 나라 만 개 구역을 얻으니, 멀리 夷族의 나라 중에 조공을 들이지 않는 나라가 없었다. 황제가 죽고 아들 25명을 두었는데 그 姓을 얻은 사람이 14명이었다.

* 不享(불향): 조공을 바치지 않음. 享은 드리다, 進獻하다의 뜻. 力牧(역목): 황제의 신하 이름. 星辰(성신): 성(星)은 水(北方辰星)·木(東方歲星)·金(西方太白)·火(南方熒惑)·土(中央鎭星)의 五星. 星官(성관): 천문을 맡은 벼슬아치. 甲子(갑자): 60갑자. 10干, 12支. 律呂(율려): 음악. 涿(탁): 방울져 떨어지다. 듣다. 치다. 指南車(지남거): 수레에 설치한 신선상(神仙像)의 손가락이 항상 남쪽을 가리키도록 만들어진 수레. 文章(문장): 여러 문양. 조선시대에도 九章을 사용하였다(상의 다섯 문양, 하의에 네 문양). 임금의 정복(正服)에 놓은 산, 용 따위의 아홉 가지 수. 의복의 종류. 蚩尤(치우): 蚩尤天皇, 慈烏支天皇으로도 불리었으며 동이족 최고의 전쟁을 잘 한 임금. 지금도 우리는 최고위층 사람을 우두(牛頭)머리라 하는데 이는 당시 치우가 전쟁에서 항상 銅으로 만든 투구에 양쪽으로 쇠뿔 모양의 장식을 달고 다닌 데서 유래되었다. 즉 무리의 대장을 '치우처럼 머리에 뿔이 난 자'라고 여긴데서 나온 말이다. 치우를 바라보는 관점은 중국과 우리나라가 서로 다르다.

　　○本姓은 公孫이니 長居姬水라 因改姬姓이라 陰陽激曜 曰 電이라 樞星은 北斗第一星也라 炎帝는 盖帝楡라 干은 盾이요 戈는 戟也라 不享은 謂不來朝享之國也라 阪泉은 地名이니 在上谷이라 ○按컨대 征伐은 始此世變을 可知矣라

　　本姓은 公孫이니 오래도록 姬水근처에 살았기 때문에 姬姓으로 고친 것이다. 陰陽의 기운이 부딪쳐 빛나는 것을 電이라 한다. 樞星은 北斗星의 첫째별이다. 炎帝는 아마도 帝楡일 것이다. 干은 방패(盾)요 戈는 창(戟)이다. 不享은 朝享하려 오지 않는 나라를 이른다. 阪泉은 地名이니

上谷에 있다. ○살펴보건대 征伐의 역사는 이로부터 시작하여 변한 것을 알 수가 있다.

* 朝享(조향): 내조하여 공물을 드림. 北斗星(북두성): 탐랑(貪狼), 거문(巨文), 녹존(祿存), 문곡(文曲), 염정(廉貞), 무곡(武曲), 파군(破軍)의 일곱 별. 제1양명 탐랑 태성은 자손들에게 복을 주고, 제2음정 거문 원성은 장애와 재난을 없애주고, 제3진인 녹존 정성은 업장을 소멸시켜 주고, 제4현명 문곡 축성은 구하는 바를 모두 얻게 해주고. 제5단원 염정 강성은 백가지 장애를 없애주고, 제6부극 무곡 기성은 복덕을 두루 갖추게 해주며, 제7천관 파군 관성은 수명을 연장시켜 주는 역할을 한다 함. 北斗第一陽明貪狼太星君(屬子生:기장), 北斗第二陰精巨門元星君(屬丑亥生:좁쌀), 北斗第三眞人祿存貞星君(屬寅戌生:멥쌀), 北斗第四玄冥文曲紐星君(屬卯酉生:보리), 北斗第五丹元廉貞剛星君(屬辰申:삼씨), 北斗第六北極武曲紀星君(屬巳未生:콩), 北斗第七天關破軍關星君(屬午生:팥)으로도 부른다.

　○蚩尤는 當時諸侯라 銅鐵額은 言其額堅이 如銅鐵也라 陳氏 曰 霧者는 陰陽蒙冒之氣니 蚩尤能爲之하여 以昏迷軍士라 指南車는 古制不可考러니 唐憲宗이 始定其制하여 車上有樓四角에 刻木爲龍하고 又刻仙人於上하여 車雖回轉이라도 手常指南하니 軒轅用之하여 以定四方하여 示軍士也라 或曰 車上에 用子午盤針하여 以定四方이라하니 亦通이라 涿鹿은 郡名이니 屬北平이니 今涿州라

　蚩尤는 當時의 諸侯이다. 銅鐵額은 그 이마의 견고함이 마치 구리쇠 같음을 말한 것이다. 陳氏가 말하였다. "안개는 陰陽이 자욱이 덮는 기운이니 蚩尤가 능히 이것을 일으켜 軍士들을 昏迷하게 하였다. 指南車는 옛 제도에는 상고 할 수 없다. 唐나라 憲宗이 처음으로 그 제도를 정하여 수레 위 망루의 네 귀퉁이에 나무를 깎아 용을 만들고 또한 그 위에 仙人을 새겨 수레가 비록 回轉하더라도 그 손이 항상 남쪽을 가르치게 하니 軒轅이 이 방법을 써서 四方을 정하여 軍士들에게 보인 것이다. 어떤 사람들은 말하기를 '수레 위에 子午를 가리키는 盤針을 써서 四方을 정하였다'하니 또한 통하는 말이다. 涿鹿은 郡名이니 北平에 속하니 지금의 涿州이다."

* 額(상): 이마. 冒(모): 무릅쓰다. 덮다.

　應劭 曰 黃帝受命에 有雲瑞라 故로 以雲紀事也라 春官은 靑雲이요 夏官은 縉雲이요 秋官은 白雲이요 冬官은 黑雲이요 中官은 黃雲이라 河圖는 未詳이나 盖與伏羲河圖로 異也라

應劭가 말하였다. "黃帝가 命을 받을 때에 구름의 상서로운 빛이 있었기 때문에 구름으로써 일을 기록하였다. 春官은 靑雲이라 하고 夏官은 縉雲이라하고 秋官은 白雲이라하고 冬官은 黑雲이라하고 中官은 黃雲이라하였다. 河圖는 상고할 수는 없으나 아마도 伏羲의 河圖와는 다른 것일 것이다."

* 劭(소): 힘쓰다. 건장하다. 아름답다. 縉(진): 분홍빛. 붉은 비단. 河圖(하도): 복희씨(伏羲氏) 때 황하(黃河)에서 용마(龍馬)가 등에 지고 나왔다는 『주역(周易)』 팔괘의 근원이 되는 그림.

大撓와 容成과 隸首와 伶倫은 皆臣名이라 占은 測也니 謂驗이라 斗柄이 初昏에 所指月建으로 而以天干十地支十二配하여 爲六十甲子也라 筭數는 謂九章筭法也라 律呂는 截竹爲筩陰陽各六하여 以節五音之上下하니 黃鍾 大簇 姑洗 蕤賓 夷則 無射은 爲六陽律이요 大呂 夾鍾 仲呂 林鍾 南呂 應鍾 爲六陰呂也라 文章은 衣服之類라 世紀에 黃帝在位一百十年이라 提要에 云 黃帝正妃嫘祖 生二子하니 曰 玄囂와 昌意라 又有庶子二十五人하니 其中 十四人이 有爵土하여 得賜姓하고 餘爲庶人이라

大撓와 容成과 隸首와 伶倫은 모두 신하들의 이름이다. 占은 예측함이니 증험함을 이른다. 斗柄이 초저녁에 月建을 가리키는 바로 天干 十과 地支 十二를 配合하여 六十甲子를 만들었다. 筭數는 九章의 筭法을 이른다. 律呂는 대나무를 잘라서 통소를 陰陽으로 각각 여섯을 만들어 五音의 높고 낮음을 조절하니, 黃鍾과 大簇와 姑洗과 蕤賓과 夷則과 無射은 여섯 개의 陽律이 되고, 大呂와 夾鍾과 仲呂와 林鍾과 南呂와 應鍾은 여섯 개의 陰呂가 된다. 文章은 衣服의 類이다. 『世紀』에 黃帝가 110年 동안 在位하였다고 하였다. 提要에 이르기를 黃帝의 正妃인 嫘祖가 두 아들을 낳았으니 玄囂와 昌意라 하였다. 또한 庶子 25인이 있었으니 그 중에 14인이 爵土를 두어 賜姓을 얻었고 나머지는 庶人이 되었다.

* 撓(요): 어지럽다. 휘다. 斗柄(두병): 북두 칠성을 국자 모양으로 보았을 때 그 자루가 되는 자리에 있는 세 개의 별. 표(杓). 月建(월건): 1월(朔)을 지배함. 寅(정월), 卯(2월), 辰(3월), 巳(4월), 午(5월) 未(6월), 申(7월), 酉(8월), 戌(9월), 亥(10월), 子(11월), 丑(12월). 筭(산): 산가지. 산가지를 세다(算). 九章(구장): 선진(先秦)에서 전한(前漢)에 이르는 수백 년 동안 이루어진 수학의 성취를 총결산한 『九章算術』. 제1장 방전(方田), 제2장 속미(粟米), 제3장 쇠분(衰分), 제4장 소광(少廣), 제5장 상공(商功), 제6장 균수(均輸), 제7장 영부족(盈不足), 제8장 방정(方程), 제9장 구고(句股). 簇(족): 모이다. 떨기. 조릿대. 洗(선): 깨끗하다. 蕤(유)드리워지다. 초목의 꽃이 드리워지다. 囂(효): 들레다. 왁자지껄하다. 저자. 爵土(작토): 작위(爵位)와 영토(領土). 賜姓(사성):

임금이 공신(功臣)에게 성(姓)을 지어주는 일. 提要(제요): 宋 錢端禮가 撰한 『諸史提要 十五卷』. 端禮의 字는 處和. 臨安 사람.

출전별 삼황설(三皇說) 비교

출전서명(出典書名)	삼황(三皇)
『세본(世本)』/『제왕세기』/『십팔사략』	태호복희씨(太昊伏犧氏), 염제신농씨(炎帝神農氏), 황제헌원씨(黃帝軒轅氏)
『삼오력(三五曆)』 『사기(史記)』「보삼황본기(補三皇本紀)」	천황(天皇), 지황(地皇), 인황(人皇)
『사기』「진시황본기(秦始皇本紀)」	천황(天皇), 지황(地皇), 태황(泰皇)
『통감외기(通鑑外紀)』	복희(伏犧), 신농(神農), 공공(共工)
『백호통(白虎通)』	복희(伏犧), 신농(神農), 축융(祝融)
『풍속통의(風俗通義)』「황패편(皇霸篇)」	복희(伏義), 여와(女媧), 신농(神農)
『예위(禮緯)』「함문가(含文嘉)」	수인(燧人), 복희(伏犧), 신농(神農)

3. 五帝

少昊金天氏라

소호 금천씨라

以金德으로 王하다 位在西方하여 象晚日之明이라 故로 號少昊金天氏也라

金德으로 王이 되었다. 西方에 자리하고 있어서 저녁 해의 밝음을 상징하였으므로 少昊金天氏라 부른다.

少昊金天氏는 名이 玄囂니 黃帝의 子也라 亦曰靑陽이니 其立也에 鳳鳥適至어늘 以鳥로 紀官하니라

소호금천씨는 이름이 현효니 황제의 아들이다. 또한 청양이라고도 밀하니 그

가 즉위함에 봉황새가 마침 이르거늘 새로써 벼슬을 기록하였다.

* 鳳鳥(봉조): 봉황(鳳凰). 봉은 수컷이고 황은 암컷.

鳳은 瑞禽이니 羽蟲之長이라 王者 德盛則至라 左氏傳 曰 祝鳩氏는 司徒也요 雎鳩氏는 司馬也요 鳲鳩氏는 司空也요 鷞鳩氏는 司寇也요 鶻鳩氏는 司事也라 世紀에 少昊는 金德으로 王하여 在位八十四年이라하다

鳳은 상서로운 새이니 깃을 가진 짐승의 우두머리이다. 王이 된 자가 德이 성대해지면 곧 이르러 온다. 『左氏傳』에 이르기를 祝鳩氏는 司徒요 雎鳩氏는 司馬요 鳲鳩氏는 司空요 鷞鳩氏는 司寇요 鶻鳩氏는 司事라 하였다. 『世紀』에 少昊는 金德으로 王이 되여 84年동안 재위하였다.

* 雎(저): 물수리. 징경이. 鷞(상): 새 이름. 寇(구): 도적. 鶻(골): 송골매.

顓頊高陽氏라

전욱 고양씨라

顓頊의 音은 專旭이라 ○高陽은 蓋顓頊所興之地名이라 因以爲氏하니 今開封府杞縣이 是也라

顓頊의 音은 전욱이다. 高陽은 아마도 顓頊이 일어난 곳의 地名일 것이다. 인하여 氏를 삼았으니 지금의 開封府 杞縣이 이곳이다.

*顓(전): 삼가다. 頊(욱): 삼가다.

顓頊高陽氏는 昌意之子요 黃帝孫也라 少昊之衰에 九黎亂德하니 民神이 雜糅하여 不可方物일새 顓頊이 受之하여 乃命하여 南正重으로 司天以屬神하고 火正黎로 司地以屬民하여 使無相侵瀆하고 始作曆하여 以孟春으로 爲元하다

　전욱 고양씨는 창의의 아들이요 황제의 손자이다. 소호가 쇠함에 구려(九黎)가 덕을 어지럽게 하니 백성들과 귀신들이 뒤섞여져서 가히 분별할 수 없었다. 전욱이 천명을 이어받아 마침내 명을 내려 남정(南正)인 重으로 하여금 하늘을 맡아 귀신을 따르게 하고, 화정(火正)인 黎로 하여금 땅을 맡아 백성을 따르게 하여 서로 침독(侵瀆)하지 않게 하고 비로소 책력을 지어 맹춘(孟春)으로써 정월을 삼았다.

* 九黎(구려): 아홉 여씨 제후. 雜糅(잡유): 뒤섞여 번거로움. 方物(방물): 사물을 갈라놓음, 분별함. 孟春(맹춘): 음력정월의 딴 이름. 元(歲首: 그해의 첫머리) 南正(남정): 天文을 맡은 벼슬. 火正(北正): 地理를 맡은 벼슬. 侵瀆(침독): 神은 백성을 침범하지 않고, 백성은 神에 빠지지 않는 것.

　黎氏九人은 當時諸侯라 雜糅는 混處也라 方은 猶分辨也라 重은 平聲이요 屬은 音이 竹이라 南正과 火正은 並官名이라 揚子法言 重黎篇에 火는 作北이라 重과 黎는 人名이라 重은 少昊子 句芒이요 黎는 顓頊子 祝融也라 司는 主也라 屬神은 謂明其祭祀之禮하여 以聯屬之也요 屬民은 謂明其三綱五常之道하여 以聯屬之也라 瀆은 褻也니 言神不侵民하고 民不瀆神也라

　黎氏 아홉 사람은 當時의 諸侯이다. 雜糅는 섞여 처함이다. 方은 分辨함과 같다. 重은 平聲이요 屬은 音이 竹이다. 南正과 火正은 모두 官名이다. 揚子法言의 重黎篇에 火正는 北正으로 되어 있다. 重과 黎는 사람 이름이다. 重은 少昊의 아들 句芒이요 黎는 顓頊의 아들 祝融이다. 司는 맡는다는 뜻이다. 屬神은 그 祭祀의 禮를 밝혀서 나란히 따르게 함을 이르고, 屬民은 그 三綱五常의 道를 밝혀서 나란히 따르게 함을 이른다. 瀆은 더럽힘이니 神은 백성들을 침독하지 아니하고 백성들은 神을 침독하지 않게 함을 말한 것이다.

　世紀에 顓頊은 以水德으로 王하여 在位七十八年이라

　『世紀』에 전욱은 水德으로 왕을 하여 78년 동안 재위하였다고 하였다.

帝嚳高辛氏라

제곡 고신씨라

嚳은 音이 酷이라 高辛은 蓋帝嚳所興之地名이라 因以爲氏하니 在西京偃師縣이라

　嚳은 音이 酷이다. 高辛은 아마도 帝嚳이 일어난 곳의 地名이라 因하여 氏로 삼았으니 西京의 偃師縣에 있었다.

* 嚳(곡): 고하다. 아뢰다. 偃(언): 쓰러지다. 눕다.

帝嚳高辛氏는 玄囂之孫이오 黃帝之曾孫也라 生而神靈하여 自言其名하고 代顓頊而立하여 居於亳하다

　제곡 고신씨는 현효의 손자요 황제의 증손이다. 태어나면서부터 신령(神靈)스러워 스스로 그 이름을 말하고 전욱을 대신하여 즉위하여 박(亳)에 살았다.

* 亳(박): 땅이름. 河南省에 있는 地名.

亳은 音이 泊이니 地名이라 今亳州라 世紀에 玄囂는 生極蟜하고 極蟜는 生帝嚳하여 以木德으로 王하여 在位七十五年이라하다

　亳은 音이 泊이니 地名이라 지금의 亳州이다. 『世紀』에 玄囂는 極蟜를 낳고 極蟜는 帝嚳을 낳아 木德으로 王이 되어 75年 동안 在位하였다 하니라.

* 蟜(교): 독충.

帝堯陶唐氏라

　제요 도당씨라

堯는 名也라 夏商以前엔 帝王並以名稱하고 至周文武하얀 始有諡하니 而諡法에 有翼善傳聖曰堯요 及善行德義曰堯者하니 蓋因唐帝以起義요 非謂當時卽以堯諡唐帝也라 舜禹

桀紂도 皆倣此라 堯는 初爲唐侯하고 後爲天子하니 都陶라 故로 號陶唐氏也라

　堯는 이름이다. 夏商 以前에는 帝王은 모두 이름으로 稱하였고 周나라 文王 武王에 이르러서 비로소 시호를 두었으니 諡法에 선을 도와 성인에게 전승함이 있음을 堯라하고 또 선행이 덕의에 미침을 堯라 하는 것이니 아마도 唐帝가 義를 일으킴을 인한 것이요 當時에 곧 堯로써 唐帝의 시호로 삼았다고 이른 것은 아니다. 舜과 禹와 桀과 紂도 모두 이와 같다. 堯는 처음에는 唐侯였고 뒤에 天子가 되었으니 陶에 도읍하였으므로 陶唐氏라고 부른 것이다.

* 諡(시): 시호. 翊(익): 돕다.

　帝堯陶唐氏는 伊祈姓이오 或曰名은 放勳이니 帝嚳의 子也라 其仁如天하고 其知如神하고 就之如日하고 望之如雲이러라 以火德으로 王하여 都平陽하고 茅茨를 不剪하며 土階三等이러라

　放勳 音倣熏 知去聲 茨音慈

　제요 도당씨는 이기 성이요, 혹 이르기를 이름은 방훈이라 하니 제곡의 아들이다. 그 어짊은 하늘과 같고 그 지혜가 신과 같았다. 그에게 나아가면 해와 같았고 그를 앙망(仰望)함이 구름과 같았다. 화덕으로 왕이 되여 평양에 도읍하고 궁실의 모자(茅茨)를 가지런히 자르지 아니하였으며 토계(土階)는 3계단이었다.

* 茅茨(모자): 새 따위, 지붕을 이는 짚. 土階三等(토계삼등): 흙벽돌로 쌓은 3층의 계단. 천자의 궁전 계단은 나무나 돌로 아홉 계단을 쌓는데 비해 요임금의 검소함을 보임. 다만 당시의 혈거(穴居)나 소거(巢居) 등의 주거 형태로 보아 발전된 형태임이 분명하다.

　○朱子 曰 放은 至也요 勳은 功也니 本史臣 贊堯之辭니 後人이 因以爲堯名也라 如天은 言其發育萬物也요 如神은 言其無所不知也요 就는 猶依也니 言人依就之에 如隆寒之向日也요 仰望之에 如大旱之望雲也라 平陽은 府名이니 屬今山西라 剪은 裁也니 言以茅茨蓋屋不取整齊也라 等은 級也라

　朱子가 말하였다. 放은 지극함이요 勳은 功이니 본래 史臣이 堯를 기린 말이니 後人

이 因하여 堯의 이름으로 삼은 것이다. 하늘과 같다함은 그 만물을 발육함을 말한 것이요, 신과 같다함은 그 알지 못한 바가 없음을 말한 것이요, 나아간다 함은 의지한다 함과 같으니, 사람들이 그에게 의지함에 매우 추운 때의 따사로운 햇볕을 향함 같고, 그를 우러러 봄에 마치 큰 가뭄에 비가 내릴 구름을 바라봄과 같다고 말한 것이다. 平陽은 府의 이름이니 지금의 山西에 속한다. 剪은 마름질함이니 茅茨로 지붕을 덮고 가지런하게 정제함을 취하지 않은 것이다. 等은 계단이다.

隆寒(융한): 엄동설한(嚴冬雪寒). 大旱(대한): 큰 가뭄.

有草生庭하니 十五日以前에는 日生一葉하고 以後에는 日落一葉이라가 月이 小盡則一葉이 厭而不落하니 名曰蓂莢이라 觀之하여 以知旬朔이러라

厭音葉　蓂音冥　莢音劫

어떤 풀이 뜰에 나니 15일 이전에는 날마다 한 잎씩 나고 이후에는 날마다 한 잎씩 떨어졌다. 달이 작아서 다하면 한 잎이 시들어 떨어지지 아니 하니 이름을 명협(蓂莢)이라 하였다. 그것을 보고서 열흘과 초하루를 알 게 하였다.

* 小盡(소진): 음력 29일의 달. 蓂莢(명협): 요(堯) 임금 때에 났었다는 상서로운 풀의 이름. 초하루부터 보름까지 매일 한 잎씩 났다가, 열엿새부터 그믐날까지 매일 한 잎씩 떨어졌으므로 이것에 의하여 달력을 만들었다고 함. 작은 달에는 마지막 한 잎이 시들기만 하고 떨어지지 않았다하여 달력 풀 또는 책력 풀이라고 하였음. 蓂(명): 명협. 상서로운 풀. 莢(협): 명협. 꼬투리.

厭은 乾黃之意라 十日 曰 旬이요 月一日 曰 朔이라

厭은 말라 누렇다는 뜻이다. 十日을 旬이라 말하고 月의 一日을 朔이라 말한다.

治天下五十年에 不知天下治歟아 不治歟아 億兆 願戴己歟아 不願戴己歟아 하여 問左右호대 不知하고 問外朝호대 不知하고 問在

野호대 不知라

朝音潮

천하를 다스린 지 50년 만에 천하가 다스려졌는가, 다스려지지 못하였는가, 억조(億兆)의 백성들이 나를 받들기를 원하는가, 나를 받들기를 원하지 않는가를 알지 못하여 좌우에 묻되 알지 못하고, 외조(外朝)에 묻되 알지 못하고, 재야(在野)에 묻되 알지 못하였다.

* 億兆(억조): 옛날의 億은 십만, 수많은 백성들. 外朝(외조): 군왕(君王)이 국정(國政)을 듣는 곳. 외정(外廷). 외국(外國)의 조정(朝廷). 在野(재야): 초야(草野)에 파묻혀 관계(官界)에 나가지 않은 인재.

治天下之治는 平聲이요 治斂之治는 去聲이니 凡爲理物之義者는 平聲이요 爲己理之義者는 則去聲이니 後皆倣此라 十萬 曰 億이요 十億 曰 兆라 戴는 仰也요 郊外 曰 野라

治天下의 治는 平聲이요 治斂의 治는 去聲이니 대개 사물을 다스린다는 뜻으로 쓰이면 平聲이요 내가 다스린다는 뜻으로 쓰이면 去聲이니 뒤에도 모두 이와 같다. 십진수의 萬의 萬을 億이라 하고 億의 萬을 兆라 한다. 戴는 우러러 받드는 것이요 郊外는 野를 말한다.

乃微服으로 游於康衢하여 聞童謠하니 曰立我烝民이 莫匪爾極이라 不識不知에 順帝之則이라 하며

마침내 미복(微服)으로 번화한 거리에 거닐다가 동요를 들으니 말하기를 "우리 증민(烝民)을 세움이 당신의 법도 아님이 없다. 깨닫지 못하고 알지 못하는 사이에 임금의 법칙을 따른다."하였다.

* 微服(미복): 미천한 사람들의 옷차림. 康衢(강구): 사방팔방으로 두루 통하는 큰 길거리. 烝民(증민): 모든 백성. 烝(증): 무리. 백성.

陳氏 曰 微服은 微賤之服也라 爾雅에 路五達 曰 康이요 四達 曰 衢라 烝은 衆也라

此四句는　贊美之辭니　言立此衆民에　無非帝德이라　我則無所識無所知에　唯順堯帝之法則
而已라

　陳氏가　말하였다. "微服은　微賤한　이의　복장이라　하였다.　爾雅에　길이　五達한　것을　康이라
하고　四達한　것을　衢라　하였다.　烝은 '무리, 많다'는 뜻이다.　이　네　구절은　贊美한　말이니 '이　衆
民을　세우심에　임금의　德　아님이　없는지라,　나는　곧　분별함도　없고　알려함도　없는　사이에　오직
堯帝의　法則에　순응할　뿐이다.'라고　말한　것이다."

　有老人이　含哺鼓腹하고　擊壤而歌　曰　日出而作하고　日入而息이
로다　鑿井而飲하고　耕田而食하니　帝力이　何有於我哉오하더라

　哺　音甫

　어떤　노인이　실컷　마시고　배불리　먹고서　배를　어루만지며　질장군을　두드리고
노래하여　말하기를 "해가　뜨면　농사를　짓고　해가　지면　쉬노라.　목마르면　우물을
파서　마시고,　배고프면　밭을　갈아　먹으니,　황제의　힘이　어찌　나에게　미침이　있
으리오."라고　하였다.

含哺鼓腹(함포고복):　실컷　먹고　배를　두드린다는　뜻에서 '배불리　먹고　삶을　즐기는　평화로운
모습'을　이르는　말.　壤(양):　놀이기구.　缶에　속하는　것.　作(작):　농사를　짓다.

　食在口　曰　哺라　擊은　扣也라　詳見風土記하니　蓋老人怡神養性之具也라　作은　作起也라
此五句는　樂道之辭라

　음식이　입안에　있는　것을　哺라　한다.　擊은 '두드리다.'의　뜻이다. 『風土記』에　자세히　보이니
아마도　老人은　화열한　정신과　길러진　천성이　갖추어진　분이다.　作은　농사를　일으킨　것이다.　이
다섯　구절은　道를　즐긴다는　말이다.

　* 養性(양성):　천성(天性)을　기름.

　番陽石氏　曰　堯德如天하여　廣大無窮하니　康衢之謠는　感戴之也요　擊壤之歌는　則忘之

矣라 王者之民이 皞皞如也 其如是乎인져 又曰 康衢之謠는 童子之辭也요 擊壤之歌는 老
人之辭也니 老少 各得其樂을 於此見矣라

番陽石氏가 말하였다. "堯 임금의 德이 마치 하늘 같아서 廣大無窮하니 康衢의 노래는 감격
하여 받드는 것이요, 擊壤의 노래는 곧 그마져도 잊어버린 것이다. 임금의 백성들이 마음을 쾌
적하고 느긋해 하는 모습이 그 이와 같은 것이다." 또 말하였다. "康衢의 童謠는 童子들의 말이
요 擊壤歌는 老人의 말이니 老少가 각각 그 즐거움을 얻었음을 여기에서 볼 수 있다."

* 皞皞(호호): 마음이 쾌적하고 느긋한 모양.

愚謂컨대 帝堯聞此歌謠하고 蓋始知天下之治에 億兆之願戴己也라

내가 생각해 보건대 帝堯가 이 격양가와 동요를 듣고 아마도 천하를 다스림에 억조의 백성
들이 자기를 받들기를 원한다는 것을 비로소 알았을 것이라고 생각한다.

觀于華하시니 華封人이 曰 噫라 請祝聖人하오니 使聖人으로 壽
富多男子하노이다 堯曰 辭하노라 多男子則多懼하고 富則多事하고
壽則多辱이니라 封人이 曰 天生萬民에 必授之職하나니 多男子而
授之職이면 何懼之有며 富而使人分之면 何事之有며 天下有道어든
與物皆昌하고 天下無道어든 修德就閒하고 千歲厭世어든 去而上僊
하여 乘彼白雲하고 至于帝鄕이면 何辱之有리오 하더라

華去聲 閒閑同 僊仙同

화(華)에서 보시니 화의 봉인(封人)이 말하기를 "아, 청컨대 성인께 비오니, 성
인으로 하여금 오래살고 부유하며 아들을 많이 두게 하소서."라고 하였다. 요임
금이 말씀하시기를 "사양하노라. 아들을 많이 두면 걱정거리가 많고, 부유하면
일이 많고, 오래 살면 욕됨이 많을 것이다."라고 하였다. 봉인이 말하기를 "하늘
이 모든 백성을 내심에 반드시 직분을 내려주시나니 아들이 많다 하더라도 그
들에게 직분을 주면 무슨 걱정이 있겠으며, 부유하다 하더라도 사람들로 하여금

그것을 나누어 갖게 하면 무슨 일이 있을 것입니까? 천하에 도가 있거든 萬物과 더불어 모두 창성하고, 천하에 도가 없거든 덕을 닦아 한가(閑暇)함에 나아가십시오. 그리고 천년토록 살다가 세상에 살기 싫어지거든 떠나가서 하늘에 올라가 신선이 되어 저 흰 구름을 타고 제향(帝鄕)에 이르면 무슨 욕됨이 있을 것입니까?"라고 하였다.

* 華(화): 화악(華嶽). 오악(五嶽)의 하나. 오악(五嶽)은 동악인 泰山, 서악인 華山, 남악인 衡山, 북악인 恒山, 중악인 崇山을 말한다. 封人(봉인): 封土의 境界를 관장하는 관리(掌封疆之官). 上僊(상선): 하늘로 올라가 신선이 됨. 이 세상을 떠남. 죽음.

　　華는 四嶽山名이라　封人은　掌封疆之官이라　噫는　歎辭라　祝은　祈願也라　昌은　盛也라　厭은　棄也라

　　華는　四嶽의 산 이름이다.　封人은　封疆을 관장하는 관리이다.　噫는　歎辭이다.　祝은　祈願한다는 뜻이다.　昌은　盛大함이다.　厭은　싫어하여 물리치는 것이다.

　　堯立七十二年에　有九年之水어늘　使鯀으로　治之러니　九載에　弗績하니라　堯老하샤　倦于勤하시니　四嶽이　擧舜하여　攝行天子事러니　堯子丹朱不肖라　乃薦舜於天하시니　堯崩하시고　舜이　卽位하시니라

　　요가 즉위한지 72년에 9년 동안의 홍수가 있거늘 곤(鯀)으로 하여금 그것을 다스리게 하였더니 9년 동안에도 공적이 없었다. 요임금이 늙어 근로에 고달프게 되자 사악(四嶽)이 순(舜)을 천거하여 천자의 일을 섭행(攝行)하게 하였다. 요의 아들 단주가 불초한지라 이에 순을 하늘에 천거하였다. 요가 崩하고 순이 즉위하였다.

* 倦(권): 게으르다. 질력 나다. 고달프다. 四嶽(사악): 제후의 일을 총괄하는 벼슬(現 國務總理). 고대에 사방의 네 큰 산인 동쪽의 태산(泰山), 서쪽의 화산(華山), 남쪽의 형산(衡山), 북쪽의 항산(恒山)을 통틀어 이르는 말. 사방의 제후를 이르던 말. 攝行(섭행): 왕을 대신하여 정사를

다스림. 崩(붕): 天子의 죽음. 薨(훙): 諸侯·王·公·貴人의 죽음. 卒(졸): 大夫의 죽음. 死(사): 士·庶人의 죽음.

鯀은 音이 袞이니 禹父 崇伯名이라 績은 功也라 蓋唐虞에 三載考績하여 三考 黜陟幽明이라 故로 鯀이 治水나 必九載弗績而後에 黜之也라 九峯蔡氏 曰 四嶽은 官名이니 蓋一人而總四嶽諸侯之事也라 肖는 似也니 言其不似父賢也라 詳見孟子라

鯀은 音이 袞이니 禹임금의 아버지 崇伯의 이름이다. 績은 功績이다. 아마도 唐虞시절에는 3년마다 공적을 상고하여 세 번 상고한 것의 幽明에 따라 黜陟을 결정하였던 것이다. 그러므로 鯀이 治水에 참여하였으나 반드시 9년 동안 공적을 이루지 못한 뒤에 그를 내친 것이다. 九峯蔡氏가 말하기를 "四嶽은 官名이니 아마도 一人으로 四嶽의 諸侯들의 일을 총괄했을 것이다."라고 하였다. 肖는 같다는 뜻이니 '그 부형의 어짊과 같지 못함'을 이르는 것이다. 『孟子』(萬章章句上 제6장)에 자세히 보인다.

* 三考(삼고): 관리의 치적을 조사하던 제도. 삼년마다 한 번씩 9년 동안에 세 번 조사하여 파면이나 승진을 결정함.

帝舜有虞氏라

제순 유우씨라

謚法에 仁聖盛明 曰 舜이니 說見唐紀라 虞는 舜氏이니 因以爲有天下之號也라

謚法에 어질고, 통명스럽고 성대하고 광명함을 舜이라 하였으니 說이 唐紀에 보인다. 虞는 舜의 氏이니 因하여 天下를 둔 칭호로 삼은 것이다.

帝舜有虞氏는 姚姓이오 或曰 名은 重華이니 瞽瞍之子오 顓頊의 六世孫也라 父惑於後妻하여 愛少子象하고 常欲殺舜이어늘 舜이 盡孝悌之道하여 烝烝乂하여 不格姦하시니라

姚音遙 重平聲 重復也 瞽瞍音古叟 少去聲

　제순 유우씨는 요성(姚姓)이오, 혹 말하기를 이름은 중화라고 하였으니, 고수 (瞽瞍)의 아들이요 전욱의 6세손이다. 아버지는 후처에게 혹(惑)하여 작은 아들 상(象)만을 사랑하고 항상 순(舜)을 죽이고자 하거늘 순이 효제(孝悌)의 道를 다 하여 점차로 변화시켜 간악함에 이르지 않게 하였다.

* 姚(요): 예쁘다. 가볍다. 날래다. 멀다. 성(姓)의 하나. 瞽瞍(고수): 瞽(소경)는 눈이 먼 것을 이 르고 瞍(소경)는 눈이 없음을 이름. 눈이 없는 자가 선악을 분별하지 못하여 이런 이름을 붙였 다고 함. 烝烝(증증): 점점 나아가는 모양. 부모나 아우를 나날이 선한 데로 나아가게 하여 간 악한데 빠지지 않게 함. 烝(증): 김이 오르다. 많다. 올리다. 받치다. 찌다. 치붙다. 이에. 임금. 겨울 제사. 乂(예): 다스리다.

　言컨대 堯有光華하고 而舜又有光華라 故로 曰 重華라 本史臣贊舜之辭로되 因以爲舜 名也라 目이 有瞳而無明 曰 瞽요 無瞳 曰 瞍라 舜父는 有目이나 而不識賢愚라 故로 稱 瞽瞍라 世紀에 顓頊生窮蟬하고 窮蟬生敬康하고 敬康生句望하고 句望生橋牛하고 橋牛生 瞽瞍하고 瞽瞍生舜이라 象은 舜異母弟也라 善父母 曰 孝요 善兄弟 曰 悌라 烝은 進이 요 乂는 治요 格은 至요 姦은 惡也라 言舜이 雖處人倫之變이나 而能盡孝悌之道하여 使 父母及弟로 進進以善하여 自治不至大爲姦惡也라

　말하건대 堯임금이 光華한 덕을 두셨고, 舜임금도 또한 光華한 덕을 두셨기 때문에 重華라 한 것이다. 본래 史臣이 舜을 기려 한 말인데 이로 인하여 舜의 이름으로 삼은 것이다. 눈이 瞳 子는 있으나 밝게 볼 수 없는 것을 瞽라 하고, 瞳子마져 없는 것을 瞍라 한다. 舜임금의 아버지 는 눈을 가지고 있으나 어짊과 어리석음을 알아보지 못한 때문에 瞽瞍라 칭한 것이다.『帝王世 紀』에 '顓頊은 窮蟬을 낳고 窮蟬은 敬康을 낳고 敬康은 句望을 낳고 句望은 橋牛를 낳고 橋牛 는 瞽瞍를 낳고 瞽瞍는 舜을 낳았다.'라고 하였다. 象은 舜임금의 어머니가 다른 아우이다. 父母 에게 잘하는 것을 孝라 하고 兄弟에게 잘하는 것을 悌라 한다. 烝은 나아감을 뜻하고, 乂는 잘 다스려짐을 뜻하고, 格은 이름을 뜻하고, 姦은 惡함을 뜻한다. 舜임금이 비록 人倫의 變故에 처 하였으나 능히 孝悌의 道를 다하여 父母와 아우로 하여금 善으로 나아가고 나아가게 하여 스스 로 다스려지게 하여 크게 姦惡을 행하는데 까지는 이르지 않게 하였음을 말한 것이다.

　耕歷山하시니　民皆讓畔하고　漁雷澤하시니　人皆讓居하고　陶河濱 하시니　器不苦窳하고　所居에　成聚하여　二年에　成邑하고　三年에

成都하니　堯聞之聰明하시고　舉於畎畝하샤　妻以二女하시니　曰娥皇
女英이라　釐降於嬀汭하시니라

苦音古　又孔五反　窳音宇　畎音犬　妻去聲　釐音离　嬀音圭　汭音芮

역산(地名)에서 밭을 가시니 백성들이 모두 밭두둑을 양보하고, 뇌택에서 물고기를 잡으시니 사람들이 모두 그 장소(물고기가 잘 잡히는 장소)를 양보하고, 하빈(河濱)에서 도자기를 구우시니 그릇이 고유(苦窳)한 것이 없고, 사는 곳 마다 취락(聚落)을 이루어 2년에 고을(邑)을 이루고 3년에 도읍(都邑)을 이루니, 요임금이 총명함을 들으시고 견묘(畎畝)에서 등용하시어 두 딸로써 아내를 삼아 주시니 아황과 여영이었는지라 주어서 규예에서 시집보내셨다.

* 畎畝(견묘): 밭가는 곳, 전원. 苦窳(고유): 굽거나 또는 부어서 만든 그릇의 모양새가 바르지 못하고 뒤틀리거나 찌그러져 보기에 미움. 窳(유): 이지러지다. 우묵하다(와). 釐降(이강): 공주를 신하에게 시집보냄. 釐(리): 다스리다. 주다. 이(수, 척도, 무게, 돈의 단위). 과부. 제육(희). 복(희). 보리(래). 밀 (래). 땅 이름(래). 嬀(규): 강 이름. 고을 이름. 汭(예): 물굽이. 물속. 굽어 흐르는 강의 안쪽 부분. 합수. 어귀. 역산(歷山), 뇌택(雷澤), 하빈(河濱), 견묘(畎畝), 규예(嬀汭)는 모두 지명임.

○歷山은　在河東하고　雷澤은　在濟陰이라　陶는　謂燒土爲器也라　河濱은　在濟陰이니　定陶라　苦窳는　謂濫惡不中也라　或曰　苦는　猶患也라　言　舜陶河濱하시니　民化其德하여　不以窳器相欺라　自是로　民賴其用하고　不復患於是矣라　聚는　落也니　如村落部落也라　周禮에　四井爲邑이요　四邑爲都니　成聚成邑成都는　言　民歸舜之漸이　如此하니　所謂天下之士多就之者　是也라

歷山은 河東에 있고 雷澤은 濟陰에 있다. 陶는 흙을 구워서 그릇을 만드는 것을 이른다. 河濱은 濟陰에 있으니 定陶이다. 苦窳는 너무 나빠서 알맞지 않음을 이른다. 或이 말하기를 '苦는 患의 뜻과 같다" 하였다. 舜임금이 河濱에서 도자기를 구우시니 백성들이 그의 德에 감화되어 일그러지게 구워진 그릇으로써 서로 속이려 하지 않았다. 이로부터서 백성들이 믿고 그것을 사용하고 다시는 이것으로 근심하지 않았음을 말한 것이다. 聚는 聚落이니 村落과 部落 같은 것이다. 周禮에 네 개의 우물로 邑을 삼고 네 개의 읍으로 도읍을 삼았다 하였으니 취락을 이루

고 읍을 이루고 도읍을 이루었다는 것은 백성들이 순 임금에게 점점 귀의하는 것이 이와 같았음을 말한 것이니 이른바 天下의 선비들이 모두 그에게 나아갔다는 것이 이것이다.

*定陶(정도): 제음현 정도(濟陰縣 定陶). 지금의 산동성 서남부 지역. 조조(曹操)가 여포(呂布)를 정도(定陶)에서 격파한 곳이다.

○不格姦以上은 言舜之德이 化於內也요 成都以上은 言舜之德이 化於外也라 ○以女事人曰妻라 釐는 治也요 降은 下也라 嬀는 水名이니 在歷山西라 水北曰汭요 又小水入大水之名이니 蓋二水合流之內也라 舜居於此에 堯 治裝以二女下嫁之하시니 所謂二女事之以觀其內 是也라

'不格姦' 以上은 舜 임금의 德이 안으로 감화된 것을 말한 것이요, '成都' 以上은 舜 임금의 德이 밖으로 감화 된 것을 말한 것이다. ○딸로서 사람을 섬기게 하는 것을 妻라 한다. 釐는 다스린다는 뜻이요 降은 내려 준다는 뜻이다. 嬀는 水名이니 歷山의 西쪽에 있다. 물의 북쪽을 汭라 하고 또한 작은 물줄기가 큰 물줄기로 들어가는 곳의 이름이니 대개 두 물줄기가 合流하는 안쪽이다. 舜임금이 이곳에 거하심에 堯임금이 두 딸로써 治裝하게 하여 시집보내신 것이니 이른바 두 딸로 그를 섬기게 하여 그의 내심을 살펴보게 하였다 한 것이 이것이다.

遂相堯攝政하샤 放驩兜하시며 流共工하시고 殛鯀하시며 竄三苗하시고 擧才子八元八凱하시니라 堯崩하시니 舜이 避位河南이러시니 天下朝覲 訟獄 謳歌者不歸堯之子而歸舜이어늘 遂卽位하여 以土德으로 王하시고 命九官하시며 咨十二牧하시니 四海之內 咸戴舜功이라

相去聲 驩音歡 兜當侯反 共平聲 殛音棘 朝音潮

드디어 堯임금을 도와 정사를 대신하여 환두(驩兜)를 추방시키시고, 공공(共工)을 유배시키시며, 곤(鯀)을 죽이시고, 삼묘(三苗)를 축출(逐出)하시며 재주 있는 자 팔원(八元)과 팔개(八凱)를 천거하시었다. 요가 붕어(崩御)하시자 순임금이 제위를 피해 하남에 이르시니 천하에 조근자(朝覲者)와 송옥자(訟獄者)와 구가

자(謳歌者)가 요의 아들에게 돌아가지 않고 순임금에게 돌아가거늘 드디어 즉위하여 토덕으로 왕이 되시고 九官을 임명하시며 12牧(장관)으로 자문하시니 온 세상 안이 다 순임금의 공을 받들게 되었다.

* 三苗(삼묘): 江州(湖南省). 淮州(湖北省). 荊州(江西省)에 살던 세 종족, 또는 그 나라. 八元(팔원): 伯奮(백분)·仲堪(중감)·叔獻(숙헌)·季仲(계중)·伯虎(백호)·仲熊(중웅)·叔豹(숙표)·季狸(계리)의 8名. 八凱(팔개): 蒼舒(창서)·隤戜(퇴애)·檮戜(도인)·大臨(대림)·龐降(방강)·庭堅(정견)·仲容(중용)·叔達(숙달)의 8名. 隤(퇴): 무너지다. 戜(애): 다스리다. 檮(도): 등걸. 어리석다. 戜(인): 긴 창. 龐(방): 어지럽다. 크다. 元(원): 선하다(善也). 凱(개): 화하다(和也). 朝覲者(조근자): 조회를 보러 오는 신하. 訟獄者(송옥자): 죄가 결정되지 않아 송사하는 자. 謳歌者(구가자): 은덕을 칭송하는 자.

○朱子 曰 流는 徙也라 驩兜는 人名이요 共工은 臣名이니 二人이 比周相與爲黨이라 殛은 誅也라 鯀 方命圮族 治水無功 竄은 逐也라 三苗는 國名이니 負固不服이라 皆不才之子니 故로 舜이 誅之하시니 所謂四罪而天下咸服이 是也라 元은 善也요 凱는 和也니 高辛氏有才子八人하니 謂伯奮 仲堪 叔獻 季仲 伯虎 仲熊 叔豹 季狸也라 天下謂之八元하니 舜擧之하사 使布五敎라 高陽氏 有才子八人하니 謂蒼舒 隤戜 檮戜 大臨 龐降 庭堅 仲容 叔達也라 天下謂之八凱하니 舜擧之하사 使主后土也라

朱子가 말하였다. 流는 옮겨 다니는 것이다. 驩兜는 사람 이름이요 共工은 신하의 이름이니 두 사람이 연합하여 서로 더불어 黨을 만들었다. 殛은 주멸(誅滅)의 뜻이다. 鯀은 바야흐로 圮族에게 명하여 治水하였으나 공이 없었다. 竄은 찬축(竄逐)의 뜻이다. 三苗는 國名이니 배반하여 진실로 복종하지 않았다. 모두 바탕이 아닌 사람들이었다. 그러므로 舜임금이 그들을 주멸시킨 것이다. 이른바 네 사람을 벌주니 천하가 모두 복종하였다 한 것이 이것이다. 元은 善함이요 凱는 和이니 高辛氏는 바탕이 좋은 자식을 여덟을 두었으니 伯奮과 仲堪과 叔獻과 季仲과 伯虎와 仲熊과 叔豹와 季狸를 이른다. 天下 사람들은 그들을 八元이라 부르니 舜임금이 그들을 등용하시어 그들로 하여금 五敎를 펴게 하셨다. 高陽氏는 바탕이 좋은 자식 여덟을 두었으니 蒼舒와 隤戜와 檮戜과 大臨과 龐降과 庭堅과 仲容과 叔達을 이른다. 天下 사람들이 그들을 八凱라 부르니 舜임금이 그들을 등용하시어 그들로 하여금 后土를 맡게 하셨다.

* 比周(비주): 결탁하여 사리(私利)를 꾀함. 연합함.

○朱子 曰 河南은 卽豫州라 訟獄은 謂獄不決而訟之也니 詳見孟子라 命九官은 謂命禹 爲司空 하고 棄爲后稷하고 契爲司徒하고 垂共工하고 益爲虞伯하고 夷作秩宗하고 皐陶 作士하고 夔典樂하고 龍作納言也라 十二牧은 謂冀兗靑徐揚荊豫梁雍幽幷營의 十二州이 니 牧民之官也라 戴는 仰也라.

朱子가 말하였다. 河南은 곧 豫州이다. 訟獄은 옥사(獄事)가 결정되지 않아 송사함을 이름이 니 孟子(萬章章句上 제5장)에 자세히 보인다. 九官을 임명했다는 것은 禹에게 명하여 司空을 삼 고 棄에게 명하여 后稷을 삼고 契에게 명하여 司徒를 삼고 共工에게 변방을 맡기고 益에게 명 하여 虞伯으로 삼고 夷에게 명하여 秩宗을 삼고 皐陶에게 명하여 士를 삼고 夔에게 명하여 典 樂을 삼고 龍에게 명하여 納言으로 삼음을 말한다. 十二牧은 冀·兗·靑·徐·揚·荊·豫·梁·雍·幽·幷· 營 등 十二州이니 牧民之官을 말한다. 戴는 우러러 받드는 것이다.

* 垂(수): 드리우다. 늘어지다. 가. 변방. 거의. 사수(四陲). 사방의 변경(邊境). 陲(수): 변방. 부근. 근처. 경계. 위태하다.

彈五絃之琴하시고 歌南風之詩하사 而天下治하니 其詩에 曰 南 風之薰兮여 可以解吾民之慍兮로다 南風之時兮여 可以阜吾民之財 兮로다 時에 景星이 出하고 卿雲이 興하니 百工이 相和而歌曰 卿 雲爛兮여 禮漫漫兮로다 日月光華朝復旦兮로다

治去聲 卿與慶同 和去聲 漫叶音縵

다섯줄의 거문고를 타고 남풍의 시를 노래하사 천하가 다스려지니 그 詩에 말하기를 "남풍의 훈훈함이여! 가히 우리 백성의 서운한 마음을 풀어주리로다. 남풍이 때에 맞게 불어옴이여! 가히 우리 백성의 재물을 풍족히 하리로다."하였 다. 그 때에 상서로운 별이 나타나고 상서로운 구름이 일어나니 모든 百官이 서 로 和答하며 노래하여 말하기를 "상서로운 구름이 빛남이여, 禮가 넘치는 도다. 해와 달이 빛나고 화려함이 아침이요 다시 아침이로다."하였다.

* 景星(경성): 상서로운 별. 태평성대(太平聖代)에 나타난다 함. 서성(瑞星). 덕성(德星). 和(화):

화응하다. 화답하다. 漫漫(만만): 성하고 성하다(衆盛貌). 넓어 끝이 없는 모양. 叶音(협음): 한자의 음을 협운(叶韻)에 따라 내는 음. 협운(叶韻)은 어떤 운의 문자를 임시로 다른 운으로 통용하는 일.

○慍은 含怒意요 阜는 厚也요 盛也라. ○慶雲은 五也니 祥雲也라 蓋王者制禮作樂하여 得天意면 則景星이 出하고 德이 至山陵이면 則卿雲이 興이라 百工은 百官也라 漫漫은 衆盛貌라

慍은 노여운 뜻을 품은 것이요, 阜는 두터웁고 성대함이다. 慶雲은 다섯 색깔의 구름이니 상서로운 구름이다. 대개 王者가 禮法을 만들고 音樂을 지어 天意를 얻으면 곧 景星이 나타나고 德이 山陵에 까지 이르면 곧 卿雲이 일어난다 한다. 百工은 百官이다. 漫漫은 많고 성대한 모습이다.

* 慶雲(경운): 경사스러울 조짐(兆朕)의 구름. 서광이 비칠 조짐(兆朕)이 있는 구름.

石氏 曰 南風之詩는 上之所以樂也요 卿雲之歌는 下之所以樂也니 君臣上下 各得其樂를 於此見矣라

石氏가 말하였다. "<南風之詩>는 임금이 즐거워하는 것이요, <卿雲之歌>는 아래 백성들이 즐거워하는 것이니 君臣과 上下가 각각 그 즐거움을 얻었다는 것을 여기에서 볼 수 있다."

舜의 子商均이 不肖어늘 乃薦禹於天이러니 舜이 南巡狩하샤 崩於蒼梧之野하시니 在位六十一載라 禹卽位하시니라

순의 아들 상균이 불초하여 마침내 禹를 하늘에 천거하였다. 순이 남쪽으로 순수(巡狩)하다가 창오(地名)의 들에서 崩御하시니 재위한지 61년이었다. 우가 즉위하였다.

* 巡狩(순수): 5년마다 천자가 제후의 나라를 두루 돌아다니며 살피던 일.

天子 適諸侯 曰 巡狩라 巡狩者는 巡行諸侯所守之土也니 詳見舜典이라 蒼梧는 山名이

라 亦曰 九堤니 在今道州寧遠縣南이라 舜墓在焉이라하고 孟子 謂舜卒於鳴條라 하여 與 此不同하니 未知孰是라

天子가 諸侯에 가는 것을 巡狩라 한다. 巡狩한다는 것은 諸侯들이 맡아 다스리는 땅을 巡行함이니 舜典에 자세하게 보인다. 蒼梧는 山名이다. 또한 九堤라고도 말하니 지금의 道州 寧遠縣 南쪽에 있다. 舜임금의 墓가 여기에 있다 하고, 孟子(離婁章句下 제1장)가 이르기를 舜임금이 鳴條에서 돌아가셨다 하여 이와 더불어 같지 않으니 무엇이 옳은지 알 수가 없다.

* 五帝(오제): 소호금천씨, 전욱고양씨, 제곡고신씨, 제요도당씨, 제순유우씨.

출전별 오제설(五帝說) 비교

출전서명(出典書名)	오제(五帝)
『상서(尙書)』 『제왕세기』 『십팔사략』	소호금천씨(少昊金天氏), 전욱고양씨(顓頊高陽氏), 제곡고신씨(帝嚳高辛氏), 제요도당씨제(帝堯陶唐氏), 제순유우씨(帝舜有虞氏)
『세본(世本)』 『대대례기(大戴禮記)』 『사기(史記)』「오제본기」	황제(黃帝), 전욱(顓頊), 제곡(帝嚳), 당요(唐堯), 우순(虞舜)
『예기(禮記)』 「월령(月令)」	태고(太皋: 복희), 염제(炎帝), 황제(黃帝), 소고(少皋), 전욱(顓頊)
『도장(道藏)』 「곤원성기(混元聖記)」	황제(黃帝), 소고(少皋), 제곡(帝嚳), 제지(帝摯), 제요(帝堯)
『황왕대기(皇王大紀)』	복희(伏羲), 신농(神農), 황제(黃帝), 당요(唐堯), 우순(虞舜)

4. 夏

夏時代 疆域圖

夏后氏라

하후씨라

夏는 禹有天下之號라 按三代컨대 夏獨言后氏者는 蓋舜은 帝也요 禹는 王也니 言后는 所以別於帝也라 舜禹는 俱祖顓頊이나 而舜은 虞氏요 禹는 夏氏니 言氏는 所以別其子孫之所自分也라

夏는 禹임금이 天下를 소유한 칭호이다. 三代를 살펴보건대 夏만 유독 后氏라 말한 것은 대개 舜은 帝이고 禹는 王이니, 后라 말한 것은 帝와 구별하려 한 것이다. 舜과 禹는 모두 顓頊을 조상으로 하였으나 舜은 虞氏이고 禹는 夏氏이니 氏라 말한 것은 그 子孫이 이로부터 나누인 것을 구별하려 한 것이다.

夏后氏禹는 姒姓이오 或曰名은 文命이니 鯀之子오 顓頊孫也라

하후씨 우(禹)는 사성(姒姓)이요. 혹 가로되 이름은 문명(文命)이니 곤의 아들이요 전욱의 손자이다.

陳氏 曰 命은 敎也라 言禹敷其文敎於四海하니 因以文命으로 爲禹名也라

陳氏가 말하였다. "命은 敎命이다. 禹가 四海에 그 文敎를 폈다고 말하였으니 因하여 文命으로 禹의 이름을 삼은 것이다."

愚按컨대 堯舜禹世系는 皆司馬遷所記요 而曾氏仍其舊焉이라 今以其說考之컨대 堯禹는 則是黃帝五世孫이요 而舜은 則是黃帝九世孫이니 堯 奚爲以二女로 下嫁五從姪하여 而安於同姓之無別乎아 且舜禹는 俱祖顓頊하니 而禹去顓頊才三世요 舜去顓頊遽七世니 亦不合事情이라 舜이 何由로 反先受堯禪而後에 傳禹乎아 大抵史遷이 以二帝三皇秦漢으로 俱祖黃帝하여 恐皆附會라 故로 其顚錯謬戾有如此者하니 豈可盡信哉아 堯舜禹之事는 乃聖人授受之大節이라 故로 予不可不辨이라

내가 살펴보건대 堯와 舜과 禹의 世系는 모두 司馬遷이 기록한 것이요 曾先之가 그 옛것을 거듭 인용한 것이다. 이제 그가 말한 것으로 상고해 보건대 堯와 禹는 곧 黃帝의 五世孫이요

舜은 곧 黃帝의 九世孫이니 堯가 어찌 두 딸로서 五從姪에게 시집보내고서 同姓의 분별이 없음을 편안이 여겼겠는가? 또한 舜과 禹는 모두 顓頊을 할아버지로 하였으니 禹는 顓頊과 떨어지기가 겨우 三世이고 舜은 顓頊과 떨어지기가 갑자기 七世이니 또한 事情에 합치되지 않는다. 舜이 무슨 연유로 도리어 먼저 堯에게 禪讓을 받은 뒤에 禹에게 전하였겠는가? 大抵 太史公 司馬遷이 二帝와 三皇과 秦과 漢으로써 모두 黃帝를 조상으로 하려고 하여 아마도 모두 附會한 것일 것이다. 때문에 그 顚錯謬戾한 것이 이와 같은 것이 있게 되었으니 어찌 다 믿을 수 있겠는가? 堯와 舜과 禹의 일은 곧 聖人들이 주고받은 큰 절차인지라 그러므로 내가 분별하지 않을 수가 없었다.

* 五從姪(오종질): 12촌 형제의 아들. 5대조로부터 나누어진 동항(同行)의 아들. 종질(從姪)은 4촌 형제의 아들. 당질(堂姪). 재종질(再從姪)은 재종(再從) 6촌 형제의 아들. 삼종질(三從姪)은 8촌 형제의 아들. 구촌 조카. 사종질(四從姪)은 10촌 형제의 아들.

　鯀이　陻洪水어늘　舜이　擧禹代之하시니　勞身焦思하사　居外八年에　過家門不入하시고　陸行乘車하시며　水行乘船하시고　泥行乘橇하시며　山行乘樏하샤　開九州하시고　通九道하시며　陂九澤하시고　度九山하여　告厥成功하시니　舜이　嘉之하샤　使率百官하여　行天子事하시니라

陻音因　思去聲　橇丘妖反　樏音菊　一作桕

　곤이 홍수를 흙으로 쌓아 막았으나 순이 우를 등용하여 그를 대신하게 하시니 몸을 수고롭게 하고 생각을 애태워서 밖에서만 기거한지 8년 만에 자신의 집 문 앞을 지나면서도 들어가지 못하셨다. 육지에 다닐 때는 수레를 타시며, 물에 다닐 때는 배를 타시고, 진흙 길에 다닐 때는 교(橇)를 신으며, 산에 다닐 때에는 국(樏)을 신고 다니시며, 9주를 열고 9주의 도로를 통하게 하시며, 9주의 못을 막으시고 9주의 산을 측량하시어 그 공이 이루어짐을 알리시니, 순이 가상히 여겨서 그로 하여금 百官을 거느리고 천자의 일을 섭행하게 하시었다.

* 陻(인): 막다. 흙으로 막다. 橇(교): 덧신. 진흙 위를 다닐 때 신 위에 덧신던 것. 썰매(취). 樏

(국): 덧신. 陂(피): 물을 막다. 비탈. 고개.

○湮은 塞也라 橇는 以板爲之하니 其狀如箕하여 橇行泥上이라 欙은 以鐵爲之하니 其狀如錐하여 施之履下하여 以山行不蹉跌也라 九道는 九州之路也라 陂者는 障而聚水也니 禹貢所謂雷夏旣澤彭蠡旣瀦之類 是也라 九山은 九州之山也니 禹貢所謂導岍及岐至于荊山之類 是也라 ○朱子 曰 鯀은 不順五行之性이라 築隄하여 以障潤下之水라 故로 弗績이어늘 禹는 則順水之性하여 而導之使下라 故로 成功이라 程子 曰 今河北有鯀이라하니 是亦其證也라

湮(인)은 막는다는 뜻이다. 橇는 나무 판으로써 이것을 만드니 그 형상이 마치 키(箕)와 같아서 처마(橘)처럼 펴서 진흙 구렁을 다닐 수 있다. 국(欙)은 쇠(鐵)로써 이것을 만드니 그 형상이 마치 송곳(錐)과 같아서 이것을 신발 아래에 얽어매서 山行할 때에 미끄러지지 않게 한 것이다. 九道는 九州에 난 길이다. 막는다는 것은 막아서 물이 모이게 한 것이니 禹貢에 이른바 '雷夏는 이미 못을 이루었고 彭蠡는 이미 물이 고였다'한 따위가 이것이다. 九山은 九州의 山이니 禹貢에 이른바 岍과 岐로 인도하여 荊山에 이르렀다 한 따위가 이것이다. 朱子가 말하였다. "鯀은 五行의 性情을 따르지 아니하고 제방을 쌓아서 흘러내려야 할 물을 막으려 한 때문에 공적을 이룰 수 없었고 禹는 곧 물의 性情을 따라서 그것을 아래로 흘러내리게 인도한 때문에 공을 이룰 수 있었다. 程子가 말하기를 '지금의 河北에 鯀이 있었다.' 하니 이 또한 그 증거이다.

* 錐(추): 송곳. 橘(적): 처마. 岍(견): 산 이름. 隄(제): 둑. 언덕. 다리. 瀦(저): 물이 고이다. 웅덩이.

舜이 崩하시니 禹避位於陽城이러시니 天下之人이 不歸舜之子而歸禹어늘 乃踐位하샤 水德으로 王하여 以寅月로 爲歲首하고 聲爲律하며 身爲度하고 左準繩이오 右規矩라 一饋에 十起하여 以勞天下之民하시고 出이라가 見罪人하시고 下車問而泣 曰 堯舜之人은 以堯舜之心으로 爲心이러니 寡人이 爲君에 百姓이 各自以其心으로 爲心하니 寡人이 痛之라 하시다

순이 崩御하시자 우가 제위(帝位)를 피하여 양성(陽城)에 이르니 천하의 사람

들이 순의 아들에게 귀의하지 않고 우에게 귀의하는지라 마침내 제위에 올라 수덕(水德)으로 왕이 되어 인월(寅月)로 세수(歲首)를 삼았다. 우임금의 목소리는 음률이 되며 몸은 법도가 되고 왼손은 수평기와 먹줄이 되고 오른손은 규(規)와 구(矩)가 되었다. 한번 진지를 올리는 사이에도 열 번을 일어나서 천하의 백성을 위로(慰勞)하셨다. 나가다가 죄인을 보고 수레에서 내려 연유를 묻고 울면서 말하기를 "요순(堯舜) 때 사람은 요순의 마음으로써 마음을 삼더니 과인이 임금이 됨에 백성들이 각자 그 마음으로써 마음을 삼으니 과인이 애통해 하는 것이다."라고 하였다.

* 饋(궤): 음식을 올리다. 대접하다. 準(준): 水準器, 수평을 잡는데 쓰는 것. 繩(승): 먹 줄. 規(규): 圓形을 그리는데 쓰는 자. 矩(구): 方形을 그리는데 쓰는 자. 寡人(과인): 덕이 적은 사람(寡德之人). 군주가 자신을 낮추어 이르는 말.

陽城은 嵩山下深谷中이니 可藏處也라 詳見孟子라 言禹發言은 應律呂하고 所行은 合尺度라 準은 平이요 繩은 直이요 規는 圓이요 矩는 方이니 皆法度之器라 言其動作威儀 皆可則象也라 勞는 去聲으로 下同하니 安慰也라 寡人은 寡德之人이니 謙辭也라

陽城은 嵩山의 아래 깊은 골짜기 속이니 은둔하여 살만한 곳이다. 孟子(萬章章句上 제6장)에 상세하게 보인다. 禹가 發言함은 律呂에 應하고 행하는 것은 자로 잰 듯 합치되었다고 말한 것이다. 準은 水平을 맞추고 繩은 곧게 맞추고 規는 圓을 그리고 矩는 네모지게 만드니 모두 法度의 器具이다. 그 動作과 威儀가 모두 본받을 만함을 말한 것이다. 勞는 去聲으로 아래에도 같으니 安慰함을 이른다. 寡人은 寡德之人이니 謙辭이다.

古有醴酪이러니 至禹時하여 儀狄이 作酒어늘 禹飮而甘之曰 後世에 必有以酒亡國者라 하시고 遂疏儀狄하시니라 收九牧之金하여 鑄九鼎하시니 三足이 象三德하여 以享上帝鬼神하시고 會諸侯於塗山하시니 執玉帛者萬國이러라

옛적에도 예(醴)와 락(酪)이 있었는데 우임금 때에 이르러 의적(儀狄)이 술(酒)을 만들었다. 우임금이 마셔보고는 감미롭다 여기고 말하기를 "후세에 반드시

술로써 나라를 망칠 자가 있겠다." 하시고 드디어 의적을 멀리 하였다. 구주 목백(장관)의 쇠를 거두어 구정(九鼎)을 주조하니 세발이 삼덕(三德)을 형상하여 상제와 귀신에게 제사를 올리고 제후를 도산(塗山)에서 회합하게 하니 옥백(玉帛)을 가지고 온 자 萬國이었다.

* 醴(예): 단술. 酪(락): 진한 유즙(乳汁). 식초. 玉帛(옥백): 다섯 등급의 규벽과 검정·분홍·황색의 비단. 위는 둥글고 아래는 네모진 모양으로 제후가 천자를 알현할 때에 갖는 옥(圭璧). 九鼎(구정): 아홉 주를 형상화한 것으로 나라에 전하는 보물. 三德(삼덕): 正直, 剛, 柔. 塗(도): 중국 安徽省에 있는 지명.

醴는 音이 禮이니 一宿成之酒也라 酪은 音이 洛이니 乳漿也라 疏는 疏로 同이니 言不親近也라 九牧은 九州牧伯也라 九鼎은 象九州하니 蓋烹飪之器로 而傳國之寶也라 三德은 謂正直也剛也柔也라 享은 祭也라 塗山은 在臨濠府鍾離縣西라 玉은 謂五等之圭璧也라 諸侯所執帛은 謂玄纁黃三色之幣帛也니 附庸所執이라

醴는 音이 禮이니 한편으로 宿成된 술이라 한다. 酪은 音이 洛이니 乳漿이다. 疏는 疏와 같으니 몸소 가까이 하지 않았음을 말한다. 九牧은 九州의 牧伯이다. 九鼎은 九州를 상징한 것이니 대개 삶고 익히는 器具로 나라에 전해 오는 보배이다. 三德은 正直과 剛함과 柔함을 이른다. 享은 祭祀함이다. 塗山은 臨濠府 鍾離縣의 西쪽에 있다. 玉은 五等의 圭璧을 이른다. 諸侯가 가져 온 바의 폐백은 玄·纁·黃 三色의 幣帛이니 附庸의 제후들이 가져온 것이다.

禹濟江하실새 黃龍이 負舟하니 舟中人이 懼어늘 禹仰天歎曰 吾受命於天하여 竭力以勞萬民하노니 生은 寄也오 死는 歸也라 하시고 視龍을 猶蝘蜓하샤 顔色을 不變하시니 龍이 俛首低尾而逝러라

우임금이 강을 건넘에 황룡이 배를 등에 지니 배 안 사람들이 두려워하거늘 우임금이 하늘을 우러러 보고 탄식하여 말하기를 "내가 명을 하늘에서 받아 힘을 다하여서 모든 백성을 위로 하노니 사는 것은 더부살이 하는 것이요, 죽는 것은 귀의하는 것이다."하고 용을 보기를 언정(蝘蜓)과 같이 하여 얼굴빛을 변하지 않으니 용이 머리를 숙이고 꼬리를 내리고 가버렸다.

* 蝘蜓(언정): 석척(蜥蜴). 일명 수궁(守宮). 용에 뿔이 없고, 뱀에 다리가 있는 것. 모양이 도마뱀과 비슷하고 천장, 바람벽 사이에 삶. 蝘(언): 수궁(守宮). 도마뱀 비슷한 파충류. 매미의 하나. 두더지. 蜓(정): 수궁(守宮). 잠자리. 씽씽매미. 蜥(석): 도마뱀. 蜴(척): 도마뱀. 속이다. 기만하다.

猶는 如也라 蝘蜓은 音이 偃挺이니 蜥蜴也요 一名 守宮이니 謂龍而無角이요 謂蛇而有足也라

猶는 같다는 뜻이다. 蝘蜓은 音이 언정이니 蜥蜴을 이른다. 一名 守宮이라고도 하니 龍처럼 생겼으나 뿔이 없는 것을 이르기도 하고, 뱀처럼 생겼으나 발이 있는 것을 이르기도 한다.

南巡至會稽山而崩하시니 子啓賢하여 能繼禹道하니라 禹嘗薦益於天이러니 謳歌 朝覲者不之益而之啓 曰 吾君之子也라 하니 啓遂立하다

潮音朝

남쪽으로 순수(巡狩)할 때 회계산에 이르러 붕하니 아들 계(啓)가 어질어 능히 우의 도를 이었다. 우임금이 일찍이 익(益)을 하늘에 천거하였는데 구가(謳歌)하고 조근(朝覲)한 자들이 익에게 가지 않고 계에게 가서 말하기를 "우리 임금의 아들이다."하니 계가 드디어 즉위하였다.

會는 音이 檜요 稽는 音이 笄니 在今紹興府라 孔子 曰 唐虞禪과 夏后殷周繼는 其義一也라 孟子 曰 天與賢則與賢하고 天與子則與子라 詳見孟子本文이라

會는 音이 회요 稽는 音이 계니 회계는 지금의 紹興府에 있다. 孔子께서 말씀하시기를 "唐虞가 禪讓함과 夏后와 殷과 周가 자식으로서 繼承함은 그 뜻이 한가지이다."라고 하셨다. 孟子가 말하기를 "하늘이 어진 이에게 주게 하면 어진 이에게 주고 하늘이 자식에게 주게 하면 자식에게 준다."고 하였다. 孟子 本文(萬章章句上 제6장)에 자세하게 보인다.

有扈氏無道어늘 啓討之于甘하다 啓崩하고 子太康이 立하여 盤遊弗返이어늘 有窮后羿 立其弟仲康而專其政하니 羲和 黨於羿어늘 胤侯 承王命하여 征之하니라 仲康이 崩하고 子相이 立하니 羿弑相하고 篡立이러니 嬖臣寒浞이 又殺羿自立하니라 相之后는 有仍國君女也라 方娠하여 奔有仍而生少康이러니 其後에 少康이 有田一成하고 有衆一旅하여 因夏舊臣靡하여 舉兵滅浞而復禹之績하니라

相去聲 篡初患反 浞食角反

　유호씨가 무도하거늘 계(啓)가 그를 감(甘)에서 토벌하였다. 계가 崩御하고 아들 태강(太康)이 즉위하여 즐겁게 놀기만 하고 돌이키지 아니하거늘 유궁국(有窮國)의 임금 예(羿)가 그 아우 중강(仲康)을 세우고 그 정치를 전제(專制)하니 희 씨와 화 씨가 예에 편들거늘, 윤나라 후작이 왕명을 받들어 그를 정벌하였다. 중강이 崩御하고 아들 상이 즉위하니 예가 상을 시해하고 찬탈하여 즉위하였다. 폐신(嬖臣) 한착이 또 예를 죽이고 스스로 즉위 하였다. 상의 비는 유잉국(有仍國) 임금의 딸이다. 바야흐로 임신하여 유잉으로 망명하여 소강(少康)을 낳았다. 그 후에 소강이 땅 십리를 이루어 소유하고 무리 오백 명을 두어서 하우 씨의 옛 신하 비(靡)로 인하여 군대를 일으켜 착을 멸하고 우의 공적을 부흥시켰다.

* 盤遊(반유): 즐거이 놀음. 專制(전제): 혼자 마음대로 결정하고 처리함. 一成(일성): 10리. 一旅(일려): 500명 정도. 篡立(찬립): 임금의 자리나 국가 주권 따위를 빼앗아 즉위함. 찬탈(篡奪). 嬖臣(폐신): 아첨하여 임금의 신임을 받는 신하.

　扈는 音이 戶이니 夏同姓之國이라 甘은 地名이니 在扶風鄠縣이라 事見書甘誓傳文이라 羿는 音이 詣요 胤은 音이 印이이라

扈는 音이 호이니 夏나라와 同姓의 나라이다. 甘은 地名이니 扶風 鄠縣에 있다. 事實이 書經 甘誓의 傳文에 보인다. 羿는 音이 예요 胤은 音이 인이다.

* 鄠(호): 땅이름. 하나라 때의 호국(扈國). 羿(예): 사람이름.

○窮은 國이요 后는 君也라 羲氏和氏는 夏合爲一官也라 胤은 國이요 侯는 爵也라 事見書胤征篇이라

窮은 國名이고 后는 임금이란 뜻이다. 羲氏와 和氏는 夏나라 때에 한 관직으로 합친 것이다. 胤은 나라이고 侯는 爵位이다. 事實이 書經 胤征篇에 보인다.

○下殺上 曰 弑요 逆而奪取之 曰 纂이라 嬖는 寵幸也라 寒은 姓이요 浞은 名也라 鄒氏 曰 王相立二十八年에 爲羿浞所弑하니 夏統中絶者 四十年이라

아래가 위를 죽이는 것을 弑라 하고, 거스려 奪取함을 纂이라 한다. 嬖는 특별(特別)한 은총이다. 寒은 姓이요 浞은 이름이다. 鄒氏가 말하기를 "王相이 즉위한지 28年 만에 羿와 浞에게 시해를 당하였으니 夏나라의 宗統이 중간에 끊어진 것이 40年이다."라고 하였다.

○按컨대 纂弑之亂이 始此라 娠은 音이 申이니 孕也라 十里地爲成이요 五百人爲旅라 靡는 臣名이라 積은 功也라

살펴보건대 찬탈하고 시해하는 환란이 이때부터 시작된 것이다. 娠은 音이 신이니 孕胎하다는 뜻이다. 十里의 땅을 成이라 하고 五百人을 旅라 한다. 靡는 臣名이다. 積은 功積이다.

自少康以來로 歷王杼 王槐 王芒 王泄 王不降 王扃 王廑하여 至 王孔甲하니 好鬼神 事淫亂하여 夏德이 衰라 天降二龍하여 有雌雄하니 陶唐氏之後에 有劉累者하여 學擾龍하여 以事孔甲하니 賜之 姓御龍氏러니 龍一雌 死어늘 潛醢하여 以食孔甲이러니 復求之한 대 累懼而逃하니라

好去聲 累力鬼反 擾音遶 醢音海 食音似 復扶又反

　소강으로부터 이래로 왕저, 왕괴, 왕망, 왕설, 왕불항, 왕경, 왕근을 지나 왕공갑에 이르니 귀신(鬼神)을 좋아하고 음란(淫亂)함을 일삼아서 하나라의 덕이 쇠하여졌다. 하늘에서 두 마리 용이 내려와 암컷과 수컷이 있었으니 도당씨 이후에 유루라는 자가 있어 용을 길들이는 것을 배워 이로써 공갑을 섬기니 공갑이 어룡씨라는 姓을 주었다. 용 암컷 한 마리가 죽자, 몰래 육장(肉醬)을 담아 공갑에게 먹게 하였는데 공갑이 다시 그것을 찾으니 유루가 두려워 달아났다.

* 厪(근): 겨우. 작은 집. 소옥(小屋).

　○擾는 謂馴其性而豢養之也라 醢는 肉醬也라 言累藏龍以爲醢하여 以食孔甲하니 孔甲이 旣饗하고 復求致龍이나 乃不能致龍이라 故로 懼而逃라

　擾는 그 성정을 길들이고 사육하여 기르는 것을 이른다. 醢는 肉醬이다. '유루가 용을 갈무리하여 육장을 만들어 孔甲에게 먹이니 孔甲이 이미 맛보고는 다시 용을 받치기를 원하니 이에 용을 받칠 수 없는지라 두려워서 도망한 것'을 말한 것이다.

* 豢(환): 기르다. 곡식으로 가축을 기르다.

　孔甲之後에 歷王皐 王發하여 至王履癸하니 號爲桀이라 貪虐하고 力能伸鐵鉤索이러라 伐有施氏하니 有施以末喜로 女焉하니 有寵하여 所言을 皆從하여 爲瓊宮瑤臺하고 殫民財하여 肉山脯林하고 酒池可以運船하고 糟堤可以望十里하니 一鼓而牛飮者 三千人이라 末喜以爲樂하니 國人이 大崩이라 湯이 伐夏하신대 桀이 走鳴條而死하니 夏爲天子一十七世에 凡四百五十八年이러라

　女去聲 殫音丹 樂音洛

공갑 이후에 왕고와 왕발을 지나 왕이계(王履癸)에 이르니 부르기를 걸이라 하였다. 탐욕스럽고 잔학하며 힘이 능히 쇠로 꼰 동아줄을 펼 수 있었다. 유시씨를 정벌하니 유시씨가 말희로써 桀에게 받쳐 아내를 삼게 하니 총애(寵愛)하여 말하는 바를 모두 따르고 경궁(瓊宮)과 요대(瑤臺)를 만들고 백성들의 재물을 다 거두어 고기는 산을 이루고 포는 숲을 이루고 술은 못을 만들어 가히 배를 운항할 만하고, 술지게미는 언덕을 이루어 가히 십리를 바라보니 한번 북을 치면 소처럼 엎드려 마시는 자가 3천명이나 되었다. 말희는 이로써 즐거움을 삼았으니 백성들이 크게 무너졌다. 탕(湯)이 하(夏)를 정벌함에 걸(桀)이 명조(地名)로 달아나다가 죽으니 夏가 天子가 된지 17世에 무릇 458년이었다.

* 伸鐵鉤索(신철구삭): 쇠로 꼰 동아줄(쇠사슬)을 펴는 것. 會稽山(회계산): 浙江省(절강성)에 있는 山名. 瓊宮瑤臺(경궁요대): 옥으로 장식한 아름다운 궁전과 누대.

末은 外紀에 作妹이라 ○諡法에 賊人多殺 曰 桀이라하니 說見唐紀라 施는 國名이니 當時 諸侯라 以女與人 曰 女라 乾肉 曰 脯이니 山林喻其多也라 堤亦作隄이니 言累槽如 隄防之高十里로 可望見之也라 牛飮은 謂低頭就池하여 飮酒如牛飮水라 然이나 山壞曰崩 이니 言人心離叛如山崩而不可救也라 鳴條는 地名이니 在安邑西라 不曰崩而曰死는 蓋貶 之也라

末은 『外紀』에 妹이라 하였다. 諡法에 사람을 해쳐 많이 죽이는 것을 桀이라 한다 하였으니 말이 『唐紀』에 보인다. 施는 國名이니 當時의 諸侯이다. 딸로써 남에게 줌을 시집보낸다고 한다. 乾肉을 脯라 하니 山林에 비유한 것은 그것이 많다는 뜻이다. 堤는 또한 隄라 하니 지게미가 쌓인 것이 마치 隄防의 높이가 十里로 멀리 바라볼 수 있음을 말한 것이다. 牛飮은 머리를 낮추어 못에 나아가 술을 마시는 것이 마치 소가 물을 마시는 것 같음을 이른다. 그러나 山이 무너지는 것을 崩이라 말하니 人心이 離叛하는 것이 마치 山이 무너지는 것과 같아서 구할 수 없음을 말한 것이다. 鳴條는 地名이니 安邑의 西쪽에 있다. 崩이라 말하지 않고 死라 말한 것은 대개 貶下한 뜻이다.

* 妹(말): 여자의 자. 唐紀(당기): 『자치통감』에서 당나라의 역사를 기록한 명칭. 통감절요는 중국 송(宋)나라 강지(江贄)의 역사서로 사마광(司馬光)의 자치통감(資治通鑑)을 간추린 것으로 그의 호를 따서 소미가숙(小微家塾)통감절요 또는 소미통감 이라고도 한다. 총 294권 되는 자

치통감은 분량이 많아 모두 읽기에 어려움이 있어 학자들에 의해 취요(取要) 작업이 이루어졌으나 너무 생략되거나 복잡하였다. 이에 강지가 주기(周紀) 5권을 2권으로, 진기(秦紀) 40권을 5권으로, 당기(唐紀) 81권을 14권으로, 송기(宋紀)·제기(齊紀)·양기(梁紀)·진기(陳紀)·수기(隋紀)·후량기(後梁紀)·후주기(後周紀) 등을 각 1권으로 줄여 전체 50권 분량으로 추린 것이다. 그러나 이 책은 당시에는 널리 알려지지 않고 강씨의 가숙(家塾)에서만 전해지다가 주자가 매우 높이 평가하면서 알려지게 되었다.

雙峯胡氏 曰 舜之稱禹有曰 地平天成하여 六府三事允治하니 萬世永賴 時乃功이라하니 謂宜禹有天下에 子孫世守而不失也라 然이나 再傳而太康失邦하고 四傳而王相滅國하니 人孰不以爲天之不可必也아 然이나 少康은 以遺腹子로 羈旅遺竄之餘에 有田一成하고 有衆一旅하여 輔以遺臣靡하니 卒能復禹之績이라 祀夏配天하고 不改舊物이러니 誠以禹之 功大德茂라 故로 天陰隲於冥冥之中也邪아 嗚呼라 以一太康而失邦하고 以一王相而滅國하고 又以一少康而中興하니 栽培傾覆이 固天道之常이요 亦存乎其人耳니 未可專論其世也라 有天下者는 尙鑑乎玆라

雙峯胡氏가 말하였다. '舜이 禹를 칭송함이 있어 말하기를 '땅은 均平해 지고 天道가 이루어 져 六府와 三事가 진실로 다스려졌으니 萬世토록 길이 힘입음이 이것이 곧 너의 공이다.'라고 하였으니, 이르기를 '마땅히 禹가 天下를 둠에 子孫들이 세세토록 지켜서 잃지 않았다.'라고 해야 할 것이나, 그러나 두 번 전함에 太康이 나라를 잃고, 네 번 전함에 王相이 나라를 滅亡시켜버렸으니 사람마다 누구라도 천명은 가히 기필하지 못할 것이라 여기지 않겠는가? 그러나 少康은 遺腹子로서 羈旅하고 遺竄한 나머지 땅 一成을 두었고 무리 一旅를 두어 遺臣 靡로 보필하게 하였으니 마침내 禹의 공적을 회복하여 夏나라를 하늘에 배향하여 제사하고 옛일을 고치지 않았으니 진실로 禹의 공적이 크고 德이 무성해졌다고 할 수 있다. 그러므로 天陰이 어둡고 어두운 속에서 틈이 나는 것인가? 아아! 한 번은 太康 때문에 나라를 잃고 한 번은 王相 때문에 나라를 멸하고 또 한 번은 少康 때문에 中興하니 심고 북돋우고 기울고 엎어버림이 진실로 天道의 떳떳함이요, 또한 그 사람에게 달려 있을 뿐이니 그 세대를 오로지 論하지는 못할 것이다. 天下를 소유한 자는 오히려 이 이치를 살펴보아야 할 것이다.

* 夏 왕조 때부터 世襲王朝가 됨. 六府三事(육부삼사): 나라에 和가 이루어지면 九歌가 절로 나타나는데 구가는 六府와 三事를 합한 九功의 다른 말이다. 여기서 육부와 삼사는 윗자리에 있는 사람이 여러 생활상에서 모범을 보여야 함을 강조한다. 九德은 九功의 德으로 水·火·木·金·土 穀의 六府와 正德·利用·厚生의 三事가 잘 이루어지는 것을 가리킨다. 羈旅(기려): 기려지신

(羈旅之臣). 다른 나라에서 와서 우거(寓居)하며 객원(客員)으로 있는 신하. 기신(羈臣). 遺竄(유찬): 天陰(천음): 가을의 별자리인 묘수에 속해있는 별자리. 음양오행설에 의하면 양(陽)은 남자를, 음(陰)은 여자를 뜻한다. 천음(天陰)은 하늘의 음(陰)을 말하니 이 역시 여인과 관계가 있는 별이다. 별이 다섯 개로 이루어져 있어 오행을 뜻하는 것으로 보기도 한다. 또 하늘나라 임금을 따라 신하가 사냥을 나갔다가 음모를 꾸밀 때 이를 막아주는 별로 보기도 했다.

5. 殷

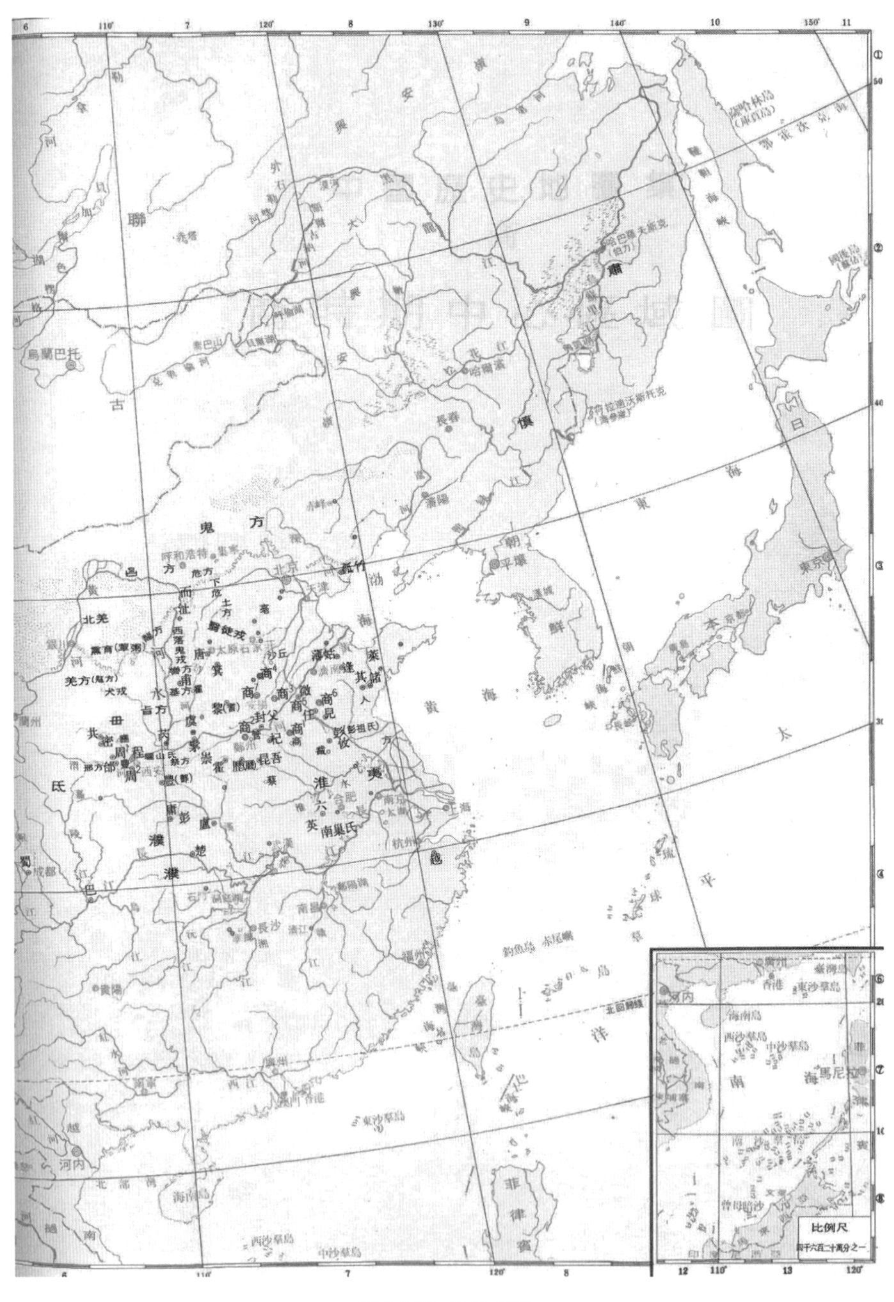

殷時代　疆域圖

殷이라

은이라

契이 始封商하니 成湯이 因以爲有天下之號也라 至盤庚하여 遷亳殷이러니 始號殷하고 或殷商並稱也러라

契이 처음으로 商에 封하여 졌으니 成湯이 이로 因하여 天下를 소유한 이름으로 삼았다. 盤庚에 이르러 亳에서 殷으로 천도하니 비로소 은이라 불렀고 或은 殷商이라 並稱하기도 하였다.

* 契(설): 사람 이름.

殷王成湯은 子姓이니 名은 履오 其先은 曰契이니 帝嚳의 子也라 母簡狄은 有娀氏女이니 見玄鳥墮卵하고 呑之生契하여 爲唐虞司徒하여 封於商하고 賜姓이라 傳昭明 相土 昌若 曹圉 曰冥 曰振 曰微 曰報丁 報乙 報丙 主壬 主癸하니 主癸의 子天乙이 是爲湯이라 始都亳하다

은나라 왕 성탕은 자성이니 이름은 리요, 그 선조는 설이니 제곡의 아들이다. 어머니 간적은 유융씨의 딸이니 玄鳥(제비)가 알을 떨어뜨리는 것을 보고 그것을 삼켜 설을 낳았다. (설은) 요 임금과 순 임금 때에 사도(司徒)가 되어 상(商)에 봉해지고 姓을 하사 받았다. 소명과 상토와 창약과 조어와, 명, 진, 미, 보정, 보을, 보병, 주임, 주계에 전하니, 주계의 아들 천을이 곧 탕이다. 비로소 박(亳)에 도읍을 정했다.

* 司徒(사도): 교육을 담당하는 관리(掌敎之官). 娀(융): 여자이름. 설의 어머니.

契音屑 娀音嵩 卵魯管切 相去聲 圉音女 莘所臻反 復扶又反 下並同

湯은 號也니 武功成이라 故로 曰成湯이라 ○朱子曰 玄鳥는 鳦也니 春分에 玄鳥 降이
라 高辛氏之妃 簡狄이 祈于郊禖할새 鳦遺卵이어늘 簡狄이 呑之하고 而生契也라 司徒는
掌敎之官이라 商은 州名이니 屬今陝西라 以呑卵而生이라 故로 賜子姓이라

.湯은 號이니 武功으로 成就하였으므로 成湯이라 한 것이다. 朱子가 말하였다. "玄鳥는 제비이
니 春分에 玄鳥가 내려온다. 高辛氏의 妃 簡狄이 郊禖에 기도할 때에 제비가 알을 빠뜨리거늘
簡狄이 이것을 삼키고서 契을 낳았다. 司徒는 교육을 맡은 관직이다. 商은 州 이름이니 지금의
陝西에 屬한다. 알을 삼켜서 낳았다 하여 子姓을 하사하였다

* 鳦(을): 제비. 禖(매): 천자가 아들을 얻기 위해 드리는 제사. 또는 그 신.

使人으로 以幣로 聘伊尹于莘하여 進之夏하니 桀이 不用이어늘 尹이 復歸湯하여 如是者五러라 桀이 殺諫者關龍逢이어늘 湯이 使 人哭之하니 桀이 怒하여 召湯囚夏臺러니 已而오 得釋하니라

逢音旁

사람으로 하여금 폐백으로써 이윤을 신(莘)땅에서 맞아 하나라에 천거 하니 걸이 쓰
지 아니했다. 이윤이 다시 탕에게 돌아갔는데 이 같이 한 것이 다섯 번 이나 되었다.
걸이 간(諫)하는 사람 관용방을 죽이거늘 탕이 사람으로 하여금 곡(哭)을 하게 하니, 걸
이 분노하여 탕을 불러 하대에 가두더니 이윽고 석방되었다.

* 莘(신): 긴 모양. 많다. 족두리. 關龍逢(관용방): 桀王때의 충신. 逢(방): 막다. 夏臺(하대): 夏의
  獄 이름. 殷은 羑里(유리). 周는 圜土(환토). 秦은 囹圄(영어). 已而(이이): 이윽고.

○伊尹의 名은 摰라 莘은 國名이니 在汴州陳留縣이라하고 或曰 在同州郃陽縣이라하
다 ○夏臺는 夏獄名이니 殷曰羑里요 周曰圜土요 秦曰囹圄라 釋은 放也라

伊尹의 名은 摰이다. 莘은 나라 이름이니 汴州 陳留縣에 있다 하고, 어떤 이가 말하기를 同
州 郃陽縣에 있다고 하였다. ○夏臺는 夏나라 獄名이니 殷나라는 羑里라 하고 周나라는 圜土라
하였고, 秦나라는 囹圄라 하였다. 釋은 풀려난 것이다.

* 莘(신): 족두리풀. 긴 모양. 많다. 汴(변): 내 이름. 하남성의 딴 이름. 邰(태): 나라이름. 羑
(유): 착한 말을 하다. 유리.

湯이　出이라가　見有張網四面而祝之　曰　從天降하고　從地出하며
從四方來者皆罹吾網하라　하고　湯이　曰　噫라　盡之矣라　하시고　乃
解其三面하고　改祝　曰　欲左어든　左하고　欲右어든　右하라　不用命
者는　入吾網하라　하시니　諸侯聞之하고　曰湯德이　至矣로다　及禽獸
라　하더라　伊尹이　相湯伐桀하여　放之南巢하니　諸侯尊湯爲天子하
여　金德으로　王하고　以丑月로　爲歲首하다

　탕이 나가다가 그물을 사면에 펼치고 빌기를 "하늘로부터 내려오고 땅으로부
터 나오며 사방으로부터 오는 놈은 다 내 그물에 걸려라" 라고 말하는 이가 있
음을 보고, 탕이 다음과 같이 말하였다. "아, (새가) 다 없어지겠구나."하고 이에
그 삼면을 풀고 고쳐 빌어 말하기를 "左로 가고자 하면 좌로 가고 右로 가고자
하거든 右로 가라. 명하는 대로 하지 않는 자는 내 그물에 걸려들어라." 하였다.
제후가 듣고 말하기를 "탕의 덕이 지극하다. 금수에게까지 미쳤다." 하였다. 이
윤이 탕을 도와 걸을 정벌하여 남소로 추방하니 제후가 탕을 높여 천자를 삼아
금덕(金德)으로 왕을 하고 축월로써 세수를 삼았다.

* 罹吾網(이오망): 내 그물에 걸려들다. 南巢(남소): 安徽省에 있던 지명.

　罹는　音이　离이니　遭也라　噫는　音이　希니　歎辭라　至는　極也라　言컨대　禽獸欲從左去
者則左之하고　欲從右去者則右之하라　但不用命者는　乃入吾網하라　하니　此는　可見仁人之
本心矣라　小者命此하니　大者可知요　待物如此하니　待人可知라

　罹는　音이　离이니 '만나다, 걸리다.' 라는 뜻이다. 噫는　音이　希니　歎辭이다. 至는　至極하다는
뜻이다. 말하건대 '禽獸들 중에　左로부터 가고자 하는 놈은　左로 가고　右로부터 가고자 하는
놈은　右로 가라. 나만 내 명을 따르지 않는 놈은 곧 내 그물에 걸려들 것이다.' 라고 한 것이다.
이는 어진 사람의　本心을 볼 수가 있다. 작은 것에도 이렇게 명하였으니 큰 것에 어떠하였을

것인지를 알 수 있고, 미물을 대함에 이와 같았으니 사람을 대함에 어쩌하였을 것인지를 알 수 있을 것이다.

蔡氏 曰 盧江六縣에 有居巢城하니 今無爲州 巢縣이 是也라 桀이 奔於此는 因以放之라

蔡氏가 말하였다. "盧江의 六縣에 居巢城이 있었으니 지금의 無爲州 巢縣이 이곳이다. 桀이 이곳으로 도망하였다 함은 이곳으로 추방한 때문이다.

* 無爲州(무위주): 지금의 安徽省 無爲縣.

楊氏 曰 伊尹之相湯은 以三聘之勤也라 其就桀也는 湯進之也니 湯豈有伐桀之意哉리오 其進伊尹以事之也는 欲其悔過遷善而已라 伊尹既就湯은 則以湯之心으로 爲心矣라 及其終也에 人歸之하니 天命之不得已하여 而伐之耳라 若湯이 初求伊尹하여 卽有伐桀之心하고 而伊尹遂相之하여 以伐桀이면 則是는 以取天下로 爲心也라 以取天下로 爲心이면 豈 聖人之心哉아

楊氏가 말하였다. "伊尹이 湯임금을 도운 것은 三聘의 일 때문이다. 그가 桀에게 나아간 것은 湯이 그를 천거한 것이니 湯이 어찌 桀을 치려는 뜻을 두었으리요. 그가 伊尹을 천거하여 桀을 섬기게 한 까닭은 그가 허물을 뉘우치고 선으로 바뀌게 하고자한 것뿐이다. 伊尹이 이미 湯에게 나아간 것은 湯의 마음으로써 마음을 삼았기 때문이다. 그 종국에 이름에 인민들이 그에게 귀의하니 天命이 不得已하여서 桀을 친 것일 뿐이다. 만약 湯이 처음부터 伊尹을 얻어서 곧 桀을 치려는 마음을 두었고 伊尹이 드디어 그를 도와 桀을 쳤다면 곧 이것은 天下를 取하려는 것으로 마음을 삼은 것이다. 天下를 取하려는 것으로 마음을 삼은 것이라면 어찌 聖人의 마음이라 할 수 있겠는가?

* 三聘之勤(삼빙지근): 세 번 부른 일. '임금이나 윗사람이 특별히 신임하거나 우대하는 일'을 이르는 말. 삼문(三問), 삼고(三顧), 삼성(三省) 등과 함께 쓰임.

大旱七年이러니 太史占之 曰 當以人禱라하여늘 湯이 曰 吾所爲 請者는 民也라 若必以人禱인댄 吾請自當하리라 하시고 遂齋戒하

샤 剪爪斷髮하시고 身嬰白茅하샤 以身爲犧牲하여 禱于桑林之野하
실새 以六事로 自責 曰 政不節歟아 民이 失職歟아 宮室이 崇歟아
女謁이 盛歟아 苞苴行歟아 讒夫昌歟아 하니 言未已에 大雨方數千
里러라

큰 가뭄이 7년이러니 태사(太史)가 점을 쳐 말하기를 "마땅히 사람 제물로 기
도 하라." 하거늘 탕이 말하기를 "내가 위하여 청하는 것은 백성을 위함이다.
만일 반드시 사람의 제물로 기도해야한다면 내가 스스로 당하기를 청하리라."하
고 드디어 재계 하여, 손톱을 자르고 터럭을 끊고 몸에 흰 띠 풀을 두르고 자신
으로서 희생을 삼아 상림의 들에서 빌 때 6가지 일로써 자신을 책망하여 말하
기를 "정사가 절도에 맞지 않았는가. 백성이 직분을 잃었는가? 왕실이 높았는
가? 대궐(大闕) 안에서 정사(政事)를 어지럽게 하는 여인을 통한 청탁(女謁)이
성행하였는가? 뇌물이 성행했는가? 참소하는 사람이 많았는가?"하니 말을 마치
기도 전에 큰 비가 바야흐로 수 천리에 내렸다.

* 身嬰白茅(신영백모): 몸에 흰 띠를 두름. 齊戒(제계): 제사 할 때 심신을 깨끗이 하고 음식을
  가려먹는 등의 금기하는 것. 太史(태사): 천문을 관장하는 관리(掌天文之官). 女謁(여알): 대궐
  (大闕) 안에서 정사(政事)를 어지럽게 하는 여자(女子). 부녀자들의 청탁. 苞苴(포저): 뇌물의 성
  질을 띠고 사사로 보내는 물건. 苞(포): 선물을 보낼 때 짚으로 싸는 것. 포장한 꾸러미. 苴
  (저): 짚을 밑에 까는 것. 포개어진 꾸러미.

所爲之爲는 去聲이요 斷의 音은 短이요 苴는 子余反이라 ○太史는 官名이니 今欽天
監官也라 人禱는 謂殺人以祭也라 所爲請은 言爲民而請雨也라 嬰은 繞也라 不節은 謂政
事不簡이요 失職은 謂民生不遂요 女謁은 婦女請託也라 裹曰苞요 藉曰苴니 謂賄賂也라
讒夫昌은 謂佞人盛多也라

所爲의 爲는 去聲이요 斷의 音은 短이요 苴는 子와 余의 反이라 太史는 官名이니 지금의 欽
天監의 監官이다. 人禱는 사람을 죽여서 祭를 올리는 것을 이른다. 所爲請은 백성을 위하여 비
를 청함을 말한 것이다. 嬰은 휘둘러 감은 것이다. 不節은 政事가 간략하지 못함을 이른 것이
요, 失職은 백성의 삶이 이루어 지지 않음을 이른 것이요, 女謁은 婦女들을 통한 請託을 이른

다. 포장하여 싸는 것을 苞라 하고 밑에 까는 것을 苴라 하니 賄賂를 이른다. 讒夫昌은 아첨하는 사람들이 盛多함을 이른다.

* 爲(위): 去聲일 때는 '돕다, 위하다, 보답하다, 장차, 때문'등의 뜻으로 쓰인다. 欽天監(흠천감): 1370년 이래 설치(設置)된 명(明)나라·청(淸)나라 때의 국립(國立) 천문대(天文臺). 천문(天文) 계산(計算)·기상 현상(現狀)의 관측(觀測)·기록(記錄)을 관장함. 이전(以前)의 대사국(大史局)·대사원(大史院)·사천감(司天監)에 해당(該當)함. 藉(자): 깔다. 빌다. 갈다. 의뢰하다. 이바지하다. 온화하다. 위로하다. 돕다. 깔개. 자리. 가령 음이 (적)일 때는 짓밟다. 밟다. 범하다. 업신여기다. 왁자하다. 적전. 끈.

　湯이　崩하시니　太子太丁은　早卒하고　次子外丙이　立二年에　崩하고　弟仲壬이　立四年에　崩하니　太丁之子太甲이　立하여　不明이어늘　伊尹이　放之桐宮이러니　居憂三年에　悔過自責이어늘　尹이　乃奉歸亳하여　修德하니　諸侯歸之러라

　탕이　崩御하니 태자인 태정은 일찍 죽고 차자인 외병은 즉위한지 2년 만에 崩하고 아우 중임은 즉위한지 4년 만에 崩하니 태정의 아들 태갑이 즉위하여 현명치 못하므로 이윤이 동궁(桐宮)에 추방하니 머물러 3년의 喪을 치르게 함에 과오를 후회하고 자책하므로 이윤이 이에 받들어 박에 돌아가 덕을 닦게 하니 제후들이 그에게 돌아갔다.

* 居憂(거우): 상제로 있는 동안. 桐宮(동궁): 탕의 묘소가 있는 곳. 桐宮(동궁): 탕의 묘소가 있는 곳.

　禮記에　云하되　大夫　死曰卒이라　하니　太丁未立而卒이라　故로　亦稱卒이라　不明은　謂昏暗이니　所謂顚覆湯之典刑이　是也리　桐은　湯墓所在니　伊尹이　營宮하고　放太甲於此하니　太甲은　爲仲壬後라　故로　爲居喪三年이라

　『禮記』에 이르되　大夫가 죽으면 卒이라 하니 太丁이 미처 즉위하지 못하고 죽었으므로 또한 卒이라 칭한 것이다. 不明은 昏暗함을 이르니 이른바 '湯의 典刑을 顚覆하였다.' 한 것이 이것이

다. 桐은 湯의 墓가 있는 곳이니 伊尹이 宮을 짓고 太甲을 이곳에 쫓아 있게 하였으니 太甲은 仲壬의 後가 되므로 居喪을 三年동안 하게 한 것이다.

　公孫丑 曰 伊尹曰 予는 不狎于不順이라하고 放太甲于桐한대 民大悅하고 太甲이 賢이어늘 又反之한대 民이 大悅하니 賢者之爲人臣也에 其君不賢이면 則固可放與잇가 孟子 曰 有伊尹之志면 則可커니와 無伊尹之志면 則簒也니라

　公孫丑가 말하였다. "伊尹이 말하기를 '나는 도리를 따르지 않은 이에게 익숙하지 않다.'하고 太甲을 桐에다 쫓으니 백성들이 크게 기뻐하였고, 太甲이 어질어지자 또 그를 돌아오게 하니 백성들이 크게 기뻐하였습니다. 賢者가 人臣이 되어 그 임금이 어질지 못하면 진실로 추방할 수 있는 것입니까?" 孟子가 대답하였다. "伊尹의 뜻이 있으면 가하거니와 伊尹의 뜻이 없으면 簒逆이 되는 것이다."(진심장 하)

* 狎(압): 익숙하다.

　自太甲으로 歷沃丁 太庚 小甲 雍己하고 至太戊하여 亳有祥桑穀하니 共生于朝하여 一日暮에 大拱이라 伊陟이 曰 妖不勝德하나니 君其修德하소서 太戊修先王之政하니 三日而祥桑이 枯死하고 殷道復興하니 號稱中宗이러라

　戊音茂 朝音潮

　태갑으로부터 옥정과 태경과 소갑과 옹기를 지나고 태무에 이르러 박(亳)에는 괴이한 뽕나무와 닥나무가 있었으니 아침에 함께 돋아나 하루해가 저물녘에 한 아름의 둘레가 되었다. 이척(伊陟)이 말하였다. "괴이함은 덕을 이기지 못하니 임금께서는 덕을 닦으소서." 태무가 선왕의 정사를 닦으니 3일 만에 괴이한 뽕나무가 말라죽고 은나라의 도가 다시 일어나므로 號를 중종(中宗)이라 일컬었다.

* 祥(상): 재앙. 조짐. 상서. 제사. 복. 상서롭다. 자세하다. 穀(곡): 꾸지나무. 닥나무(楮木也). 大拱

(대공): 한 아름의 둘레. 위목(圍木)은 한 아름 정도(程度)의 큰 나무.

○祥과 妖는 異也라 穀은 楮木也라 兩手所圍曰拱이라 一曰은 外紀에 作七日이라 伊陟은 伊尹子也라

祥과 妖는 怪異한 조짐이다. 穀은 楮木이다. 두 손으로 에워싸는 것을 拱이라 한다. 一曰은 『外紀』에 七日이라고 되어 있다. 伊陟은 伊尹의 아들이다.

* 異(이): 다르다. 괴이하다. 이상하게 여기다. 재앙.

自太戊로 歷仲丁 外壬하고 至河亶甲하여 避水患하여 遷于相하고 至祖乙하여 居耿이러니 又圮于耿이라 歷祖辛 沃甲 祖丁 南庚 陽甲하고 至盤庚하여 自耿으로 復遷于亳하니 殷道復興이러라

亶多簡反 相去聲 圮部弭反

태무로부터 중정과 외임을 지나 하단갑에 이르러 물의 재난을 피해 상(相)으로 옮기고 조을(祖乙)에 이르러 경(耿)에 머무르니 또 경까지 홍수로 무너졌다. 조신과 옥갑과 조정과 남경과 양갑을 지나고 반경에 이르러 경으로부터 다시 박에 옮기니 은나라 도가 다시 일어났다.

*相(상): 河東 地名. 圮(비): 무너지다.

○陳氏殷이 曰 水患者는 河決之害也라 相은 州名이니 屬河東이요 今彰德府 是也라 ○鄒氏 曰 耿은 城名이니 在河中府 龍門縣이라 蓋相都又有河決之害라 故로 遷耿也라 河水所毁 曰 圮라 詳見書盤庚篇이라

陳氏 殷이 말하였다. "水患이라 한 것은 황하가 터져 무너지는 피해이다. 相은 州名이니 河東에 屬하고 지금의 彰德府다 이곳이다." 鄒氏가 말하였다. "耿은 城名이니 河中府 龍門縣에 있다. 아마도 相에 도읍하였다가 황하가 터져 무너지는 피해가 있었으므로 耿으로 옮긴 것이다. 강물이 넘쳐 훼손시키는 것을 圮라 한다. 『書經』 <盤庚篇>에 자세히 보인다.

* 河決之害(하결지해): 황하가 터져서 무너지게 하는 피해. 결(決): 터지다. 제방이 무너져 물이 넘쳐흐르는 것.

自盤庚으로 歷小辛 小乙하고 至武丁하여 夢得良弼하니 曰 說이라 說이 爲胥靡하여 築于傅巖이러니 求得之하여 立爲相하니라 武丁이 祭湯할새 有飛雉升鼎而雊어늘 武丁이 懼而反己하니 殷道復興이라 號稱高宗이라 하다

반경으로부터 소신과 소을을 지나 무정에 이르러 꿈에 훌륭한 보필을 얻었으니 열(說)이라는 사람이다. 열이 서미(胥靡)를 위하여 부암에 축대를 쌓고 있었다. 그를 찾아서 세워 재상으로 삼았다. 무정이 탕을 제사 지낼 때 꿩이 날아와 솥 위에 앉아 구구거리거늘 무정이 두려워하여 돌이켜 자신에게서 구하니 은나라의 도가 다시 일어났다. 부르기를 고종(高宗)이라 일컬었다.

* 胥靡(서미): 사역하는 종, 또는 형벌. 텅비어 아무것도 없음. 가난함. 도형(徒刑) 또는 도형의 죄수. 열(說)이 가난하여 도형의 죄수를 대신하여 服役을 하였다 한다.

說은 音이 悅이요 爲胥之爲는 去聲이요 雊는 音이 構라 ○說은 人名이니 姓은 傅라 胥靡는 謂聯繫相從服役之刑徒也라 傅巖은 傅氏之巖이니 在陝州虞虢之界라 通道所經에 有澗水沖壞하니 常使胥靡築護之라 說은 賢而貧이라 故로 代胥靡服役以供食이라가 而高宗以物色得之也라 雉는 野鷄也요 雊는 鳴也라 反己는 謂反而求諸身也라

說은 音이 悅이요 爲胥의 爲는 去聲이요 雊는 音이 構이다. ○說은 人名이니 姓은 傅이다. 胥靡는 服役하는 벌을 받는 무리들과 聯繫하여 서로 따르는 것이다. 傅巖은 傅氏의 바위이니 陝州의 우(虞)와 괵(虢)의 경계에 있다. 道路를 通하여 지나는 곳에 澗水가 부딪쳐 무너지니 늘 胥靡들로 하여금 쌓고 보호하게 한 것이다. 傅說은 賢者였으나 가난하였으므로 胥靡를 대신하여 服役함으로써 끼니를 때우다가 高宗이 物色하여 얻은 것이다. 雉는 野鷄이다. 雊는 꿩이 우는 소리이다. 反己는 돌이켜 자신의 몸에서 찾는 것이다.

* 雊(구): 장끼가 울다. 꿩이 울다. 澗水(간수): 골짜기에서 흐르는 물. 河南省에서 발원하여 洛水

와 합쳐져 황하로 유입이 되는 강.

自武丁으로 歷祖庚 祖甲 稟辛 庚丁하고 至武乙하니 無道하니라
爲偶人하여 謂之天神이라 與之博할새 令人으로 爲行이라가 天神
이 不勝이면 乃僇辱之하고 爲革囊하여 盛血하고 仰射之호대 命曰
射天이라 하더니 出獵이라가 爲暴雷震死하니라

稟音凜 爲行爲暴之爲 去聲 僇戮同 盛音盛 下同 射音石

무정으로부터 조경과 조갑과 늠신과 경정을 지나 무을에 이르니 무도해졌다.
허수아비를 만들어 천신이라 하였다. 그와 더불어 장기를 둘 때에 사람으로 하
여금 위하여 대행을 하게 하다가 천신이 이기지 못하면 이에 천신을 욕보이고
가죽주머니를 만들어 피를 가득 담아 우러러 그것을 쏘아 맞히되 명하여 말하
기를 '하늘을 쏘아 맞혔다.'라고 하였다. 사냥을 나갔다가 사나운 우레 때문에
벼락을 맞아 죽었다.

* 偶人(우인): 인형, 허수아비. 博(박): 장기를 두다. 令人(영인): 남으로 하여금 ~하게하다. 僇辱
  (륙욕): 욕보임. 모욕(侮辱)함. 射(석): 쏘아 맞히다. 盛(성): 담다. 震死(진사): 벼락을 맞아 죽음.

○陳氏 曰 以土木으로 爲人 曰 偶人이라 局戲曰博이라 爲行者는 代行博采也라 革囊
은 皮袋也라 以其死非命이라 故로 不稱崩이라.

陳氏가 말하였다. "土木으로 사람의 형상을 만드는 것을 偶人이라 한다. 局戲를 博이라 한다.
爲行이란 博采를 대신 행하게 하는 것이다. 革囊은 皮袋이다. 그가 非命에 죽은 때문에 崩이라
이르지 않은 것이다.

* 局戲(국희): 판을 차리고 마주 향하여 하는 놀이. 바둑·장기 같은 것. 博采(박채): 노름에 돈
  을 거는 것. 박(博)은 장기놀이. 채(采)는 노름 돈. 내기에 거는 돈. '널리 수집하여 채택함'은
  따른 뜻임.

歷太丁 帝乙하고 至帝辛하니 名은 受오 號爲紂라 資辯이 捷疾하고 手格猛獸하고 智足以拒諫하고 言足以飾非러라 始爲象箸하니 箕子歎曰 彼爲象箸하니 必不盛以土簋하고 將爲玉杯오 玉杯象箸면 必不羹藜藿하고 衣短褐하고 而舍茅茨之下하여 則錦衣九重과 高臺廣室하리니 稱此以求면 天下不足矣라 하시다

簋音鬼 衣去聲 褐音曷 重平聲 稱去聲

태정과 제을을 지나고 제신에 이르니 이름은 수이고 부르기를 주(紂)라 했다. 변설(辯說)의 자질이 빠르며 능하고 맨손으로 맹수를 치고 지혜는 능히 간하는 것을 막고 말은 능히 아닌 것도 참으로 꾸며대었다. 비로소 상아 젓가락을 만드니 기자가 탄식하여 말하였다. "비로소 상아 젓가락을 만들었으니 반드시 토궤(土簋)에 담지 않을 것이고 장차 옥 술잔을 만들 것이다. 옥 술잔과 상아 젓가락을 사용하면 반드시 명아주와 콩잎으로 국을 끓이지 않고 짧은 베옷을 입지 않고 띠로 인 지붕 아래에 거처하려 아니하여, 비단옷을 입고 구중궁궐에 거처하고 고대광실을 지으려 할 것이니 이에 맞추어 구하려 들면 천하로도 부족할 것이다."

* 資辯(자변): 말재주가 있음. 捷疾(첩질): 빠르고 능하다. 첩질지변(捷疾之辯). 土簋(토궤): 밥을 담는 질그릇. 藜藿(여곽): 명아주와 콩잎, 변변치 않은 음식. 褐(갈): 베옷.

諡法에 殘義損善曰紂라 하니 說見唐紀라 格은 擊也라 ○象箸는 以象牙로 爲箸也라 箕는 國이요 子는 爵이니 紂諸父也라 土는 簋요 瓦는 器라 藜는 野菜요 藿은 豆葉이라 褐은 毛布也라 九重은 言宮闕深也라

諡法에 의리를 해치고 선을 손상함을 紂라 한다. 說이 『唐紀』에 보인다. 格은 '친다.'는 뜻이다. ○象箸는 象牙로써 젓가락을 만드는 것이다. 箕는 國名이요 子는 爵位이니 紂의 諸父이다. 흙으로 빚는 것을 簋라 하고 사기그릇을 器라 한다. 藜는 野菜요 藿은 豆葉이다. 褐은 毛布이다. 九重은 宮闕이 깊음을 말한 것이다.

紂伐有蘇氏하니　有蘇以妲己로　女焉이라　有寵하여　其言을　皆從
이러라　厚賦稅하여　以實鹿臺之財하고　盈鉅橋之粟하며　廣沙丘苑臺
하고　以酒爲池하고　懸肉爲林하여　爲長夜之飮하고　諸侯有畔者면
紂乃重刑辟하여　爲銅柱하고　以膏塗之하여　加於炭火之上하고　使有
罪者로　緣之하여　足滑跌墜火中이면　與妲己로　觀之大樂하고　名曰
炮烙之刑이라　하더라

妲音怛　女去聲　縣平聲　辟音僻　樂音洛　炮音泡　烙音洛

주가 유소씨를 정벌하니 유소씨가 달기로 아내를 삼게 하였다. 총애(寵愛)하
여 그 말을 다 따라 주었다. 세금을 무겁게 하여 녹대(鹿臺)에 재물을 채우고
거교(鉅橋)에 곡식을 채우며 사구(沙丘)를 넓혀 庭園과 高臺를 만들었다. 술로
못을 만들고 고기를 매달아 숲을 만들어 밤을 연장하여 마셨다. 제후 중에 모반
하는 이가 있으면 주(紂)가 이에 형벌을 무겁게 하였다. 구리로 기둥을 만들고
기름을 기둥에 발라 숯불 위에 설치하고는 죄 있는 자로 하여금 그것을 따라
오르게(緣) 하였다. 발이 미끄러져 불 가운데 떨어지면 달기와 더불어 이것을
보며 크게 즐기니 이름 하여 말하기를 "포락지형(炮烙之刑)"이라 하였다.

* 鹿臺(녹대): 재물과 보화를 갈무리 해 두었던 곳. 鉅橋(거교): 곡식을 저장해 두었던 곳. 苑臺
 (원대): 庭園과 高臺.

○畔은　與叛으로　同이니　背也라　辟은　法也라　膏는　油也라　跌은　失足也라　置肉於火曰
炮요　以火灼肉曰烙이라

畔은 叛으로 더불어 같으니 背叛한다는 뜻이다. 辟은 法이다. 膏는 기름이다. 跌은 失足한 것
이다. 불 위에다 육신을 걸어 두는 것을 炮라 하고 불로써 육신을 담금질 하는 것을 烙이라 한
다.

淫虐이　甚하니　庶兄微子數諫호대　不從이어늘　去之하고　比干이

諫하여 三日을 不去하니 紂怒曰 吾聞컨대 聖人之心에 有七竅라
하고 剖而觀其心하니 箕子佯狂爲奴어늘 紂囚之하니라

數音朔 竅苦吊反 佯音羊

음란(淫亂)하고 잔학(殘虐)함이 심하니 이복형인 미자가 자주 간하였는데 따르
지 아니하니 떠나고, 비간이 간함에 3일을 물러나지 아니하니 주가 성내어 말하
기를 "내가 들으니 성인의 심장에 7개의 구멍이 있다" 하고 몸을 갈라서 그 심
장을 보니, 기자가 거짓으로 미쳐 노예가 되니 주가 가두었다.

* 比干(비간): 紂의 숙부. 箕子(기자): 紂의 숙부. 長夜之飮(장야지음): 밤이 새도록 마시고 날이
  밝은 뒤에는 방안을 어둡게 만들어 밤의 기분을 연장하면서 마시는 일.

　○妾母所生曰庶라 微는 國이요 子는 爵也라 比干은 紂諸父라 竅는 孔也라 佯은 詐요
狂은 惑疾也라 古者에 奴婢는 皆以罪人으로 爲之하니 箕子因諫得罪라 故로 爲奴라

　妾인 어미의 소생을 庶라 한다. 微는 國名이요 子는 爵位이다 比干은 紂의 諸父이다. 竅는
구멍이다. 佯은 속인다는 뜻이요 狂은 혹한 병이다. 옛적에 奴婢들은 모두 죄인으로서 이를 삼
은 것이다. 箕子가 諫하다가 罪를 얻은 까닭에 奴隷가 된 것이다.

　* 惑疾(혹질): 마음이 어지러운 병. 하늘에는 여섯 가지 氣가 있어 그것이 오미(五味)·오색(五
色)·오성(五聲)으로 바뀌는 것인데, 절도를 잃은 사람에게는 여섯 가지 병을 가져다준다. 육기
(六氣)란 '음·양·풍·우·회·명(陰陽風雨晦明)'을 말하는 것이며, 음음(陰淫)은 한질(추위를 느끼는
병)을, 양음(陽淫)은 열질(몸에 열이 나는병)을, 풍음(風淫)은 말질(末:손발의 병)을, 우음(雨淫)은
복질(배앓이 병)을, 회음(晦淫) 혹질(惑疾:마음이 어지러운 병)을, 명음(明淫)은 심질(心疾:마음에
충격을 받아 생기는 병)을 일으킨다.

　朱子 曰 三人之行은 不同이나 而皆出於至誠惻怛之意라 故로 不咈乎愛之理하고 而有
以全其心之德也니 孔子所以謂之三仁이라

　朱子가 말하였다. "三人의 行蹟은 같지 않으나 모두 至誠과 惻怛의 마음에서 나온 것이다.

그러므로 사랑의 이치에는 어긋나지 않고 그 마음의 덕을 온전히 함이 있으니 孔子가 이 때문에 三仁이라 이르신 것이다.”

* 咈(불): 어기다. 아니다.

陳氏 曰 微子去之는 欲存宗祀요 比干死諫은 欲悟君心이요 箕子佯狂은 意猶規諫이니 迹雖不同이나 爲仁一也라

陳氏가 말하였다. “微子는 떠나 간 것은 宗祀를 보존하고자 한 것이고, 比干이 죽도록 諫한 것은 임금의 마음을 일깨우고자 한 것이고, 箕子가 거짓 미친 체 한 것은 의도한 것이 오히려 옳은 도리로 간함과 같으니 행적은 비록 같지 않으나 仁을 행함은 한 가지이다.

* 規諫(규간): 옳은 도리로 간함.

周侯昌及九侯鄂侯爲紂三公이러니　紂殺九侯어늘　鄂侯爭이라가 幷脯之하니 昌이 聞而歎息이러니 紂囚昌羑里어늘 昌之臣散宜生이 求美女珍寶하여 進하니 紂大悅하여 乃釋昌하니라 昌이 退而修德하니 諸侯多叛紂歸之러라 昌이 卒하고 子發이 立하여 率諸侯伐紂하니 紂敗于牧野하여 衣寶玉하고 自焚死하니 殷亡하니라

九音仇 鄂音岳 散上聲 爭衣皆去聲 羑音酉

주나라 후(官名)인 昌 및 九나라 후와 악(鄂)나라 후가 紂의 3公이 되었는데 주가 구나라 후를 죽이거늘 악나라 후가 간쟁(諫爭)하다가 함께 포(脯)가 되었다. 창이 듣고 탄식하니 주가 창을 유리(羑里)에 가두거늘 창의 신하인 산의생(散宜生)이 미녀와 진귀한 보배를 구하여 진상하니 주가 크게 기뻐하여 이에 창을 석방하였다. 창이 물러나 덕을 닦으니 제후들이 모두 주를 배반하고 그에게 돌아갔다. 창이 죽고 아들 발이 즉위하여 제후를 거느리고 주를 정벌하니 주가 목야에서 패하여 보옥(寶玉)을 덮고 스스로 불타 죽으니 은나라가 망하였다.

* 三公(삼공): 太師·太傅·太保. 諫爭(간쟁): 간하여 다툼.

　○周九鄂은　並國名이요　侯는　爵也라　三公은　太師　太傅　太保也라　散은　氏요　宜生은　名이라　羑里는　殷獄名이라　牧野는　在紂都朝歌南이라

　周와　九와　鄂은　모두　國名이요　侯는　爵位이다.　三公은　太師와　太傅와　太保를　이른다.　散은　氏요　宜生은　名이라　羑里는　殷나라　獄名이다.　牧野는　紂의　都邑인　朝歌의　南쪽에　있다.

　箕子後에　朝周하실새　過故殷墟라가　傷宮室이　毀壞하여　生禾黍하고　欲哭不可오　欲泣則爲近婦人이라　하여　乃作麥秀之歌하니　曰麥秀蘄蘄兮여　禾黍油油로다　彼狡童兮여　不與我好兮라　하시니　殷民이　聞之하고　皆流涕러라　殷爲天子三十一世에　六百四十年이러라

朝音潮　蘄音尖　亦作漸

　기자가　뒤에　客의　신분으로　주나라　조정에　갈　때에　옛　은나라　터를　지나다가　왕실의　땅이　훼손되어　벼와　기장이　자람을　보고　통곡(痛哭)을　하고자　하여도　그러지　못하고　흐느껴　울고자　한즉　부인들의　짓에　가깝다　여겨　이에　'맥수지가(麥秀之歌)'를　지으니　다음과　같다. "보리가　패어　점점　자라고　벼와　기장이　무성하도다. 저　교동(狡童:교활한　紂)이여　나의　말을　듣지　않았기　때문이다."하니　은나라　백성들이　그것을　듣고　다　눈물을　흘렸다.　은나라가　천자　된지　31世에　644年이었다.

* 哭(곡): 크게　소리　내어　움. 泣(읍): 소리　없이　눈물　흘리는　것(無聲有淚曰泣). 脯(포): 얇게　저미어　말린　고기. 朝周(조주): 무왕이　기자를　조선에　封하였으나　신하로　하지　않았다. 이것을　朝周라　한다. 麥秀之歌(맥수지가): 맥수지탄(麥秀之嘆). 은이　망한　뒤　紂의　숙부인　箕子가　폐허가　된　도읍지를　지나다가　지은　노래. 蘄(점): 베다. 둘러싸다. 보리가　패어　무성한　모양. 禾黍油油(화서유유): 벼와　기장이　무성하게　자라는　모양.

○史記엔　武王克商하고　封箕子於朝鮮이나　而不臣이러니　此曰朝周는　卽所謂於周爲客者也라　殷墟는　謂殷之宮室廢爲丘墟也라　有聲曰哭이요　無聲有淚曰泣이라　蘄蘄은　秀貌요　油油는　盛貌라　狡童은　指紂라　好는　謂善也라

『史記』에서는 '武王이 商을 치고 箕子를 朝鮮에 봉하였으나 신하가 되지 않았다.'라고 하였는데 이 곳에서 朝周라 한 것은 곧 주나라에 客이 된 것을 이른 것이다. 殷墟는 殷의 宮室이 廢하여 丘墟가 되었음을 이른 것이다. 소리 내어 우는 것을 哭이라 하고 소리 내지 않고 눈물만 흘리는 것을 泣이라 한다. 蘄蘄은 이삭의 모습이요, 油油는 茂盛한 모습이다. 狡童은 紂를 가리킨 것이다. 好는 善을 이른다.

雙湖胡氏 曰 湯이　聖德革命而興하니　由湯으로　至于武丁히　賢聖之君이　六七作이러니　天下歸殷이　久矣라　久則難變也니　使紂로　中主猶可守業奈何오　淫虐而不已耶아　蓋至於此에　始知不可專以祖德論也라　有德則興하고　無德則亡하니　天豈容一毫私意於其間哉리오

雙湖胡氏가 말하였다. "湯임금이 聖德으로 革命하여 나라를 일으켰다. 湯으로부터 말미암아 武丁에 이르기까지 賢聖한 임금이 예닐곱 분이 나왔으니 天下가 殷에 귀의 한 것이 오래 되었다. 오래되면 곧 바꾸기 어려우니 紂로 하여금 中主로 오히려 業을 지키게 했다면 어떠했을까? 淫虐으로만 마지않았을 것인가? 아마 이에 이르러 비로소 오로지 조상의 덕으로만 논할 수 없음을 알 것이다. 德을 소유하면 興하고 德이 없으면 亡하는 것이니 하늘이 어찌 一毫의 私意를 그 사이에 용납하겠는가?"

* 中主(중주): 현명(賢明)하지도 어리석지도 않은 중간(中間)쯤 되는 평범한 임금.

6. 周

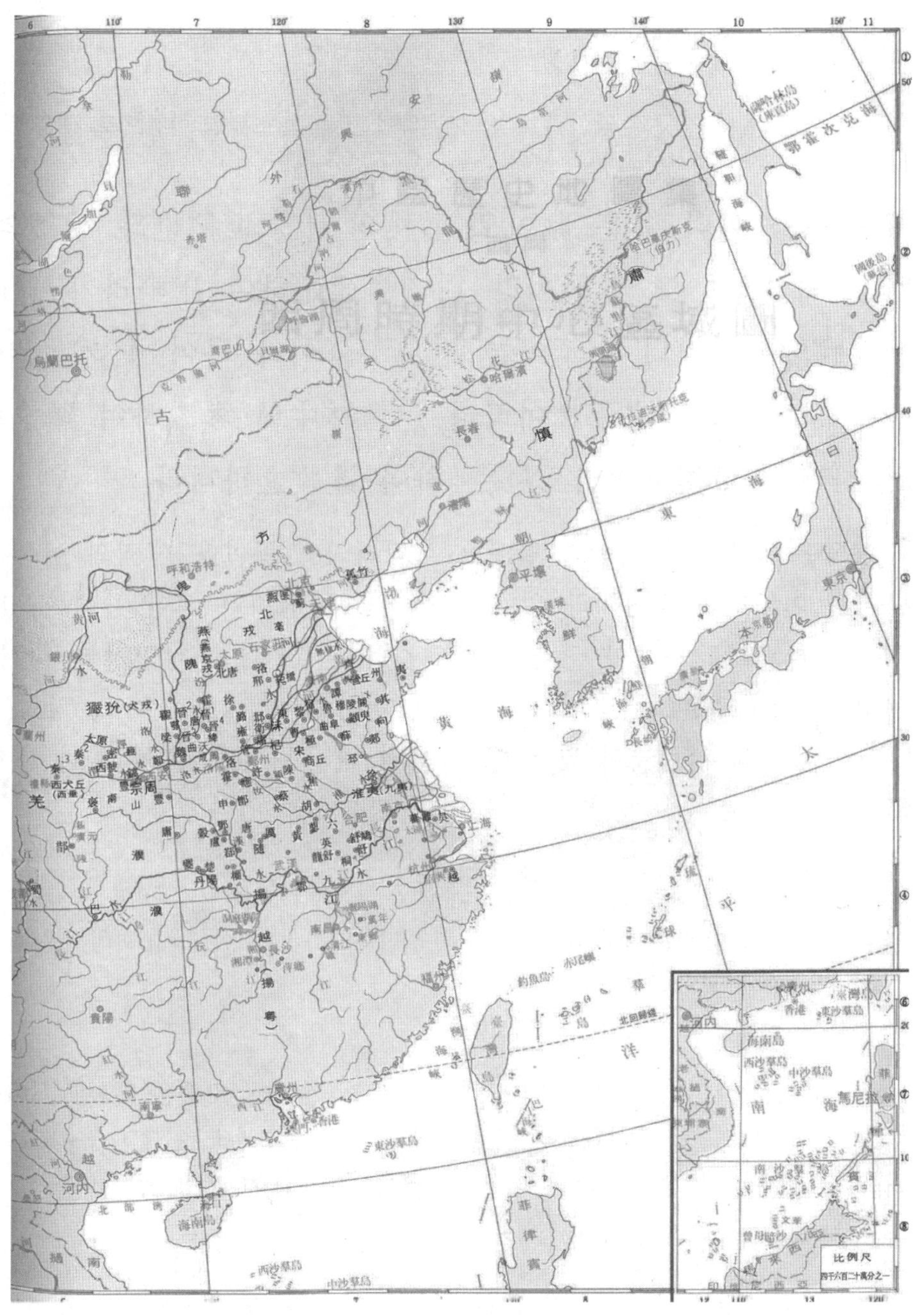

西周時代 疆域圖

周라

周는 古公亶父 所居之地니 武王이 因하여 以爲有天下之號也라

周는 古公亶父가 도읍했던 곳의 땅이니 武王이 因하여 天下를 소유한 이름으로 삼은 것이다.

周武王은 姬姓이니 名은 發이오 后稷의 十六世孫也라 后稷의 名은 棄니 棄의 母는 曰 姜嫄이라 爲帝嚳元妃하여 出野라가 見巨人迹하고 心欣然踐之러니 生棄어늘 以爲不祥이라 하여 棄之隘巷이러니 馬牛避不踐하고 置之平林이러니 適會林中에 多人하여 遷之하여 徙置寒氷하니 鳥覆翼之어늘 以爲神하여 遂收之하니라

주나라 무왕은 희성이니 이름은 발이요 후직의 16世孫이다. 후직의 이름은 기(棄)이며 기의 어머니는 강원이라 일컫는다. 제곡의 원비가 되어 들에 나갔다가 거인의 발자국을 보고 마음이 흔연하여 그것을 밟고 기를 낳았거늘 상서롭지 못하다 여겨 애항(隘巷)에 버리니 말과 소가 피하여 밟지 아니하고, 평림(平林)에 두니 마침 숲속에 사람들이 많아 그를 옮겨 차가운 얼음 위에 두니 새가 날개로 덮고 깔아주거늘 신이하다 하여 드디어 그를 거두었다.

* 后稷(후직): 농사일을 관장하던 現 농림부장관과 같은 직책. 以爲(이위): ~으로 생각하다. ~으로 여기다. ~으로 삼다. 隘巷(애항): 작은 마을. 適會(적회): 마침. 회이(會而)·회(會)·적(適) 등은 모두 같은 뜻임. 覆(복): 덮다. 藉(자): 깔개. 깔다.

按컨대 父子相承을 爲一世요 又三十年도 亦爲一世라 然이나 后稷은 陶唐時人이라 自唐으로 至周武王하여 有天下하니 時該一千二百餘年이라 止十六世는 殊不合事情하니 其謬誤昭昭矣라 大抵史遷이 帝三世次니 多不足信이라 朱子 詩傳에 亦謂古公은 爲后稷十三世孫이라 하니 蓋據此說하여 而未之考耳라

살펴보건대 父子가 서로 계승함을 一世라 하고 또한 三十年도 역시 一世라 한다. 그러나 后稷은 陶唐의 요임금 때 사람이다. 唐堯로부터 周武王에 이르러서 天下를 두게 되었으니 세월은

1,200 餘年에 해당한다. 단지 十六世라 한 것은 자못 事情에 합치되지 않으니 그 오류가 분명하
다. 大抵 史遷이 帝三世로 차례를 정하였으니 흔히 믿을 수 없다. 朱子가 詩傳에서 또한 이르기
를 古公은 后稷의 十三世孫이라 하였으니 대개 이 說에 의거하고 이것을 상고하지 않은 때문이
다.

* 十六世(십육세): ①后稷 - ②不窋 - ③鞠 - ④公劉 - ⑤慶節 - ⑥皇僕 - ⑦參弗 - ⑧毁隃 - ⑨公
  非 - ⑩高圉 - ⑪亞圉 - ⑫公叔鉬 - ⑬古公亶父(太王) - ⑭季歷(王季) - ⑮昌(文王) - ⑯發(武王).
  昭昭(소소): 사리(事理)가 환하고 뚜렷함. 밝은 모양(模樣). 帝三世次(제삼세차): 陶唐·有虞·夏禹
  로 后稷의 시대를 삼음.

  隃於懈反 覆敷救反 ○以初棄之라 故로 名棄라 姜은 姓이요 嫄은 名이니 有邰氏女也
라 隃는 狹也라 會는 值也라 遷之는 謂移於安地也라 覆은 蓋요 翼은 藉也니 以翼覆之
하고 以一翼藉之也라

  처음에 버렸기 때문에 棄라고 이름 한 것이다. 姜은 姓이요 嫄은 名이니 有邰氏의 딸이다.
隃는 狹의 뜻이다. 會는 值의 뜻이다. 遷之는 편안한 곳으로 옮김을 이른다. 覆은 蓋의 뜻이요
翼은 藉의 뜻이니 한쪽 날개로 덮고 한쪽 날개로 깔아 주었다는 것이다.

* 有邰氏(유태씨): 황제(黃帝)는 상비(上妃)인 유태씨(有邰氏) 즉 강원씨(姜嫄氏)와의 사이에서 후
  직(后稷)인 기(棄)를 낳았다.

  朱子曰 無人道而生子에 或者以爲不祥이라 故로 棄之나 而有此異也라 於是에 始收而
養之라 然이나 巨迹之說은 先儒或頗疑之하니 而張子曰 天地之始에 固未始先有人也면
則人固有化而生者矣라하니 蓋天地之氣로 生之也라 蘇氏亦曰 凡物之異於常物者는 其取
天地之氣常多라 故로 其生也或異하니 麒麟之生이 異於犬羊하고 蛟龍之生이 異於魚鼈하
니 物固有然者矣라 神人之生이 而有異於人하니 何足怪哉아하니 斯言이 得之矣라

  朱子가 말하였다. "사람의 도리가 없이 자식을 낳았기 때문에 或者가 상서롭지 못하다고 여
긴 것이다. 그러므로 그를 버렸으나 이와 같은 괴이한 일이 있었다. 이에 비로소 거두어 기른
것이다. 그러나 '큰 발자국 이야기'는 先儒들이 혹 자못 이것을 의심하였다. 張子가 말하기를
'天地의 始初에 진실로 처음에는 사람이 있지 않았다면 사람은 진실로 화현함이 있어서 생겨난
것이다.'하니 대개 天地의 氣로 생겨난 것이다. 蘇氏도 또한 말하기를 '무릇 物이 보통의 物보다

다른 것은 그 天地의 氣를 취함이 항상 많다. 그러므로 그 태어남이 혹 다르니 麒麟의 태어남이 犬羊에 다르고 蛟龍의 태어남이 魚鼈에 다르니 物마다 진실로 그러함이 있다. 神人의 태어남이 사람에 다를 수 있으니 어찌 괴이하다고만 할 것인가.'하였으니 이 말이 뜻을 얻었다 할 것이다."

* 巨迹(거적): 저본의 臣迹을 바로잡음.

　兒時에　屹하여　如巨人之志하니　其游戱에　好種樹러라　及成人에　能相地之宜하여　敎民稼穡하고　興於陶唐과　虞夏之際하여　爲農師하여　封於邰라　別其姓하고　號를　后稷이라　하다　卒하고　子不窋이　立이러니　夏后氏政衰에　不窋이　失其官하고　奔戎狄之間하니라

屹魚一反　好相皆去聲　別彼列反　窋之出反

아이 때에 뛰어나서 거인의 뜻과 같았으니 그 유희에 나무심기를 좋아하였다. 어른이 되어서는 땅의 마땅함을 보고 백성들에게 농사짓는 일을 가르치고 도당(堯임금)과 우(舜임금)·하(禹임금)의 때에 일어나 농사(農師)가 되어 태나라에 봉하여 졌다. 그 성을 구별하고 號를 후직(后稷)이라 하였다. 죽고 아들 불줄이 즉위하였다. 하후씨의 정사가 쇠하여짐에 불줄이 그 벼슬을 잃고 戎狄의 땅으로 달아났다.

* 屹(흘): 산이 우뚝 솟다. 不窋(불줄): 저본의 不窟을 『史記』에 의거 바로잡았다. 邰(태): 나라 이름. 相(상): 視, 보다. 稼穡(가색): 곡식을 심고 거두는 일(農事). 豳(빈): 섬서성의 고을이름. 戎(융): 서쪽의 오랑캐. 狄(적): 북쪽 오랑캐.

　〇屹은　卓貌라　樹는　猶植也라　相은　視也라　種曰稼요　斂曰穡이라　際는　謂交會之間이라　邰는　國名이니　在京兆府武功縣이라　朱子曰　邰는　后稷之母家也니　豈其或滅或遷하여　而遂以其地로　封后稷歟아

屹은 우뚝한 모양이다. 樹는 植과 같다. 相은 視와 같다. 種을 稼라하고 斂을 穡이라 한다.

際는 謂交會하는 사이를 이른다. 邰는 國名이니 京兆府 武功縣에 있다. 朱子가 말하였다. "邰는 后稷의 母系 집안이니 어찌 그 나라가 혹 滅하였거나 혹 옮겨갔다 하여 드디어 그 땅으로 后稷에게 封하였겠는가?"

○西夷曰戎이요 北夷曰狄이라 不窋失其官은 蓋當夷羿簒弑之時와 及少康興而復其官也라

西夷를 戎이라 하고 北夷를 狄이라 한다. 不窋이 그 벼슬을 잃었다 함은 대개 夷羿의 簒弑를 당한 때와 少康이 일어나 그 벼슬을 회복한 때이다.

不窋이 卒하고 子鞠이 立이러니 鞠이 卒하고 子公劉立에 復修后稷之業하여 務耕種하니 百姓이 懷之어늘 遷于豳하다 自公劉로 歷慶節 皇僕 參弗 毀隃 公非 高圉 亞圉 公叔祖하고 至古公亶父하여 獯鬻이 侵之어늘 去豳하시고 渡漆沮, 踰梁山하여 邑於岐山之下하여 居焉하시니 豳人이 曰 仁人也라 不可失也라 하고 扶老携幼以從하니 他旁國이 皆歸之러라

復扶又反

* 耕種(경종): 밭을 갈아 씨를 뿌림. 懷(회): 따르다. 隃(유): 넘다. 獯鬻(훈육): 북쪽 오랑캐 사람 이름(狄人).

불줄이 죽고, 아들 국이 즉위하였다가, 국이 죽고, 아들 공유가 즉위함에 다시 후직의 業을 닦아서 경종(耕種)에 힘쓰니 백성이 그를 따르거늘 빈(豳)땅으로 옮겼다. 공유로부터 경절, 황복, 참불, 훼유, 공비, 고어, 아어, 공숙서를 지나고 고공단보에 이르러 훈인(獯人) 육(鬻)이 침범하거늘 빈 땅을 떠나 칠저를 건너고 양산을 넘어 기산의 아래에 도읍하여 머무르니 빈의 사람들이 말하기를 "어진 사람이니 잃어서는 안 된다." 하고 노인을 부축하고 어린이를 데리고 따르니 다른 이웃나라들이 모두 그에게 돌아왔다.

豳은 音이 彬이니 一作邠이요 州名이니 屬今陝西라 參은 一作差라 隃는 音이 踰요
圉는 音이 女라 鉏는 一作祖라 父는 音이 甫라 獯鬻은 音이 熏育이니 狄人名이라 漆沮
는 音이 七趄니 水名이요 在扶風杜陽縣이라 梁山은 在雍州岐山縣이라 邑은 作邑也라
岐山은 在扶風美陽西北이니 其南에 有周原이라 作邑於此하니 因改國號하여 曰周라

豳은 音이 彬이니 邠이라고도 한다. 州名이니 지금의 陝西에 속한다. 參은 일본에 差라고 되
어 있다. 隃는 音이 踰요 圉는 音이 女라 鉏는 일본에 祖라고 되어 있다. 父는 音이 甫라 獯鬻
은 音이 熏育이니 狄人의 이름이다. 漆沮는 音이 七趄니 水名이요 扶風 杜陽縣에 있다. 梁山은
雍州 岐山縣에 있다. 邑은 邑을 만들었다는 뜻이다. 岐山은 扶風 美陽 西北에 있으니 그 남쪽에
周原이 있었다. 이곳에 도읍을 만들었으니 이 때문에 國號를 고쳐 周라 한 것이다.

古公의 長子는 太伯이오 次는 虞仲이오 其妃는 太姜이니 生少
子季歷이러니 季歷이 娶太任하여 生昌하여 有聖德이어늘 太伯 虞
仲이 知古公이 欲立季歷하여 以傳昌하고 乃如荊蠻하여 斷髮文身
하여 以讓季歷하니라

고공의 장자는 태백이요 둘째는 우중이요 그 아내는 태강인데 막내아들 계력
을 낳았다. 계력이 태임에게 장가들어서 昌을 낳아 성덕(聖德)이 있으니 태백과
우중이 고공의 계력을 세워 창에게 전하고자 함을 알고 이에 형만(荊蠻)으로 가
서 모발을 자르고 문신을 하여 계력에게 양보하였다.

長上聲 少去聲 斷音短

* 荊(형): 楚나라의 別號. 蠻(만): 남쪽 오랑캐 이름.

○太姜은 姜姓女也라 太任은 摯國任氏女也라 如는 往也라 荊者는 楚之舊號요 蠻者는
南夷之名이라 文身은 謂刻其身而涅之니 以示不可爲君也라

太姜은 姜姓의 여인이다. 太任은 摯國 任氏의 딸이다. 如는 往의 뜻이다. 荊은 楚나라의 옛
이름이다. 蠻은 南夷의 이름이다. 文身은 그 몸에 칼로 새기고 개흙을 바르는 것이니 이로써 임

금이 되지 않겠다는 뜻을 보인 것이다.

孔子曰 太伯은 其可謂至德也已矣로다 三以天下讓하되 民無得而稱焉이온여 하시니 說者謂太伯之德으로 當商周之際에 固足以朝諸侯有天下矣나 乃棄不取하고 而又泯其迹焉하니 則其德之至極이 爲何如哉아 宜夫子之贊美而歎息之也라

孔子께서 말씀하시기를 '太伯은 그 지극한 德이 있다고 이를 만하다. 세 번 天下를 사양하였으되 백성들이 얻어 듣고 칭송할 수도 없게 하였구나!' 하셨으니 이 말을 설명한 자가 이르기를 '太伯의 덕으로 商나라와 周나라가 교체하는 즈음에 당하여 진실로 諸侯들의 조회를 받고 天下를 소유할 수 있었으나 마침내 버리고 取하지 아니하였고 또한 그 자취를 없애버렸으니 그 德의 至極함이 어떠하였겠는가? 夫子께서 贊美하고 歎息하심이 마땅하다 하겠다.'하였다.

古公이 卒하고 公季立이러니 公季卒하고 昌이 立에 爲西伯하니라 西伯이 修德하니 諸侯歸之러라 虞芮爭田不能決하여 乃如周러니 入界할새 見耕者皆遜畔하며 民俗이 皆讓長이어늘 二人이 慙하여 相謂曰吾所爭은 周人所恥라 하고 乃不見西伯而還하여 俱讓其田不取하니 漢南에 歸西伯者四十國이 皆以爲受命之君이라 하여 三分天下에 有其二하니라

고공이 죽고 공계가 즉위하니, 공계가 죽고 창이 즉위하여 서백이 되었다. 서백이 덕을 닦으니 제후들이 그에게 돌아갔다. 우(虞)나라와 예(芮)나라가 밭을 두고 다투어서 결판을 내리지 못하여 이에 주나라에 같이 갔는데, 경계에 들어갈 때에 밭가는 사람들이 모두 밭두둑을 양보하고, 백성들의 풍속이 모두 어른에게 양보하는 것을 보고는, 두 사람이 부끄러워하여 서로 일러 말하기를 "우리가 다투는 것은 주나라 사람들은 부끄러이 여기는 것이다." 하고 이에 서백을 알현하지 않고 돌아가 함께 그 밭을 양보하고 취하지 않으니 漢南에서 서백에게 돌아간 나라 40國이 모두 "하늘의 명을 받는 임금"이라 하여, 천하를 셋으로 나눔에 그 둘을 소유하게 되었다.

* 西伯(서백): 서쪽지방 제후의 長. 漢南(한남): 漢水의 남쪽. 양자강과 황하의 중간지대를 흘러서 양자강으로 들어가는 큰 강. 섬서성 일대.

伯은 長也라 紂 命文王하여 爲西方諸侯之長하고 得專征伐이라 故로 號西伯이라

伯은 長과 같은 뜻이다. 紂가 文王에게 命하여 西方 諸侯들의 長으로 삼고 征伐을 마음대로 할 수 있게 하였다. 그러므로 西伯이라 부른 것이다.

長은 上聲이라 ○虞芮는 二國名이라 如는 往也라 漢南은 漢水之南也라 蓋天下歸文王者는 六州이니 荊 梁 雍 豫 徐 揚也요 惟靑 兗 冀는 尙屬紂耳라

長은 上聲이다. ○虞와 芮는 두 나라의 國名이라 如는 往의 뜻이다. 漢南은 漢水의 南쪽이다. 대개天下가 文王에게 귀의 한 것은 여섯 州이니 荊州, 梁州, 雍州, 豫州, 徐州, 揚州이다. 오직 靑州, 兗州, 冀州만은 아직 紂에게 속해 있었다.

孔子 曰 三分天下에 有其二하사 以服事殷하시니 周之德은 其可謂至德也已矣로다

孔子께서 말씀하셨다. "天下를 三分한 가운데 그 둘을 두고도 복종하여 殷을 섬겼으니 周의 德은 지극한 덕이라고 이를만하다."

有呂尙者하니 東海上人이라 窮困年老하여 漁釣至周러니 西伯이 將獵할새 卜之曰 非龍 非彲 非熊 非羆 非虎 非貔오 所獲은 霸王之輔라 하더니 果遇呂尙於渭水之陽하여 與語大悅曰 自吾先君太公으로 曰當有聖人이 適周하여 周因以興이라 하더니 子眞是邪아 曰 吾太公이 望子久矣라 하고 故로 號曰太公望이라 하고 載與俱歸하여 立爲師하고 謂之師尙父라 하다

여상이라는 사람이 있었으니 동해가의 사람이다. 곤궁(困窮)하고 연로하여 낚시하며 주나라 시대에 이르렀다. 서백이 장차 사냥할 때에 점을 치니 이르기를

"용(龍)도 아니요 리(貙)도 아니요 웅(熊)도 아니요 비(羆)도 아니요 호(虎)도 아니요 비(貔)도 아니요 이번 사냥에서 얻을 것은 패왕을 도울 자이다" 하였더니, 과연 여상을 위수의 북쪽에서 만나 함께 이야기하고 크게 기뻐하여 말하였다. "우리 先君 태공으로부터 이르시기를 '마땅히 성인이 주나라에 이르러 주나라가 그로 인하여서 부흥함이 있으리라' 하시더니 그대가 참으로 이 사람인가!" 또 말하기를 "우리 태공이 그대를 바라는 것이 오래되었다" 하고 그러므로 불러 이르기를 '태공망'이라 하고 수레에 태우고 함께 돌아와 세워 스승으로 삼고 그를 '사상보(師尙父)'라 하였다.

* 呂尙(여상): 성은 姜, 이름은 尙. 속칭 강태공으로 알려져 있다. 그의 선조가 呂나라에 봉해졌으므로 여상이라 불렸고 주나라 文王의 초빙으로 그의 스승이 되었고, 武王을 도와 殷나라 紂를 멸망시켜 천하를 평정했으며 그 공으로 齊나라에 봉함을 받아 그 시조가 되었다. 그에 대한 전기는 대부분 전설이지만 전국시대부터 漢나라 시대에는 경제적 수완과 병법가로서의 그의 재주가 회자되기도 한다. 貙(리): 이무기. 羆(비): 말 곰. 貔(비): 맹수이름. 범 비슷한 맹수. 너구리. 수컷은 貔(비), 암컷은 貅(휴)라 함. 悛(전): 고치다(改也). 師尙父(사상보): 아버지에 비길만한 스승. 天子의 스승. 陽(양): 山은 남쪽, 水는 북쪽을 陽이라 한다. 先君(선군): 先考, 亡父.

貙音离 羆音卑 貔音皮 父音甫 ○呂는 氏요 尙은 名也요 姓은 姜이라 隱於東海하여 聞文王善養老하고 入釣于周하여 以就養焉이라 事見孟子라 貙熊羆貔虎는 並獸名이라 渭水는 出渭州渭源縣鳥鼠山으로 至同州馮翊縣하여 入河라 水北曰陽이라 謂之師尙父者는 言其可師可尙可父也라

呂는 氏요 尙은 名이요 姓은 姜이라 東海에 은둔하여 文王이 원로를 잘 봉양한다는 소문을 듣고 낚시질 하다가 주나라에 들어가 이로써 봉양을 받은 것이다. 사실이 孟子(離婁章句上)에 보인다. 리(貙)와 웅(熊)과 비(羆)와 비(貔)와 호(虎)는 모두 짐승의 이름이다. 渭水는 渭州 渭源縣 鳥鼠山으로부터 나와 同州 馮翊縣에 이르러 河水로 유입된다. 물의 북쪽을 陽이라 한다. 이르기를 師尙父라 한 것은 그가 스승이 됨직하고 숭상할만하고 아버지로 여길만함을 말한 것이다.

* 就養(취양): 부모 곁에서 음식 따위를 돌보아 드림. 同州(동주): 漆水 沮水 灃水가 모두 이곳에

서 함께 渭水로 유입된다 하여 붙여진 이름이다. 華州로 불러지기도 하였다.

西伯이 卒하고 子發이 立하니 是爲武王이라 率修西伯緖業十三年에 諸侯不期而會者八百이 皆曰 紂를 可伐矣라 하거늘 王이 不可라 하시고 引歸러니 紂不悛이어늘 王이 乃伐之하시다

서백이 죽고 아들 발이 즉위하니 이이가 무왕이다. 서백의 서업(緖業)을 좇아 닦은지 13年에 제후들이 기약(期約)하지 아니하고 모인사람 800명이 모두 말하기를 “紂를 정벌하여야 한다.” 하니 왕이 “아니 된다.”라 하시니 제후들을 이끌고 돌아갔다. 紂가 잘못을 고치지 아니하거늘 왕이 이에 정벌하였다.

悛音千○諡法에 剛强直理曰武라 하고 又威强敵德과 刑民克服과 誇志多窮을 皆曰武라 悛은 改過也라

諡法에 ‘굳세고 강하고 곧게 다스림’을 武라 하고 또한 ‘위엄과 강함이 德에 대등함’과 ‘백성을 형벌로부터 극복하게 함’과 ‘뜻을 자랑할 만하고 궁리가 많음’을 모두 武라 한다. 悛은 허물을 고침이다.

張子曰 此事는 間不容髮이라 一日之間이라도 天命未絶이면 則是君臣이요 當日命絶이면 則爲獨夫라 然이나 命之絶否를 何以知之리오 人情而已니라 諸侯不期而會者八百이면 武王인들 安得而止之哉아

張子가 말하였다. 이 일은 틈을 털끝 만큼도 용납하지 않는다. 一日의 사이라도 天命이 아직 끊어지지 않았다면 이는 君臣이요 當日에 命이 끊어졌다면 獨夫가 된다. 그러나 天命이 끊어졌는가 아닌가는 무엇으로써 알리오? 人情일 따름이다. 諸侯들이 기약하지 않고도 모인 자가 八百이라면 武王인들 어찌 멈추게 할 것인가?

伯夷 叔齊 叩馬而諫하니 左右 欲兵之어늘 太公이 曰 義人也라 하고 扶而去之하니라 王이 旣滅殷爲天子에 追尊古公爲太王하고 公季爲王季하고 西伯爲文王하고 火德으로 王하여 以子月로 爲歲

首하다 天下宗周호대 而伯夷 叔齊 恥之하여 義不食周粟이라 하고
隱於首陽山하여 作歌曰 登彼西山兮여 采其薇矣로다 以暴易暴兮여
不知其非矣로다 神農虞夏忽焉沒兮여 我安適歸矣오 于嗟徂兮여 命
之衰矣로다 하고 遂餓而死하니라

백이와 숙제가 말 잔등을 두드리고 간(諫)하니 좌우가 그를 죽이고자 하거늘 태공이 말하기를 "의인이다." 하고 도와서 물러나게 하였다. 왕이 이미 은을 멸하고 천자가 됨에 고공은 추존(追尊)하여 태왕이라 하고, 공계는 왕계라 하고, 서백은 문왕이라 하고, 화덕으로 왕이 되여 자월(子月)로써 정월을 삼았다. 천하가 주나라를 종주로 여기되 백이와 숙제가 그것을 부끄러워하여 "의리상 주나라의 녹봉을 먹을 수 없다." 하고 수양산에 은거하였다. 노래를 지어 말하기를 "저 서산에 올라 고사리를 캐도다. 포학함으로서 포학함을 바꾸면서도 그 그릇됨을 알지 못하는 도다. 神農과 虞(순임금)와 夏(우임금)가 홀연히 沒함이여 내 누구에게로 돌아가리. 아! 죽음이여 목숨이 다함이라." 하고 드디어 굶주려 죽었다.

* 叩馬而諫(고마이간): 말을 못 가게 두드려 간함. 義人(의인): 군신의 대의를 아는 것을 말함(言知君臣之大義也). 追尊(추존): 死後에 尊號를 올림. 伯夷叔齊(백이숙제): 孤竹君의 두 아들. 姓이 묵태(墨胎), 중국 은나라의 處士, 易姓革命에 반대하는 사상을 투영시킨 인물. 薇(미): 고비. 고사리와 비슷하나 차이가 크다(似蕨而差大). 安(안): 동사나 전치사 앞에 쓰여 목적어가 되어 사물이나 장소 및 인물 등을 물으며 무엇, 어디, 어찌하여, 어떤 사람, 누구 등으로 해석함.

伯夷叔齊는 孤竹君之二子라 叩馬는 說文에 云 牽馬也라 兵은 猶殺也라 太公은 以二人이 知君臣之義라 故로 扶而去之라

伯夷와 叔齊는 孤竹君의 두 아들이다. 叩馬는 說文에 이르기를 말을 끌어 당긴 것이라 하였다. 兵은 죽인다는 뜻과 같다. 太公은 두 사람이 君臣의 義를 안다고 여긴 때문이다. 그러므로 도와서 물러가게 한 것이다.

蓋武王太公之心은　恐一時之無君이요　伯夷叔齊之心은　恐萬世之無君이니　此는　義並行
而不相悖也라

대개 武王과 太公의 마음은 한 때의 無君을 염려한 것이요 伯夷와 叔齊의 마음은 萬世의 無
君을 염려한 것이니 이것은 義가 아울러 행하여 졌으니 서로 어긋나지 않는다.

謚法에　經天緯地曰文이요　又道德博聞과　勤學好問과　慈惠愛民과　愍民惠禮와　錫民爵位
와　忠信據理를　皆曰文이라　○朱子曰　天開於子하고　地闢於丑하고　人生於寅이라　故로　斗
柄이　建此三辰之月하니　皆可以爲歲首하여　而三代迭用之也라

謚法에 經天緯地를 文이라 하고 또한 ‘道德이 널리 알려짐’과 ‘부지런히 배우고 묻기를 좋아
함’과 ‘사랑과 은혜로 백성을 사랑함’과 ‘백성을 불쌍히 여기고 禮를 베푸는 것’과 ‘백성에게 爵
位를 내림’과 와 ‘忠과 信이 도리에 의거함’을 모두 文이라 한다. ○朱子가 말하였다. “天이 子
會에 열리고 땅이 丑會에 열리고 사람이 寅會에 생겨났다. 故로 斗柄이 이 三辰之月에 서니 모
두 歲首로 삼을 수 있어서 三代가 차례로 쓴 것이다.

* 經天緯地(경천위지): 온 세상(世上)을 다스림. 일을 계획적(計劃的)으로 준비(準備)하고 다스림.

適音的　于吁同　○宗周는　謂尊周爲天子也라　首陽山은　在河中府河東縣南이라　薇는　似
蕨이나　而差大有芒而味苦하여　可食也라　易은　換也니　言武王之暴이　與紂無異하여　如以
暴易暴也라　適은　專主也니　春秋傳에　曰　吾誰適從이　是也라　殂는　死也라　餓死는　謂不食
周祿以終身하고　非飢餓而死也라

宗周는 周나라를 높여 天子로 삼음을 이른다. 首陽山은 河中府 河東縣 南쪽에 있다. 薇는 고
사리와 같으나 조금 크고 까끄라기가 있어서 맛이 쓰니 먹을 만하다. 易은 빠꾼다는 뜻이니 武
王의 폭력이 紂와 더불어 다름이 없어서 마치 폭력으로 폭력을 바꿈과 같다고 말한 것이다. 適
은 오로지 주인을 삼음이니 春秋傳에 말하기를 ‘내가 누구를 따라 갈 것이냐’한 것이 이뜻이다.
殂는 죽는다는 뜻이다. 餓死는 주나라의 녹을 먹지 않고 인생을 마친다는 뜻이요 굶어서 죽는
다는 뜻은 아니다.

武王이　崩하고　太子誦이　立하니　是爲成王이라　成王이　幼하니

周公이 位冢宰攝政이러니 管叔 蔡叔이 流言日 公將不利於孺子라
하고 與武庚으로 作亂하니 武庚者는 武王의 所立紂子祿父니 爲殷
後者也라 周公이 東征하샤 誅武庚 管叔하시고 放蔡叔이러니 王이
長에 周公이 歸政하시니라

　무왕이 崩하고 태자 송이 즉위하니 이가 성왕이다. 성왕이 어리니 주공이 총
재(冢宰)에 자리하여 섭정하니 관숙과 채숙이 流言을 만들어 말하기를 "周公이
장차 유자(孺子: 成王)에게 이롭지 못하리라" 하고 무경과 더불어 난을 일으키
니 무경이란 者는 무왕이 세운 주의 아들 녹보이니 은의 후예가 된 者이다. 주
공이 동으로 정벌하여 무경과 관숙을 죽이고 채숙을 추방하였다. 왕이 장성함에
주공이 정사를 돌려주었다.

* 流言(유언): 根據없는 풍설. 適(적): 혼자 마음대로 일을 주관함(專主). 冢宰(총재): 태재(太宰).
　나라의 정치를 총찰하여 다스리는 장관. 총리대신. 管叔蔡叔(관숙채숙): 무왕의 동생들, 성왕의
　숙부들. 不利(불리): 찬시를 하고자 한다는 말(言欲爲簒弒也).

　謚法에 安民立政曰成이라 長上聲 ○周公의 名은 旦이요 武王弟也라 冢宰는 太宰也라
管叔의 名은 鮮이요 蔡叔의 名은 度이니 皆武王弟요 而監殷者也라 流言은 無根之言이
니 如水之流하여 自彼而至此也라 不利는 言其欲爲簒弒니 不利於成王也라 歸는 猶還也
라 東征事는 詳見書金縢大誥及詩東山等篇이라

　謚法에 백성을 편안히 하고 정사를 확립함을 成이라 한다. ○周公의 名은 旦이요 武王의 아
우이다. 冢宰는 太宰이다. 管叔의 名은 鮮이요 蔡叔의 名은 度이니 모두 武王의 아우들이요 殷
을 감독하던 者 들이다. 流言은 근거 없는 말이니 마치 물이 흘러가서 저쪽으로부터 이쪽에 이
르러 옴 같은 것이다. 不利는 그 찬시하고자 함을 말한 것이니 成王에게 이롭지 않다는 것이다.
歸는 돌아옴 같다. 東征의 일은 書傳의 金縢과 大誥 및 詩傳의 東山等篇에 자상하게 보인다.

　范氏曰 象이 日以殺舜爲事어늘 舜爲天子也에 則封之하고 管蔡啓商以叛이어늘 周公之
爲相也에 則誅之하니 迹雖不同이나 道則一也라 蓋象之禍는 及於舜而已라 故로 舜封之
하고 管蔡流言은 將危周公하고 以間王室하여 得罪於天下라 故로 周公誅之하니 非周公

誅之면 天下之所當誅也라 周公豈得而私之리오

范氏가 말하였다. "象이 날마다 舜을 죽이는 것으로써 일을 삼았거늘 舜이 天子가 되심에 그를 제후로 봉하였고 관숙과 채숙이 商을 열어 배반하거늘 周公이 相이됨에 그들을 誅伐하니 자취는 비록 같지 않으나 道는 하나이다. 대개 象의 禍는 舜에게만 미칠 따름이라 그러므로 舜이 그들을 封하였고 관숙과 채숙의 流言은 장차 周公을 위태롭게 하고 王室을 이간함으로써 天下에 죄를 얻게 된 것이다. 故로 周公이 誅伐하였으니 周公이 그들을 誅伐하지 않으면 天下가 마땅히 誅伐하였을 것이다. 周公이 어찌 사사로움으로써 하였으리요?

初에 武王이 作鎬京하고 謂之宗周라 하니 是爲西都오 將營洛邑이라가 未果러니 王이 欲如武王之志하실새 召公이 遂相宅하고 周公이 至洛하여 築王城하시니 是爲東都라 以洛爲天下中하니 四方入貢에 道里均也러라 王은 居西都而朝會諸侯於東都하고 周公 召公이 相成王爲左右하여 自陝以西는 召公이 主之하고 自陝以東은 周公이 主之하다

처음에 무왕이 호경을 짓고 이르기를 宗周라 하니 이것이 西都이고, 장차 낙읍을 경영하려다가 아직 시행하지 못하였더니 성왕이 무왕의 뜻과 같이 하고자 하므로 소공이 드디어 땅의 마땅함을 보고 주공이 낙읍에 이르러서 왕성을 축조하니 이것이 東都이다. 낙양으로써 천하의 중심을 삼으니 사방에서 朝貢을 드림에 道里가 균등하였다. 왕은 서도에 머무르다가 제후를 동도에서 조회하고 주공과 소공이 성왕을 도와 좌우가 되어 섬(陝)으로부터 西로는 소공이 주관하고 섬(陝)으로부터 東으로는 주공이 주관하였다.

* 相(상): 땅의 마땅함을 보고서 읍을 경영하는 것이다(視也). 鎬京(호경): 풍읍의 동쪽 도시 명. 周公(주공): 문왕의 아들, 무왕의 동생. 무왕을 도와 은나라를 멸망시키고, 무왕이 돌아간 후에는 어린 성왕을 도와 주나라 왕실의 기초를 튼튼히 했다. 후세 사람들이 성인으로 일컫는다. 召公(소공): 같은 형제인 周公과 함께 어린 성왕을 보필하여 주나라 왕조의 기반을 확립시켰다. 陝(섬): 고을이름(河南州名).

鎬音浩 相去聲 朝音潮 陝音閃 相去聲 ○鎬京은 在豊邑之東이라 召公의 名은 奭이라 相은 視也니 言視洛之宜以營邑也라 ○陝은 州名이니 屬河南이라

鎬京은 豊邑의 東쪽에 있다. 召公의 名은 奭이다. 相은 살펴본다는 뜻이니 洛邑이 도읍을 경영하기에 마땅한지를 살핌을 이른다. ○陝은 州名이니 河南에 속한다.

按컨대 三代之興이 皆由賢臣이니 禹는 拜昌言하고 一饋十起하니 姒氏以興이요 湯은 學伊尹하여 從諫弗咈하니 子姓大昌이요 文武之時에 尙父爲師하고 亂臣十人하여 周召夾輔하니 實隆姬氏라 嗚呼라 用賢則興하고 不用則亡이니 爲人君者는 可不愼哉아

살펴보건대 三代의 興함이 모두 賢臣으로 말미암으니 禹는 좋은 말에는 절하고 한번 진지를 올리는 동안에 열 번이나 일어나 손님을 맞으니 姒氏가 興하게 된 것이요, 湯은 伊尹에게서 배워 諫함을 따라 어기지 않으니 子姓이 크게 번창한 것이요, 文王과 武王의 때에는 尙父를 스승으로 삼고 亂臣 열 사람을 두어 주공과 소공이 보필하니 實로 姬氏가 융성하게 되었다. 아아! 어진이를 등용하면 興하고 등용하지 못하면 亡하는 것이니 人君된 者는 삼가지 않을 수 있겠는가?

 * 亂臣(난신): 난시에 천하(天下)를 잘 다스려 나갈 능력(能力)이 있는 신하(臣下). 나라 정치(政治)를 어지럽게 하는 역신.

交趾南에 有越裳氏하여 重三譯而來하여 獻白雉曰 吾는 受命國之黃耇로니 天無烈風淫雨하고 海不揚波三年矣라 意者中國에 有聖人乎인저 周公이 歸之王하여 薦于宗廟하다 使者迷歸路어늘 周公이 錫以軿車五乘하니 皆爲指南之制러라 使者載之하고 由扶南林邑海際하여 期年而至國이라 故로 指南車常爲先導하여 示服遠人而正四方하다

교지의 남쪽에 월상씨가 있어서 거듭 세 번 통역을 하여 와서 흰 꿩을 바치며 말하기를 "나는 명을 받은 나라의 황구입니다. 하늘에는 열풍과 음우가 없

고, 바다에는 파도가 일지 않은지 삼년이 되었습니다. 짐작컨대 중국에 성인이 있을 것이라 생각했습니다." 주공이 成王에게 돌리어 종묘에 받치게 했다. 사자(使者)가 돌아갈 길을 잃거늘 주공이 병거 오승으로써 주었으니 모두 남쪽을 가리키는 제도로 만들었다. 사자(使者)들이 타고서 부남과 임읍과 해제를 경유하여 다음 해에 나라에 이르렀다. 그러므로 지남거가 항상 선도가 되어 멀리에 있는 사람을 복종시키고 사방을 平正함을 보여 주었다.

* 交趾(교지):남월의 군 이름(南粵郡名). 粵(월): 나라 이름. 越裳(월상): 월상국(越裳國). 重三譯而來(중삼역이래): 길이 세 나라를 지남(路經三國). 黃耇(황구): 노인. 머리카락이 희었다가 다시 누렇게 되고 얼굴에 검버섯이 핀 사람. 歸之王(귀지왕): 공을 成王에게 돌림. 薦于宗廟(천우종묘): 先王의 神靈을 말함. 扶南·林邑(부남·임읍): 남쪽 오랑캐 나라 이름. 期年(기년): 1년 만에. 制(제): 부리다.

重平聲 譯音亦 耇音狗 軿音屏(玭(빈): 구슬이름. 玼(자): 흠. 옥빛이 깨끗하다.) 乘使皆去聲 ○交趾는 郡名이니 夲南粵之地로 越裳國이 又在其南이라 通兩番之語曰譯이니 盖路經三國하니 恐一使不通이라 故로 重三譯而來也라 老人이 髮白復黃하고 面色如垢라 故로 曰黃耇라 自天無로 至聖人乎二十一字는 乃黃耇之言也라 歸之王은 謂歸功於成王也니 稱先王은 神靈이라 故로 薦于宗廟也라 錫은 賜也라 四面有屛蔽者曰 軿車라 扶南林邑은 二國名이니 竝在南蠻이라 歲一周曰朞라 導는 引也라 ○孔子曰 如有王者면 必世而後에 仁이라 하니 說者는 謂周自文武로 至于成王而後에 禮樂이 興하니 卽 其效也라

交趾는 郡名이니 본시 南粵의 땅으로 越裳國이 또한 그 南쪽에 있다. 두 가지의 말로 통역함을 譯이라 하니 대개 길이 三國을 경유하였으니 一使러는 通할 수 없음을 염려한 것이다. 그러므로 거듭 세 번 통역을 하여 온 것이다. 老人이 모발이 희었다가 다시 노랗게 되고 얼굴색이 때 묻은 것 같은지라 故로 黃耇라 한다. 天無로부터 聖人乎에 이르기까지 21字는 곧 黃耇의 말이다. 歸之王은 功을 成王에게 돌림을 이르니 先王은 神靈하다 칭할 것이라 그러므로 宗廟에 바친 것이다. 錫은 내려줌이다. 四面에 가리개를 두어 가린 것을 軿車라 한다. 扶南과 林邑은 두 나라의 國名이니 모두 南蠻에 있다. 해가 한번 돌면 朞라 한다. 導는 인도함이다. ○孔子가 말하기를 '만일에 王者가 있다면 반드시 한 세대 이후에 仁해 질 것이라'하니 말한 것은 周나라가 文王과 武王으

로부터 成王에 이른 而後에 禮樂이 興하였으니 곧 그 효험을 이른 덕이다.

* 絣音屛(병음병): 저본의 絣音玭를 언해본의 것으로 바꾸어 표기하였다. 玭(빈)은 구슬이름. 玼 (자)는 흠. 옥빛이 깨끗하다의 뜻임.

 成王이 崩하고 子康王釗立하니 成康之際에 天下安寧하여 刑錯 四十餘年不用이러라 康王이 崩하여 子昭王瑕立하니 昭王이 南巡 狩하여 至楚러니 以膠舟로 載之하여 溺不返하니라 子穆王滿이 立 하니 有造父者하여 以善御로 幸於王하여 得八駿馬하여 遊行天下 하여 將皆有車轍馬迹이러라 王이 西巡하여 樂而忘返이러니 徐子 乘時作亂이어늘 造父御王長驅하여 歸救亂하고 命楚하여 討徐誅之 하다

 성왕이 崩하고 아들 강왕(康王) 소(釗)가 즉위하니 성왕과 강왕의 治世 때에 천하가 안녕(安寧)하여 형법을 놓아두고 40여년을 사용하지 않았다. 강왕이 崩 하고 아들 소왕(昭王) 하(瑕)가 즉위하니 소왕이 남쪽으로 순수하여 楚나라에 이르니, 교주(膠舟)에 태우고 물에 빠뜨려 돌아오지 못하였다. 아들 목왕 만이 즉위하니, 조보란 자가 있어 말을 잘 다루므로 왕에게 총애(寵愛)를 받아 팔준 마를 얻어 천하를 유행(遊行)하여서 장차 모두 수레 바퀴자국과 말 발굽자국이 있게 되었다. 왕이 서쪽으로 순수하여 즐기고 돌아오기를 잊으니 서자(徐偃王) 가 이때를 타서 난을 일으키니 조보가 왕을 모시고 먼 거리를 쉬지 않고 말을 몰고 돌아와서는 난을 구하고 楚나라에 명령하여 서(徐)나라 언왕(偃王)을 토벌 하고 그를 죽였다.

* 釗(소): 힘쓰다. 밝다. 사람이름은 '쇠'로 읽는다. 成康之際(성강지제): 成王과 康王의 治世 때 에. 錯(조): 버려 둠(捨置也). 巡狩(순수): 왕이 제후국을 순찰하는 것. 以膠舟(이교주): 배의 밑 바닥에 구멍을 뚫고 아교와 흙을 뭉쳐 구멍을 막았다가 배가 강 중류에 도달했을 무렵 막았던 흙이 녹아 구멍이 뚫리면서 배가 침몰함.

釗音昭 錯音措 ○謚法에 安樂撫民曰康이요 又淵源流通曰康이요 溫柔好樂曰康이라 錯는 捨置也니 恙承文武道隆德盛之後에 民不犯刑也라

謚法에 安樂으로 백성을 어루만짐을 康이라 하고 또한 淵源이 흘러 통함을 康이라 하고 溫柔하고 好樂함을 康이라 한다. 錯는 버려둠이니 文武의 道가 높고 德이 盛함을 받들기를 근심한 뒤에 백성들이 형벌을 범하지 않게 된 것이다.

膠音交 ○謚法에 聖聞周達曰昭요 正義曰昭라 王德이 衰하여 南征濟漢이러니 舟人이 惡之하여 以膠舟로 進王이라 御其舟하여 至中流에 膠液而溺死라 ○按컨대 周室之衰 始此라

謚法에 聖서러운 소문이 두루도달함을 昭라 하고 正義로움을 昭라 한다. 王德이 衰하여 南征에 漢水를 건너더니 배를 만들어준 사람들이 그를 미워하여 膠舟로써 王에게 받치니라 그 배를 저어 中流에 이름에 아교가 녹아내려 물에 빠져 죽었다. ○살펴건대 周室의 衰함이 이때로부터 시작된 것이다.

造音操 父音甫 樂音洛 ○謚法이 未詳하니 後不註者는 倣此라 幸은 寵也라 八駿은 曰絶地 曰翻羽 曰奔宵 曰超景 曰踰輝 曰超光 曰騰霧 曰掛翼也라하고 或以驊騮 騄駬 赤驥 白兎 驍渠 黃騟 盜驪 山子로 謂之八駿하니 未知孰是라 徐는 國이요 子는 爵이요 姓은 嬴이니 當時諸侯라 長驅는 言晝夜長驅不息也라

謚法이 詳細하지 않으니 後에 註를 달지 않은 것은 모두 이와 같다. 幸은 寵愛함이다. 八駿은 絶地와 翻羽와 奔宵와 超景과 踰輝와 超光과 騰霧와 掛翼이다. 或 驊騮와 騄駬와 赤驥와 白兎와 驍渠와 黃騟와 盜驪와 山子로써 八駿이라 이르니 누가 옳은지 알지 못하겠다. 徐는 國이요 子는 爵이요 姓은 嬴이니 當時의 諸侯이다. 長驅는 밤낮으로 오래도록 말을 달려 쉬지 않음을 말한 것이다.

王이 將征犬戎이어늘 祭公謀父 諫曰 先王이 耀德하고 不觀兵이라 호대 王이 不聽하고 征之하여 得四白狼四白鹿以歸하니 自是로 荒服이 不至하고 諸侯不睦이러라 穆王이 崩하고 子共王緊扈立이

라가 崩하고 子懿王囏이 立하여 崩하고 弟孝王辟方이 立하여 崩하고 子夷王燮이 立하여 下堂而見諸侯하니 楚始僭稱王하다

  왕이 장차 견융을 정벌하고자 하니 채공 모보가 간하여 말하기를 "先王은 덕을 밝히고 군사를 거들떠보지 않았다" 하였다. 왕이 듣지 아니하고 정벌에 나서 네 마리의 흰 여우와 네 마리의 흰 사슴을 가지고 돌아왔다. 이로부터 황복이 이르지 않고 제후들이 화목하지 않았다. 목왕이 崩하고 아들 공왕 예호가 즉위하였다가 崩하고, 아들 의왕 간이 즉위하였다가 崩하고, 아우 효왕 벽방이 즉위하였다가 崩하고, 아들 이왕 섭이 즉위하여 당 아래에서 제후를 접견하니 초나라가 비로소 참람히 왕이라 칭했다.

* 犬戎(견융): 서쪽 종족 이름. 祭公(채공): 채나라 공작. 祭는 蔡와 통용. 謀父(모보): 字. 耀(요): 빛내다. 荒服(황복): 먼 지방. 오복의 제일 변두리 구역 곧, 王畿로부터 2천 里에서 2천 5백 리 사이. 轉하여 華 外의 蠻夷. 五服(오복): 왕기를 중심으로 하여 주위를 순차적으로 나눈 다섯 구역. 上古에는 甸服·侯服·綏服·要服·荒服. 周代에는 侯服·甸服·男服·采服·衛服. 一服은 500里. 不觀兵(불관병): 군사의 위세로서 사람들을 복종시키지 않는 것. 緊(예): 창전대. 검은 비단. 懿(의): 아름답다. 囏(간): 고생살이. 고생하다. 扈(호): 따르다.

  祭音債 父音甫 觀音貫 ○犬戎은 西戎名이라 祭는 國이요 公은 爵이라 謀父는 字也라 耀는 明也라 觀은 視也라 言先王以德服人하고 不以兵威示人也라 荒服은 遠方諸侯也라 睦은 和也라

  犬戎은 西戎의 이름이다. 祭는 나라이름이고 公은 爵位이다. 謀父는 字이다. 耀는 밝다는 뜻이다. 觀은 본다는 말이다. 先王이 덕으로써 사람을 감복시키고 무기로써 위엄을 사람들에게 보이지 않았음을 말한 것이다. 荒服은 遠方의 諸侯들이다. 睦은 和睦함이다.

  共與恭同 緊音夷 扈音戶 ○謚法에 正德美容曰共이요 又敬順事上曰共이라

  謚法에 德을 바루고 용모를 아름답게 함을 共이라 말하고 또한 공경하고 공순하게 위를 섬김을 共이라 한다.

囍音艱 辟音璧 燮悉協反 ○以天子之尊으로 而下堂見諸侯면 君弱之甚也요 以諸侯之卑
로 而僭稱王이면 臣强之甚也라

　天子의 높음으로써 堂을 내려와 諸侯를 보았다면 임금의 약해짐이 심한 것이요 諸侯의 낮음
으로써 王이라 참람하게 칭하였다면 臣의 强해짐이 심한 것이다.

　夷王이　崩하고　子厲王胡立하니　無道하여　暴虐侈傲하니라　得衛
巫하여　使監國人之謗者하고　以告則殺之하니　道路以目이라　王이
喜曰　吾能弭謗矣라하니　或이　曰　是는　障也라　防民之口는　甚於防
川하니　水壅而潰면　傷人이　必多라호대　王이　弗聽이라　於是에　國
人이　相與畔하니　王이　出奔彘하고　二相周召共理國事하여　號曰　共
和者라　十四年而王이　崩于彘하다　子宣王靖이　立하여　任賢使能할
새　有召穆公　方叔　尹吉甫　仲山甫等이　爲政於內外하여　王化復行하
니　周室이　中興焉이러라

　이왕이 崩하고, 아들 여왕(厲王) 호(胡)가 즉위하니 무도하여 포학하며 사치하
고 오만하였다. 衛巫를 두어 國人 중에 비방하는 자를 감시하게 하고 고하면 그
를 죽이니, 길에서는 서로 눈으로만 말하게 되었다. 왕이 기뻐하며 말하기를
"내가 능히 비방하는 것을 그치게 했다" 하니 어떤 이가 말하기를 "이는 장애
가 될 것입니다. 백성의 입을 막는 것은 냇물을 막는 것 보다 심할 것이니 물을
막았다가 무너지면 다치는 사람이 반드시 많을 것입니다." 하였으되 왕이 듣지
않았다. 이에 國人이 서로 더불어 모반하니 왕이 체로 달아났다. 두 宰相, 周公
과 召公이 함께 나라 일을 다스리니 이것을 이름 하여 말하기를 공화라고 하였
다. 공화 14년에 왕이 체에서 죽었다. 厲王의 아들 선왕 정이 즉위하여 현인을
임용하고 재주 있는 자를 부림에 소목공, 방숙, 윤길보, 중산보 등이 안과 밖에
서 정사를 잘 하여 왕의 교화가 다시 행해지니 주나라 왕실이 중흥되었다.

* 衛巫(위무): 민정을 감시하는 직무를 가진 벼슬 이름. 弭(미): 그치다. 周召(주소): 서로 돕는 것을 통칭하여 주소라 한다(凡輔相者 通稱周召也). 주공과 소공의 후손들 중 큰아들은 노와 연에 봉하고 나머지 아들들은 대대로 주 왕실에서 벼슬을 하였는데, 이때 와서 재상이 되었다는 말. 共和(공화): 함께 나라 일을 다스리는 것. 彘(체): 큰 돼지. 하동고을 이름.

　　弭音米 壅音勇 潰音會 彘音滯 ○諡法에 殺戮不辜曰厲라 監은 禁察也라 以告則殺之는 謂巫以謗者告王이면 王卽殺之也라 弭는 止也라 潰는 沖決也라 陳氏殷曰 彘는 縣名이니 屬河東이라 今霍邑이 是也라 　此周召는 非周公旦召公奭也니 自二公之後로 凡輔相者는 皆通稱周召也라 二相이 和協하여 共理國事라 故로 號共和라 ○按컨대 詩之變風變雅는 始此라

　　諡法에 죄가 없는 사람을 殺戮함을 厲라한다. 監은 禁하여 살핌이다. 以告則殺之는 衛巫가 비방한 사람을 왕에게 고하면 왕이 곧 그를 죽임을 이른다. 弭는 그치게 함이다. 潰는 부딪치고 끊어짐이다. 陳氏 殷이 말하기를 "彘는 縣名이니 河東에 속한다. 지금의 霍邑이 이곳이다. 이 글의 周召는 周公旦과 召公奭이 아니니 二公의 뒤로 무릇 輔相하는 이는 모두 周召라고 通稱한 것이다. 二相이 和協하여 함께 國事를 다스린 것이다. 그러므로 共和라 부른 것이다. ○살펴보건대 詩의 變風과 變雅는 이때로부터 시작된 것이다.

* 不辜(불고): 無辜함. 죄가 없음. 죄가 없는 사람. 沖(충): 충(冲)의 本字.

　　諡法에 聖善周聞曰宣이요 善聞周達曰宣이라 賢有德者任之면 則足以正君而善俗이라 能有才者使之면 則足以修政而立事라 召穆公의 名은 虎니 出平淮夷하고 方叔은 南征荊蠻하고 尹吉甫는 北伐玁狁하고 仲山甫는 以補袞職하니 所謂爲政於內外也라

　　諡法에 성덕과 선행이 두루 들림을 宣이라 하고 善한 소문이 두루 이름을 宣이라 한다. 어질고 덕이 있는 이를 등용하면 임금을 바르게 하고 풍속을 善하게 할 수 있고 능히 재주 있는 자를 부리면 정사를 닦아 일을 세울 수 있다. 召穆公의 이름은 虎이니 나아가 淮夷를 평정하였고 方叔은 南으로 荊蠻을 정벌하고 尹吉甫는 北으로 玁狁을 치고 仲山甫는 袞職을 도왔으니 이른바 안과 밖에서 정사를 잘 다스렸다는 것이다.

* 聖善(성선): 성덕(聖德)과 선행(善行). 어머니를 높이어 일컫는 말. 袞職(곤직): 임금의 직책(職責). 임금을 보좌하는 삼공(三公)의 직책(職責).

崩하고　子幽王宮涅이　立하다　初에　夏后之世에　有二龍이　降于庭하여　曰　予는　褒之二君이라　하니　卜藏其漦라　歷夏殷莫敢發이러니周人이　發之하니　漦化爲黿이라　童女遇之而孕하여　生女棄之러니宣王時에　有童謠하니　曰　檿弧箕服이　實亡周國이라　하더니　適有鬻是器者어늘　宣王이　使人執之하니　其人이　逃라가　於道에　見棄女하고　哀其夜號而收之하여　逸於褒러니　至是하여　褒人이　有罪어늘　入是女於王하니　是爲褒姒라　王이　嬖之호대　褒姒不好笑하니　王이　欲其笑萬方호대　故不笑로　王이　與諸侯로　約호대　有寇至則擧烽火하여　召其兵來援이러니　乃無故擧火하니　諸侯悉至而無寇라　褒姒大笑하니　王이　乃廢申后及太子宜臼하고　以褒姒로　爲后하고　其子伯服으로　爲太子하니　宜臼奔申이러니　王이　求殺之라가　弗得하고　伐申하니　申侯召犬戎寇宗周어늘　王이　擧烽火하여　徵兵호대　不至하니犬戎이　弑王驪山下하다

　선왕이 崩하고 아들 유왕 궁열이 즉위했다. 처음 하후의 세상에 두 용이 뜰에 내려와 말하기를 '우리는 포의 두 임금이다.' 하니 점쳐서 그 漦:龍의 精氣를 보관하였다. 하나라 시대와 은나라 시대를 지나도 감히 열지 않았는데 주나라 사람이 열어 시(漦)가 화하여 자라가 되었다. 동녀가 그것을 만나서 아이를 잉태하여 딸을 낳고서 버렸다. 선왕 때에 동요가 있는데 말하기를 '뽕나무 활과 箕나무 화살 통이 진실로 주나라를 망하게 하리라.' 하였다. 마침 이런 기물을 파는 자가 있는데 선왕이 사람을 시켜 그를 잡아오게 하니 그 사람이 도망가다가 길에 버려진 여자아이를 발견하고 밤에 우는 것이 애처로워서 그를 거두어 포 땅에 숨었다. 이때에 이르러 포 땅 사람이 죄가 있어 이 여자를 유왕에게 들여보냈는데 이 여자가 포사이다. 왕이 그를 사랑하였다. 포사는 웃기를 좋아하지 아니하니 왕이 만방으로 그녀를 웃게 하고자 하였는데도 웃지 아니한 때문에

왕이 제후들과 약속하기를 적이 쳐들어오면 봉화를 올려 병사를 소집하여 와서 구원하게 하였는데, 이에 연고 없이 봉화를 올리니 제후들이 모두 왔는데도 쳐들어옴이 없었다. 포사가 크게 웃으니 왕이 이에 신후와 태자 의구를 폐하고 포사로 후를 삼고 그 아들 백복으로 태자를 삼으니 의구가 신나라로 달아났다. 왕이 찾아서 죽이려다가 찾지 못하고 신 땅을 정벌하니 신후가 견융을 불러 宗周를 쳐들어가니 왕이 봉화를 올려 병사를 소집하였는데도 오지 아니하니 견융이 왕을 여산 아래에서 시해하였다.

* 漦(시): 거품(용의 精氣인 唾液). 發(발): 열다(닫힌 것을 엶). 黿(원): 자라. 檿(염): 산뽕나무. 弧(호): 나무 활. 箕服(기복): 대나무 화살 통. 鬻(육): 팔다. 逸(일): 숨다. 寇(구): 쳐들어오다.

涅乃結反 漦丑之反 黿音元 檿音掩 鬻音育 號平聲 ○諡法에 壅遏不通曰幽라 漦는 涎沫也라 黿은 似鼈而大라 檿은 山桑也라 弧는 弓也라 箕는 竹名이니 亦作箕草也라 服은 矢房也라 鬻은 賣也라 逸은 藏也라 褒國姒姓之女라 故로 曰褒姒라 ○按컨대 龍漦之說은 恐爲誕妄이니 讀者詳之니라

諡法에 막혀서 통하지 않음을 幽라 한다. 漦는 입에서 밖으로 흘러나온 침의 거품이다. 黿은 자라와 비슷하나 좀 크다. 檿은 산뽕나무이다. 弧는 활이다. 箕는 대나무 이름이니 또한 箕草라고도 한다. 服은 矢房이다. 鬻은 '팔다.'라는 뜻이다. 逸은 '숨기다.'라는 뜻이다. 褒國 姒姓의 여인이기 때문에 褒姒라 한 것이다. ○살피건대 龍漦의 이야기는 허탄(虛誕)하고 망령(妄靈)될까 염려되니 讀者들은 이것을 살펴보아야 한다.

* 涎(연): 침. 입 밖으로 흘러나온 침. 沫(말): 거품. 거품이 일다. 게거품(사람이나 동물이 몹시 괴롭거나 흥분했을 때 입에서 나오는 거품 같은 침). 誕妄(탄망): 허탄(虛誕)하고 망령(妄靈)됨.

好去聲 援音院 驪音梨 ○臨川陳氏曰 萬方은 謂多方以誘其笑也라 邊火曰烽이니 有警急則 於高處擧之하여 以爲號也라 援은 救也라 申은 國名이라 在鄧州信陽軍之境이니 宜曰之母家也라 徵은 召也라 驪山은 在華州 渭南縣이라

臨川陳氏가 말히기를 '萬方은 다양한 방면으로 그녀의 웃음을 이끌어 냄을 이른다.' 邊火를 烽이라 하니 급함을 일깨울만한 일이 있으면 높은 곳에서 이것을 들어 이로써 신호로 삼은 것

이다. 援은 救援함이다. 申은 國名이라 鄧州 信陽軍의 接境에 있으니 宜臼의 母家이다. 徵은 부름이다. 驪山은 華州 渭南縣에 있다.

* 邊火(변화): 변방의 일을 불로 알리는 신호이다.

愚按컨대 三代之亡은 皆由婦人하니 桀은 愛末喜로 走死鳴條하고 紂는 嬖妲己로 焚死牧野하고 幽는 惑褒姒로 弑死驪山이라 嗚呼라 后妃者는 紀綱之首요 王化之端也라 時之治亂과 國之存亡이 於是乎繫라 有天下者는 可不戒哉아

내가 살펴보건대 三代의 亡함은 모두 婦人으로 말미암으니 桀은 末喜를 사랑함으로 鳴條에 도망하여 죽었고 紂는 妲己를 사랑함으로 牧野에서 불타 죽었고 幽는 褒姒에 현혹됨으로 驪山에서 시해당해 죽었다. 아아! 后妃는 紀綱의 으뜸이요 王化의 단서이다. 때의 治亂과 나라의 存亡이 여기에 달려 있다. 天下를 소유한 者는 경계하지 않을 수 있겠는가?

諸侯立宜臼하니 是爲平王이라 以西都逼於戎으로 徙居東都王城하다 時에 周室이 衰微하고 諸侯强幷弱하여 齊楚秦晉이 始大하니라 平王之四十九年은 卽魯隱公之元年이라 其後에 孔子修春秋始此하시니라

제후들이 의구를 즉위케 하니 이이가 평왕이다. 西都가 융에게 핍박받으므로 거처를 동도 왕성으로 옮겼다. 그때에 주나라 왕실은 쇠미해지고 제후들은 강한 자가 약한 자를 병합하여 齊, 楚, 秦, 晉이 비로소 강대해졌다. 평왕 49년은 곧 노나라 은공(名: 息姑) 원년이다. 그 후에 공자께서 춘추 편수(編修)하시기를 이때에 시작하셨다.

* 春秋(춘추): 魯나라 史記 이름.

諡法에 布綱治紀曰平이라 春秋는 魯史記之名이라 孔子 以平王東遷으로 政敎號令이 不行於天下라 故로 不得不因而修之하니 以示褒貶之法也라 ○孟子曰 王者之迹이 熄而詩亡하니 詩亡而後에 春秋作이라 하니 是也라

諡法에 강령을 펴고 기강을 다스림을 平이라 한다. 春秋는 魯나라 史記의 이름이다. 孔子께서 平王이 東遷함으로써 政敎와 號令이 天下에 행하여지지 아니한 때문에 이로 인하여 춘추를 편수하지 않을 수 없었다. 이로써 褒貶의 法을 보여주신 것이다. ○孟子가 말하기를 "王者의 자취가 終熄되자 詩가 없어졌으니 詩가 없어진 이후에 春秋가 지어진 것이다."하였니 이 뜻이다.

* 王者之迹(왕자지적): 맹자 이루하 21장의 말. 褒貶(포폄): 칭찬(稱讚)함과 나무람. 시비(是非)선악(善惡)을 평정(評定)함.

平王이 崩하고 太子之子桓王林이 立이러니 崩하고 子莊王佗立이러니 崩하고 子釐王胡齊立하니 齊桓公이 始覇하다

평왕이 崩하고 태자(名: 洩父)의 아들 환왕 림이 즉위했다가 崩하고, 아들 장왕 타가 즉위했다가 崩하고, 아들 희왕 호제가 즉위하니 제환공이 비로소 패권을 잡았다.

* 洩(예): 훨훨 날다. 泄(샐 설)과 通用. 平王의 長子. 釐(희): 제육. 복. 성씨. 음이 '리'일 때는 다스리다. 나누다. 고치다. 이치. 단위(척의 1/1000). 음이 '래'일 때는 풀이름. 보리. 나라이름. 주다 등으로 쓰임.

佗音鮀 釐音熙 ○諡法에 辟土服遠曰桓이요 勝敵克亂曰莊이요 小心畏忌曰釐라

諡法에 임금의 땅으로 멀리까지 服從하게 함이 桓이라 하고, 적을 이기고 난을 극복함을 莊이라 하고, 조심하고 두려워함을 釐라 한다.

釐王이 崩하고 子惠王閬이 立이러니 崩하고 子襄王鄭이 立하니 晉文公이 始覇하니라 襄王이 崩하고 子頃王壬臣이 立이러니 崩하고 子匡王班이 立이러니 崩하고 弟定王瑜立하니 楚莊王이 使人으로 問鼎輕重이어늘 王孫滿이 郤之하다

희왕이 崩하고 아들 혜왕 랑이 즉위했다가 崩하고, 아들 양왕 정이 즉위하니

진문공(晉文公)이 비로소 패권을 잡았다. 양왕이 崩하고, 아들 경왕(頃王) 임신(壬臣)이 즉위했다가 崩하고, 아들 광왕 반이 즉위했다가 崩하고, 아우 정왕 유가 즉위하니 초나라 장왕이 使人을 보내 솥의 경중을 물었는데, 왕손만이 使人을 물리쳤다.

* 閬(랑): 높다. 晉文公(진문공): 이름은 중이(重耳). 진헌공의 아들이며 어머니는 적(狄)의 호씨(狐氏)의 딸이었다. 진헌공이 여희를 총애하자 국외로 망명하면서 19년을 보냈다. 나중에 진혜공이 죽자 돌아와서 진문공이 되었는데 B.C.636년~B.C.628년 동안 재위하였으며 백성에게 덕을 베푸는 정치를 했다. 조(曹)·위(衛) 두 나라를 정벌했고, 성복(城僕)에서 초나라에게 승리를 거두면서 주(周) 왕실의 명을 받아 제후의 으뜸인 패자(覇者)가 되었다. 瑜(유): 옥. 郤(극):우러르다. 틈. 사이. 음이 '각'이면 却(물리치다)과 통용.

閬音浪 頃音傾 ○諡法에 愛人好與曰惠요 因事有功曰襄이요 又辟土有德曰襄이요 甄心動懼曰頃이요 純行不差曰定이요 又安民大慮曰定이라 ○外紀에 楚伐陸渾之戎에 觀兵于周郊하고 定王이 使王孫滿으로 勞之楚子問鼎之大小輕重하고 欲逼周取其鼎이라 滿曰 在德不在鼎이라 周德雖衰나 天命未改어니 鼎之輕重을 未可問也라 楚子 慙懼而退라

諡法에 사람을 사랑하고 주기를 좋아함을 惠라 하고, 일로 인하여 공이 있음을 襄이라 하고, 또한 임금의 땅에 덕이 있게 함을 襄이라 하고, 마음으로 떨고 두려움이 동함을 頃이라 하고, 純하게 行하여 어긋나지 않음을 定이라 하고, 또한 백성을 편안히 하고 크게 염려함을 定이라 한다. ○『外紀』에 다음과 같이 기록하였다. "楚나라가 陸渾의 戎을 정벌함에 周나라 성 밖에 군대를 살펴보고 定王의 사신 王孫滿에게 勞의 楚子가 鼎의 大小輕重을 묻고 周를 핍박하여 그 鼎을 취하고자 하였다. 滿이 말하기를 '덕에 있을 뿐이요 鼎에 있지 않다. 周나라의 德이 비록 衰하여 졌으나 天命이 이직 바뀌지 않았으니 鼎의 輕重을 아직 물을 것이 아니다.'라고 하니 楚子가 부끄럽고 두렵게 여기며 물러갔다."

* 甄(견): 도자기 만들다. 옹기장이. 녹로. 벽돌. 교화하다. 판단하여 가려내다. 드러내 밝히다. 가마. 없애다. 음이 '진'이면 떨리다. 흔들리다.

定王이　崩하고　子簡王夷立하니　吳始僭稱王하다　簡王이　崩하고

子靈王泄心이 立하니 孔子生於其時하시니라 靈王이 崩하고 子景
王貴立이러니 崩하고 子悼王猛이 立이러니 庶弟子朝弑之어늘 晋
人이 討子朝而立敬王丏하니 孔子卒于其時하시니라

　정왕이 崩하고, 아들 간왕 이가 즉위하니 오나라가 비로소 참람히 왕이라 칭
하였다. 간왕이 崩하고, 아들 영왕 설심이 즉위하니 공자께서 그 때에 태어나셨
다. 영왕이 崩하고, 아들 경왕 귀가 즉위했다가 崩하고, 아들 도왕 맹이 즉위했
는데 庶弟인 자조가 그를 시해하니 진나라 사람이 자조를 토벌하고 경왕 면을
세웠다. 공자께서 그 때에 돌아가셨다.

* 丏(면): 가리다. 토담. 丐(개)는 '빌다. 빌리다.'의 뜻으로 다른 글자이다.

　丏音免 ○謚法에 亂而不損曰靈이요 布義行剛曰景이라 ○按컨대 孔子 生于靈王二十一
年 庚戌歲 十一月 庚子日하고 卒于敬王四十一年 壬戌歲 四月 己丑日이라

　謚法에 어지럽혀 덜어내지 않음을 靈이라 말하고 밝음을 펴고 굳세게 행함을 景이라 한다.
○살펴보건대 孔子는 靈王 21년 庚戌年 十一月 庚子日에 태어났고 敬王 41年 壬戌歲 四月 己丑
日에 졸하였다.

　敬王이 崩하고 子元王仁이 立이러니 崩하고 子貞定王介立이러
니 崩하고 子哀王去疾이 立이러니 弟思王叔帶, 襲弑之而自立이러
니 少弟考王嵬又攻殺思王而自立하니라 崩하고 子威烈王午立하니
晋 趙氏 魏氏 韓氏始侯하다 周自東遷以來로 及是二十世而愈微하
고 諸侯用兵爭强하여 號爲戰國이라 其後에 司馬氏作資治通鑑하고
朱子修綱目始此하시니라

　경왕이 崩하고, 아들 원왕 인이 즉위했다가 崩하고, 아들 정정왕 개(介)가 즉
위했다가 崩하고, 아들 애왕 거질이 즉위하니 아우 사왕 숙대가 애왕을 습격하

여 시해하고 스스로 즉위했다. 어린 아우 고왕 외가 또한 사왕을 공격하여 시해하고 스스로 즉위했다가 崩하고, 아들 위열왕 오(午)가 즉위하니 晉나라 조씨, 위씨, 한씨가 비로소 제후가 되었다. 주나라가 동천(東遷)함으로부터 이래로 이 20世에 이르러 더욱 쇠미해졌고, 제후가 병사를 써서 강함을 다투어 부르기를 전국시대라 한다. 그 후에 사마씨가 『자치통감』을 짓고 주자가 『강목』을 편수(編修)함을 이로부터 시작하였다.

* 少弟(소제): 가장 어린 아우.

去上聲　少去聲　嵬吾回反　○諡法에　義行悅民曰元이요　淸白守節曰貞이요　恭仁短折曰哀요　謀慮不愆曰思라　襲은　掩取也니　如寒氣之襲하여　人不覺其入也라　諡法에　執德進業曰烈이라

諡法에　義로운　行實로　백성을　기쁘게　함을　元이라　하고　淸白함으로　절개를　지킴을　貞이라　하고　공손하고　어질되　단명하여　요절함을　哀라　하고　꾀하고　염려함에　허물이　없음을　思라　한다.　襲은　엄습하여　취하는　것이니　마치　寒氣가　엄습함　같아서　사람들이　깨닫지　못하는　사이에　쳐들어가는　것이다.　諡法에　德을　잡고　業에　나아감을　烈이라　한다.

愚按컨대　晉大夫　放弑其君하고　剖分晉國하니　此는　人倫之大變이요　天理所不容이라　人人得而誅之어늘　況天子乎아　當是之時하여　苟能以王法正之면　則周業之中興을　可指日而待也리라　計不出此하고　反寵秩之하여　使列於諸侯하니　是奬姦誨盜而自遺患也라　其可以示法於天下乎아　故로　司馬公이　法春秋而作通鑑하고　子朱子　因通鑑而修綱目하시니　竝發原於此라　亦以王綱之所係요　典禮之所存이며　而天下之大經大法이　存焉이니　學者　所宜反復而玩心也라

내가　살펴보건대　晉나라　大夫들이　그　임금을　내쫓아　시해하고　晉國을　쪼개어　나누니　이는　人倫의　大變이요　天理로　용납지　못할　일이다.　사람마다　이일에　당하여서는　그들을　주벌할　것이거늘　하물며　天子이겠는가?　이때를　당하여　진실로　능히　王法으로써　이것을　바로　잡았다면　周나라의　王業의　中興을　날을　손꼽아　기다릴　수　있었을　것이다.　꾀함이　여기에서　벗어나지　못하였고　도리어　그들을　寵愛하고　벼슬을　내려　諸侯들을　줄서게　하였으니　이는　간계를　장려하고　도적질을　가르쳐서　스스로　근심을　남긴　것이다.　그것으로　법을　삼아　天下에　보일　수　있겠는가?　그

러므로 司馬公이 春秋를 모범으로 삼아 通鑑을 짓고 子朱子께서 通鑑을 통하여 綱目을 편수하셨으니 모두 발명한 것이 여기에 근원한 것이다. 또한 왕법의 기강이 매인 바요 典禮가 보존된 바이며 天下의 大經大法이 여기에 있으니 學者들은 마땅히 반복하여 궁구해야 할 것이다.

* 放弑(방시): 임금을 내쫓아 시해함. 寵秩(총질): 총애하여 벼슬을 제수함. 秩(질): 차례. 차례로 쌓아 올리다. 녹. 녹봉.

或曰 通鑑之托이 始於是也라 朱子 於感興篇에 嘗有迷先幾之疑矣러니 綱目으로 修通鑑者는 則曷爲無改焉이리오 盖夫子之修春秋也라 曰其義則 丘竊取之라하고 又曰述而不作이라 하니 知此면 則知朱子之綱目矣리라

어떤 이가 말하였다. "通鑑의 기록이 여기에서 시작한 것이다. 朱子가 感興篇에서 일찍이 기미의 우선할 바에 미혹함을 의심함이 있더니 綱目으로 通鑑을 편수한 것은 어찌 고침이 없다 하겠는가. 대개 夫子께서 春秋를 편수하신 뜻일 것이다. 말하기를 '그 의미는 내가 가만히 취한 것이다.'라고 하고 또 말하기를 '기술할 뿐 창작하지 않았다.'라고 하였으니 이것을 안다면 곧 朱子가 綱目을 편수한 의미를 알 것이다."

* 通鑑之托(통감지탁): 통감의 기록을 시작함. 托(탁): 손으로 밀다. 맡기다. 부탁하다. 받침대. 朱子感興篇(감흥편): 주자의 感興詩 20首를 지칭함. 역대 역사를 기술함에 있어 천지운행의 섭리로부터 시작하여 각 시대의 요점을 시구로 요약 정리함. 迷先幾之疑(미선기지의): 感興詩 제5수에 '無乃迷先幾(마침내 기미의 먼저할 바에 미혹됨은 없는가?)'라 하였음. 사마광이 자치통감을 기술한 것은 공자의 춘추필법을 계승하였으나 주실의 군신지의가 어그러짐은 당시 제후가 성대해 지고 대부들이 강해져서 왕실을 바라보기를 마치 贅疣(췌우)로 여길 뿐이었으니 魏斯와 趙籍과 韓虔의 세 대부가 진나라를 나누어 왕명이 없이 魏文侯와 趙烈侯과 韓景侯로 각각 제후의 위에 참람하게 올랐으니 이때로부터 주실이 무너지는 시작이라 하고 역사의 기술을 시작한 것은 일의 기미의 우선할 바를 알지 못한 것이라고 주자가 논한 대목이다.

威烈王이 崩하고 子安王驕立하니 齊 田氏 始侯하다 安王이 崩하고 子烈王喜立이러니 崩하고 弟顯王扁이 立하니 諸侯 皆僭稱王하다 顯王이 崩하고 子愼靚王定이 立이러니 崩하고 子赧王延이 立하여 五十九年에 與諸侯로 約從攻秦이러니 秦昭王이 攻周하니

赧王이 入秦하여 頓首受罪하고 盡獻其邑하니 秦이 受獻하고 而歸
赧王於周러니 以卒하다 周爲天子三十七世에 凡八百六十七年이러
라

위열왕이 崩하고 아들 안왕 교가 즉위하니 齊나라 田씨가 비로소 제후가 되
었다. 안왕이 崩하고 아들 열왕 희가 즉위했다가 崩하고, 아우 현왕 편이 즉위
하니 제후들이 모두 참람히 왕이라 칭하였다. 현왕이 崩하고, 아들 신정왕 정이
즉위했다가 崩하고, 아들 난왕 연이 즉위하여 59년에 제후와 더불어 합종을 약
속하고 진을 공격하였는데, 진나라 소왕이 주나라를 공격하니 난왕이 진에 들어
가서 머리를 조아리며 죄를 받고 그 邑을 다 바치니 진나라 왕이 바친 것을 받
고 난왕을 주나라에 돌려보내니 이로써 죽었다. 주나라가 천자가 된지 37世에
모두 867년이었다.

* 扁(편): 납작하다. 靚(정): 단장하다. 赧(난) : 붉히다. 頓(돈): 조아리다. 約從(약종): 合從 제후국
  이 연합하여 진나라를 정벌하기로 약속함. 合從連衡(합종연횡): 전국시대 韓·魏·趙·燕·楚·齊 등
  의 여섯 나라가 秦나라에 대항하자는 소진(蘇秦)의 計策을 合從이라 하고, 여섯 나라가 다 秦
  에 복종해야 한다고 주장한 장의(張儀)의 計策을 連衡이라 함.

靚音淨 赧奴板反 ○諡法에 寬容和平曰安이라

諡法에 너그러이 용납하고 온화하고 평온함을 安이라 하였다.

司馬溫公이 曰 周는 自平王東遷以來로 日以衰微하여 至於戰國하여는 又分而爲二라
其土地人民이 不足以比强國之大夫나 然이나 天下猶尊而事之하고 以爲共主하니 守文武
之宗祧하여 綿綿焉久而不絶은 其故何哉아 植本固而發源深也라 昔周之興也엔 禮以爲本
하고 仁以爲源하여 自后稷以來로 至於文武成康히 其講禮也備矣하고 其施仁也深矣라 民
이 習於耳目하고 浹於骨髓하니라 雖後世微弱이나 其民이 將有陵慢之心이면 則畏先王之
禮하여 而不敢爲하고 將有離散之心이면 則思先王之仁하여 而不忍去라 此는 其所以享國
長久之道也라 不然이면 以區區數邑으로 處於七暴國之間하여 一日不可存이온 況於數十
年乎아

司馬溫公이 말하였다. "周나라는 平王이 東遷함으로부터 以來로 날로 衰微하여져서 戰國시대에 이르러서는 또한 나누어 둘이 되었다. 그 土地와 人民이 強國의 大夫들에 비하여 不足하기는 하였으나 그러나 天下가 오히려 높여 섬기고 함께 종주로 삼았으니 文武의 宗祧를 지켜 綿綿히 오래도록 끊이지 않음은 그 무슨 연고인가? 나무의 뿌리가 단단하고 물의 근원이 깊은 때문이다. 옛날 周나라가 興할 때에는 禮로써 근본을 삼고 仁으로써 근원을 삼아 后稷으로부터 以來로 文·武·成·康에 이르기까지 그 禮를 講함이 구비되었고 그 仁을 베풂이 깊었다. 때문에 백성들이 귀와 눈으로 익히고 骨髓에 무젖게 되었다. 비록 後世에 微弱해지기는 하였으나 그 백성들이 장차 陵慢한 마음이 있게 되면 곧 先王의 禮法을 두려워하여 감히 능만함을 행하지 아니하였고, 장차 離散의 마음이 들면 곧 先王의 仁능 생각하여 차마 떠나지 아니 하였다. 이것은 그 나라를 長久히 경영할 방법이었던 것이다. 그렇지 아니하다면 區區한 여러 邑으로 七國의 포학함 사이에 처하여서 하루인들 보존할 수 없을 것인데 하물며 數十年이겠는가?

* 宗祧(종조): 종묘(宗廟). 祧(조): 먼 조상을 합사하는 사당. 먼 조상을 祧廟에 체천하다.

7. 春秋戰國

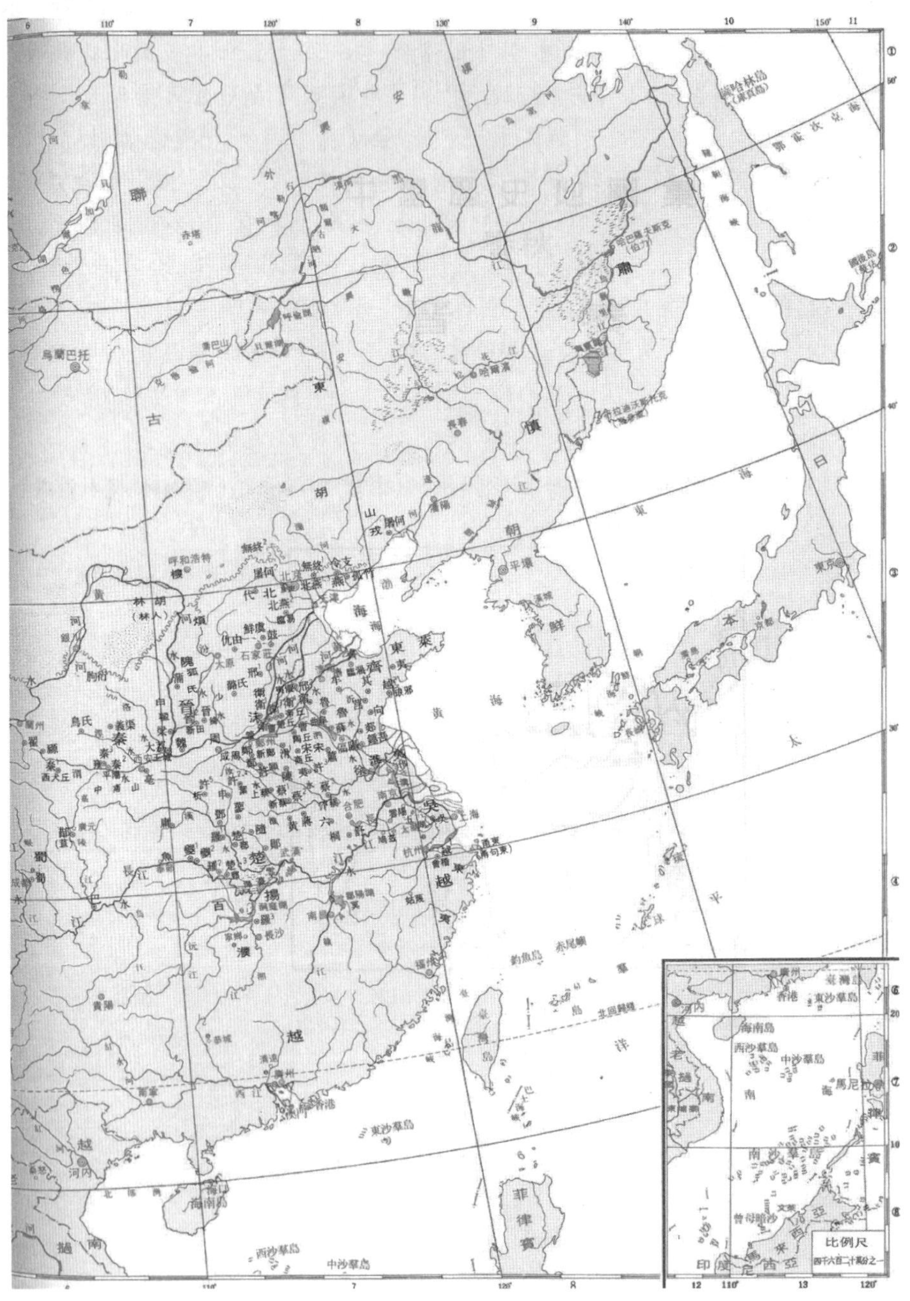

春秋時代　疆域圖

春秋戰國이라

周平王以後는　爲春秋之世라　其列國에　與周同姓者는　曰魯曰衛曰晉曰鄭曰曹曰蔡曰燕曰吳요　其與周異姓者는　曰齊曰宋曰陳曰楚曰秦이니　此其大者요　餘小國은　若春秋所書 杞許滕薛邾莒江黃之屬이니　不可盡述이라　於十二列國之中에　有齊桓公　宋襄公　晉文公　秦穆公楚莊王하니　五覇事迹은　若論春秋諸國之終始라　有未及戰國而先亡者하고　有旣及戰國而後亡者하니　各擧其槩면　周威烈王以後로　爲戰國之世이니　則秦楚燕齊趙魏韓七大國而已라秦楚燕은　猶爲春秋之舊國이요　田齊趙魏韓은　則爲戰國之新國이니　凡春秋戰國之國은　雖係周之諸侯이나　而國異政하여　實不係於周하니　難於盡載나　附見周之下하니　方其時에　各有先後하니　則觀者詳之니라

邾音朱　莒音擧　槩音慨　略也

　周나라　平王　以後는　春秋시대이다. 그　列國　가운데　周나라와　同姓인　나라는　魯나라　衛나라晉나라　鄭나라　曹나라　蔡나라　燕나라　吳나라이고, 周나라와　異姓인　나라는　齊나라　宋나라　陳나라　楚나라　秦나라이니　이들은　세력이　강대한　나라이고　나머지　小國들은　春秋에　쓰인　바　杞나라許나라　滕나라　薛나라　邾나라　莒나라　江나라　黃나라　등이니　다　기술하지　않았다. 12列國　가운데　齊桓公과　宋襄公과　晉文公과　秦穆公과　楚莊王이　있으니　五覇의　事迹은　春秋에서　諸國의　終始을　논한　것과　같다. 戰國　시대에　이르기도　전에　먼저　망한　나라도　있고　이미　전국시대에　이르러　뒤에　망한　나라도　있으니　각각　그　대강을　열거하면　周나라　威烈王　以後로　戰國의　시대이니　秦·楚·燕·齊·趙·魏·韓의　일곱　大國일　따름이다. 秦·楚·燕은　오히려　春秋시대의　舊國이고, 田齊·趙·魏·韓은　곧　戰國시대의　새로운　나라들이다. 무릇　春秋戰國　시대의　나라들은　비록　周나라에　소속된　諸侯들이었으나　나라마다　정사를　달리하여　실로　주나라에　얽매이지　않았으니　다　싣기　어려우나　周나라의　아래에　붙여　보이니　바야흐로　그　당시에　각각　先後가　있으니　보는　자가자상하게　살펴야　할　것이다.

①吳

吳는　姬姓이니　泰伯　仲雍之所封也라

오나라는　희성이니　태백과　중옹을　봉한　곳이다.

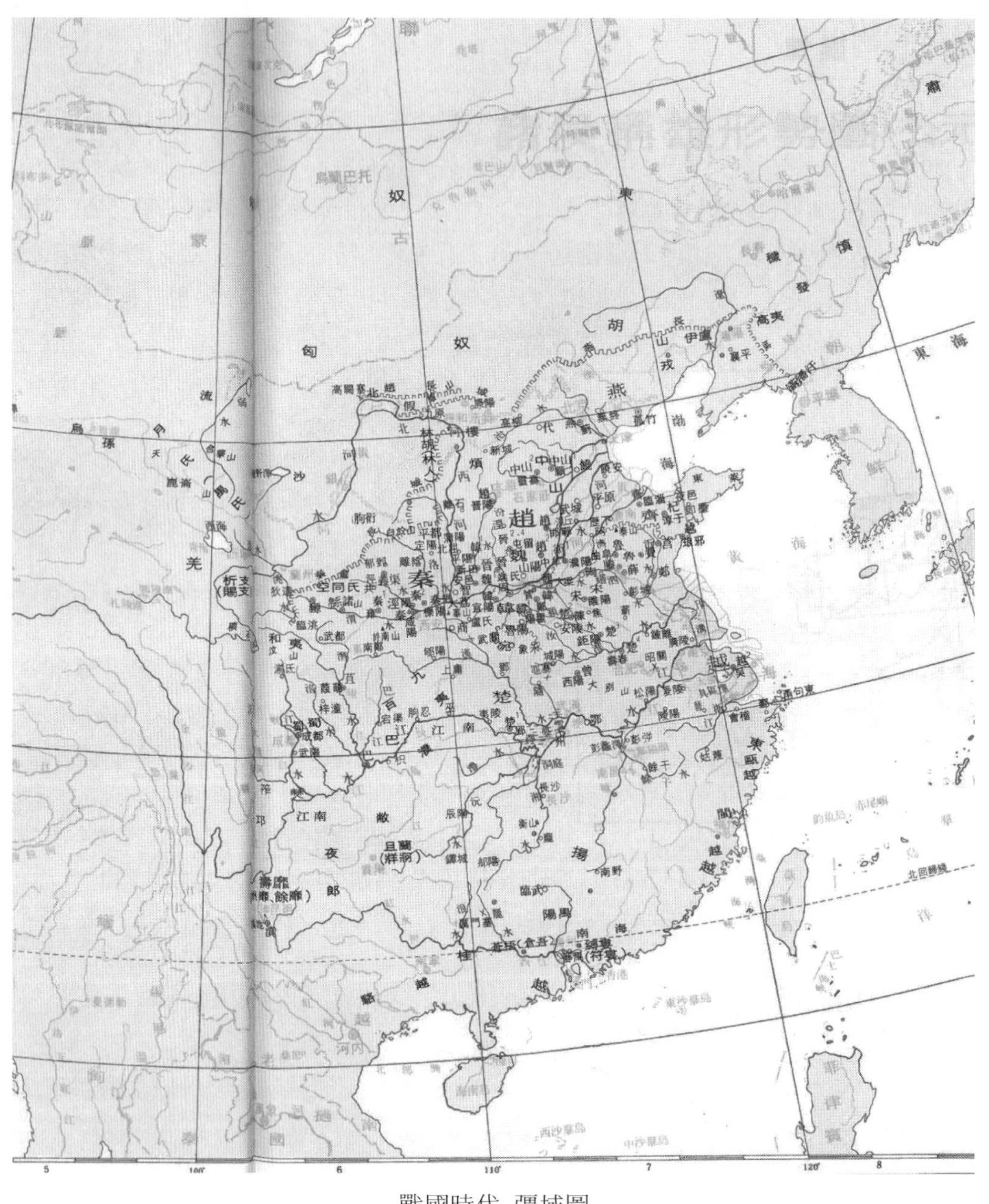

戰國時代 疆域圖

　　太伯仲雍은　周太王之二子라　遜位奔荆蠻이러니　荆蠻之人이　義而歸之하니　自號勾吳라
至武王克商에　遂封二子於吳라

太伯과 仲雍은 周나라 太王의 두 아들이다. 계력에게 位를 사양하고 荊蠻의 땅으로 달아났는데 荊蠻의 사람들이 의롭게 여겨 귀의하였으니 스스로 勾吳라 불렀다. 武王이 商을 침에 이르러 드디어 二子를 吳에 봉하였다.

十九世에 至壽夢하여 始稱王하니라 壽夢四子에 幼曰季札이라 札이 賢하니 欲使三子로 相繼立하여 以及札이러니 札이 義不可라한대 封延陵하고 號曰延陵季子라 하다 聘上國할새 過徐하더니 徐君이 愛其寶劒이어늘 季子心知之러니 使還에 徐君이 已沒이라 遂解劒하여 懸其墓而去하다

19世에 수몽에 이르러 비로소 왕이라 칭했다. 수몽의 네 아들 중에 막내를 계찰이라 한다. 계찰이 현명하니 세 아들로 하여금 서로 왕위를 이어서 찰에게 이르게 하고자 하니 계찰이 의리상 옳지 않다 하였다. 이에 연릉에 봉하고, 연릉 계자라고 불렀다. 上國에 빙문하러 갈 때에 서 나라를 지나가게 되었는데 서 나라 임금이 그의 보검을 탐내었다. 계자가 마음속으로 그 사실을 알았는데 사신을 갔다 돌아올 때에 徐君은 이미 죽은 뒤였다. 드디어 검을 풀어 그 묘 앞에 매달아 두고 돌아갔다.

* 聘問(빙문): 제후가 대부로 하여금 상국을 방문하게 하는 것.

使還之使 去聲 ○按컨대 吳世家에 太伯之後는 曰季簡曰叔達曰周章曰熊遂曰柯相曰彊鳩夷曰餘橋疑吾曰柯盧曰周繇曰屈羽曰夷吾曰禽處曰轉曰頗高曰句卑曰去齊曰壽夢이니 爲十九世也라 四子는 諸樊餘祭夷眛季札也라 延陵은 郡名이요 屬江浙이니 今常州是也라 聘은 問也니 公羊傳曰 大夫來曰聘이라 徐는 國名이라

살펴보건대 吳世家에 太伯의 후예는 季簡과 叔達과 周章과 熊遂와 柯相과 彊鳩夷와 餘橋疑吾와 柯盧와 周繇와 屈羽와 夷吾와 禽處와 轉과 頗高와 句卑와 去齊와 壽夢이니 19世라 한 것이다. 네 아들은 諸樊과 餘祭와 夷眛와 季札이다. 延陵은 郡名이요 江浙에 속하니 지금의 常州가 이곳이다. 聘은 聘問함이니 公羊傳에 말하기를 "大夫로 하여금 오게 한 것을 聘이라 한다."

하였다. 徐는 國名이라

壽夢後四君而至闔廬하여　擧伍員하여　謀國事하니라　員의　字는 子胥이니　楚人伍奢之子라　奢誅而奔吳하여　以吳兵으로　入郢하다

수몽으로부터 네 임금 뒤에 합려에 이르러서 오원을 등용하여 국사를 도모하였다. 원의 字는 자서이니 楚나라 사람 오사의 아들이다. 오사가 楚나라 왕에게 죽음을 당함에 자서가 오나라로 달아나 오나라 병사로써 영 땅을 쳐들어갔다.

* 郢(영): 땅이름. 楚나라 首都.

員音云　郢音影　○陳氏殷曰　四君은　謂諸樊餘祭夷昧僚也라　闔廬는　諸樊子也니　弑僚自立이라　郢은　楚都니　今江陵府是也라　子胥以吳兵入郢은　蓋爲父報仇也라

陳殷이 말하였다. "四君은 諸樊과 餘祭와 夷昧와 僚를 이른다. 闔廬는 諸樊의 아들이니 僚를 弑害하고 스스로 즉위하였다. 郢은 楚나라 首都이니 지금의 江陵府가 이곳이다. 子胥가 吳나라 군대로 郢을 침입한 것은 아마도 아버지의 원수를 갚기 위함이었을 것이다.

吳伐越이라가　闔廬　傷而死하고　子夫差立에　子胥復事之하니라 夫差志復讎하고　朝夕으로　臥薪中하고　出入하니　使人呼曰　夫差야 而忘越人之殺而父耶아　하더니　周敬王二十六年에　夫差敗越于夫椒 하니　越王勾踐이　以餘兵으로　棲會稽山하여　請爲臣　妻爲妾하니　子 胥言不可호대　太宰伯嚭　受越賂하고　說夫差赦越하니라

오나라는 월나라를 정벌하려다가 합려가 부상으로 죽었다. 아들 부차가 즉위함에 자서가 다시 그를 섬기었다. 부차가 복수할 뜻을 가지고 아침저녁마다 섶나무 위에 자고 출입하니 사람을 시켜서 "부차야 너는 월나라 사람들이 너의 아버지를 죽인 것을 잊었느냐?"라고 외치게 하였다. 주경왕 26년에 부차가 월나라를 부초에서 패배시키니 월왕 구천이 남은 병사로 회계산에 자리를 잡고 자

신은 신하가 되고 아내는 부차의 첩이 되기를 청하였다. 자서가 불가하다고 말하였으나 태재였던 백비가 월왕에게 뇌물을 받고 부차를 달래여 월왕을 사면하게 하였다.

* 稽(계): 상고하다. 椒(초): 산초나무. 후추. 嚭(비): 크다. 크게 기뻐하다. 臥薪(와신): 오왕(吳王) 부차(夫差)가 아버지의 원수를 갚으려고 섶 위에서 자며 고생한 고사(故事).

夫音扶 呼去聲 勾音鉤 嚭普弭反 賂音路 說音稅 ○陳氏殷曰 越은 蠻夷之國이니 姒姓也라 而는 汝也라 夫椒는 吳地名이라 詳見左傳哀公元年이라

陳殷이 말하였다. "越은 蠻夷의 나라이니 姒姓이다. 而는 너(汝)이다. 夫椒는 吳나라 地名이라 이 사실은 『左傳·哀公元年』에 자세히 보인다.

勾踐이 反國하여 懸膽於坐하고 臥卽仰膽嘗之曰 女忘會稽之恥耶아 하고 擧國政하여 屬大夫種하고 而與范蠡로 共治兵事하여 謀吳러라

구천이 월나라로 돌아와서 앉은 자리에 쓸개를 매달아놓고 누우면 곧 우러러 쓸개를 맛보고 말하기를 "너는 회계의 치욕을 잊었는가?" 하고 國政을 들어 대부 종에게 맡기고 범려와 더불어 군사 일을 함께 다스려 오나라 정벌을 도모하였다.

* 蠡(려): 사람 이름. 나무좀. 상담(嘗膽): 쓸개를 맛본다는 뜻으로, 복수를 하려고 모든 간고(艱苦)를 참는 것을 이름. 월왕(越王) 구천(勾踐)이 오왕(吳王) 부차에게 복수할 생각으로 몸을 괴롭게 하고 노심초사(勞心焦思) 하여 늘 쓸개를 맛본 옛 일에서 나온 말. 와신상담(臥薪嘗膽): 섶에 눕고 쓸개를 맛본다는 뜻으로, 원수를 갚고자 고생을 참고 견디는 일.

女音汝요 屬音竹이니 下同이라 種은 上聲이라 蠡音禮라 坐臥食所皆置膽은 蓋示苦也라 種의 姓은 文이요 字는 子禽이라 范蠡의 字는 少伯이라

女는 音이 汝요 屬은 音이 竹이니 아래는 이와 같다. 種은 上聲이라 蠡의 音은 禮라. 앉으나 누우나 모두 놓아 둔 바의 쓸개를 맛본 것은 대개 고통을 보여준 것이다. 種의 姓은 文이요 字는 子禽이다. 范蠡의 字는 少伯이다.

吳宰嚭譖하니　子胥恥謨不用하여　怨望이라　夫差乃賜子胥屬鏤之劍한대　子胥告其家人曰　必樹吾墓檟라가　檟可材也어든　抉吾目하여　懸東門하여　以觀越兵之滅吳하라　하고　乃自剄하니　夫差取其尸하여　盛以鴟夷하여　投之江하니　吳人이　憐之하여　立祠江上하고　命曰胥山이라　하다

오의 태재 백비가 참소하니, 자서가 자신의 계책이 쓰여지지 않음을 부끄럽게 여겨 원망하였다. 부차가 이에 자서에게 촉루라는 검을 주니 자서가 그 家人에게 고하여 말하기를 "반드시 내 무덤에 오동나무를 심었다가 오동나무가 재목이 되거든 내 눈을 도려내어 동문에 매달아놓아라 월나라 병사가 오나라를 멸망시키는 것을 볼 것이다" 하고 이에 스스로 목을 베니 부차가 그 시신을 취하여 치이에 담아 강에 던지니 오나라 사람이 불쌍히 여겨 사당을 강가에 세우고 命하여 가로되 서산이라 하였다.

* 鏤(루): 칼 이름. 강철. 檟(가): 개오동나무. 剄(경): 목을 베다. 鴟夷(치이): 말가죽으로 만든 자루. 술을 담는데 씀. 鴟(치): 단지. 올빼미.

鏤音犁　檟音賈　剄音景　盛音成　鴟音尸　○屬鏤는　劍名이라　檟는　木名이니　可爲宮室棺槨者也라　抉은　挑出也라　鴟夷는　馬革囊也라

屬鏤는　名劍의 이름이다. 檟는 나무 이름이니 宮室과 棺槨을 만드는 재료이다. 抉은 도려내는 것이다. 鴟夷는 말가죽으로 만든 주머니이다.

②越

越이　十年生聚하고　十年敎訓하여　周元王四年에　越이　伐吳하니
吳三戰三北어늘　夫差上姑蘇하여　亦請成於越하니　范蠡不可라　한대
夫差曰　吾無以見子胥라　하고　爲幎冒하고　乃死하니라

월이 10년 동안 생취하고 10년 동안 교훈하여 周나라 元王 4년에 越나라가
吳나라를 정벌하니 오가 3번 싸워 3번 패하였다. 부차는 고소산 위에서 또한 화
친하기를 월에 청하니 범려가 아니 된다 하자, 부차가 말하기를 "내가 자서를
볼 면목이 없다." 하고 멱모를 하고 이에 죽었다.

* 生聚(생취): 백성을 기르고 재물을 모음. 국력을 양성함. 姑蘇(고소): 오나라 산 이름. 오나라
　서울. 오왕 부차가 월나라를 격파하고 얻은 美人 西施를 위해 쌓은 臺를 姑蘇臺라 한다. 幎冒
　(멱모): 수건으로 얼굴을 덮음.

　幎音覓　冒音帽　○生聚는　生民聚財也라　北는　敗走也라　姑蘇는　山名이요　或曰　臺名이
니　在吳地라　請成은　謂求和也라　幎는　巾也요　冒는　覆也니　言羞見子胥于地下라　故로　以
巾覆面으로　死也라　○世紀에　吳는　自太伯으로　至夫差히　凡二十五世라

　生聚는 백성의 수를 늘리고 재물을 모우는 것이다. 北는 敗走함이다. 姑蘇는 山名이요 어떤
이는 臺名이라 하니 吳나라 땅에 있다. 請成은 화의를 청함을 이른다. 幎는 頭巾이고 冒는 덮어
쓴다는 뜻이니 地下에서 子胥를 보기가 부끄러운 때문에 두건으로 얼굴을 가리고 죽었음을 말
한 것이다. ○『世紀』에 吳나라는 太伯으로부터 夫差에 이르기까지 모두 25世라 하였다.

　越이　旣滅吳에　范蠡去之할새　遺大夫種書曰　越王의　爲人이　長頸
烏喙라　可與共患難이오　不可與共安樂이니　子何不去오　種이　稱疾
不朝러니　或이　讒種且作亂하니　賜劍死하니라

　월이 이미 오를 멸함에 범려가 떠나면서, 대부 종에게 글을 남겨 말하기를
"월 왕은 사람됨이 목이 길고 입은 까마귀의 부리와 같으니 더불어 환난을 함
께 할 수는 있으나, 더불어 안락을 함께 할 수는 없으니 그대는 왜 떠나시 않는

것이요.” 하였다. 종이 병을 핑계로 조회하지 않으니 어떤 이가 종이 또 난을 일으킨다고 참소하니 칼을 주어 죽게 하였다.

遺難皆去聲　喙噬瑞反　又音畫　樂音洛　朝音潮　○喙는　咮也니　言能喙害物也라

遺와 難은 모두 去聲이다. 喙는 噬瑞反이니 또한 音은 畫이다. 樂은 音이 洛이요 朝는 音이 潮이다. ○喙는 부리이니 부리로 물건을 해침을 말한다.

* 咮(주): 부리. 주둥이.

范蠡裝其輕寶珠玉하고　與私從으로　乘舟江湖하고　浮海出齊하여 變姓名하여　自謂鴟夷子皮라하고　父子治産하여　至數十萬하니라

범려가 경보와 주옥을 갖추고 사종과 더불어 배를 강호에서 타고 바다에 떠 제나라에 가서 성과 이름을 바꾸어 스스로 ‘치이자피’라 부르고 父子가 治産하여 수십만에 이르렀다.

* 輕寶(경보): 몸에 지니기 편한 보배. 布衣(포의): 일반 백성. 私從(사종): 집안에서 거느리는 食率. 治産(치산): 살림살이를 경리함. 생업을 다스려 수입을 늘림.

從去聲　○私從은　家屬也라　范蠡는　以夫差로　殺子胥하고　而盛以鴟夷라　故로　自以有罪 爲號也라

私從은　家屬이다. 范蠡는　夫差로서　子胥를 죽이게 하고 鴟夷에 담았던 때문에 스스로 罪가 있음을 드러내고자 號를 삼은 것이다.

齊人이　聞其賢하고　以爲相하니　蠡喟然嘆曰　居家에　致千金하고 居官에　致卿相하니　此는　布衣之極也라　久受尊名이　不祥이라　하고 乃歸相印하고　盡散其財하고　懷重寶間行止於陶하여　自謂陶朱公이

라 하고 貲累鉅萬이러라

　제나라 사람이 그 현명함을 듣고 재상을 삼았다. 범려가 위연히 탄식하여 말하기를 "집에 있을 때에는 천금을 이루고, 벼슬할 때에는 경상을 이루니 이는 백성으로의 직분을 다한 것이다. 오래도록 명예를 존숭함을 받는 것은 상서롭지 못하다." 하고 이에 경상의 지위를 돌려주고 그 재물을 다 나누어주고 귀중한 보배를 품고 몰래 가서 도 땅에 머물러 스스로 도주공이라 말하고 아주 많은 재물을 쌓았다.

* 喟然(위연): 한숨을 쉼. 탄식함. 重寶(중보): 귀중한 보배. 間行(간행): 몰래 감. 貲(자): 재물. 鉅萬(거만): 數가 썩 많음.

　相間 皆去聲 喟丘愧反 ○陳氏殷曰 喟는 歎辭라 間은 猶潛也라 陶는 今定陶縣이니 屬曹州라 貲는 財也라 累는 積也라

　陳殷이 말하였다. "喟는 歎辭이다. 間은 潛과 같다. 陶는 지금의 定陶縣이니 曹州에 속한다. 貲는 財物이다. 累는 累積이다.

魯人猗頓이 往問術焉하니 蠡曰 畜五牸하라 乃大畜牛羊於猗氏하니 十年間에 貲擬王公이라 故로 天下言富者에 稱陶朱猗頓이러라

　노나라 사람 의돈이 가서 術策을 물으니 범려가 말하기를 "다섯 마리의 암소를 길러라"하였다. 이에 의씨에게서 소와 양이 크게 길러지니 십년 사이에 재물이 왕공과 견줄 만 하였다. 그러므로 천하가 부자를 말함에 도주와 의돈을 말하였다.

* 猗(의): 아름답다. 감탄하다. 牸(자): 암소. 암컷. 擬(의): 견주다. 흡사하다.

　畜音旭 牸音字 ○陳氏殷曰 猗는 當作倚니 姓也라 術者는 生財之道也라 牸는 牝也라 多畜之則生育蕃也라 擬는 比也라

陳殷이 말하였다. "猗는 마땅히 倚로 지으니 姓이다. 術은 재물을 내는 방법이다. 牸는 암컷이다. 많이 기르면 생육이 많아진다. 擬는 비긴다는 뜻이다.

愚按컨대 太伯이 遜國에 封吳러니 吾無間然矣라 季子以幼로 不立은 克重天倫이라 解劍懸墓는 不昧心許이니 謂之不賢이 可乎아 夫差는 不用子胥之忠諫하고 反聽伯嚭之讒言하여 釋放仇讎하니 自遺後患하여 幀冒而死하니 不亦宜哉아 越旣滅吳하고 驕暴日甚한대 種猶不去하고 以讒見誅나 夫惟范蠡는 見幾而作하여 不俟終日이니 卓乎라 其不可及矣인져

내가 생각해보니 太伯이 나라를 사양함에 吳에 봉했다 하니 나는 간살이 없는 일이라 여겨진다. 季子의 유치함으로 후계를 세우려 아니함은 능히 天倫을 중히 여기기 때문이다. 劍을 풀어 墓에 매달아 준 것은 어둡지 아니하여 마음으로 허여한 것이니 이르기를 어질지 않다 한 것이 옳은가? 夫差는 子胥의 忠諫을 쓰지 않고 도리어 伯嚭의 讒言을 들어 원수를 석방하였으니 스스로 後患을 남겨 幀冒를 하고서 죽었으니 또한 마땅하지 아니한가? 越나라가 이미 吳를 멸하고 교만과 포악이 날로 극심하였는데 대부 種은 오히려 떠나가지 아니하고 참소로써 죽임을 당했으나 저 오직 范蠡만은 기미를 알아보고서 일어나 날이 마치기를 기다리지 아니하였으니, 탁월하다! 그가 미칠 수 있는 것이 아니었을 것이다.

* 無間(무간): 서로 허물없이 가까움. 간살이 없음. 간살이란 사방을 둘러막은 공간이나 띄어 놓은 거리. 일정한 간격으로 어떤 건물이나 물건에 사이를 갈라서 나누는 살을 말한다.

③蔡

蔡는 姬姓이니 蔡仲之所封也라 周公이 放蔡叔於郭鄰이러니 其子胡率德改行이어늘 復封于蔡러니 後世에 至春秋之末하여 爲楚惠王所滅하니라

채는 희성이니 채중이 봉해진 곳이다. 주공이 채숙을 곽린에 추방하였는데, 그 아들 호가 先王의 덕을 따르고 행실을 고치니 다시 채에 봉하였다. 후세에

춘추시대 말기에 이르러 초혜왕에게 멸망당하였다.

行復爲 皆去聲 ○陳氏殷이 曰 郭鄰은 地名이라 胡는 蔡仲之名也라 率은 循也니 言化能循祖文王之德하고 改父蔡叔之行也라 放蔡叔事는 說見周紀라 ○世紀에 蔡는 自叔度로 至元侯히 凡二十四世라

陳殷이 말하였다. "郭鄰은 地名이다. 胡는 蔡仲의 이름이다. 率은 따름이니 능히 할아버지 文王의 德을 따라 변화하고 아버지 蔡叔의 행실을 고쳐 교화됨을 말한 것이다. 蔡叔을 추방한 일은 이야기가 『周紀』에 보인다. ○『世紀』에 蔡나라는 叔度로부터 元侯에 이르기까지 모두 24世였다.

④曹

曹는 姬姓이니 武王의 弟曹叔振鐸之所封也라 其後世에 至春秋中하여 爲宋所滅하니라

조는 희성이니 武王의 아우 조숙 진탁이 봉해진 곳이다. 그 후세에 춘추시대 중기에 이르러 송나라에 멸망당하였다.

鐸音托 爲去聲 ○世紀에 曹는 自振鐸으로 至伯陽히 凡二十五世라

『世紀』에 曹나라는 振鐸으로부터 伯陽에 이르기까지 모두 25世였다.

⑤宋

宋은 子姓이니 商紂의 庶兄微子啓之所封也라

송나라는 子姓이니 商나라 紂의 庶兄 미자 계가 봉해진 곳이다.

武王克殷하고 封紂子祿父하니 以續殷祀라 王崩에 管蔡與祿父作亂이러니 周公誅祿父하고 乃封微子於宋하여 以代殷後하니 於周에 爲客而不臣이라

武王이 殷을 이기고 紂의 아들 祿父를 봉하니 殷의 제사를 계속 잇게 한 것이다. 무왕이 崩함에 管蔡과 祿父가 亂을 일으키니 周公이 祿父를 베고 마침내 微子를 宋에 봉하여 殷의 後裔를 대신하게 하니 周나라에 대하여는 客이 되어 칭신하지 않았다.

後世에　至春秋**하여**　有襄公茲父者欲霸諸侯**하여**　與楚戰**할새**　公子目夷請及其未陣擊之**하니**　公이　曰　君子는　不困人於阨이라　**하고**　遂爲楚所敗**하니**　世笑以爲宋襄之仁이라　**하더라**

후세에 춘추시대에 이르러 양공 자보란 자가 있어 제후 중에 으뜸이 되고자 楚와 더불어 싸울 때에 公子 目夷가 상대방이 아직 陣치지 못함에 이르러 공격하기를 청하니 공이 말하기를 "군자는 남의 처지가 어려울 때에 괴롭히지 않는다." 하고 드디어 楚나라에 패배하게 되었다. 세상 사람들이 조소하여 송양의 어짊이라고 하였다.

阨厄同　○目夷의　字는　子魚니　襄公庶兄也라　未陣은　未成行陣也라　阨은　難也라

目夷의　字는　子魚이니　襄公의　庶兄이다. 未陣은 아직 行陣을 이루지 못한 것이다. 阨은 어려움이다.

其後에　有景公者**하여**　熒惑이　嘗以其時로　守心**하니**　心은　宋之分野라　公이　憂之**러니**　司星子韋　曰　可移於相이라　**한대**　公이　曰　相은　吾之股肱이니라　曰　可移於民이니이다　公이　曰　君者는　待民이니라　曰　可移於歲니이다　公이　曰　歲飢民困이면　吾誰爲君이리오　子韋曰　天高聽卑**하나니**　君有君人之言이　三**하니**　宜有動하리이다　候之**하니**　果徙一度러라

그 후에 경공이란 자가 있어 형혹이 일찍이 그 때로서 心宿에 머물러 있으니 心宿는 宋의 분야라 공이 근심하였더니 사성(司星)인 자위(子韋)가 말하기를

"재상에게 옮길 수 있다." 하니 공이 말하기를 "재상은 나의 고굉지신이다." 자위가 말하기를 "백성에게 옮길 수 있습니다." 경공이 말하기를 "임금이란 자는 백성이 있으므로 임금이 있는 것이다." 자위가 말하기를 "풍년드는 해에 옮길 수 있습니다." 공이 말하기를 "흉년이 들어 백성이 곤궁하면 내가 누구의 임금이 되겠는가." 자위가 말하기를 "하늘은 높아도 낮은 소리를 듣습니다. 임금께서는 임금다운 말씀이 세 번씩이나 두셨으니 마땅히 신명의 감동(感動)함이 있을 것입니다." 살펴보니 心宿가 과연 一度 쯤 옮기어 져 있었다.

* 熒惑(형혹): 火星의 다른 이름.　守(수): 머무르다.　心(심): 二十八宿 중 하나. 하늘의 二十八宿를 땅에 분배하였을 때 心이라는 별자리가 宋나라에 해당. 이러한 것을 分野라고 함. 司星(사성): 天文之官. 천문을 관찰하는 벼슬. 股肱(고굉): 임금이 가장 믿는 중요한 신하. 待民(대민): 백성 때문에 임금이 있는 것. 宋襄之人(송양지인): 송나라 양공의 어짊. 無益한 인정을 뜻함. 候(후): 보다. 살피다.

　分相 皆去聲 股音古 肱古宏反 ○熒惑은 火星이니 緯星也라 心은 心宿이니 經星也라 宋豫州之域은 心宿直焉이라 司星은 官名이니 卽今欽天監官也라 移於相은 言移灾於相也라 動은 感也라

　熒惑은 火星이니 緯星이다. 心은 心宿이니 經星이다. 宋 豫州의 구역은 心宿가 맡아 있다. 司星은 官名이니 곧 지금의 欽天監의 관리이다. 移於相은 재앙이 재상에게 옮겨질 것이라고 말한 것이다. 動은 감동함이다.

　歷數世至康王偃하여　有雀이　生鷃이어늘　占之하니　曰　必霸天下라하니　偃이　喜하여　敗齊楚魏하여　與爲敵國이라　偃이　淫虐하니 天下號之曰　桀宋이라하더니　周赧王時에　齊湣王이　與楚魏로　共伐宋하여　滅之하고　而分其地하니라

　여러 세대를 지나 강왕 언에 이르러, 참새가 부엉이를 낳는 일이 있거늘 점을 쳐보니, 말하기를 "반드시 천하에 으뜸이 되리라." 하니, 언이 기뻐하여 齊·楚·魏를 패배시키고 그 나라들과 적국이 되었다. 언이 음학(淫虐)하니 천하가

그를 불러 말하기를 桀宋이라하였다. 周나라 난왕(赧王) 때에 齊나라 민왕(湣王)이 楚·魏와 더불어 宋을 정벌하여 멸하고 그 땅을 나누었다.

* 鸇(전): 새매. 본문에는 鳥와 旃의 합체자로 쓰였음. 戰國策에 수리부엉이 기(鶂)로 표기됨. 桀宋(걸송): 송의 포악함이 桀王과 같음을 말한다. 湣(민): 시호. 시호로는 '민'으로 읽는다. '혼'으로 읽으면 '정하여지지 아니하다. 혼합하다.'의 뜻.

與爲之與는 音이 豫이니 干也라 慈湖王氏 曰 鸇字는 韻書不載나 戰國策에 作鶂하고 注에 音이 欺라 하니 疑卽鶂鶂也라 桀宋은 言宋暴如桀也라 ○世紀에 宋은 自微子로 至康王히 凡三十二世라

與爲의 與는 音이 豫이니 간여한다는 뜻이다. 慈湖王氏가 말하였다. "鸇字는 韻書에 실리지 않았으나 『戰國策』에 鶂로 되어 있고 그 注에 音이 欺라 하였으니 아마도 곧 鶂나 鶂와 같이 통용되는 듯하다. 桀宋은 言宋나라의 포악함이 桀王과 같았다고 말한 것이다." ○『世紀』에 宋나라는 微子로부터 康王에 이르기까지 모두 32世라 하였다.

* 鶂(기): 새매. 본주에는 欺와 鳥의 합체자로 쓰였음. 鶹(기): 부엉이.

⑥魯

魯는 姬姓이니 周公의 子 伯禽之所封也라 周公이 誨成王할새 王이 有過則撻伯禽이러니 伯禽이 就封할새 公이 戒之曰 我는 文王之子오 武王之弟오 今王之叔父라 然이나 我는 一沐에 三握髮하고 一飯에 三吐哺하여 起以待士호대 猶恐失天下賢人하니 汝之魯어든 愼無以國驕人하라

노나라는 희성이니 周公의 아들 백금이 봉해진 곳이다. 주공이 成王을 가르칠 때에 성왕이 허물이 있으면 백금에게 매를 대었다. 백금이 봉해진 곳으로 갈 때에 주공이 이를 훈계하여 말하기를 "나는 문왕의 아들이요 무왕의 아우요 지금 왕의 숙부이다. 그러나 나는 한 번 머리를 감을 적에 세 번이나 머리를 움켜쥐

고, 한 번 밥 먹을 때에 세 번이나 먹은 것을 토하며 일어나 선비를 맞이하였으되 오히려 천하의 현인을 잃을까 두려워하였다. 너는 노나라에 가거든 삼가 하여 국왕으로써 백성들에게 교만하게 하지 말라." 하였다.

* 撻(달): 매질하다. 握(악): 쥐다. 吐哺(토포): 입 안에 있는 것을 뱉어 냄.

　沐은 洗頭也라 食在口曰哺라 之는 往也라 無는 毋로 通하니 禁止辭也라

　沐은 머리를 감는 것이다. 밥이 입에 있는 것을 哺라 한다. 之는 간다는 뜻이다. 無는 毋로 通하니 禁止辭이다.

　太公은 封於齊하여 五月而報政하니 周公이 曰何疾也오 曰 吾簡其君臣禮하여 從其俗이라 하고 伯禽은 至魯하여 三年而報政하니 周公이 曰何遲也오 曰 變其俗하며 革其禮하여 喪三年而後에 除之니이다 周公이 曰 後世에 其北面事齊乎인저 夫政은 不簡不易면 民不能近하고 平易면 近民하여 民必歸之니라

　태공은 齊나라에 봉하여져서 5개월 만에 정사를 보고 하니, 주공이 말하기를 "어떻게 그리 빠르오?" 태공이 말하기를 "나는 그 군신의 예를 간략히 하여 그 풍속을 따르게 하였습니다." 하였다. 백금은 魯나라에 이르러 3년 만에 정사를 보고하니, 주공이 말하기를 "어떻게 그리 늦었느냐?" 백금이 말하기를 "그 풍속을 변하게 하고 그 예를 바꿔서 3년 상을 지내게 한 뒤에 그 폐단을 제거하였습니다." 주공이 말하기를 "후세에 북면하여 齊나라를 섬길 것이다. 무릇 정치는 간략하지 아니하고 쉽지 아니하면 백성들이 친히 하지 못하고, 평이하면 백성들에게 친근하여 백성들이 반드시 돌아갈 것이다."

* 報政(보정): 정치에 관한 공적을 보고함. 其~乎(기~호): 의문구나 진술구에서 상황에 대한 추측을 한 뿐 함부로 긍정하지 않음을 나타내며 '아마도', '혹', '대개'라고 해석한다. 北面(북면): 북쪽을 바라봄. 임금을 섬기는 禮. 親親(친친): 친한 이를 친히 함. 除(제): 다스리다.

喪夫 皆平聲 易音異 ○報政은 猶言述職也라 北面者는 臣事君之禮也라 近은 親也라
言齊政簡易하고 魯政煩難也라

報政은 述職이라 말함 같다. 北面은 신하가 임금을 섬기는 예이다. 近은 친근함이다. 齊나라
의 정치는 간편하여 따르기 쉽고 魯나라의 정치는 번거로워 따르기 어렵다고 말한 것이다.

* 述職(술직): 제후가 조회하여 자기가 맡은 직무에 관하여 천자에게 아뢰는 일.

周公이 問太公호대 何以治齊오 曰 尊賢而尙功호라 周公이 曰後
世에 必有簒弑之臣이리라 太公이 問周公호대 何以治魯오 曰 尊賢
而親親호라 太公이 曰 後世에 寢弱矣라 하더라

주공이 태공에게 묻되 "무엇으로써 제나라를 다스리십니까?" 태공이 말하기
를 "현명한 이를 존숭하고 功을 숭상합니다." 주공이 말하기를 "후세에 반드시
찬시하는 신하가 있을 것입니다." 태공이 주공에게 묻되 "어떻게 노나라를 다스
리십니까?" 주공이 말하기를 "현명한 이를 존숭하고 친한 이를 친히 합니다."
태공이 말하기를 "후세에 점점 미약해질 것입니다."라고 하였다.

寢은 音이 浸이니 漸也라

寢은 音이 浸이니 '점점하다.'는 뜻이다.

按컨대 齊以尙功이라 故로 田和簒立하여 而姜氏不祀하고 魯以親親이라 故로 三桓擅
權하여 而公室以微하니 二公之言이 並驗하니 可謂有先見之知矣라

살펴보건대 齊나라는 功을 숭상한 때문에 田和가 簒奪하여 즉위하여 姜氏를 제사하지 않았
고, 魯나라는 親한 이를 親히 한 때문에 三桓이 權勢를 천단하여 公室이 미약해 졌다. 二公의
말씀이 모두 증험되었으니 先見之知가 있었다고 이를 만 하다.

伯禽으로 十三世而至隱公하여 爲春秋之始하니라 隱公之弟는 曰

桓公이오 桓公之子는 曰 莊公이라 莊公이 有庶弟三人하니 曰 慶
父니 其後에 爲孟孫氏하고 曰 叔牙니 其後에 爲叔孫氏하고 曰 季
友니 其後에 爲季孫氏하니 是謂三桓이라 世執國命하더니라

　백금으로부터 13世 은공에 이르러 춘추시대가 시작되었다. 은공의 아우는 환
공이요 환공의 아들은 장공이다. 장공에게는 庶弟 세 사람이 있었다. 경보는 그
후에 맹손씨가 되었고, 숙아는 그 후에 숙손씨가 되었고, 계우는 그 뒤에 계손
씨가 되었으니, 이들을 3환이라고 하였다. 대대로 국명을 집정(執政)했다.

* 執政(집정): 나라의 政權을 잡음. 乾侯(간후): 晉나라 邑名.

　十三世는 謂伯禽而下로 歷考公 熙公 幽公 魏公 厲公 獻公 眞公 武公 懿公 伯御 孝公
惠公 隱公也라

　十三世는 백금으로부터 이하로 고공, 희공, 유공, 위공, 려공, 헌공, 진공, 무공, 의공, 백어, 효
공, 혜공, 은공을 잼을 이른다.

歷閔公 僖公 文公 宣公 成公 襄公하고 至昭公하여 伐季氏러니
三家共攻之하니 公이 奔乾侯以卒하고

　민공·희공·문공·선공·성공·양공을 지나 소공에 이르러 계씨를 정벌하려
하니 3家가 함께 공격하여 소공이 간후(乾侯)라는 곳으로 달아나 죽었다.

　乾의 音은 干이니 乾侯는 晉의 邑名이라

　乾의 音은 干이니 乾侯는 晉나라의 邑名이라

弟定公이 立하고 以孔子로 爲中都宰하니 一年에 四方이 皆則之
라 由中都爲司空하고 進爲大司寇하여

아우 정공이 즉위하고 孔子로 中都의 邑長을 삼으니 일년 만에 사방이 모두 본받았다. 중도의 邑長에서 사공이 되고 나아가 대사구가 되었다.

臨川陳氏 曰 中都는 邑名이니 屬東平이요 宰는 邑長也라 則은 法也라 司空과 大司寇는 並官名이라

臨川陳氏가 말하였다. "中都는 邑名이니 東平에 속하고 宰는 邑長이다. 則은 본받는다는 뜻이다. 司空과 大司寇는 모두 官名이다."

相定公하여 會齊侯於夾谷할새 孔子曰有文事者는 必有武備하나니 請具左右司馬以從이라 하더니 旣會에 齊有司請奏四方之樂하니 於是에 旗旄劍戟鼓譟而進이어늘 孔子趨而進曰吾兩君이 爲好에 夷狄之樂을 何爲於此오하니 齊景公이 心怍하여 麾之하고 齊有司請奏宮中之樂하니 優倡侏儒戲而前이어늘 孔子趨而進曰匹夫熒惑諸侯者는 罪當誅하니 請命有司加法焉하여 首足異處라하니 景公이 懼하여 歸語其臣 曰 魯는 以君子之道로 輔其君이어늘 而子는 獨以夷狄之道로 敎寡人이라 하고 於是에 齊人이 乃歸所侵魯鄆, 汶陽, 龜陰之地하여 以謝魯하다

정공을 도와 齊나라 임금을 협곡에서 만날 때에 공자가 말씀하였다. "文事가 있는 자는 반드시 武를 갖추어야 하니, 청컨대 좌우 사마를 갖추어서 따르게 하여야 합니다." 이윽고 모임에 齊나라 有司가 사방의 풍악을 연주하기를 청하니 이에 기와 모를 세우고 검과 극을 들고 북치고 소리치면서 나아가는데 공자가 쫓아 나아가 말씀하였다. "우리 양군(魯·齊)이 友好를 위하는 자리에 이적의 음악을 어찌 이곳에서 행할 수 있겠는가?" 하니 齊나라 景公이 마음에 부끄러워하여 그들을 물리고, 齊나라 유사가 궁중의 풍악을 연주하기를 청하니 우창과 주유들이 놀이를 펼치며 앞으로 나아가거늘 공자께서 쫓아서 나아가 말씀하였

다. "필부가 제후를 형혹(熒惑)하는 것은 그 죄가 죽음에 해당하니 청컨대 유사에게 명하여 형법을 加하여 목을 베어야 한다." 하니 경공이 두려워하여 돌아가 그 신하에게 일러 말하기를 "魯나라는 군자의 도로써 임금을 돕거늘 너희는 홀로 이적의 도로써 과인을 가르친다." 하고, 이에 齊나라 사람이 곧 魯나라를 침략하였던 곳 운·문양·구음의 땅을 돌려주며 魯나라에 사과를 하였다.

* 怍(작): 부끄러워하다. 麾之(휘지): 물리치다. 熒惑(형혹): 사람의 마음을 미혹케 하는 것. 旗旄劍戟鼓譟而進(기모검극고조이진): 깃발을 들고 검과 창을 휘두르며 북치고 함성을 지르며 나아감. 而子(이자): 너희들. 鄆(운): 고을이름. 郈(후): 고을이름.

相從好語 皆去聲 怍音昨 麾音揮 倡音昌 鄆音運 ○臨川陳氏 曰 夾谷은 今名夾山이니 在東海郡이라 具는 俱也라 司馬는 官名이라 戟은 有枝兵也라 好는 和也라 怍은 慙也라 麾之는 謂指揮使退也라 優倡은 俳優倡妓也라 侏儒는 短小人也라 熒惑은 迷亂也라 首足異處는 謂車裂其身也라 語는 告也라 歸는 猶還也라 鄆 汶陽 龜陰은 三邑名이니 本魯地나 爲齊所侵이어늘 至是에 以歸魯也라

臨川陳氏가 말하였다. "夾谷은 지금의 夾山을 이르니 東海郡에 있다. 具는 함께이다. 司馬는 官名이다. 戟은 갈래져 있는 병기이다. 好는 화협함이다. 怍은 부끄러워 함이다. 麾之는 指揮하여 물러가게끔 함이다. 優倡은 俳優와 倡妓들이다. 侏儒는 키가 짧고 체구가 작은 사람들이다. 熒惑은 미혹되고 혼란스러움이다. 머리와 사지를 다른 곳에 둔다는 것은 수레에 사지를 매달아 그 몸을 찢는 것을 이른다. 語는 일러줌이다. 歸는 돌아온다는 말과 같다. 鄆과 汶陽과 龜陰은 三邑의 이름이니 본래 魯나라 당이었으나 齊나라의 침략당한바 되었는데 이때에 이르러 魯나라가 돌려받게 된 것이다."

孔子言於定公하여 將墮三都하여 以强公室하니 叔孫氏는 先墮郈하고 季氏는 墮費호대 孟氏之臣은 不肯墮成이어늘 圍之弗克하다

孔子께서 定公에게 '장차 三都를 헐어서 공실을 강하게 하자'고 말씀하였다. 숙손씨가 먼저 후(郈)를 헐고, 계씨가 비(費)를 헐었으나 맹씨의 신하는 성(成)을 헐기를 달가워하시 않았다. 성(成)을 포위하였으나 이기지 못하고 말았다.

* 墮(휴): 헐어버리다. 무너뜨리다. 소홀해지다. 훼손하다. 보내다. '타'로 읽으면 '떨어지다. 떨어뜨리다. 빠지다. 게으르다.'의 뜻. 郈(후): 고을 이름.

　墮 許規反 郈音后 費音秘 ○墮는 毁也라 三都는 卽郈費成이니 三家之私邑也라 臣은 謂處父之徒也라 克은 勝也라

　墮는 허문다는 뜻이다. 三都는 곧 郈와 費와 成이니 三家의 私邑이다. 臣은 處父之徒를 이른다. 克은 이긴다는 뜻이다.

* 處父(처보): 성읍(成邑)의 읍장인 공렴처보(公斂處父). 맹손씨의 성읍인 성(成)은 오늘날 산동성 영양현(寧陽縣)이다. 공자의 바램은 삼환씨의 근거지인 세 읍을 모두 허물어 그들의 권력을 약화시키는 동시에 노나라의 정치개혁을 완성하는 것이었다. 그러나 막상 마지막 본거지인 맹손씨의 성읍을 허물려 하자 읍장인 공렴처보(公斂處父)가 맹손씨에게 반대하여 말하였다. "성 땅을 허물면 제나라 사람들은 반드시 노나라의 북문을 급습할 것입니다. 또 성 땅은 대대로 맹손씨의 요새입니다. 성 땅이 없어진다는 것은 맹손씨는 결사적으로 싸우다 전멸한다는 뜻과 같은 것입니다. 부디 이곳을 허물지 말아야 합니다. 심각한 후유증이 피차에 남을 것입니다." 공렴처보의 말이 삼환씨의 마음을 움직였다. 그들은 반란군을 이끄는 공산불뉴를 쳐부수기 위해 공자의 말에 일단 동의하였지만 공산불뉴를 제나라로 쫓아버린 이상 자신들의 요새를 더 이상 허물 필요는 없다고 판단한 것이었다. 또한 그들은 자신들의 요새를 끝까지 허물려는 공자의 속셈이 어디에 있는가에 의심의 눈초리를 보내기 시작했다. 그러나 공자는 초기의 결심대로 군사를 이끌고 성 땅을 포위 공격하였으나 삼환씨의 도움을 받지 못하였으므로 성공을 거두지는 못하였다. 비록 세 고을의 성을 허무는 완전한 성공을 거두지는 못하였지만 후와 비의 두 성읍을 허물었고, 양호와 한 패거리였던 역신 공산불뉴를 국외로 추방하였으므로 모처럼 노나라에는 평화가 찾아왔다. 이 평화는 모두 공자의 정치적 역량에 힘입은 것이었다.

　或問호되 成旣不墮면 孔子如何便休리오 朱子曰 不久孔子去魯하시니 若使久居면 自須有箇處置니라

　어떤 이가 묻되 "成이 이미 허물어지지 아니하였다면 孔子가 어떻게 편히 쉬겠는가?" 朱子가 말씀하였다. "오래지 않아 孔子가 魯나라를 떠나시니 만약 오래도록 머물러 있었다면 스스로 모름지기 조처함이 있었을 것이다."

孔子由大司寇하여   攝行相事七日에   而誅亂政大夫少正卯하시니
居三月에 魯大治라 齊人이 聞之하고 懼하여 乃歸女樂於魯하니 季
桓子受之하고 不聽政하며 郊又不致膰俎於大夫어늘 孔子遂去魯하
시니라

　孔子께서 대사구를 거쳐 재상의 일을 겸하여 행한지 7일 만에 정사를 어지럽
히는 대부 소정묘를 죽이시니 居한지 3개월 만에 노나라가 크게 다스려졌다. 제
나라 사람들이 이 일을 듣고 두려워하여 이에 여자와 악공들을 노나라에 보내
니 계환자가 이를 받고 정사를 듣지 않으며 하늘에 제사를 지내고도 또 번조를
대부에게 보내지 아니하니 孔子께서 드디어 魯나라를 떠나셨다.

* 攝(섭): 겸하다. 郊(교): 祭天. 하늘에 제사지내는 것. 膰(번): 祭肉. 제사에 쓰이는 고기. 膰俎
　(번조): 제육을 담은 炙臺.

　相少治는 皆去聲이라 歸는 音이 饋요 又如字라 膰은 音이 煩이라 ○攝은 兼也라 少
正은 姓이요 卯는 名也라 祭天 曰 郊요 膰은 祭肉也라

　相과 少와 治는 모두 去聲이다. 歸는 音이 饋요 또한 같은 뜻의 글자이다. 膰은 音이 煩이라
○攝은 兼하다는 뜻이다. 少正은 姓이요 卯는 이름이다. 하늘에 제사함을 郊하 하고 膰은 제사
지낸 고기이다.

　孟子 曰 孔子爲魯司寇러시니 不用하고 從而祭에 膰肉이 不至어늘 不脫冕而行하시니
不知者는 以爲爲肉也라하고 其知者는 以爲爲無禮也라 하니 乃孔子則 欲以微罪行하사
不欲爲苟去하시니 君子之所爲를 衆人이 固不識也니라 又曰 孔子之去魯에 曰 遲遲라 吾
行也여하시니 去父母國之道也라 詳見朱子集註라

　孟子가 말씀하셨다. "孔子께서 魯나라의 司寇가 되셨는데 (그 말씀이) 쓰여 지지 못하였고 따
라서 제사함에 번육이 이르지 않거늘 면류관을 벗지 않고 떠나셨다. 그 공자를 알지 못하는 자
들은 '고기 때문에 그러한 것'이라고 하였고, 그 공자를 아는 자들은 '무례하기 때문에 그러한
것'이라고 하였다. 이에 공자께서는 하찮은 허물을 삼아 떠나고자 해서 구차하게 떠나고자 하신

것이 아니니 君子가 하시는 바를 衆人들이 진실로 알지 못하는 것이다.” 또 다음과 같이 말씀
하였다. “孔子께서 노나라를 떠나실 적에는 ‘더디고 더디다 내 걸음이여!’ 하셨으니 이는 부모국
을 떠나는 도리이다.”『맹자』고자하 와 만장하의 朱子集註에 자세하게 보인다.

*『맹자·만장하』에 다음과 같이 말하였다. “공자께서 제나라를 떠나실 적에 물에 담군 쌀을 건
　져가지고 떠나셨고 노나라를 떠나실 적에는 ‘더디고 더디다 내 걸음이여!’ 하셨으니 이는 부모
　국을 떠나는 도리이다. 속히 떠날 만하면 속히 떠나고 오래 머무를 만하면 오래 머물며 은둔
　할 만하면 은둔하고 벼슬할 만하면 벼슬한 이는 공자이시다(孔子之去齊에　接淅而行하시고　去
　魯에　曰遲遲라　吾行也여하시니　去父母國之道也라　可以速而速하며　可以久而久하며　可以處而處
　하며　可以仕而仕는　孔子也시니라).”

定公이　卒하고　子哀公이　立하여　欲以越로　伐三桓이라가　不克하
고　歷悼公　元公하여　至繆公하니　知尊子思而不能用하고

　정공이 죽고 아들 애공(哀公)이 즉위하여 월나라로 3환을 치고자 하다가 이기
지 못하였다. 도공과 원공을 지나 목공에 이르니 子思를 존숭할 줄은 알았지만
능히 등용하지 못하였다.

繆音木　詳見孟子萬章篇이라

『孟子』萬章篇에　자세히 보인다.

歷共公　康公하여　至平公하니　嘗欲見孟子而不果하고　歷文公하고
至頃公하여　爲楚考烈王所滅하니　魯自周公으로　至頃公에　凡三十四
世러라

　공공과 강공을 지나 평공에 이르니 일찍이 孟子를 보고자 하였으나 실행하지
못하였고, 문공을 지나 경공에 이르러 楚나라 고열왕에게 멸망당하니, 魯나라는
주공으로부터 경공에 이르기까지 무릇 34世였다.

頃音傾　爲去聲

孔子의 名은 丘오 字는 仲尼니 其先은 宋人也라

孔子의 이름은 구요 字는 중니(仲尼)니 그 선조는 宋나라 사람이다.

家語에 孔子는 宋微子之後라 自微仲으로 五傳而至哀公熙러니 熙生弗父何하고 何生宋父周하고 周生世子勝하고 勝生正考父하고 父生孔父嘉하고 嘉生木金父하고 金父生睪夷하고 睪夷生防叔하니 防叔奔魯하여 遂爲魯人하여 生伯夏하니 伯夏生叔梁紇이라

家語에 다음과 같이 말하였다. "孔子는 宋나라 微子의 後裔라 微仲으로부터 다섯 번 전하여 哀公 熙에 이르렀으니 熙는 弗父何를 낳고 何는 宋父周를 낳고 周는 世子勝을 낳고 勝은 正考父를 낳고 父는 孔父嘉를 낳고 嘉는 木金父를 낳고 金父는 睪夷를 낳고 睪夷는 防叔을 낳으니 防叔이 魯나라로 망명하여 드디어 魯나라 백성이 되어 伯夏를 낳았으니 伯夏가 叔梁紇을 낳은 것이다.

有正考父者佐宋하여　三命에　滋益恭하니　其鼎銘에　云호대　一命而僂하고　再命而傴하며　三命而俯하여　循墻而走하니　亦莫余敢侮라　饘於是하며　粥於是하여　以餬予口라　하더라

정고보라는 자가 있어 송나라를 도와 세 번 명령함에 점점 더 공손하니 그 정명(鼎銘)에 이르기를 "한 번 명령함에 머리를 굽히고 두 번 명령함에 어깨를 구부리고 세 번 명령함에 허리를 굽혀 병풍을 돌아서 달아나니 또한 나를 감히 업신여기지 못하더라. 이에 전(饘)을 먹고 이에 죽(粥)을 먹으며 내 입에 풀칠을 하리라" 하였다.

* 鼎銘(정명): 하나라 우왕이 구주의 금속을 모아 만든 아홉 개의 솥을 왕위 전승(傳承)의 보기 (寶器)로 하였으므로, 국가·왕위·제업(帝業)의 뜻으로 쓰임. 僂(루): 구부리다. 傴(구): 구부리다. 俯(부): 숙이다. 饘(전): 죽. 진한 죽. 粥(죽): 죽. 묽은 죽. 餬(호): 죽. 循墻而走(순장이주): 자리를 피하여 명을 받지 않는 깃(避位不受命也).

父音甫　僂音縷　傴於語反　走叶音祖　口叶音苦　○正은　謚요　考父는　字也라　滋益恭은　猶
言愈加恭敬也라　陳氏殷曰　初命爲士니　其容이　僂하고　再命爲大夫하니　其容이　傴하고　三
命爲卿하니　其容이　俯라　三者는　皆是低頭하여　而傴甚於僂하고　俯甚於傴하니　所謂滋益
恭也라　或曰　一命受職하고　再命受服하고　三命受爵이라　하니　未知孰是라　墙은　屛也니
循墙而走는　避位不受命也라　侮는　慢也라　言雖過恭人이나　亦不慢之也라　稠曰饘이요　稀
曰粥이라　言爲饘粥於此하여　不必累鼎中하고　以餬我口하니　儉之至也라

正은 시호요 考父는 字이다. 滋益恭은 '더욱 더 恭敬한다'고 말하는 것과 같다. 陳殷이 말하
기를 "初命으로 士가 되니 그 용모가 僂하고 再命으로 大夫가 되니 그 용모가 傴하고 三命으로
卿이 되니 그 용모가 俯하다. 이 세 가지는 모두 머리를 낮추어 傴는 僂보다 더 심하게 하고
俯는 傴보다 더 심하게 하니 이른바 '더욱더 공손하다'하는 것이다." 어떤 이가 말하였다. "一命
에 職을 받고, 再命에 官服을 받고 三命에 爵位를 받는다."하니 누가 옳은지 알 수 없다. 墙은
병풍이니 循墙而走는 위를 避하여 命을 받지 않은 것이다. 侮는 업신여김이다. 비록 공손함이
지나친 사람이지만 또한 거만하지 않음을 말한 것이다. 진한 죽을 饘이라 하고, 묽을 죽을 粥이
라 한다. 이에 饘과 粥을 만들어 반드시 鼎 속에 쌓아 두지 아니하고 나의 입을 풀칠로써 하니
儉素함이 지극한 것이다.

孔氏滅於宋하고　其後에　適魯하여

공씨가 송나라에서 몰락하고 그 후에 노나라에 갔다.

孔父嘉는　爲宋華氏所殺이러니　至防叔하여　奔魯라

孔父嘉는 宋나라 華氏에게 살해당한바 되었으니 防叔에 이르러서 魯나라로 망명하였다.

有叔梁紇하니　與顔氏女로　禱於尼丘山而生孔子하니라

숙량흘이 있었으니 안씨의 딸과 더불어 이구산에 기도하여 공자를 낳았다.

* 紇(흘): 묶다. 인종이름.

紇　下沒反　○叔梁은　字요　紇은　名也라　尼丘山은　在兗州라

叔梁은 字요 紇은 이름이다. 尼丘山은 兗州에 있다.

爲兒嬉戲에 常陳俎豆設禮容하고

아이가 되어 놀이를 할 때 항상 조두를 진설하며 예용을 베풀었다.

* 嬉戲(희희): 즐겁게 장난을 함. 俎豆(조두): 제사 용품. 俎(조): 적대. 고기를 담는 제기. 豆(두): 제기. 젓갈을 담는 제기. 禮容(예용): 예의에 맞는 거동.

俎豆는 祭器也라

俎豆는 祭器이다.

長爲季氏史하여 料量平하고 嘗爲司檄吏하여 畜蕃息하고

자라서 계씨의 관리가 되어서는 두량이 공평해졌고, 일찍이 사직리(司檄吏)가 되어서는 가축이 잘 붇고 많이 늘어났다.

* 史(사): 문서를 관장하는 관리(掌文書之官). 料量(요량): 수를 헤아리거나 물건의 양을 저울질 하는 것. 司檄吏(사직리): 희생(犧牲)을 기르는 관리.

長上聲 檄音隻 ○史는 掌文書之官이라 孟子作委吏라하니 謂主委積倉庫之吏也라 料量平은 所謂會計當也라 檄은 與杙으로 同이라 蓋係養犧牲之所也라 司檄吏는 孟子作乘田이라하니 謂主苑囿芻牧之吏也라 畜蕃息은 所謂牛羊茁壯長也라 此는 蓋孔子爲貧而仕也라

史는 文書를 담당하는 관리이다. 孟子가 '委吏'라 하였으니 委積(위자)와 倉庫를 주관하는 관리를 이른다. 料量을 공평하게 했다는 것은 이른바 會計를 맡은 것이다. 檄은 杙으로 더불어 같다. 대개 犧牲을 기를 때에 매어 두는 곳이다. 司檄吏는 孟子가 '乘田'이라 하였으니 苑囿에서 꼴을 먹이는 일을 主로 하는 관리를 이른다. 가축을 蕃息시킨 것은 이른바 牛羊이 점점 자라서 장대하게 자라게 한 것이다. 이는 대개 孔子가 가난하여 벼슬을 한 것이나.

* 委積(위자): 비축된 물자. '委'와 '積'는 '쌓다, 비축하다'의 뜻으로 위자(委積)라고 읽는다. 苑囿(원유): 궁궐(宮闕) 안에 있는 동산. 예전에, 울을 치고 금수(禽獸)를 기르던 곳. 또는 초목을 심는 동산과 금수를 기르는 곳을 이르던 말. 茁(줄): 풀이 나는 모양. 동물이 자라는 모양.

適周하여 問禮於老子하신대 反而弟子稍益進이러라

주나라에 가서 예를 노자에게 물으셨다. 노나라에 돌아오니 제자가 점점 더욱 많아졌다.

適은 往也라 或이 問하되 孔子 何以問禮於老子잇가 朱子 曰 老子 嘗爲周柱下史라 故로 知禮節文이러니 所以孔子問之也라 老子 雖知禮나 然이나 其意以爲不必盡行이요 行之면 反以多事라 故로 欲滅絶之也라

適은 간다는 뜻이다. 어떤이가 물었다. "孔子는 무엇 때문에 老子에게 禮를 물은 것입니까?" 朱子가 다음과 같이 말씀하였다. "老子는 일찍이 周나라의 柱下史가 되었다. 그래서 禮의 節文을 알았다. 이 때문에 孔子께서 예를 물으신 것이다. 老子가 비록 禮를 알았으나 그러나 그 뜻이 다 행할 필요는 없고 그것을 행하게 되면 도리어 일이 많아진다고 여겼다. 그러므로 그 예법이 滅絶되기를 바랐다."

適齊하시니 齊景公이 將待以季孟之間이라

* 間(간): 엿보다. 눈치를 봄.

齊나라에 가시니 齊나라 경공이 장차 계씨와 맹씨의 중간쯤으로 예우하려 하였다.

魯三卿에 季氏 最貴하니 君待之之禮 極隆하고 孟氏 爲下卿이라 君待之之禮 稍薄하니 景公欲以季孟之間하여 待孔子也라

魯나라 三卿 가운데 季氏가 가장 貴하니 노나라 임금이 그를 待하는 禮가 지극히 隆崇하였고 孟氏는 下卿이 된지라 노나라 임금이 그를 待하는 禮를 조금 薄하게 하였으니 景公은 季씨와 孟씨의 중간 쯤으로 孔子를 대하고자 한 것이다.

孔子反魯하시니 定公이 用之不終이라

공자가 노나라에 돌아오시니 정공이 쓰려고 하였으나 끝내 쓰지 못하였다.

詳見上文

上文에 자세히 보인다.

適衛하시고

衛나라에 가셨다

主顏讎由家하시니라

顏讎由의 집에 주인을 정하셨다.

將適陳하실새 過匡하시니 匡人이 嘗爲陽虎所暴러니 孔子貌類陽虎라 止之러니

장차 진나라에 가실 때 광 땅을 지나는데 광 땅의 사람들이 일찍이 양호에게 포학함을 당한바 되었으니 공자의 용모가 양호와 비슷하여 그를 막았다.

爲去聲 ○陽虎의 字는 貨이니 季氏之家臣也라 類는 似也라 時則 有顏淵後와 文王旣沒之語라

陽虎의 字는 貨이니 季氏의 家臣이다. 類는 같다는 뜻이다. 이때에 '顏淵後'와 '文王旣沒'의 논어의 말씀이 있다.

* 顏淵後(안연후): 先進 제24장의 "공자께서 광 지방에서 위기에 처하셨을 때 안연이 뒤처졌거늘, 공자께서 말씀하셨다. '나는 네가 죽은 줄 알았다.' 안연이 말했다. '선생님께서 계신데 제가 어찌 감히 죽겠습니까?'(子 畏於匡하실새 顏淵이 後러니 子曰 吾 以女爲死矣라호라 曰 子在어시니 回何敢死리잇고)"한 내용이 있음.　文王旣沒之語(문왕기몰지어): 子罕 제5장의 "공자

께서 광 지방에서 위기에 처하시자 말씀하셨다. '문왕은 이미 돌아가셨으나 문은 나에게 남아 있지 않느냐? 하늘이 장차 이 문을 없애고자 하셨다면 후에 죽을 내가 이 문과 함께 하지 못했을 것이다. 하늘도 이 문을 없애려 아니하시는데 광의 사람들이 나에게 어떻게 하겠느냐?' (子 畏於匡이러시니 曰 文王이 旣沒하시니 文不在玆乎아 天之將喪斯文也신댄 後死者 不得與於斯文也어니와 天之未喪斯文也시니 匡人이 其如予何오)"한 내용이 있음. 어부지용(漁父之勇).

旣免에 反于衛하사 醜靈公所爲하여 去之하시고

이미 위기를 모면함에 위나라에 돌아가니 영공의 하는 바를 부끄러이 여겨 떠나가셨다.

主遽伯玉家하시니라 見南子하시고 有矢子路之語라 醜는 羞愧也라 史記에 靈公이 與夫人南子로 同車하고 使孔子로 爲次乘하여 招搖市過之한대 孔子醜之시니라 有未見好德之語라

遽伯玉의 집에 주인을 정하셨다. 南子를 만나려 하시고 자로에게 맹세하신 말씀이 있었다. 醜는 부끄러워함이다. 『史記』에 다음과 같이 말하고 있다. "靈公이 夫人 南子로더불어 함께 수레를 타고 孔子로하여금 다음 수레를 타게 하고 거드름을 피우고 뽐내며 시내를 지나가니 孔子께서 그것을 부끄럽게 여기셨다. 그래서 '덕을 좋아한 이를 보지 못하였다'는 말이 있게 되었다."

* 矢子路之語(시자로지어): 雍也 제28장의 "공자께서 남자를 만나려 하시니 자로가 기뻐하지 않았다. 공자께서 맹세하여 말씀하시길 '내가 도리 아닌 짓을 한다면 하늘이 나를 싫어하시리라. 하늘이 나를 싫어하시리라.'(子 見南子하신대 子路 不說이어늘 夫子 矢之曰 予所否者인댄 天厭之 天厭之시리라)한 내용이 있음. 未見好德之語(미견호덕지어): 子罕 제17장의 "공자께서 말씀하시기를 '내 덕을 좋아하기를 색을 좋아하듯이 하는자를 보지 못하였노라.'(子 曰 吾未見好德이 如好色者也로라)"한 내용이 있음. 招搖(초요): 거드름을 피우고 뽐내다. 의기양양하다.

過曹適宋하여 與弟子로 習禮大樹下러니 桓魋伐拔其樹하고

조나라를 지나 송나라에 가서 제자와 더불어 예를 큰 나무아래에서 익히고 있었는데 환퇴가 그 나무를 쳐서 뽑아 버렸다.

* 魋(퇴): 사람이름. 뭉치머리.

　　魋는 音이 苔이니 宋司馬向魋也라 出於桓公이라 故로 又稱桓氏라 時則 有天生德語와 及微服過宋事라

　　魋는 音이 苔이니 宋나라 司馬向魋이다. 桓公으로부터 나온지라 그러므로 또한 桓氏라 칭한 것이다. 이때에는 '天生德'의 말과 微服過宋의 일이 있었다.

* 天生德語(천생덕어): 술이 제24장의 "공자께서 말씀하셨다. '하늘이 나에게 덕을 내셨는데 환퇴가 나를 어찌 하겠는냐?'(子 曰 天生德於予시니 桓魋其如予何리오)"한 내용이 있음. 微服過宋事(미복과송사): 맹자 만장하 제8장의 "공자께서 노나라와 위나라에서 머물기를 좋아하지 않으셔서 송나라 환퇴가 맞이하여 장차 죽이려 함을 만나 미복으로 송나라를 지나 가셨으니 이때에 공자께서 곤액을 당하셨으되 사성정자를 주인으로 삼으시니 진후 주의 신하가 된 자이다.(孔子悅於魯衛하사 遭宋桓司馬將要而殺之하여 微服而過宋하시니 是時에 孔子當阨하시되 主司城貞子하시니 爲陳侯周臣이라)"한 내용이 있음.

適鄭하시니 鄭人이 曰 東門에 有人하니 其顙은 似堯하고 其項은 類皐陶하고 其肩은 類子産하고 自要以下는 不及禹三寸하여 纍纍然若喪家之狗라 하다

　　정나라로 가시니 정나라 사람이 말하기를 "동문에 사람이 있는데 그 이마는 요와 같고 그 목은 고요와 비슷하고 그 어깨는 자산과 비슷하고 허리로부터 아래로는 우에 비해 세 마디가 미치지 못하여 고달픈 모습이 초상집의 개와 같더라."고 하였다.

* 纍纍然(누루연): 먹지를 못해 수척한 모양(瘦瘠而不得意也). 瘦(수): 여위다. 瘠(척): 파리하다. 瘦瘠(수척): 얼굴이나 몸이 야위어 건강(健康)하지 않게 보이는 상태(狀態)에 있음.

　　顙音爽 陶音遙 要與腰同 喪平聲 ○顙은 額이요 項은 頸也라 皐陶는 舜臣이요 子産은 鄭大夫 公孫僑也라 喪家之狗는 蓋主人荒迷하여 不見飮食이라 故로 纍纍然瘦瘠而不得意

也라

　　顙은 이마요 項은 목이다. 皐陶는 舜임금의 신하이고 子産은 鄭나라 大夫인 公孫僑이다. 喪家之狗는 대개 主人이 황망하고 혼미하여 飮食을 돌보지 못한지라 그르므로 고달픈 모습으로 야위어 뜻대로 할 수 없다는 것이다.

* 荒迷(황미): 황망하고 혼미함.

適陳하시고

진나라에 가셨다.

主司城貞子家하시니라

司城貞子의 집에 주인을 삼으셨다.

又適衛하사

또 위나라에 가셨다.

有苟有用我之語라

'만일에 나를 씀이 있다면'이라 하신 말씀이 있다.

* 苟有用我之語(구유용아지어): 자로 제10장의 "공자께서 말씀하셨다. '진실로 나를 쓰는 사람이 있다면 한 해만이라도 괜찮아지고 3년이면 성과가 있을 것이다.'(子 曰 苟有用我者면 期月而已라도 可也어니와 三年이면 有成이니라)한 내용이 있음.

將西見趙簡子러니　至河하여　聞寶鳴犢　舜華殺死하고　臨河歎　曰　美哉라　水洋洋乎여　丘之不濟此는　命也라　하시고

　　장차 서쪽으로 조간자를 만나려 하시더니 河水에 이르러 두명독과 순화가 죽임을 당했다는 소리를 듣고 河水에 임하여 탄식하여 말하기를 "아름답도다! 물의 양양함이여! 내가 이를 건너지 않음은 천명이로다." 하셨다.

* 竇(두): 움. 竇鳴犢(두명독): 晉나라 賢 大夫. 舜華(순화): 晉나라 賢 大夫. 洋洋(양양): 물이 도도히 흐르는 모양. 如(여): 가다. 葉(섭): 고을 이름.

竇鳴犢과 舜華는 皆晉賢大夫로되 而簡子 殺之라 故로 孔子 至河라가 而反하시니라

竇鳴犢과 舜華는 모두 晉나라 賢大夫였는데 簡子가 그들을 살해하였다. 그러므로 孔子께서 河水에 이르렀다가 돌아오셔 버렸다.

反于衛하여 適陳하고 適蔡如葉이라가 反于蔡러시니

위나라에 돌아와 진나라로 가셨고 다시 채나라로 가서 섭으로 가셨다가 채나라에 돌아오셨다.

又主遽伯玉家하시니 靈公問陳한대 不對而行하시다

또한 遽伯玉의 집에 주인을 정하시니 靈公이 陳法한을 묻자 대답하지 않으시고 떠나셨다.

據論語면 則絶糧이 當在此時라

『論語』에 의거하면 양식이 떨어진 것이 마땅히 이때였을 것이다.

* 絶糧(절량): 『논어·위령공』 제1장의 "진나라에 계실 때 양식이 떨어지니 종자들이 병들어 일어나지 못하였다.(在陳絶糧하니 從者病하여 莫能興이러라)"한 내용이 있음. 이 때 자로가 공자께 군자의 궁함을 물었다(子路慍見 曰 君子亦有窮乎잇가 子曰 君子固窮이니 小人은 窮斯濫矣니라)

葉은 音이 攝이니 楚邑名이라 有葉公問答에 子路不對와 沮溺耦耕과 丈人荷蓧等事라

葉은 音이 攝이니 楚나라 邑 이름이다. 이때에 葉公의 문답에 子路가 대답하지 않음과 장저

결닉이 김매는 것과 삼태기를 멘 장인 등의 일이 있었다.

* 葉公問答子路不對(섭공문답자로불대): 『논어·술이』 제18장. 섭공이 자로에게 공자의 사람됨을 묻자 자로가 대답하지 않았다. 공자께서 말씀하시기를 "너는 어찌 대답하지 않았느냐? 그 사람됨이 분발하면 먹는 것도 잊고 즐거우면 근심을 잊어 늙음이 장차 닥쳐오는 줄도 모르더라고 말을 하지."(葉公問孔子於子路어늘　子路不對한대　子曰　女奚不曰고　其爲人也　發憤忘食하고 樂以忘憂하여　不知老之將至云爾이라).

* 沮溺耦耕(저익우경): 『논어·미자』 제6장. 장저와 걸닉이 함께 밭을 가는데 공자께서 지나가시다가 자로를 시켜 나루를 묻게 하시었다. 장저가 말하기를 "수레고삐를 잡고 있는 분은 누구인가?"하자 자로가 말하기를 "공구이십니다."하였다. "이 분이 노나라 공구이신가?"하고 묻자 "그렇습니다."하고 대답하니 "이분은 나루를 알 것이요."하였다. 걸닉에게 물으니 걸닉이 말하기를 "당신은 누구인가?"하자 "중유라 합니다."하자 "그대가 바로 노나라 공구의 문도인가?" 하고 묻자 "그렇습니다."하고 대답하였다. 그는 말하기를 "도도한 것이 천하가 모두 그러하니 누구와 더불어 변역을 시키겠는가? 또 그대는 사람을 피하는 선비를 따르는 것보다 세상을 피하는 선비를 따르는 것만 하겠는가?"하고는 써레질을 그치지 않았다. 자로가 돌아와서 아뢰니 부자께서 한동안 실심한 모습으로 계시더니 말씀하셨다. "조수와 더불어 무리지어 살 수는 없으니 내가 이 사람의 무리와 더불어 살지 않고 누구와 더불어 살겠느냐? 천하에 도가 있으면 내 더불어 변역시키려 하지 않을 것이다."(長沮桀溺이　耦而耕이러니　孔子過之하실새　使子路問 津焉하신대　長沮曰　夫執輿者爲誰오　子路曰　爲孔丘시니라　曰　是魯孔丘與아　曰　是也시니라　曰 是知津矣니라　問於桀溺한대　桀溺 曰　子爲誰오　曰　爲仲由로라　曰　是魯孔丘之徒與아　對曰　然하 다　曰　滔滔者天下皆是也니　而誰以易之리오　且而與其從辟人之士也론　豈若從辟世之士哉리오하고 耰而不輟하더라　子路行하여　以告한대　夫子憮然曰　鳥獸不可與同群이니　吾非斯人之徒與요　而誰 與리오　天下有道면　丘不與易也니라"

* 丈人荷蓧(장인하조): 『논어·미자』 제7장. 자로가 따라가다가 뒤쳐져 있었는데 지팡이로 삼태기를 멘 장인을 만나 자로가 물었다. "노인은 우리 부자를 보셨습니까?" 장인이 말하기를 "사지를 부지런히 하지 않고 오곡을 분별하지 못하니 누구를 부자라 하는가?"하고 지팡이를 곶아 놓고 김을 매었다.(子路從而後러니　遇丈人以杖荷蓧하여　子路問曰　子見夫子乎아　丈人曰　四體不 勤하며　五穀不分하나니　孰爲夫子오　하고　植其杖而芸하더라)

楚使人聘之하니　陳蔡大夫謀曰　孔子用於楚면　則陳蔡危矣라　하여

相與發徒하여 圍之於野하니 孔子曰 詩云 匪兕 匪虎어늘 率彼曠野
라 하니 吾道非邪아 吾何爲於此오 子貢이 曰 夫子道至大하시니
天下莫能容이니이다 顔淵이 曰 不容何病이리오 然後에 見君子라
하더니 楚昭王이 興師迎之하여 乃得至楚하시니 將封以書社地七
百里러니 令尹子西不可러라

　초나라가 사람을 시켜 공자를 초빙하려하니 陳나라와 蔡나라의 대부들이 모
의하여 말하기를 "孔子가 楚에 등용되면 진나라와 채나라는 위태로워 질 것이
다."라고 하여 서로 더불어 무리를 내어 들에서 포위하였다. 공자가 말씀하셨다.
"시경에 이르기를 '시(兕)도 아니요 호(虎)도 아니거늘 저 횡한 들판을 돌아다닌
다.' 하였으니 나의 도가 아닌 것인가! 내 이에 어찌 할고?" 자공이 말하기를
"夫子의 도는 지극히 크시니 천하가 능히 용납하지 못하는 것입니다."하였다.
안연이 말하기를 "용납하지 못함을 어찌 괴로워하십니까. 그러한 뒤에 군자를
알아볼 것입니다." 하였다. 초나라 소왕이 군사를 일으켜 공자를 맞이하여 이에
楚나라에 이르니 장차 서사의 땅 700 리로써 봉하려하니 영윤 자서가 불가하다
고 하였다.

* 匪(비): 아니다. 兕(시): 외뿔 소. 들소로 뿔이 하나인 것(野牛一角). 師(사): 2,500명. 里(리): 25
　家. 700里 백성은 곧 17,500家. 夫子(부자): 덕행이 높아 모든 사람의 스승이 될 만한 사람에
　대한 경칭.

　兕는 音이 矢라 野는 마이니 上與反이라 ○詩小雅 何草不黃之篇에 兕는 野牛이니 一
角이라 率은 循行也라 子貢의 姓은 端木이요 名은 賜요 顔淵의 名은 回니 皆孔子弟子
라 二千五百人이 爲師이니 索隱에 曰 古者에 二十五家 爲里요 里各有社니 則書社者는
書其社之里人名於籍이니 蓋以七百里人民으로 封孔子也라 令尹은 官名이니 楚上卿으로
執政者也라 朱子曰 書社地七百里라 하니 恐無此理라 時則有接輿歌라

　兕는 音이 矢라 野는 마音이니 上과 與의 反切音이다. ○『詩經·小雅』 <何草不黃之篇>에 '兕
는 들소이니 뿔이 하나이다.'라고 하였다. 率은 순히 따라 행함이다. 子貢의 姓은 端木이요 이름

은 賜이다. 顏淵의 이름은 回이니 모두 孔子의 弟子이다. 2,500인이 師가 되니 『史記索隱』에 말하기를 "옛적에 25家를 里하였고 里마다 각각 社를 두었으니 곧 書社라는 것은 그 社의 마을 사람들의 이름을 장부에 기록해 두는 곳이니 대개 700里의 人民으로 孔子를 봉한 것이다." 하였다. 令尹은 官名이니 楚나라 上卿으로 정사를 집행하는 자이다. 朱子가 말씀하였다. "書社의 땅 700里라 하니 아마도 이런 이치가 없을 것이다." 이 때에는 接輿歌가 있었다.

* 叶音(협음): 漢字의 음을 협운에 따라서 내는 음. 叶韻(협운): 어떤 운의 문자를 임시로 다른 운으로 통용하는 일. 野를 서로 발음하는 것은 墅와 통하기 때문이다. 書社(서사): 주대(周代)의 제도로써 25가(家)를 1리(里)로 하고 이 리(里)에 한 사(社)를 세워서 그 지역의 호구(戶口)와 면적 등을 기록한 장부를 그 사에 보관하였는데 이것을 서사(書社)라고 주대(周代)에서는 일컬었으나, 우리나라에서는 보편적으로 서당에 접근된 용어로 그 기능은 서원(書院)과 같다.

* 有接輿歌(유접여가): 『논어·미자』제5장. 초나라 광인인 접여가 공자의 앞을 지나면서 노래하였다. "봉황이여! 봉황이여! 어찌 덕이 쇠하였는가? 지나간 것은 간할 수 없거니와 오는 것은 오히려 따를 수 있으니 그만둘지어다. 그만둘지어다. 오늘날 정사에 종사하는 자들은 위태롭기만 하구나!(楚狂 接輿 歌而過孔子 曰 鳳兮여 鳳兮여 何德之衰오 往者는 不可諫이어니와 來者는 猶可追니 已而 已而어다 今之從政者는 殆而니라)

孔子反于衛러시니

공자께서 衛나라로 돌아가셨다.

時에 靈公已卒하고 衛君輒이 欲得孔子爲政이라 有魯衛兄弟 及答子貢 夷齊 子路正名之語

時에 靈公이 이미 卒하고 衛君 輒이 공자를 얻어 정사를 하고자 하였다. 魯衛兄弟와 答子貢 夷齊와 子路正名의 말이 있었다.

* 魯衛兄弟(노위형제): 『논어·자로』제7장. 공자께서 말씀하셨다. "노나라와 위나라의 정사는 형제간이로구나!"(子曰 魯衛之政이 兄弟也로다). 魯나라는 周公의 後裔이고, 衛나라는 康叔의 後裔이니 본래 兄弟之國이나 이 때에 衰亂해져서 정사 또한 비슷하였으므로 孔子께서 탄식하신 것이다.

* 答子貢夷齊(답자공이제):『논어·술이』제14장. 염유가 말하기를 "부자께서 위나라 군주를 도우실까?"하니 자공이 말하기를 "알았습니다. 내 장차 여쭤보리다."하였다. 들어가서 말하기를 "백이와 숙제는 어떤 사람입니까?"하니 공자께서 대답하시기를 "옛날의 현인이시다."하셨다. 말하기를 "후회하셨습니까?" 하니 말씀하시기를 "인을 구하여 인을 얻었으니 다시 어찌 후회하였겠느냐?"하셨다. 나와서 말하기를 "부자께서는 하지 않으실 것입니다." 하였다.(冉有 曰 夫子爲衛君乎아 子貢 曰 諾다 吾將問之호리라 入하여 曰 伯夷 叔齊는 何人也잇고 曰 古之賢人也니라 曰 怨乎잇가 曰 求仁而得仁이어니 又何怨이리오 出하여 曰 夫子不爲也시니라) 위나라 임금 출공 첩은 위영공의 손자이다. 아버지 괴외는 영공으로부터 내쫓겨 晉나라에 망명 중이었다. 이때 귀국하려 하였으나 첩이 이를 막았다.

* 子路正名(자로정명):『논어·자로』제3장. 자로가 말하였다. "위나라의 군주가 선생님을 기다려 정사를 하려고 하십니다. 선생님께서는 장차 무엇을 우선하시렵니까?" 공자께서 말씀하셨다. "반드시 이름을 바르게 하겠다." 자로가 말하였다. "이러하십니다. 선생님의 우활하심이여! 어떻게 그 바르게 하신단 말입니까?" 공자께서 말씀하셨다. "비속하구나, 유여! 군자는 자기가 알지 못하는 바에 말하지 않고 가만히 있는 것이다. 이름이 바르지 않으면 말이 순하지 않고, 말이 순하지 않으면 일이 이루어지지 않고, 일이 이루어지지 않으면 예악이 흥하지 않고, 예악이 흥하지 않으면 형벌이 적중하지 않고, 형벌이 적중하지 않으면 백성은 손발을 둘 곳이 없다. 그러므로 군자가 이름을 붙이면 반드시 말할 수 있으며 말할 수 있으면 행할 수 있는 것이니 군자는 그 말에 대하여 구차히 함이 없을 뿐이다."(子路 曰 衛君이 待子而爲政인댄 子將奚先이시리잇고 子 曰 必也正名乎인져 子路 曰 有是哉라 子之迂也여 奚其正이실잇고 子 曰 野哉라 由也여 君子於其所不知에 蓋闕如也니라 名不正이면 則言不順하고 言不順이면 則事不成하고 事不成이면 則禮樂不興하고 禮樂不興이면 則刑罰不中하고 刑罰不中이면 則民無所措手足이니라 故로 君子名之면 必可言也며 言之면 必可行也니 君子於其言에 無所苟而已矣니라)

季康子迎歸魯하고 哀公이 問政호대 終不能用이라

계강자가 맞이하여 노나라로 돌아오시고 애공이 정사를 물었으나 끝내 등용하지는 않았다.

有對哀公과 及康子語니라

哀公에게 대답하신 말과 康子에게 대답하신 말씀이 있었다.

* 對哀公(대애공):『중용』제20장. 애공이 정사를 묻자 공자께서 말씀하셨다. "문왕과 무왕의 정사가 방책에 펴 있으니 그러한 사람이 있으면 그러한 정사가 거행되고 그러한 사람이 없으면 그러한 정사가 종식됩니다. 사람의 도는 정사에 빠르고 땅의 도는 나무에 빠르나니 정사의 신속한 효험은 쉽게 자라는 갈대와 같습니다."(哀公問政한대 子曰 文武之政이 布在方策하니 其人存이면 則其政擧하고 其人亡이면 則其政息이니이다 人道는 敏政하고 地道는 敏樹하니 夫政也者는 蒲盧也니이다).『논어·위정』제19장. 애공이 물어 말하기를 "어떻게 하면 백성이 복종합니까?"하자 공자께서 대답하셨다. "정직한 사람을 들어 쓰고 모든 굽은 사람을 버려두면 백성들이 복종하고, 굽은 사람을 들어 쓰고 모든 정직한 사람을 버려두면 백성들이 복종하지 않습니다."(哀公問曰 何爲則民服이니잇고 孔子對曰 擧直錯諸枉이면 則民服하고 擧枉錯諸直이면 則民不服이니이다)

* 康子語(강자어):『논어·위정』제20장. 계강자가 물었다. "백성으로 하여금 윗사람을 공경하고 충성하게 하며 이것을 권면하게 하려면 어찌해야 합니까?" 공자께서 말씀하셨다. " 대하기를 장엄하게 하면 백성들이 공경하고 효도하고 사랑하면 백성들이 충성하고 이것을 잘하는 자를 들어 쓰고 이것을 못하는 자를 가르치면 권면하는 것입니다."(季康子問하되 使民敬忠以勸이면 如之何잇고 子曰 臨之以莊則敬하고 孝慈則忠하고 擧善而敎不能則勸이니라)

乃序書하시니 上自唐虞로 下至秦繆하시고 刪古詩三千하사 爲三百十一篇하사 皆絃歌之하시니 禮樂이 自此可述이러라

　이에『서경』을 서술하시니 위로는 唐·虞로부터 아래로 진나라 목공에 이르시고 옛 시 삼천을 간추려 311편을 엮으시어 모두 연주하고 노래하게 하시니 예악이 이로부터 계술되게 되었다.

* 刪述(산술): 정리 함. 絃(현): 악보.(가사는 없고 곡만 있음.) 歌(가): 노랫말.

始二典하여 終秦誓라 彈曰絃이요 謳曰歌라 時則 有杞宋損益從周와 及翕如와 樂正盈耳等語니라

　요전과 순전 二典으로부터 시작하여 秦誓로 마쳤다. 튕겨 연주하는 것을 絃이라 하고 소리 높여 노래함을 歌라 한다. 이 때에는 杞나라와 宋나라의 예를 損益한 周나라의 예법을 따른다는 말씀과 翕如와 樂正盈耳 等의 말씀이 있다.

* 有杞宋損益從周(유기송손익종주):『중용』제28장. 공자께서 말씀하셨다. "내가 하나라 예를 말하려 하나 기나라가 징험하기에 부족하고 내가 은나라 예를 배웠으니 송나라에 남아 있다. 내가 주나라 예를 배웠으니 요즘 쓰는 것이니 나는 주나라를 따르겠다."(子曰 吾說夏禮나 杞不足徵也며 吾學殷禮하니 有宋存焉이라 吾學周禮하니 今用之라 吾從周하리라)『논어·팔일』제9장과 유사함.『논어·위정』제23장. 자장이 물었다. "10세의 뒤를 알 수 있습니까?" 공자께서 말씀하셨다. "은나라는 하나라의 예를 말미암았으니 손익한 바를 알 수 있으며 주나라는 은나라의 예를 말미암았으니 손익한바를 알 수 있다. 그 혹 주나라를 계승할 자 있다면 비록 백세의 뒤라도 알 수 있다."(子張問 十世可知也잇가 子曰 殷因於夏禮하니 所損益을 可知也며 周因於殷禮하니 所損益을 可知也니 其或繼周者면 雖百世라도 可知也니라)『논어·팔일』공자께서 말씀하셨다. "주나라는 하나라와 은나라 2대를 보았으니 찬란하다 그 문이여! 나는 주나라를 따르겠다."(子曰 周監於二代하니 郁郁乎文哉라 吾從周하리라)

* 翕如(흡여):『논어·팔일』제23장. 공자께서 노나라 태사에게 음악을 말씀하셨다. "음악은 알만한 것이다. 처음 시작할 때는 합한 듯이 하여 계속 풀어 놓을 때에는 순수하게 하며 밝게 하며 실을 풀어내듯이 하여 한 장을 이룬다."(子語魯大師樂曰 樂은 其可知也니 始作에 翕如也하여 從之에 純如也하며 皦如也하며 繹如也하여 以成이니라)

* 樂正盈耳(악정영이):『논어·태백』제15장. 공자께서 말씀하셨다. "악사인 지가 처음 벼슬할 때에 연주하던 관저의 끝장 악곡이 아직도 양양하게 귀에 가득하구나!"(子曰 師摯之始에 關雎之亂이 洋洋乎盈耳哉라). 孔子께서 衛나라로부터 魯나라에 돌아오시어 樂을 바로잡으셨으니 마침 악사인 지가악관에 임명된 초기였다.

晚而喜易하사 序象象繫辭說卦文言하시고 讀易에 韋編이 三絶이라

만년에 易을 좋아하시어 단전과 상전과 계사전과 설괘전과 문언전을 서술하시고 易을 읽으심에 가죽으로 엮은 끈이 세 번이나 끊어졌다.

* 韋編三絶(위편삼절): 가죽 끈이 세 번 끊어짐, 한 권의 책을 몇 십번이나 되풀이해서 읽어서 책의 철한 쪽이 산산이 흩어진 것을 다시 고쳐 매어서 애독을 계속하는 것.

象은 杜岸反이니 斷也라 文王所繫之辭하니 以斷一卦之吉凶이라 如乾之元亨利貞이 是
也라 孔子從而釋之라 故로 通謂之彖이니 今各卦彖曰以下之辭 是也라 象은 周公孔子所
繫之辭니 卦下象은 解一卦之義니 謂之大象이요 爻下象은 解一爻之義니 謂之小象也라
繫辭는 所以統言天地之闔奧와 人事之始終이라 說卦는 所以陳說八卦之德業이라 文言은
所以釋論乾坤之妙理니 皆孔子之所序述也라 韋는 皮也니 古者以皮로 條編簡冊이라 披閱
之勤이라 故로 至三絶하니 時則有假我數年學易之語니라

象은 杜岸의 반절이니 '끊다·단정하다'는 뜻이다. 文王이 달으신 바를 사(辭)라 하니 한 卦의
吉凶을 단정한 것이다. 마치 '乾은 元코 亨코 利코 貞하니라' 같은 것이 이것이다. 孔子께서 이
辭(사)를 따라서 이것을 해석하셨다. 그러므로 通稱하여 이르기를 彖이라하니 지금의 각 괘의
彖曰 이하의 말씀이 이것이다. 象은 周公과 孔子가 달으신 바의 말씀이니 卦 아래의 象은 그
괘의 뜻을 풀이한 것이니 大象이라 이르고 爻의 아래 象은 그 爻의 뜻을 풀이한 것이니 小象이
라 이른다. 繫辭는 天地의 闔奧와 人事의 始終을 통합하여 말씀한 것이다. 說卦는 八卦의 德과
業을 진술하여 설명한 것이다. 文言은 乾괘와 坤괘의 妙理를 풀어 의논한 것이다. 이 모두는 孔
子께서 序述하신 것이다. 韋는 가죽이니 옛적에는 가죽으로써 簡冊을 엮어 매었다. 열어보기를
부지런히 한지라 그러므로 세 번 끊어짐에 이른 것이다. 이때에 假我數年學易의 말씀이 있었다.

* 闔奧(곤오): 깊고 심오함. 사물(事物)의 가장 중심(中心)이 되며 비밀(秘密)한 곳.

* 假我數年學易(가아수년학역): 『논어·술이』 제16장. 공자께서 말씀하셨다. "하늘이 나에게 몇
  년의 수명을 빌려주어 마침내 주역을 배우게 한다면 큰 허물이 없을 것이다."(子曰 加我數年
  하여 五十以學이면 易可以無大過矣리라) 혹자는 "나에게 수년이 더 주어져서 50까지로써 배우
  면 또한 큰 잘못이 없을 것이다."라고 보는 이도 있다. 이때 역(易)을 역(亦)으로 풀이함.

因魯史記하여 作春秋하실새 自隱至哀 十二公하여 絶筆於獲麟하시니 筆則筆 削則削호대 游夏之徒不能贊一辭하고

노나라 사기를 따라서 『춘추』를 지으실 때에 은공으로부터 애공에 이르기까
지 12공을 기술하여 기린이 포획되어 쓰기를 중단하시니, 쓸 것은 쓰고 삭제할
것은 삭제하되 자유와 자하의 무리들이 능히 한 마디의 말도 돕지 못하였다.

* 麟(기린 린): 큰 사슴의 수컷. 春秋(춘추): 기원전 722년 은공원년에서 기원전 481년 애공 14년 까지 242년 동안 노나라 역사. <춘추>는 <상서>와 함께 고대 문장의 모범. <춘추>의 내용을 보충한 <좌씨전> <공양전> <곡량전>이 있으니 그 중 <좌씨전>은 <춘추>를 널리 알리는데 중요한 역할을 하였다.

十二公은 隱桓莊閔僖文宣成襄昭定哀也라 哀公十四年에 西狩獲一角獸하여 以示孔子러 니 孔子 曰 麟也로다 胡爲乎來哉아 하시고 因感而作春秋라가 故로 春秋之文이 至西狩 獲麟하여 而止也라 筆削은 謂魯史之可者를 筆之하고 不可者를 削之也라 游夏는 孔子弟 子이니 言子游와 卜子夏也라 蓋春秋之義는 定天下之邪正하니 爲百王之大法이라 然이나 出自聖心하여 斷之在己라 雖游夏는 善於文學이나 亦不能贊助一辭也라 時則有莫我知之 歎과 及知我罪我之語니라

12公은 은공·환공·장공·민공·희공·문공·선공·성공·양공·소공·정공·애공 등이다. 애공 14년에 서쪽으로 수렵을 나아가 一角獸를 사로잡아 이로써 孔子께 보이니 孔子께서 말 씀하시기를 "기린이구나! 어찌하여 이 지경에 이르렀는가?"하시고 인하여 감동함을 따 라 春秋를 지으시다가 그러므로 春秋의 글이 '西狩獲麟'이라는 구절에 이르러 중지되었 다. 筆削은 魯史 중에 可한 것을 기록하고 不可한 것을 削除한 것이다. 游夏는 孔子弟 子이니 言子游와 卜子夏이다. 대개 春秋의 의의는 天下의 邪와 正을 확정하니 百王의 大法이 된다. 그러나 성인의 마음으로부터 나와서 그것을 결단함이 몸에 있다. 비록 子 游와 子夏는 文學에 뛰어났으나 또한 한마디 말도 도울 수가 없었다. 이 때에 '나를 알 아주는 이 없다는 탄식'과 '知我罪我'의 말씀이 있었다.

* 莫我知之歎(막아지지탄):『논어·헌문』제37장. 공자께서 말씀하시기를 "나를 알아주는 이가 없 구나!" 하시니 자공이 말하기를 "어찌하여 선생님을 알아 주는 이가 없는 것입니까?"하자 공 자께서 말씀하셨다. "하늘을 원망하지 않으며 사람을 탓하지 않고 아래로부터 배워 위에 달하 니 나를 알아주는 이는 하늘이다!"(子曰 莫我知也夫인져 子貢曰 何爲其莫知子也잇고 子曰 不 怨天하며 不尤人이요 下學而上達하노니 知我者는 其天乎인져)

* 知我罪我(지아죄아):『맹자·등문공하』제장. 공자께서 두려워하시어『춘추』를 지으시니『춘추』 는 천자가 하는 일이다. 이 때문에 공자께서 말씀하시기를 "나를 알아주는 것도 오직『춘추』 이며, 나를 죄주는 것도 오직『춘추』이다."하셨다.(孔子懼하사 作春秋하시니 春秋는 天子之事

也라 是故로 孔子曰 知我者도 其惟春秋乎며 罪我者도 其惟春秋乎인저 하시니라)

弟子三千人에 身通六藝者七十二人이라 年七十三而卒하시니라

제자 3천인에 몸소 육예를 통한 자가 72인이었다. 나이 73세로 돌아가셨다.

* 六藝(육예): 고대(古代) 교육(敎育)의 여섯 가지 과목(科目). 곧 禮·樂·射·御·書·數.

六藝는 禮樂射御書數也라 七十二人의 姓名은 具載家語니 弟子顔回는 最賢이나 早卒하고 後에 惟曾參이 得傳孔子之道하니라

六藝는 禮·樂·射·御·書·數 등이다. 72人의 姓名은 모두『家語』에 갖추어 실려 있다. 弟子 顔回는 가장 어진 제자였으나 일찍 죽었고, 뒤에 오직 曾參이 孔子의 道를 얻어 전하였다.

葬魯城北泗水上이라

魯나라 城의 北과 泗水 부근에 장사지냈다.

宰我曰 以予觀於夫子컨대 賢於堯舜이 遠矣로다

재아가 말하였다. "나로서 부자를 살펴보건대 요순보다 어짊이 원대하다."

* 『맹자·공손추상』의 내용이다.

子貢曰 見其禮而知其政하며 聞其樂而知其德이니 由百世之後하여 等百世之王컨대 莫之能違也니 自生民以來로 未有孔子也시니라

자공이 말하였다. "예를 보면 그 나라의 정사를 알 수 있고, 그 음악을 들으면 그 군주의 덕을 알 수 있으니 100세의 뒤에 100세의 임금들을 등급을 매겨보건대 이것에서 능히 어긋남이 없으니 생민이 있은 이래로 아직 공자 같은 이는 있지 않았다."

*『맹자·공손추상』의 내용이다.

又曰 夫子之不可及也는 猶天之不可階而升也니라 夫子之得邦家者인댄 所謂立之斯立하며 道之斯行하며 綏之斯來하며 動之斯和하여 其生也榮하고 其死也哀니 如之何其可及也리오

또 말하였다. "부자를 따르지 못함은 마치 하늘을 사다리로 오르지 못하는 것과 같다. 만일 부자께서 나라를 얻으신다면 이른바 세우면 이에서고 인도하면 이에 따르고 편안하게 하면 이에 따르고 고무시키면 이에 화하여 그 살아계시면 영광스럽게 여기고 그 돌아가시면 슬퍼한다는 것이니 어떻게 따를 수 있겠는가?"

*『논어·자장』 제25장의 내용이다.

有若曰 豈惟民哉리오 麒麟之於走獸와 鳳凰之於飛鳥와 泰山之於丘垤과 河海之於行潦에 類也며 聖人之於民에 亦類也시니 出於其類하며 拔乎其萃나 自生民以來로 未有盛於夫子也시니라

유약이 말하였다. "어찌 오직 백성뿐이겠는가? 기린이 달리는 짐승에 대해서와 봉황이 나는 새에 대해서와 태산이 언덕과 개미 둑에 대해서와 하해가 길에 고인 장맛비에 대해서 같은 것이며 성인이 백성에 대해서 이와 같은 것이니 그 유에서 나와서 그 무리 중에 빼어나나 생민으로부터 이래로 아직 부자보다 성대한 이는 있지 않았다.

*『맹자·공손추상』의 내용이다.

孟子曰 孔子는 聖之時者也시니라 孔子之謂集大成이니 集大成也者는 金聲而玉振之也라

맹자께서 말씀하셨다. "공자는 성인 중에 때에 맞게 하신 분이다. 공자를 집대성이라 이르니 집대성이란 금으로 소리를 내고 옥으로 거두는 것이다."

*『맹자·萬章下』 제1장의 내용이다.

子 鯉의 字는 伯魚니 早卒하고 孫伋의 字는 子思니 作中庸하고
孟子는 其門人也라 名은 軻이니 魯孟孫氏之後라 生於鄒하여 幼被
慈母三遷之敎하고 長受業子思之門人하여 道旣通에 游齊梁이나 不
用하고 退與萬章之徒로 難疑答問하여 作七篇하니라

아들 이(鯉)의 字는 백어이니 일찍 죽었고, 손자 급의 字는 子思이니 『중용』
을 짓고, 맹자는 자사의 문인이었다. 이름은 가(軻: 字는 子車)이니 노나라 맹손
씨의 후손이다. 추 땅에서 태어나 어려서 자애로운 어머니의 삼천지교(三遷之
敎)를 받고 자라서는 학업을 자사의 문인에게 받아, 도가 이미 통함에 齊나라와
梁나라에 유세를 하였으나 등용되지 못하였다. 물러나 만장의 무리와 더불어 난
의(難疑)를 문답하여 『맹자』7편을 지으셨다.

* 鄒(추): 고을 이름. 難疑(난의): 결점을 비난하고 의문되는 것을 질문함.

伋音急 長上聲 難去聲 ○孟子의 字는 子車이니 一說에 字는 子輿라 鄒는 縣名이요
屬滕州니 本邾國也라 三遷은 事見小學稽古篇이라

맹자의 자는 자거이니 일설에 字는 子輿라 하였다. 鄒는 縣名이요 滕州에 속하니 본래 邾國
이었다. 三遷은 일이 『小學·稽古』에 보인다.

韓愈 曰 斯道也는 堯 以是로 傳之舜하고 舜이 以是로 傳之禹하고 禹 以是로 傳之湯
하고 湯이 以是로 傳之文武周公하고 周公이 傳之孔子하니 孔子傳之孟軻나 軻之沒에 不
得其傳焉이라 荀與揚也는 擇焉而不精하고 語焉而不詳이라

韓愈가 말하였다. "이 도는 堯가 이것으로 舜에게 전해주었고, 舜이 이로써 禹에게
전해 주었고, 禹가 이로써 湯에게 전해 주었고, 湯이 이로써 文·武·周公에게 전해주었
고, 周公이 孔子에게 전해 주었으니, 孔子는 이것을 孟軻에게 전해 주었으나 맹가가 돌
아간 뒤에는 그 전함을 얻지 못하였다. 순자와 양자 같은 사람은 이것을 가리고도 정
밀하지 못하였고 이것을 말하였으되 자상하지 못하였다."

又曰 孟軻는 師子思하니 子思之學이 出於曾子라 自孔子沒로 獨孟軻之傳이 得其宗이라 故로 求觀聖人之道者면 必自孟子始라

또 말하였다. "孟軻는 子思를 스승으로 삼았으니 子思의 학문이 曾子에게서 나왔다. 孔子가 돌아가심으로부터 홀로 孟軻의 傳함이 그 종통을 얻었다. 그러므로 聖人의 道를 구하여 살피고자 하는 자는 반드시 孟子로부터 시작해야 한다."

又曰 孟子之功이 不在禹下니라

또 말하였다. "孟子의 功이 禹임금의 아래에 있지 않다."

老子者는 楚苦縣人也라 李는 姓이오 名은 耳니 字는 伯陽이오 又曰 字는 聃이라 爲周守藏史러니 見周衰하고 去至關하니 關令尹喜曰子將隱矣리니 爲我著書하라하니 乃著道德五千餘言而去하니라

老子는 楚나라 고현 사람이다. 李는 姓이요, 이름은 耳이다. 字는 伯陽이요 또한 담(聃)이라 한다. 周나라 수장사(守藏史)가 되었으니 주나라가 쇠함을 보고 떠나 관에 이르니, 관령 윤희가 말하기를 "그대는 장차 은거 할 것이니, 나를 위하여 책을 저술했으면 한다." 하니 이에 『도덕경』 오천여 말씀을 저술하고 떠났다.

* 老子(노자): BC 6세기경에 활동한 중국 제자백가 가운데 하나인 도가(道家)의 창시자. 성(姓)은 이(李), 이름은 이(耳), 자는 백양(伯陽), 또는 담(聃). 노군(老君) 또는 태상노군(太上老君)으로 신성화되었다. 도교경전인 『도덕경(道德經)』의 저자로 알려져 있다. 현대 학자들은 『도덕경』이 한 사람의 손에 의해 저술되었을 가능성은 받아들이지 않으나, 도교가 불교의 발전에 큰 영향을 미쳤다는 사실은 통설로 받아들이고 있다. 노자는 유가에서는 철학자로, 일부 평민들 사이에서는 성인 또는 신으로, 당(唐 618~907)나라에서는 황실의 조상으로 숭배되었다. 노자의 姓은 李인데 어머니의 姓을 따른 것이다. 聃(담): 사람이름. 귓바퀴가 넓다. 守藏史(수장사): 서실을 지키는 관리(圖書館長). 關(관): 당시 玉門關. 令(영): 關을 지키는 관리. 尹喜(윤희): 尹은 姓, 喜는 名. 字는 公度, 靑城사람이다.

苦音戶　聃音耽　藏去聲　○陳氏曰　苦는　當作芒이니　屬亳州라　葛洪傳에　從母姓李也라
藏史는　守藏書室之史也라

陳氏가　말하였다. 苦는　마땅히　芒으로　보아야　하니　亳州에　속한다. 葛洪傳에　어머니　성인　李
를　따랐다고　하였다. 藏史는　장서실을　맡은　史이다.

關은　萬氏曰　函谷關이라하고　陳氏曰　當是玉門關이라하니라　關令은　守關之吏也라　尹
은　姓이요　喜는　名이요　字는　公度이니　靑城人이라

關은　萬氏가　말하기를　函谷關이라하고　陳氏가　말하기를　마땅히　玉門關이라하였다. 關令은　관
문을　맡은　아전이다. 尹은　姓이요　喜는　名이요　字는　公度이니　靑城人이라

石氏原이　曰　異端虛無之敎　始此라　然이나　老子所著는　止此五千言이니　今道家書에　有
稱老君云云者는　皆後人假託言之耳라

石原이　말하였다. "異端과　虛無의　가르침이　이때부터　시작되었다. 그러나　老子가　지은　것은
다만　이　5000자　일뿐이니　지금　道家의　書에　老君이　云云하였다고　칭하고　있는　것은　모두　後人
들이　假託한　말일　뿐이다.

愚按컨대　老子五千言은　固亦嘉言이라　然이나　多虛無라　故로　其末流之弊는　遂使申韓
荀揚莊列之徒로　襲爲邪說詖行하여　以惑世誣民하고　充塞仁義하여　而不可救也니　嗚呼惜
哉로다

내가　살펴보건대　老子의　5,000자의　말씀은　진실로　또한　아름다운　말씀이다. 그러나　虛無한
것이　많다. 그러므로　그　末流의　폐단은　드디어　신불해, 한비, 순항, 양웅, 장주, 열어구의　무리들
로　하여금邪說과　詖行을　답습하여　행하게　하여　惑世誣民하고　仁義를　充塞하여　구원하지　못하게
하니　아! 안타까운　일이다.

* 신불해(申不害): 중국　전국　시대　한(韓)나라의　학자·정치가·사상가(?~?B.C.337). 詖行(피행): 편
　파적인　행동.

其後에 有鄭人列禦寇와 蒙人莊周**하여** 亦爲老子之學**할새** 莊周
著書**하여** 侮孔子而誚諸子焉**하니라**

그 후에 정나라사람 열어구(列禦寇)와 몽읍(蒙邑)의 사람 장주(莊周)가 있어서
또한 노자의 학문을 하였는데 장주가 책을 저술하여 공자를 모욕하고 諸子를
비난하였다.

* 誚(초): 꾸짖다(譙의 古字). 譏議(기의): 비난 함, 악평을 함. 諸子(제자): 공자의 제자(弟子)들.

　陳氏殷이 曰 鄭은 州名이니 屬河南이라 蒙은 邑名이니 屬睢州라 列子는 著書二十篇
이요 莊子는 著書三十三篇이라 爲는 治也라 誚는 譏議也라 諸子는 七十子之徒也라

　陳殷이 말하였다. "鄭은 州名이니 河南에 속한다. 蒙은 邑名이니 睢州에 속한다. 列子는 著書
가 二十篇이요 莊子는 著書가 三十三篇이라 爲는 다스림이다. 誚는 비난함이다. 諸子는 70 제자
들이다.

* 睢(저): 물수리. 징경이. 譏議(기의): 비난하는 의론.

　愚按컨대 聖賢異端은 所爲不同하니 如冰炭矛盾하여 每每相反이라 莊周는 爲老子虛無
之學하여 而惡聖賢之害已也라 故로 鑿空杜撰幻語하여 以侮誚之하니 蓋欲以邪勝正하니
非勝是何其謬哉아

　내가 살펴보건대 聖賢과 異端은 하는 바가 같지 않으니 마치 얼음과 숯불, 창과 방패 같이
매번 서로 반대가 된다. 莊周는 老子의 虛無한 학문을 행하여 聖賢을 미워하는 해로움이 있을
뿐이었다. 그러므로 공허함만을 천착하고 저술에 오류가 많고 허황되게 말하여 이로써 업신여
기고 비난하니 대개 邪로써 正을 이기고자 하니 이 어찌 그 그릇됨을 물리치지 않겠는가?

* 杜撰(두찬): 저술(著述)에 전거(典據)나 출처가 확실(確實)하지 않은 문자(文字)를 쓰거나 오류
　가 많음. 두묵(杜默)이라는 사람이 어느 날 좋은 시상이 떠오르기에 지필(紙筆)을 꺼내어 시를
　한 수 지었는데, 운율이 맞지 않는 데가 여러 군데 있었다. 이일로 인하여 일을 함에 있어 격
　(格)에 잘 맞지 않는 것을 杜撰(두찬)이라 일컫게 되었다. 撰(찬)은 著作(저자)란 뜻.

⑦衛

衛는 姬姓이니 武王의 母弟 康叔封之所封也라

위는 희성이니 武王의 母弟 강숙봉이 봉해진 곳이다.

* 母弟(모제): 같은 어머니의 동생.

母弟는 同母之弟也라

母弟는 같은 어머니에서 난 아우이다.

後世에　至春秋하여　有靈公夫人南子之亂하여　子蒯聵欲殺南子라가 不果하고 出奔이러니

후세에 춘추시대에 이르러 영공의 부인 南子의 亂이 있어, 아들 괴외가 南子를 죽이려 하다가 실행하지 못하고 달아났다.

* 亂(란): 淫亂함. 蒯(괴): 기름사초. 聵(외): 귀머거리.

蒯音快 聵五怪反 ○南子는 宋女子姓이라 亂은 淫也라 事見左傳定公十四라

南子는 宋나라 女子의 姓이다. 亂은 淫亂함이다. 일이 『左傳』定公 14년조에 보인다.

公이 卒에 立蒯聵之子輒이러니 蒯聵入에 輒이 拒之어늘

영공이 죽음에 괴외의 아들 첩이 즉위하였다. 괴외가 들어오려 할 때 첩이 그를 막았다.

* 輒(첩): 문득. 번번이.

朱子 曰 蒯聵 欲殺母라가 得罪於父하고 而輒이 據國以拒父하니 皆無父之人也라

　朱子가 말씀하였다. 蒯聵가 어머니를 살해하려다가아버지에게 죄를 얻었고 輒이 나라를 의지하여 아버지를 들어오지 못하도록 막으려 하였으니 모두 아버지를 아버지로 여기지 않는 사람들이다.

　子路與其難이러니　太子之臣이　以戈로　擊子路하여　斷纓하니　子路曰　君子는　死라도　冠不免이라하고　結纓而死하니　衛人이　醢子路한대　孔子聞之하시고　命覆醢하시다

　자로가 그 난(難)에 참여 하였다가 태자(괴외)의 신하 석걸(石乞)과 맹염(孟黶)이 창으로 자로를 공격하여 갓끈을 잘랐다. 자로가 말하기를 "군자는 죽더라도 관을 벗지 않는다." 하고 갓끈을 묶고서 죽었다. 위나라 사람이 자로로 육장(肉醬)을 담았다. 공자가 이를 들으시고 명하여 "육장을 버리라"고 하셨다.

* 黶(염): 사마귀. 覆(복): 기울어 버리다(棄[傾]也). 쏟아 버리다. 肉醬(육장): 고기를 잘게 썰어서 간장에 졸임.

　與難 皆去聲 斷音短 醢音海 覆音福 ○子路는 孔子弟子니 姓은 仲이요 名은 由라 太子는 指蒯聵요 臣은 謂石乞孟黶也라 纓은 冠系也라 免은 脫也라 醢는 肉醬也라 覆은 傾也라 言子路爲衛人所醢하여 孔子聞之하시고 命覆家醢하시니 蓋痛惜子路하여 而不忍食其似也라

　子路는 孔子의 弟子이니 姓은 仲이요 名은 由이다. 太子는 蒯聵를 가리킨다. 臣은 石乞과 孟黶을 이른다. 纓은 갓을 매는 끈이다. 免은 벗는다는 뜻이다. 醢는 肉醬이다. 覆은 기울여 비움이다. 子路가 衛나라 사람들에 의해 육장으로 절여 진 바가 되자 孔子께서 이 소식을 들으시고 命하시기를 집안에 담가진 육장들을 모두 갖다 비워 버리라고 하셨으니 대개 子路를 애통해 하시고 애석해 하셔서 차마 그 같은 것을 잡수지 못하였음을 말한 것이다.

　朱子 曰 子路仕衛之失은 前輩論之多矣라 然이나 子路 却是見不到요 非知其非義而苟

爲也라

朱子가 말씀하셨다. "子路가 衛나라에 벼슬한 잘못은 선배들의 의론이 많다. 그러나 자로는 도리어 이르지 말아야 할 것은 알았고 그 의리 아닌 줄을 알지 못해서 구차히 행한 것이다.

戰國時에 子思居於衛러니 言苟變可將한대 衛侯曰 變이 嘗爲吏러니 賦於民하여 食人二鷄子라 故로 不用하노이다

전국시대에 자사가 위나라에 거처하였는데 "구변이 장수가 될 만하다"고 말하였다. 위후 신공(愼公)이 말하기를 "구변이 일찍이 관리가 되어서 백성들에게서 세금을 거둘 때에 사람마다 계란 두 개를 더 거두어 먹었으므로 쓰지 않았다." 하였다.

將去聲 ○衛侯는 謂愼公也라 賦는 收租稅也라 鷄子는 卵也라

衛侯는 愼公을 이른다. 賦는 租稅를 거두는 것이다. 鷄子는 달걀이다.

子思曰 聖人用人이 猶匠之用木하여 取其所長하고 棄其所短이라 故로 杞梓連抱而有數尺之朽라도 良工은 弗棄하나니 今君이 處戰國之世而以二卵으로 棄干城之將하시니 此는 不可使聞於鄰國也라 하시다

자사가 말하기를 "성인은 사람을 쓰는 것이 마치 목수가 나무를 쓰는 것과 같아서, 그 長點을 취하고 短點은 버리므로 기재(杞梓)가 여러 아름에 두어 자의 썩은 것이 있을 지라도 좋은 목수는 버리지 않는 법이다. 이제 임금이 전국(戰國)의 세상에 처하여 두 개의 계란으로써 간성의 장수를 버리려하시니 이는 이웃나라로 하여금 듣게 해서는 아니 될 말입니다." 하였다.

* 杞(기): 구기자. 梓(재): 가래나무. 杞梓(기재): 멀구슬나무와 가래나무. 모두 좋은 재목인 데서, 유용한 인재, 훌륭한 인재, 걸출한 인물을 이름. 連抱(연포): 여러 아름. 干城(간성): 좋은 장수.

杞梓는 音이 起子요 二木名이니 皆良材라 干은 盾이요 城은 郭이니 皆所以扞外而衛內라 故로 以爲比라

杞梓는 音이 기자이다. 둘은 나무 이름이나 모두 좋은 재목이다. 干은 방패이고 城은 성곽이니 모두 이로써 외적을 막아내고 안을 호위하는 것이다. 그러므로 이로써 비유를 삼은 것이다.

衛侯言計非是而羣臣和者如出一口하니 子思曰 君之國事將日非矣라 君이 出言에 自以爲是而卿大夫莫敢矯其非하고 卿大夫出言에 自以爲是而士庶人이 莫敢矯其非하니 詩에 曰 具曰予聖이라 하니 誰知烏之雌雄고하니이다

위후가 계획을 말함에 옳지 않아도 군신들이 화(同調)하는 자가 한 목소리를 내는 것과 같이 하니 자사가 말씀하였다. "임금의 國事가 장차 날로 그릇될 것입니다. 임금이 말을 함에 스스로 옳다 하여도 경대부가 감히 그 그릇됨을 바로잡지 못하고, 경대부가 말을 함에 스스로 옳다 하여도 士와 庶人이 감히 그 그릇됨을 바로잡지 못하니, 『詩經·小雅』<正月篇>에 말하기를 '다 말하되 내가 성인이니 누가 까마귀의 자웅을 알 수 있는가'라고 하였습니다."

和는 去聲이요 矯는 音이 皎이니 正也라 詩는 小雅正月之篇이라 具는 俱也라 言皆自以爲聖人亦誰能別其言之是非乎아 如鳥之雌雄이 相似而難辨也라

和는 去聲이요 矯는 音이 皎이니 바르다는 뜻이다. 詩는 小雅正月의 篇이다. 具는 모두라는 뜻이다. '모두 다 스스로 聖人이라 여기되 또한 누가 능히 그 말의 옳고 그름을 분별할 수 있을 것인가? 마치 까마귀의 雌雄이 서로 비슷하여 분별하기 어려운 것과 같다'고 말한 것이다.

周之諸侯에 惟衛最後亡하여 至秦幷天下爲帝러니 二世始廢君角하여 爲庶人하다

주나라 제후들 중에 오직 위나라가 가장 뒤에 망하였다. 진나라가 천하를 병

탄하여 황제가 됨에 이르더니 二世가 비로소 衛나라 임금 각(角)을 폐하여 서인
으로 삼았다.

角은 衛君名也라 ○世紀에 衛는 自康叔으로 至若角히 凡四十二世라

角은 衛나라 마지막 임금의 이름이다. ○『世紀』에 '衛나라는 康叔으로부터 若角에 이르기까
지 모두42世였다.'하였다.

⑧鄭

鄭은 姬姓이니 周宣王庶弟桓公友之所封也라 桓公의 子武公이 與
其子莊公으로 並爲周司徒러니

정은 희성이니 周나라 宣王의 庶弟 환공 우가 봉해진 곳이다. 환공의 아들 무
공이 그 아들 장공과 더불어 모두 주나라의 사도가 되었다.

司徒는 掌敎之官이라

司徒는 교육을 담당하는 관리이다.

數世에 至聲公하여 相子産하니 子産者는 公族國氏니 名은 僑라
孔子過鄭하실새 與子産으로 如兄弟云이러라 穆襄以來로 鄭이　無
歲不被晋楚之兵이러니 子産이 受之호대 以禮自固하니 雖晋楚之暴
라도 不能加焉이러라

여러 세대를 지나 성공(聲公)에 이르러 자산을 재상으로 삼으니 자산은 공족
인 국씨이니 이름은 교다. 공자께서 정나라를 지나실 때에 자산과는 형제와 같
이 말씀하셨다. 목공과 양공 이래로 정나라는 晋·楚나라의 병화(兵禍)를 입지
아니한 해가 없었다. 자산이 정권을 물려받음에 예로써 스스로 굳게 하니, 비록
晋·楚의 포학함으로도 능히 군사로 침략하지 못하였다.

相去聲 僑音喬 ○陳氏殷이 曰 聲公은 當作簡公이라 公族者는 鄭君之族也라 子産父字 子國이니 因以國으로 爲氏라 穆襄은 鄭穆公襄公也라

相去聲 僑音喬 ○陳殷이 말하였다. "聲公은 마땅히 簡公이라 해야 한다. 公族은 鄭나라 임금의 족속이다. 子産의 아버지의 字가 子國이니 따라서 國으로 氏를 삼은 것이다. 穆襄은 鄭나라 穆公과 襄公이다."

鄭이 至周威烈王時하여 君乙이 爲韓哀侯所滅하고 韓이 徙都之하다

정나라는 주나라 위열왕 때에 이르러 君乙이 韓나라 애후에게 멸망을 당하고 한나라가 이곳에 도읍을 옮기었다.

乙은 鄭君名也라 ○世紀에 鄭은 自桓公으로 至君乙히 凡二十三世라

乙은 鄭나라 임금의 이름이다. ○『世紀』에 鄭나라는 桓公으로부터 君乙에 이르기까지 모두 23世였다.

⑨晉

晉은 姬姓이니 成王弟唐叔虞之所封也라

晉은 姬姓이니 成王의 아우 당숙 우가 봉해진 곳이다.

唐은 本堯裔子所封이니 至武王時라 唐人作亂하여 成王이 滅之라 因以唐으로 封叔虞라 故로 曰 唐叔虞라 其子燮이 遷晉하여 因號晉이라

唐은 본디 堯임금의 후예가 封해진 곳이니 武王 때까지 이르렀다. 唐人들이 亂을 일으켜 成王이 그들을 멸하였다. 따라서 唐으로 叔虞에게 봉한 것이다. 그러므로 말하기를 "唐叔虞"라 한 것이다. 그의 아들 燮이 晉으로 옮겨 국호를 晉이라 하였다.

成王이 幼하여 與叔虞으로 戱할새 削桐葉爲圭하고 曰 以此封若

하리라 하니 史佚이 請擇日한대 王이 曰 吾與之戲耳라 한대 佚이 曰 天子는 無戲言

이라 하여 遂封唐이러니

성왕이 어려서 숙우와 더불어 유희할 때에 오동나무 잎을 베어 규를 만들고 말하기를 "이것으로써 너를 봉하노라" 하니, 태사(太史) 일(佚)이 택일하기를 청하였다. 성왕이 말하기를 "내가 아우와 장난한 것뿐이다" 하였다. 太史 佚이 말하기를 "천자는 희언이 없습니다." 하여 드디어 당에 봉하였다.

佚音逸 ○瑞玉 曰 圭라 若은 汝也라 史는 太史요 佚은 其名也라 成이 叔虞封唐之失은 詳見柳子厚辨文이라

瑞玉을 圭라 한다. 若은 汝의 뜻이다. 史는 太史요 佚은 그의 이름이다. 成王이 叔虞를 唐에 封한 잘못은 柳子厚의 辨文에 자세히 보인다.

後世에 至文公하여 覇諸侯하니라 文公의 名은 重耳니 獻公之次子也라 獻公이 嬖於驪姬하여 殺太子申生하고 而伐重耳於蒲하니 重耳出奔하여 十九年而後에 反國하니라

후세에 문공에 이르러 제후의 으뜸이 되었다. 文公의 이름은 重耳니 헌공의 둘째 아들이다. 헌공이 여희를 사랑하여 태자 신생을 죽이고 重耳를 포에서 치려하니, 중이가 달아나 19년이 지난 뒤에 나라에 돌아왔다.

重平聲 ○陳氏殷이 曰 驪姬는 驪戎氏女이니 姬姓也라 蒲는 重耳食邑也라

陳殷이 말하였다. "驪姬는 驪戎氏의 딸이니 姬姓이다. 蒲는 重耳의 食邑이다."

嘗餒於曹할새 介子推割股以食(사)之러니

일찍이 조나라에서 굶주릴 때에 개자추가 넓적다리를 베어서 먹게 하였다.

推音吹 食音似

及歸에 賞從亡者 狐偃 趙衰 顚頡 魏犨 而不及子推하니

자기나라로 돌아감에 이르러 따라 망명하였던 사람 호언과 조최와 전힐과 위주에게 상을 주고 개자추에게는 미치지 못하였다.

* 頡(힐): 날아올라가다. 犨(주): 소가 헐떡거리다.

從은 去聲이니 下同이라 頡은 胡結反이라   犨는 音이 稠라

從은 去聲이니 아래도 같다. 頡은 胡와 結의 反이라   犨는 音이 稠라

子推之從者懸書宮門하고 曰 有龍矯矯어늘 頃失其所로다 五蛇從之하여 周流天下로대 龍飢乏食이어늘 一蛇刲股로다 龍返於淵하여 安其壤土하니 四蛇入穴하여 皆有處所호대 一蛇無穴하여 號于中野라 하니

개자추를 따르는 자들이 宮門에 글을 매달고 말하기를 "용이 있어 날랬으나 잠시 그 있을 곳을 잃었다. 다섯 마리의 뱀은 그를 좇아서 천하를 주유하되, 용이 주리고 먹을 것이 없었는데 한 뱀이 넓적다리를 베어주었다. 용이 못으로 돌아와서 그 양토에 편안하니 네 뱀은 굴에 들어가서 모두 처소가 있되 한 뱀은 굴이 없어 들 가운데서 울부짖는구나." 하였다.

下叶音戶 刲音奎 號平聲 野叶上與反 ○頃은 俄頃也라 龍은 喩文公이요 五蛇는 喩狐趙顚魏介也라 刲는 割也라

頃은 짬깐의 뜻이다. 龍은 文公을 비유한 것이고 五蛇는 狐偃 趙衰 顚頡 魏犨 介子推를 비유한 것이다. 刲는 '베어 내다'의 뜻이다.

公이 曰 噫라 寡人之過也라 하고 使人으로 求之호대 不得하고 隱綿上山中이어늘 焚其山한대 子推死焉이어늘 後人이 爲之寒食하고 文公이 環綿山田하여 封之하고 號曰介山이라 하다

문공이 말하기를 "애달다! 과인의 잘못이로다." 하고 사람으로 하여금 찾게 하되 찾지 못하였다. 면상산 속에 은거하거늘 그 산을 불태우자 개자추가 이곳에서 죽었다. 후인들이 그를 위하여 찬밥을 먹고, 문공이 면산의 밭을 둘러서 封하고 불러 말하기를 "개산"이라고 하였다.

爲去聲 ○綿上은 地名이니 在汾州라 焚山은 蓋欲逼之出也라 後人以子推焚死其日로 不忍擧火라 故로 冷食이니 蓋淸明前三日也라 環田封之는 以供介廟粢盛也라

綿上은 地名이니 汾州에 속해 있다. 산을 불태운 것은 대개 이렇게 핍박하여 나오게 하고자 한 것이다. 後人이 子推가 불에 타 죽은 그 날로 차마 불을 지피지 못한 때문에 찬 음식을 먹으니 대개 淸明前 三日이다. 밭의 주위를 봉한 것은 개자추의 廟에 粢盛으로 삼으려한 때문이다.

* 粢(자): 제물로 받친 곡식. 기장.

文公이 卒하고 其後에 遂世爲霸하여 歷襄公 靈公 成公 景公 厲公하고 至悼公하여 霸業이 復盛이러니 又歷平公 昭公 頃公하여 公室이 益弱하고 而六卿에 范氏 知氏 中行氏 趙氏 魏氏 韓氏 始大라

文公이 죽고 그 뒤에 드디어 대대로 제후의 으뜸이 되어 양공·영공·성공·경공·여공을 지나 도공에 이르러 패업(霸業)이 다시 성하였다. 또 평공·소공·경공을 지나 공실이 더욱 쇠약해져 六卿에 범씨·지씨·중항씨·조씨·위씨·한씨가 비로소 강대해 졌다.

復扶又反　頃傾同　知去聲　行作杭　○晉大夫荀氏는　世爲中軍將이라　故로　號中行氏라

晉나라 大夫 가운데 荀氏는 대대로 中軍將이 되었다. 그러므로 中行氏라 부르게 된 것이다.

歷定公　至出公하여　知氏　與趙　魏　韓氏로　分范　中行氏하여　公이　怒四卿이러니　反攻公하니　公이　出奔而死하고　哀公이　立하니　趙　魏　韓氏　又滅智氏而分之하다　幽公이　立하니　晉은　獨有絳　曲沃하고　餘는　皆入趙　魏　韓氏하여　號爲三晉이러라

정공을 지나 출공에 이르러 지씨가 趙·魏·韓씨로 더불어 범씨와 중항씨의 땅을 나누어 가지자 출공이 四卿에게 분노하였다. 四卿이 도리어 출공을 공격하니 출공이 달아나서 죽고, 애공이 즉위하니 조·위·한씨가 또 지씨를 멸하고 지씨의 땅을 나누어 가지었다. 유공이 즉위하니 晉은 오로지 강과 곡옥만을 소유하였고 나머지는 모두 조·위·한씨에게 편입되어 3진이라 부르게 되었다.

絳은　州名이라　屬今山西曲沃이니　其屬邑也라　三卿이　共分晉地라　故로　號三晉이라

絳은 州 이름이다. 지금의 山西 曲沃에 속하니 그 屬邑이다. 三卿이 晉나라 땅을 함께 나누어 가지니 그러므로 三晉이라 부른 것이다.

烈公이　立하니　三卿이　以周威烈王命으로　爲侯하고　又歷孝公　至靖公하여　魏武侯　韓哀侯　趙敬侯共廢靖公하여　爲家人而分其地하니　晉이　絶不祀하니라

열공이 즉위하니 三卿이 주나라 위열왕의 명령으로 제후가 되었고 또 효공을 지나 정공에 이르러 魏나라 무후, 韓나라 애후, 趙나라 경후가 함께 정공을 폐위시키어 家人으로 삼아서 그 땅을 나누니 진이 끊어져 제사하지 못하게 되었다.

家人은 猶言庶人也라 ○世紀에 晉은 自叔虞로 至靖公히 三十九世라

家人은 庶人이라 말함 같다. ○『世紀』에 晉나라는 叔虞로부터 靖公에 이르기까지 39世라 하였다.

* 絳(강): 진홍색.

⑩陳

陳은 嬀姓이니 虞舜之後胡公滿之所封也라 周武王이 求而封之러니 後世에 至春秋하여 有公子完者하여 出奔而仕於齊러니 陳은 後爲楚惠王所滅하고 而完之後遂大於齊하여 爲田氏하니라

陳은 규성이니 우순(虞舜)의 후예 호공 만이 봉해진 곳이다. 周나라 武王이 구하여 봉하였다. 후세에 춘추에 이르러 公子 完이라는 자가 있어 달아나 제나라에서 벼슬을 하였다. 진은 뒤에 초혜왕에게 멸망 되었고, 완의 후예는 드디어 제에서 크게 되어 田氏가 되었다.

* 嬀(규): 물 이름. 성. 고을이름.

嬀音規 爲楚之爲는 去聲이라 ○世紀에 陳은 自胡公으로 至閔公히 凡二十五世라

爲楚의 爲는 去聲이다. ○『世紀』에 陳나라는 胡公으로부터 閔公에 이르기까지 모두 25世라 하였다.

⑪齊

齊는 姜姓이니 太公望呂尙之所封也라 後世에 至桓公하여 覇諸侯하니 五覇에 桓公이 爲始니라 名은 小白이니 兄襄公이 無道어늘 羣弟恐禍及하여 子糾는 奔魯할새 管仲이 傅之하고 小白은 奔莒할

새 鮑叔이 傳之러라

齊나라는 姜姓이니 태공망 여상이 봉해진 곳이다. 후세에 환공에 이르러 제후 중에 패자가 되니 오패 중에 환공이 첫 번째로 되었다. 이름은 소백이니 형 양공이 무도하여 여러 아우들이 화가 미칠까 두려워하여 공자 규가 노나라로 망명하니 관중이 그를 도왔고, 소백이 거 땅으로 망명하니 포숙이 그를 도왔다.

* 桓公(환공): 이름은 소백. 제희공의 서자이며 양공의 이복동생. B.C.685년 즉위 재위 43년. 子糾(자규): 공자(公子) 규(糾). 桓公이 된 소백의 아우. 규(糾)를 두(斜)로 표기한 경우가 많으나 규(糾)로 통일 한다. 斜(두)는 '고하다, 누런 실' 등의 뜻. 傅(부): 돕다. 스승.

糾는 音이 九니 桓公弟也라 傅는 相也라

糾는 音이 九이니 桓公의 아우이다. 傅는 '돕다'라는 뜻이다.

襄公이 爲弟無知所弑하고 無知도 亦爲人所殺하니 齊人이 召小白於莒하고 而魯亦發兵하여 送糾하니라 管仲이 嘗遮莒道하고 射小白이러니 中帶鉤라 小白이 先至齊而立하니 鮑叔牙薦管仲爲政한대 公이 置怨而用之하니라

爲去聲 射音石 中去聲

양공이 아우 무지에게 시해당한바 되었고, 무지도 또한 사람에게 죽임을 당한바 되었다. 제나라 사람이 소백을 거땅으로부터 부르고, 노나라 또한 군사를 일으켜 공자 규를 보내니 관중이 일찍이 거땅의 길을 막고 소백에게 활을 쏘았는데 대구(帶鉤)에 맞았다. 소백이 먼저 제나라에 도착하여 즉위하게 되었다. 포숙아가 관중을 천거하고 政事를 다스리게 하려 함에 공이 원망하는 마음을 버리고 그를 등용하였다.

* 無知(무지): 공손무지(公孫無知). 射(석): 쏘아 맞히다. 帶鉤(대구): 혁대를 잠그는 장식. 혁대 장

식.

　　○遮는 猶攔也라 帶鉤는 絛環也라 置는 猶捨也라

遮는 '막는다'라는 뜻과 같다. 帶鉤는 허리에 두르는 띠이다. 置는 '버리다'와 같다.

* 攔(란): 막다. 絛(조): 끈. 실을 땋은 납작한 끈.

　　仲의 字는 夷吾니 嘗與鮑叔으로 賈할새 分利에 多自與호대 鮑叔이 不以爲貪하니 知仲貧也오 嘗謀事할새 窮困호대 鮑叔이 不以爲愚하니 知時有利不利也오 嘗三戰三走호대 鮑叔이 不以爲怯하니 知仲有老母也라 仲이 曰 生我者는 父母也오 知我者는 鮑子也라 하더라

　　管仲의 字는 이오(夷吾)이니 일찍이 포숙으로 더불어 장사할 때 이익을 나눔에 스스로 많이 가졌으되, 포숙이 이 때문에 탐욕스럽다고 여기지 아니하였으니 管仲의 빈궁함을 알았기 때문이다. 일찍이 일을 도모할 때 곤궁함에 빠졌을 때 포숙이 이 때문에 어리석다고 여기지 아니하였으니 有利한 때도 있고 不利한 때도 있다는 것을 알았기 때문이다. 일찍이 세 번 전쟁을 함에 세 번 모두 도망하였지만 포숙이 이 때문에 비겁하다고 여기지 아니하였으니 管仲에게는 노모가 있음을 알았기 때문이다. 管仲이 말하기를 "나를 낳아준 이는 부모요 나를 알아주는 이는 포숙아이다." 라고 하였다.

　　賈는 音이 古이니 坐商也라

賈는 音이 古이니 坐商이다.

* 행왈상처왈고(行曰商處曰賈): 행상(行商)을 상(商)이라하고 좌상(坐商)을 고(賈)라 한다.

桓公이　九合諸侯하고　一匡天下는　皆仲之謀라　一則仲父오　二則
仲父라

환공이 제후를 九合하고 한결같이 천하를 바르게 할 수 있었던 것은 모두 관
중이 꾀한 것이었다. 첫째도 중보요 둘째도 중보라 했다.

* 九合(구합): 한데 모음. 규합(糾合). 구합(鳩合).

父音甫　○朱子 曰 九는　左傳에　作糾라　하니　督也라　匡은　正也니　尊周室하고　攘夷狄
하여　皆所以正天下也라　仲父는　蓋尊稱之也라

朱子가 말씀하였다. "九는 『春秋左傳』에 糾로 되어있으니 董督한다는 뜻이다. 匡은 바로잡는
다는 뜻이니 周나라 황실을 높이고 夷狄을 물리쳐 모두 天下를 바로 다스린다는 것이다. 仲父
는 대개 尊稱한 것이다.

* 董督(동독): 감시(監視)하며 독촉(督促)하고 격려(激勵)함.

仲이　病이어늘　桓公이　問羣臣誰可相할새　易牙는　何如오　仲이
曰　殺子以食君하니　非人情이라　不可近이니이다　開方은　何如오　曰
倍親以適君하니　非人情이라　不可近이니이다　하니　盖開方은　故衛
公子來奔者也라　竪刀는　何如오　曰　自宮而適君하니　非人情이라　不
可近이니이다　하더니　仲이　死에　公이　不用仲言하고　卒近之러니
三子專權이라

管仲이 병이 들었거늘 환공이 여러 신하들 중 누가 재상이 될 만한 지를 물
었다. "易牙(역아)는 어떠한가?" 管仲이 말하기를 "자식을 죽여서 임금을 먹이
니 人情을 지닌 이가 아니라 가까이 할 수 없습니다." 하였다. "開方은 어떠한
가?" 管仲이 말하기를 "이버이를 배반하고 임금에게 갔으니 人情을 지닌 이가
아니라 가까이 할 수 없습니다."라고 하였으니, 대개 開方은 옛 위나라의 공자

로 망명을 온 자였다. "수도(竪刀)는 어떠한가?" 管仲이 말하기를 "스스로 궁형 (宮刑)을 받고 임금에 나아가니 人情을 지닌 이가 아니라 가까이 할 수 없습니 다." 하였다. 管仲이 죽음에 환공이 관중의 말을 듣지 않고 마침내 그들을 가까 이 하더니 세 사람이 권력을 專斷하게 되었다.

* 宮(궁): 궁형(宮刑). 오형의 하나. 보통은 음란한 士女에게 과하는 형벌로써 남자는 거세를 하 고 여자는 陰部를 幽閉하는 형벌. 專斷(전단): 마음대로 결단함.

　　相食 皆去聲 倍與背同 竪音柱 ○近은 親也라 宮은 淫刑也라 卒은 終也라 崇仁吳氏 曰 殺子는 傷恩하고 倍親은 傷義하고 自宮은 傷孝하니 皆非人之常情이라 故로 不可親 近之也라

　　近은 親近하게 한다는 뜻이다. 宮은 음란한 사녀(士女)에게 가하는 형벌이다. 卒은 끝내, 마침 내의 뜻이다. 崇仁吳氏가 말하였다. "자식을 죽인 것은 은혜를 상하게 한 것이고, 어버이를 배 신함은 의리를 상하게 한 것이고, 스스로 궁형을 받은 것은 효를 상하게 한 것이니 모두 사람 이 보편적으로 지녀야할 정을 지니지 아니한 자들이다. 그러므로 그들을 親近하게 할 수 없다 는 것이다."

公內寵如夫人者六이니 皆有子러라 公이 薨에 五公子爭立相攻하 여 公尸在床호대 無殯殮者六十七日하여 尸蟲이 出於戶러라

　　환공은 안으로 부인과 같이 총애하는 이가 여섯이었으니 모두 자식을 두었다. 환공이 죽음에 다섯 공자가 왕위를 다투어 서로 공격하였다. 공의 시신이 침상 에 그대로 있었는데 67일 동안 염하고 빈소를 차리는 자가 없어서 尸蟲이 문 지방을 넘어 나오는 지경이었다.

* 如夫人(여부인): 첩(妾). 소실(小室). 殯殮(빈염): 시체를 염습하여 관에 넣어 안치함.

　　如夫人者는 妾也라 長衛姬는 生武孟하고 少衛姬는 生惠公하고 鄭姬는 生孝公하고 葛 嬴은 生昭公하고 密姬는 生懿公하고 宋華子는 生子雍이라 禮記에 諸侯死曰薨이니 薨之

爲言은 瞢也니 幽晦之義也라 陳氏曰 桓公이 初欲立孝公이러니 及卒에 而武孟等이 皆爭
立이라 古者死三日而殮하고 殮而後殯하고 殯而後葬也라

如夫人者는 妾을 말한다. 長衛姬는 武孟을 낳았고 少衛姬는 惠公을 낳았고 鄭姬는 孝公을 낳
았고 갈영(葛嬴)은 昭公을 낳았고 密姬는 懿公을 낳았고 宋華子는 子雍을 낳았다. 『禮記』에 諸
侯가 죽음을 薨이라 한다하였으니 앞이 캄캄하다는 뜻이니 아득하고 어둡다는 뜻이다. 陳氏가
말하였다. "桓公이 처음에는 孝公을 후계로 세우고자 하였으나 죽음이 이르러 武孟 等이 모두
다투어 즉위하려 하였다. 옛적에 죽은 지 3일이면 殮하고 殮한 뒤에 殯하고 殯한 뒤에 葬禮를
거행하였다.

* 瞢(몽): 해와 달의 빛이 밝지 아니하다. 앞이 캄캄하다. 嬴(영): 가득 차다.

孔子 曰 桓公이 九合諸侯하되 不以兵車는 管仲之力也니 如其仁如其仁이리오 又曰 管
仲이 相桓公霸諸侯하여 一匡天下하니 民到于今에 受其賜하나니 微管仲이면 吾其被髮左
衽矣리라 又曰 管仲之器小哉라

孔子께서 말씀하셨다. "桓公이 諸侯들을 구합하면서도 兵車로써 하지 않은 것은 管仲의 힘이
니 그만하면 어질지 않느냐? 그만하면 어질지 않느냐?"(『논어·헌문편』 17장). 또 말씀하셨다.
"管仲이 桓公을 도와 諸侯들의 패자가 되게 하여 한번 天下를 바로잡으니 백성들이 오늘에 이
르도록 그 은혜를 받았으니 管仲이 아니었더라면 우리는 그 머리를 풀어헤치고 옷깃을 왼쪽으
로 여몄을 것이다."(『논어·헌문편』 18장). 또 말씀하셨다. "管仲은 그릇이 작구나!"(『논어·팔일편
』 22장).

楊氏曰 夫子 大管仲之功하시고 而小其器하시니 蓋非王佐之才면 雖能合諸侯正天下라
도 其器不足稱也라

양씨가 말하였다. "부자께서 관중의 공을 크다 하시고 그 그릇이 작다하시니, 대개 왕을 돕
는 재주가 아니면 비록 능히 제후를 규합하고 천하를 바루었다 하더라도 그 그릇은 족히 일컫
지(칭찬하지) 못할 것이다.

蘇氏曰 自修身正家로 以及於國이면 則其本深하고 其及者遠이니 是謂人器라 管仲은
三歸反坫하고 桓公은 內嬖六人而霸天下하니 其本이 固已淺矣라 管仲死하고 桓公薨에

天下不復宗齊하니라

　소씨가 말하였다. "몸을 닦고 집안을 바루게 함으로부터 나라에 미쳤다면 그 근본이 깊고 그 미침이 원대할 것이니 이는 大器라 이를 것이다. 관중은 삼귀와 반점의 예를 썼고, 환공은 안으로 여섯 사람의 애첩을 총애하고 천하 제후들의 패자가 되었으니 그 근본이 진실로 이미 천박하다 할 것이다. 관중이 죽고 환공이 죽음에 천하가 다시는 제나라를 종주국으로 받들지 않았던 것이다.

* 三歸(삼귀): 삼귀대(三歸臺). 세 곳의 돌아가 쉴 수 있는 집. 反坫(반점): 제후가 회맹 시에 마신 술잔을 놓는 대.

　自桓公으로　八世에　至景公하니　有晏子者하여　事之하니　名은　嬰이오　字는　平仲이니　以節儉力行으로　重於齊하여　一狐裘三十年하고　豚肩이　不掩豆호대　齊國之士待以舉火者七十餘家러라

　환공으로부터 8世에 경공에 이르니, 안자(晏子)라는 이가 있어 그 경공을 섬기니 이름은 영이요 字는 평중이다. 절약하고 검소하며 힘써 행함으로써 제나라에 중신(重臣)이 되었다. 한 벌의 여우 갖옷을 삼십년을 입었고 제물로 올리는 돼지고기가 제기를 다 채우지 못하였으나 제나라 선비 중에 밥을 지어 먹기 위해 불을 들고서 기다리는 자가 70餘家였다.

　* 狐裘(호구): 대부의 복장.

　陳氏殷이　曰八世는　謂孝公昭公懿公惠公頃公靈公莊公僖公也라　狐裘는　大夫之服이라　三十年은　言服之久也라　豚은　豕也라　不掩豆는　言儉之至也라　待以舉火는　謂賴其賑給而得炊爨也라

　陳殷이 말하였다. "八世는 孝公, 昭公, 懿公, 惠公, 頃公, 靈公, 莊公, 僖公을 말한다. 狐裘는 大夫가 입는 옷이다. 三十年은 옷이 오래되었음을 말한 것이다. 豚은 돼지이다. 不掩豆는 검소하기가 지극하였음을 말한 것이다. 待以舉火는 그의 구휼하여 공급해 주는 양식에 의뢰하여 불을 지펴 밥을 지으려고 함을 말한다.

* 賑(진): 구휼하다. 기민먹이다. 賑給(진급): 구휼하여 공급하다. 어려운 사람에게 물건을 줌. 炊
　爨(취찬): 불을 지펴 밥을 지음.

晏子出할새　其御之妻從門間하여　窺其夫擁大盖하고　策駟馬하며
意氣揚揚自得이러니　旣而오　歸하니　妻請去曰　晏子는　身相齊國하
고　名顯諸侯호대　觀其志하니　常有以自下어늘　子는　爲人僕御하여
自以爲足하니　妾이　是以求去也하노이다　御者乃自抑損하니　晏子怪
而問之한대　以實對어늘　薦爲大夫하니라

안자(晏子)가 출타할 때에 그 마부의 妻가 문간으로 좇아와 그 남편이 큰 일
산을 붙들고 사마를 채찍질하며 의기양양해하며 뽐내는 것을 엿보았다. 이윽고
돌아오니 妻가 떠나기를 청하며 말하기를 "안자(晏子)는 몸이 제나라의 재상이
고 이름이 제후들에 드러나되 그 뜻을 보니 항상 스스로를 겸손해 함이 있는데
그대는 남의 마부가 되어 스스로 만족해 하니 妾이 이로써 떠나고자 합니다."라
고 하였다. 마부가 마침내 스스로 억손(抑損)하니 안자가 괴이하여 그 까닭을
물으니 사실대로 대답하거늘 천거하여 대부로 삼게 하였다.

* 大蓋(대개): 수레위에 세우는 큰 日傘(일산). 駟馬(사마): 수레 한 채를 끄는 네 필의 말. 가운
　데 멍에를 채운 말을 복마(服馬)라하고 바깥쪽 두 마리를 참마(驂馬) 또는 참비(驂騑)라고 한
　다. 抑損(억손): 慢心을 누르고 謙讓함. 줄임. 減退시킴. 自得(자득): 뽐냄.

御는　謂御車라　間은　隙也라　下는　謙也라　實對는　謂以妻言答之也라

御는 御車함을 말한다. 間은 틈이다. 下는 겸손함이다. 實對는 妻가 말한 바로써 대답한 것이
다.

公이　使晏子로　之晉이러니　與叔向으로　私語할새　以爲齊政이　必
歸陳氏라　하더니　如其言하여　景公後五世에　至康公하여　田和受周

安王命하여 爲侯하고 遷康公海濱以死하니 姜氏遂絶不祀하니라

　경공이 안자로 하여금 晉에 사신으로 가도록하니 숙향과 더불어 사사로이 말을 할 때에 제나라 정사가 반드시 陳氏에게 돌아가리라 했다. 그 말과 같이 되어 경공의 뒤로 5世에 강공에 이르러 田和가 주나라 안왕의 命을 받아 제후가 되었고 강공은 해빈으로 귀양 가서 죽게 되니 姜氏가 드디어 끊어져 祭祀를 잇지 못하였다.

　陳氏殷이 曰 叔向은 晉大夫니 羊舌肹也라 五世는 謂子荼悼公簡公平公康公也라 ○世紀에 齊는 自太公으로 至康公히 凡三十世라 하니라

　陳殷이 말하였다. "叔向은 晉나라 大夫이니 羊舌肹이다. 五世는 子荼, 悼公, 簡公, 平公, 康公을 말한다. ○『世紀』에 齊나라는 太公으로부터 康公에 이르기까지 모두 30世라 하였다.

　* 肹(힐): 사람이름. 소리를 울리다.

⑫田氏齊

田氏齊者는 本嬀姓이니 故陳厲公佗子完之後也라 完이 奔齊하여 爲陳氏러니 後又以陳氏로 爲田氏하다 完이 事齊桓公하여 爲工正이라가 卒하니 諡를 敬仲이라

　전씨의 제나라는 본래 규성이니 옛 陳나라 여공 타의 아들 완의 후예이다. 완이 제나라로 망명하여 진씨가 되었는데 뒤에 또 진씨에서 전씨로 되었다. 완이 제나라 환공을 섬겨서 공정이 되었다가 죽으니 시호를 경중이라 하였다.

* 食(식): 采地(卿大夫의 封地). 조세를 받아 봉록으로 함. 工正(공정): 춘추시대 齊·宋·魯 등의 나라에서 두었던 百工의 長官.

　佗音駝 ○工正은 官名이라 死後而考行하여 易名하니 曰 諡라

工正은 官名이다. 死後에 행적을 상고하여 이름을 바꾸어 부르니 諡라 한다.

五世에　至釐子乞하여　事齊景公爲大夫하여　其收賦稅於民할새　以小斗受之하고　其粟을　予民할새　以大斗로　行陰德於民호대　而公이弗禁이라　由此로　得齊衆하고　乞이　專政이러라

5世에 이자 걸(釐子 乞)에 이르러 제나라 경공을 섬겨 대부가 되어 그 부세를 백성들에게 거둘 때에 소두로 받고 그 곡식을 백성들에게 줄 때에는 대두로써 하여 음덕(陰德)을 백성들에게 행하되 경공이 금하지 않았다. 이로 말미암아 제나라 백성을 얻어 걸(乞)이 정사를 전단(專斷)하게 되었다.

釐僖同　乞音氣　予與同　○五世는　謂稚湣須無無字開釐子乞也라

五世는 稚와 湣과 須無와 無字開와 釐子乞을 말한다.

卒하고　子成子恒이　弑簡公하고　立平公하니　封邑이　大於公所食이라

경공이 죽고, 걸의 아들 성자 항이 간공을 시해하고 평공을 세우니 봉읍이 평공의 봉록(俸祿)보다 컸다.

恒胡登切　○食은　采地也니　言成子所封之邑이　大於平公之食邑也라

食은 采地이니 成子의 봉해진 바의 식읍이 平公의 食邑보다 큼을 말한 것이다.

恒이　卒하고　襄子盤이　立하여　與韓趙魏로　通使하니　盖三家는且有晋하고　而田氏는　且有齊也하니라

성자 항이 죽고, 양자 반이 즉위하여 한·조·위로 디불이 사신을 내통하니 대개 三家는 장차 晋을 나누어 소유하게 되었고, 전씨는 장차 齊를 소유하게 되었

다.

使去聲　○三家는　韓趙魏也라

三家는　韓과　趙와　魏이다.

歷莊子白하고　至太公和하여　遂以周安王命으로　爲侯러니　卒하고
子桓公午立이라가　卒하고　子威王因齊立하여　初不治하니　諸侯皆來
伐이러라　八年에　楚大發兵加齊어늘　齊使淳于髡으로　請救于趙할새
齎金百斤과　車馬十駟하니　髡이　仰天大笑어늘　王이　曰　先生은　少
之乎아　髡이　曰　臣見道傍에　有禳田者操一豚蹄酒一壺하고　祝曰　甌
窶는　滿篝하고　汙邪는　滿車하여　五穀이　蕃熟하여　穰穰滿家라　하
니이다　臣見其所持者狹하고　所欲者奢라　故로　笑之하노이다　王이
乃益黃金千鎰과　白璧十雙과　車馬百駟하니　髡이　乃行하니라

　장자 백을 지나 태공 화에 이르러 드디어 주나라 안왕의 명으로 제후가 되었
다가 죽고, 아들 환공 오(午)가 즉위하였다가 죽고, 아들 위왕 인제가 즉위하여
처음에는 다스리지 못하니 제후들이 다 와서 침벌하였다. 8년에 초나라가 크게
발병하여 제나라를 공격하거늘 제나라가 순우곤으로 하여금 구원을 조나라에
청할 때에 金 백 근과 네 마리 말이 끄는 수레 10대를 가져가게 하니 곤이 하
늘을 우러러 크게 웃었다. 왕이 말하기를 "선생은 적다 여기십니까?" 곤이 말하
기를 "신이 길가에서 보니 밭에 제사하는 자가 있어 하나의 돼지발굽과 술 한
호리병을 놓고 축원하며 가로되 '높고 좁은 밭은 바구니에 가득하고, 낮고 아래
에 있는 밭은 수레에 가득하며 오곡이 번숙하며 풍성하여 집에 가득하게 하소
서' 하니 신이 그 가지고 있는 것은 적고 하고자 하는 것은 많음을 보았으므로
웃었습니다." 왕이 이에 황금 천일(千鎰)과 백벽(白璧) 열 쌍과 사마(駟馬)의 수
레 100대를 더 보태어 주니 곤이 마침내 떠나갔다.

* 髡(곤): 머리를 깎다. 나뭇가지를 치다. 淳于髡(순우곤): 해학(諧謔)과 변론의 뛰어난 세객(說客). 명견 한자로(韓子盧)라는 개와 동곽준(東郭逡)이라는 토끼의 싸움 이야기를 들어 제나라 위왕(威王)에게 위나라 공격을 만류하였다. 견토지쟁(犬兎之爭)의 고사를 남겼다. 加(가): 치다. 공격하다. 禳(양): 제사이름. 籍(구): 배롱(焙籠). 물건을 넣어 지고 다니는 농. 甌窶(구구): 높은 지대의 좁은 밭. 甌(구)는 사발, 窶(구)는 작다, 조그마하다, 가난하다. 汙邪(오야): 낮은 지대의 밭. 穰穰(양양): 풍성한 모양. 鎰(일): 무게 이름. 스물넉 냥. 齎(재): 가져가다. 주다. 보내다.

治去聲 髡音坤 齎音躋 窶音婁 籍音句 汙音蛙 邪音爺 ○淳于는 姓이요 髡은 名이니 齊之辯士也라 乘馬는 爲駙라 甌窶는 高狹田也라 籍는 竹籠也라 汙邪는 低下田也라 五穀은 稻黍稷麥菽也라 穰穰은 豊盛貌라 滿籍滿車는 言高下皆熟滿載而歸也라 狹은 謂少也요 奢는 謂多也라 鎰은 二十兩也라

淳于는 姓이요 髡은 名이니 齊나라 辯士이다. 수레를 끄는 말은 駙라 한다. 甌窶는 높은 지대의 비좁은 밭이다. 籍는 대바구니이다. 汙邪는 낮은 지대의 밭이다. 五穀은 벼와 기장과 피와 보리와 콩이다. 穰穰은 豊盛한 모습이다. 滿籍滿車는 높은 지대나 낮은 지대 모두 잘 익어 수레에 가득 싣고 돌아옴을 말한다. 狹은 적음을 이르고 奢는 많음을 이른다. 鎰은 스무 냥이다.

時에 齊國이 幾不振이러니 王이 乃召卽墨大夫하여 語之曰 自子之居卽墨也로 毁言이 日至나 然이나 吾使人視卽墨하니 田野闢하고 人民이 給하며 官이 無事하고 東方이 寧하니 是는 子不事吾左右하여 以求助也라 하고 封之萬家하고 召阿大夫하여 語之曰 自子之守阿로 譽言이 日至나 然이니 吾使人視阿하니 田野不闢하고 人民이 貧餒하고 趙攻鄄호대 子不救하고 衛取薛陵호대 子不知하니 是는 子厚幣事吾左右하여 以求譽也라 하고 是日에 烹阿大夫와 與嘗譽者하니 羣臣이 聳懼하여 莫敢飾詐하니 齊大治하고 諸侯 不敢復致兵이러라

이때에 제나라는 거의 흥기되지 못하였다. 왕이 이에 즉묵의 대부를 불러서

일러 말하기를 "그대가 즉묵에 거할 때부터 비방하는 말이 날마다 이르나 내가 사람을 시켜서 즉묵을 시찰하게 하니 田野가 개간되고 백성들이 넉넉하며 官은 일이 없고 東方이 편안하니 이는 그대가 나의 좌우를 섬겨서 도와주기를 구하지 아니하였기 때문이다." 하고 그에게 만가를 봉해주었다. 아의 대부를 불러서 그에게 일러 말하기를 "그대가 아를 지킴으로부터 칭찬하는 말이 날마다 이르나 내가 사람을 시켜서 아를 시찰하게 하니 田野는 개간되지 않았고 백성은 가난하여 주리고 조나라가 견을 공격하되 그대는 구원하지 아니하고 衛나라가 설릉(薛陵)을 취하되 그대는 알지 못하니 이는 그대가 예물을 두터이 하여서 나의 좌우를 섬기어 명예를 구하였기 때문이다." 하고 그날로 아의 대부와 더불어 일찍이 칭찬하던 자를 삶아 죽였다. 群臣들이 송구(聳懼)하여 감히 거짓을 꾸미지 못하니 제나라가 크게 다스려지고 제후가 감히 다시는 군사를 이르게 하지 못하였다.

* 聳懼(송구): 두려워 함.

　幾譽 皆平聲 語治復 皆去聲 鄄音絹 ○振은 起也라 卽墨은 邑名이니 屬膠州라 阿亦邑名이니 屬東平이라 鄄은 縣名이니 屬濮州라 飾詐는 修飾詐僞也라

　振은 흥기함이다. 卽墨은 邑名이니 膠州에 속한다. 阿도 또한 邑名이니 東平에 속한다. 鄄은 縣名이니 濮州에 속한다. 飾詐는 속여서 거짓으로 꾸미는 것이다.

*膠(교): 아교. 鄄(견): 땅이름. 濮(복): 강 이름.

　威王이 與魏惠王으로 會田於郊할새 惠王이 曰 齊에 有寶乎아 王이 曰 無有로이다 惠王이 曰 寡人國은 雖小나 猶有徑寸之珠의 照車前後各十二乘者十枚로이다 하니 威王이 曰 寡人之寶는 與王異하니 吾臣에 有檀子者하여 使守南城이면 楚人이 不敢爲寇하고 泗上十二諸侯皆來朝하고 有盼子者하여 使守高唐이면 趙人이 不敢

東漁於河**하고** 有黔夫者**하여** 使守徐州**면** 則燕人은 祭北門**하며** 趙
人은 祭西門**하고** 有種首者**하여** 使備盜賊**이면** 道不拾遺**하니** 此四
臣者는 將照千里**하리이다** 豈特十二乘哉**잇가 하니** 惠王이 有慙色
이러라

  齊나라 위왕이 魏나라 혜왕과 함께 모여 교(郊)에서 사냥할 때에 혜왕이 말하기를 "제나라에 보배가 있습니까?" 하였다. 위왕이 말하기를 "없습니다." 혜왕이 말하기를 "과인의 나라는 비록 작으나 오히려 지름이 한 치가 되는 구슬이 수레의 앞뒤로 각각 열 두 수레를 비추는 것이 열 개가 있습니다." 하니 위왕이 말하기를 "과인의 보배는 왕과는 다릅니다. 저의 신하에 단자란 자가 있어 그로 하여금 남성을 지키게 하면 초나라 사람이 감히 도둑질하지 못하고, 사수(泗水)의 물가에 열 두 제후들이 모두 조회를 오고, 반자란 자가 있어 그로 하여금 고당을 지키게 하면, 조나라 사람이 감히 동쪽 河에서 고기 잡지 못하고, 검부란 자가 있어 그로 하여금 서주를 지키게 하면, 연나라 사람은 북문에 제사하며, 조나라 사람은 서문에 제사하고, 종수란 자가 있어 그로 하여금 도적을 방비하게 하면, 길에 떨어진 것을 줍지 아니하니 이 네 신하는 장차 천리를 비추오리니 어찌 다만 열 두 수레뿐이겠습니까" 하니 혜왕이 부끄러워하는 빛이 있었다.

* 郊(교): 나라 밖 백리. 徑寸(경촌): 둘레가 세치 되는 구슬의 큰 것. 南城(남성): 태산에 속한
  현 이름.

  乘去聲 朝音潮 黔渠金反 徐音舒 種上聲 ○田은 與畋同이니 獵也라 國外百里 曰 郊라 徑寸則圍三寸이니 珠之大者也라 南城은 縣名이니 屬泰山이라 泗는 水名이니 在魯地라 泗上者는 泗水之上也라 十二國은 號未詳이라 盼은 卽田盼也라 高唐은 州名이니 屬東昌이라 徐州는 卽薛縣也라 宋氏曰 燕은 在齊之北이요 趙는 在齊之西니 燕趙는 畏齊侵伐이라 故로 各祭於其境하여 以求福也라 遺는 失也니 失物於道라도 人亦不敢拾取之也라

  田은 畋으로 더불어 같이 쓰이니 사냥하다의 뜻이다. 나라의 100리 밖을 郊라 한다. 지름이 한 치이며 둘레는 세 치이니 구슬이 크다는 뜻이다. 南城은 縣名이니 泰山에 붙어 있다. 泗는

水名이니 魯나라 땅에 있다. 泗上이란 泗水의 부근이라는 뜻이다. 12國은 국호가 자세하지 못하다. 盼은 곧 田盼이다. 高唐은 州名이니 東昌에 속한다. 徐州는 곧 薛縣이다. 宋氏가 말하였다. "燕은 齊나라의 북쪽에 있고, 趙나라는 齊나라의 서쪽에 있으니 燕나라와 趙나라는 齊나라의 侵伐을 두려워 하였다. 그러므로 각각 그 경계에서 제를 올리고 복을 구하였다. 遺는 잃어버린 물건이라는 뜻이니 물건을 길에서 잃어버리더라도 사람들이 또한 감히 그것을 취하여 줍지 않았다.

　* 畋(전): 밭 갈다. 사냥하다.

　威王이 卒하고 子宣王이 立에 喜文學游說之士하여 騶衍 淳于髡 田駢 愼到之徒七十六人을 皆爲上大夫하니 是以로 齊稷下에 學士 盛하여 且數百人이나 然이나 孟子는 至而不能用하니라

　위왕이 죽고 아들 선왕이 즉위함에 문학과 유세의 선비를 좋아하여 추연과 순우곤과 전병과 신도의 무리 76인을 모두 상대부로 삼았다. 이로써 제나라 직(稷) 아래에 학사들이 무성하여 또한 수백 인이나 되었다. 그러나 맹자는 직 아래에 이르렀으나 등용되지 못하였다.

　說音稅 騶音鄒 ○劉向曰 稷은 齊城門名이라 游說之士 期會於其下也라 或曰 齊有稷山하여 蓋立館於其下하고 以待游士也라

　劉向이 말하였다. "稷은 齊나라 城門의 이름이다. 游說하는 선비들이 그 아래에서 모이기를 기다렸다. 어떤이가 말하기를 '齊나라에는 稷山이 있어서 아마 그 아래에 館을 세우고 이로써 游士를 기다렸을 것이다.'라고 하였다."

　魏伐韓하니 韓이 請救於齊어늘 齊使田忌로 爲將하여 以救韓할새 魏將龐涓이 嘗與孫臏으로 同學兵法이러니 涓이 爲魏將軍하여 自以所能不及이라하여 以法으로 斷其兩足而黥之러니 齊使至魏라가 竊載以歸하니라

魏나라가 韓나라를 정벌하니 한나라가 제나라에 구원을 청하였다. 제나라가 전기로 하여금 장수를 삼아 한나라를 구원하게 하였다. 위나라 장수 방연이 일찍이 손빈과 함께 병법을 배웠는데 방연이 위나라 장군이 되어 스스로 능력이 손빈에게 미치지 못할 것이라고 여겼다. 법으로써 그의 두 다리를 자르고 묵형을 행하였다. 제나라 사신이 위나라에 왔다가 몰래 수레에 손빈을 태우고 돌아갔다.

* 黥(경): 墨刑. 먹물로 글자를 떠서 넣는 형벌의 한 가지.

至是에 臏이 爲齊軍師하여 直走魏都하니 涓이 去韓而歸어늘 臏이 使齊師入魏地者로 爲十萬竈하고 明日에 爲五萬竈하고 又明日에 爲二萬竈하니라 涓이 大喜曰 我固知齊軍怯이로다 入吾地三日에 士卒亡者過半矣라 하고 乃倍日 幷行逐之하니라

이때에 이르러 손빈이 제나라 군사가 되어 바로 위나라 도읍으로 쳐들어가니 방연이 이 소식을 듣고 한나라를 버리고 돌아왔다. 손빈이 제나라 군대로 위나라 땅에 들어와 있는 자로 하여금 십만의 아궁이를 만들게 하였고, 다음날에는 오만의 아궁이만을 만들게 하고, 또 다음날에는 이만의 아궁이만을 만들게 하였다. 방연이 크게 기뻐하여 말하기를 ˝내가 참으로 제나라 군사들이 겁쟁이들임을 알겠다. 나의 땅에 들어 온지 삼일 만에 사졸들 중에 도망한 자가 절반이 넘었구나.˝ 하고 이에 주야를 쉬지 않고 길을 재촉하여 그 뒤를 좇았다.

* 倍日(배일): 주야를 쉬지 않고 續行 함. 幷行(병행): 이틀 길을 하루에 감. 곧 길을 재촉함.

臏이 度其行莫當至馬陵하고 道陿而旁多阻하여 可伏兵이라 乃斫大樹하여 白而書 曰 龐涓이 死此樹下라하고 令齊師善射者萬弩로 火道而伏하고 期暮見火擧而發이라 涓이 果夜至斫木下하여 見白書

以火燭之라 萬弩俱發하니 魏師大亂相失이어늘 涓이 自剄 曰 遂成
竪子之名이라하다 齊大破魏師하고 虜太子申하다

　손빈이 그 행군이 저물녘에 당해서 마릉에 이르고 길이 좁고 곁에 험한 곳이
많아 복병을 할 수 있음을 예측하였다. 마침내 큰 나무를 깎아 흰 바탕에 글씨
를 써서 이르기를 "방연은 이 나무 아래에서 죽을 것이다." 라고 하였다. 그리
고 제나라 군사들 중 활 잘 쏘는 자 만 명의 쇠뇌 잡이로 하여금 길 양쪽에 매
복하게 하고 저물어 어두운 가운데 불이 켜지는 것을 보면 쇠뇌를 쏘기로 기약
하였다. 방연이 과연 밤에 깎아진 나무 아래에 이르러 흰 부분에 쓰인 글씨를
보려고 불을 밝혔다. 마침 만 개의 쇠뇌를 함께 쏘아대니 위나라 군사들이 크게
어지러워지고 서로 갈 길을 잃어버렸다. 방연이 스스로 목을 베면서 말하기를
"내가 드디어 수자(손빈)의 명예를 이루게 했구나." 하였다. 제나라가 위나라 군
사를 대파하고 태자 신을 사로잡았다.

* 期(기): 기다릴 기. 弩(노): 쇠뇌 노. 여러 개의 화살이 연달아 나가게 한 활. 相失(상실): 서로
　우왕좌왕 갈 길을 잃다. 竪子(수자): 애송이. 이 녀석. 손빈을 비하하여 한 말.

　將去聲 臏匹忍反 斷音短 黥音黥 度音鐸 莫音暮 陜狹同 ○黥은 墨刑이라 馬陵은 在濮
州鄄城東北이라 伏은 藏也라 燭은 照也라 竪子는 指孫臏이라 言成就臏之名也라

　黥은 墨刑이다. 馬陵은 濮州 鄄城 東北에 있다. 伏은 군대를 숨겨 놓은 것이다. 燭은 불을 비
춘다는 뜻이다. 竪子는 孫臏을 가리킨 것이다. 손빈의 명예를 성취하게 했다고 말한 것이다.

　宣王이 卒하고 湣王이 立이라 靖郭君田嬰者는 宣王之庶弟也요
封於薛이라 有子하니 曰 文이라하니 食客이 數千人이오 名聲이
聞於諸侯하고 號爲孟嘗君이라

　선왕이 죽고 민왕이 즉위하였다. 정곽군 전영이라는 자는 선왕의 서제로 설
(薛)에 봉하여졌다. 자식을 두었으니 이름을 文이라 하였으니 식객이 수천인이

요 명성이 제후에 들리고 부르기를 맹상군이라 하였다.

薛은 郡名이니 屬山東이라

薛은 郡 이름이니 山東에 속한다.

司馬公이 曰 君子之養士는 以爲民也라 今에 田文은 盜君之祿하여 以立私黨하고 張虛譽하니 上侮其君하고 下蠹其民하니 是姦人之雄耳라 書曰 逋逃主萃淵藪는 此之謂也라

司馬溫公이 말하였다. "君子가 선비를 양성하는 것은 백성을 위해서 하는 것이다. 이제 田文은 임금의 祿을 도둑질하여 私黨을 세우고 헛된 명예를 과장하였으니 위로는 그 임금을 업신여기고 아래로는 그 백성들에게 해를 끼쳤으니 이는 姦人之雄일 뿐이다. 『書經』에 말하기를 '도망자들의 주인이 되어 마치 못과 숲을 이룬 듯하다.'한 것은 이를 이르는 말이다."

* 蠹(두): 좀. 해독을 끼치다. 逋(포): 달아나다. 萃(췌): 모이다. 藪(수): 늪. 덤불. 숲. 逋逃主萃淵藪(포도주췌연수): 도망자들의 주인이 되어 마치 못과 숲을 이룬 듯하다. 『서경·무성』에 "이제 상왕 수가 무도하여 하늘이 내린 물건을 함부로 버리며 백성들을 해치고 포악하게 하며 천하의 도망자들의 주인이 되어 마치 못과 숲을 이룬 듯하니 나 소자는 이미 어진 사람을 얻어 감히 상제를 공경히 받들어 어지러운 꾀를 막으려 하니 화하와 만맥이 모두 따르지 않는 자가 없습니다.(今商王受無道, 暴殄天物, 害虐烝民, 爲天下逋逃主, 萃淵藪. 予小子旣獲仁人, 敢祗承上帝, 以遏亂略, 華夏蠻貊罔不率俾.)"하였다.

秦昭王이 聞其賢하고 乃先納質於齊하여 以求見이러니 至則止囚하고 欲殺之어늘 孟嘗君이 使人으로 抵昭王幸姬하여 以求解하니 姬曰 願得君狐白裘하노라 蓋孟嘗君이 嘗以獻昭王하고 無他裘矣러니 客에 有能爲狗盜者하여 入秦藏中하여 取裘以獻姬하니 姬爲言得釋이라

진나라 소왕이 그의 현명함을 듣고 이에 먼저 제나라에 인질을 들이고 만나기를 요구하였다. 도착하자 앞을 막고서 가두고 그를 죽이고자 하거늘, 맹상군

이 사람으로 하여금 소왕의 행희에게 가서 풀어주기를 구했다. 희가 말하기를 ″맹상군의 흰 여우 갖옷을 얻기 원한다.″ 하였으나 대개 맹상군이 일찍이 소왕에게 헌상하고 다른 갖옷이 없던 터였다. 식객 중에 개구멍을 통해 도둑질을 잘하는 자가 있어서 진나라 창고 가운데 들어가서 갖옷을 훔쳐다가 희에게 헌상하니 희가 그들을 위해 말을 해주어서 석방될 수 있었다.

* 抵(저): 맞닥뜨리다. 幸姬(행희): 제왕의 총애를 받는 여자.

　　卽馳去變姓名할새　夜半에　至函谷關하니　關法에　鷄鳴이라야　方出客이라　恐秦王이　後悔追之러니　客에　有能爲鷄鳴者하여　鷄盡鳴하고　遂發傳出이라　食頃에　追者果至而不及하니라　孟嘗君이　歸怨秦하여　與韓魏로　伐之하여　入函谷關하니　秦이　割城以和하다

　곧 말을 달려 성명을 바꾸고 떠나게 되었다. 한 밤중에 함곡관에 이르니 관법에 닭이 울어야만 바야흐로 객이 출입할 수 있었다. 진왕이 후회하여 그를 좇아올까 두려워하던 차에 식객 중에 능히 닭 울음소리를 내는 자가 있어 주위의 닭들을 모두 따라 울게 하고 드디어 출발하여 전(驛舍)으로 나아갈 수 있었다. 한식경쯤에 좇는 자들이 과연 이르렀으나 그들을 잡지는 못하였다. 맹상군은 돌아와 진나라를 원망하여 韓·魏와 더불어 진나라을 정벌하여 함곡관에 들어가니 진이 성을 나누어 화친을 청하였다.

* 傳(전): 역사(驛舍). 말이 머물고 드나드는 곳.

　質音至　藏去聲　傳直戀反　○質은　謂納臣子以爲信也라　抵는　猶投也라　師古曰　姬者는　周之姓이니　貴於諸侯之女라　故로　婦之美號皆稱姬라　後因總謂衆妾爲姬也라　蓄貨財入所曰藏이라　函谷關은　在陝州　桃林縣南이라　傳은　卽今驛舍也라

　質은 臣子를 들여 신표로 삼는 것이다. 抵는 맞닥뜨리다와 같은 뜻이다. 顔師古가 말하였다. ″姬라는 말은 周나라의 姓이니 諸侯들의 女人을 貴하게 여긴 것이다. 그러므로 婦人을 아름답

게 불러 모두 姬라고 칭하였다. 後에 이로 인하여 衆妾을 총괄하여 이르기를 姬라 한 것이다. 貨財를 쌓아 두는 곳을 藏이라 한다. 函谷關은 陜州 桃林縣 南쪽에 있다. 傳은 곧 지금의 驛舍이다.

　　王荊公이 曰 世皆稱孟嘗君能得士라　士以故歸之나　而卒賴其力하여　以脫於虎豹之秦하니　嗟乎라　孟嘗君　特鷄鳴狗吠之雄耳라　豈足以言得士리오　不然이면　擅齊之强하여　得一士焉하여　宜可以南面而制秦하리니　尙取鷄鳴狗吠之力哉아　鷄鳴狗吠之出其門하니　此士之所以不至也라

　　王荊公이 말하였다. "세상이 모두 孟嘗君은 선비를 얻는데 능하다고 칭하였다. 선비들이 이 때문에 그에게 귀의하려 하였으나 마침내 그들의 힘에 의지하여 虎豹와 같은 秦나라에서 벗어날 수 있었다. 아아! 孟嘗君은 다만 鷄鳴狗吠하는 무리들의 영웅일 뿐이다. 어찌 능히 선비를 얻었다 말할 수 있겠는가? 그렇지 않다면 齊나라의 强盛함을 마음대로 하여 한 현사를 얻어서 마땅히 南面하여 秦나라를 제어할 수 있었을 것이다. 오히려 鷄鳴狗吠하는 무리들의 힘을 취하였겠는가? 鷄鳴狗吠하는 무리들이 그 문하에서 나왔으니 이것이 현사가 이르지 아니한 까닭인 것이다."

* 王荊公(왕형공): 왕안석(王安石, 1022-1086). 북송시대 저명한 정치 혁명가이다. 그는 무주임천 (撫州臨川) 지금의 江西省 臨川縣 사람으로 자는 개보(介甫)이고 호는 반산(半山)이다. 경력(慶 曆, 1041-1048) 연간에 진사가 되어 변법에 주력하여 신종의 신임을 얻었기 때문에 재상에 봉 해져 새로운 정치를 실행했다. 후에 보수파의 공격을 받아 재상에서 물러나고 강녕(江寧)으로 은퇴하였다. 형국공(荊國公)에 봉해졌고 시호가 문(文)이였으며 왕형공(王荊公)이라 불렀다. 擅 (천): 멋대로 하다. 마음대로 하다.

　　孟嘗君이　相齊러니　或이　毁至於王하니　乃出奔하니라　湣王이　滅宋而驕하니　燕昭王이　以齊嘗破燕之故로　與諸侯合謀하여　而攻齊라　燕軍이　入臨淄하니　湣王이　走莒라　楚將淖齒救齊라가　反殺湣王하고　而與燕으로　共分齊之侵地하니라

　　맹상군이 제나라에 재상이 되었다. 어떤 이가 비방이 왕에게 이르게 하니 마침내 망명을 하였다. 민왕이 송을 멸하고 교만에 빠지니 연나라 소왕이 제나라

가 일찍이 연나라를 깨뜨린 연유로써 제후들과 함께 모의하여 제나라를 공격하였다. 연나라 군사가 임치에 들어가니 민왕이 거로 달아났다. 초나라 장수 요치가 제나라를 구원하려다가 도리어 민왕을 죽이고 연나라와 함께 제나라의 침략한 땅을 나누었다.

相去聲 臨淄縣은 屬益都하고 莒縣은 屬密州라

臨淄縣은 益都에 속하고 莒縣은 密州한다.

* 湣(민): 시호. 혼으로 읽으면 아직 정하여지지 않다는 뜻. 淄(치): 검다. 강 이름. 산동성 내무현에서 발원하여 황하로 들어가는 강. 莒(거): 땅이름. 감자. 淖(뇨): 진흙.

荀子曰 國者는 天下之利用也요 人主者는 天下之利勢也라 得道以持之면 則大安也며 大榮也니 積美之源也라 不得道以持之면 則大危也며 大累也라 有之不如無之라 及其綦也엔 索爲匹夫不可得也리니 齊湣과 宋獻이 是也라 綦는 音이 其이니 窮極也라 索은 求也라

荀子가 말하였다. "나라는 天下의 利를 쓰는 것이요 임금은 天下의 利를 勢力으로 삼는다. 道를 얻어서 이것을 가지면 크게 안녕 될 것이며 크게 영광스러울 것이니 아름다운 덕을 쌓는 근원이 될 것이다. 道를 얻지 못하고서 이것을 가지면 곧 크게 위태로울 것이며 크게 얽매일 것이니 있는 것이 없는 것만 같지 못할 것이다. 그 극도에 이름에 미쳐서는 찾는다 해도 匹夫도 얻을 수 없게 될 것이니 齊나라 湣王과 宋나라 獻公이 이런 사람들이다." 綦는 音이 其이니 窮極이라는 뜻이다. 索은 찾다, 구하다의 뜻이다.

* 綦(기): 극도에 이르다. 밟다. 들메끈. 발자국. 발이 비틀리다.

王孫賈從湣王於莒라가　而失王處러니　其母　曰　汝朝出而晚來면 吾則倚門而望하고　汝莫出而不還이면　吾則倚閭而望이러니　汝今事 王이라가　王이　走커시늘　汝不知處하고　汝尙何歸오　賈乃攻淖齒殺 之하고　求湣王子法章而立之하여　保莒以抗燕하니라

왕손가가 민왕을 거라는 곳에서 따르다가 민왕이 계신 곳을 잃어 버렸다. 그 어머니가 말하기를 "네가 아침에 나가서 늦게 오면 내가 문에 기대어 기다렸고, 네가 저물어서 나가 돌아오지 않으면 내가 마을 문에 기대어 기다렸는데, 네가 지금 왕을 섬기다가 왕이 패주하셔서 네가 계신 곳을 알지 못하고도 네가 오히려 어찌 돌아왔느냐?" 하니 가가 마침내 요치를 공격하여 그를 죽이고 민왕의 아들 법장을 찾아 세우고, 거를 보전하여 연에 항거하였다.

從去聲 ○閭는 里門也라 言平時汝出이면 則望汝歸러니 今失王處면 則當致身徇國이리니 尙何歸乎아하니 其母도 亦可謂之賢矣라 法章은 卽襄王也라

閭는 마을 문이다. 평상시에 네가 나가면 곧 네가 돌아오기를 바랐더니 이제 왕이 계신 곳을 잃었으면 마땅히 몸을 받쳐 나라의 운명에 따라야 할 것인데 오히려 어찌 돌아왔느냐고 말하였으니 그의 어머니도 또한 어질다 이를 만하다. 法章은 곧 襄王이다.

時에 齊城에 惟莒卽墨不下라 卽墨人이 推田單爲將軍하니 身操版鍤하여 與士卒分功하며 妻妾을 編於行伍라 收城中得牛千餘하여 爲絳繒衣하고 畫五采龍文하여 束兵刃其角하고 灌脂束葦於尾라 燒其端하여 鑿城數十穴로 夜縱牛하고 壯士隨其後라 牛尾熱하여 怒犇燕軍하니 所觸盡死傷하고 而城中이 鼓譟從之하니 聲震天地라 燕軍이 敗走하여 七十餘城이 皆復爲齊어늘 迎襄王於莒하니 封單爲安平君하다

이때에 제나라 성 중에 오직 거와 즉묵 만이 함락되지 않았다. 즉묵 사람들이 전단을 추천하여 장군을 삼으니 몸소 담판과 가래를 부여잡고 사졸과 더불어 일을 나누며 처와 첩을 항오에 편입하였다. 성중에서 소 천여 마리를 거두어 들여 붉은 빛의 옷을 만들어 입히고 오색의 용무늬를 그려 넣고 병기를 세워 그 뿔에 묶고 기름 바른 갈대를 꼬리에 묶게 하였다. 그리고 그 꼬리의 끝에 불을 붙이고 성에 뚫어 놓은 수십 개의 굴로 밤에 소를 몰아내고 장사들로 하여금

그 뒤를 따르게 하였다. 소는 꼬리가 뜨거워 성난 듯이 연나라 군진으로 달려가니 닿는 것 마다 다 죽거나 상하였고 성 안에서는 북소리와 함성소리가 잇따르니 소리가 천지를 진동하였다. 연나라 군대가 패주하여 70여 개의 성이 모두 수복되어 제나라 소유가 되었다. 양왕을 거에서 맞이하니 전단을 봉하여 안평군을 삼았다.

* 田單(전단): 전국시대 제(齊)나라 사람. 연(燕)나라 소왕(昭王)이 악의(樂毅)의 계책을 받아들여 거(莒)와 즉묵(卽墨) 두 성만 빼고 제나라의 성 70여 개를 함락시켰는데 소왕의 뒤를 이은 혜왕(惠王)이 참언을 듣고 악의 대신 기겁(騎劫)을 등용하여 전투하는 사이에 전단이 화우의 진으로 잃어버린 땅을 모두 수복하였다. 版(판): 성을 축조하는 담판. 鍤(삽): 가래. 絳繒衣(강증의): 진홍색 비단 옷. 下(하): 항복하다. 創(창): 세우다. 犇(분): 소가 놀라 달아나다.

鍤音揷 行音杭 ○鍤은 鍫屬이라 行伍는 行陣部伍也라 繒은 帛也라 脂는 油也라

鍤은 가래 등속이다. 行伍는 行陣과 部伍이다. 繒은 비단이다. 脂는 기름이다.

* 鍫(초): 가래. 괭이. 行陣(항진): 군대가 대열을 지어 먼 거리를 이동하는 일. 部伍(부오): 군진(軍陣)의 대오(隊伍).

單이 攻狄三月不克하니 魯仲連이 曰 將軍이 在卽墨에 曰 無可往矣오 宗廟亡矣라하여 將軍은 有死之心하고 士卒은 無生之氣하여 莫不揮泣奮臂欲戰이러니 今에 將軍이 東有夜邑之奉하고 西有淄上之娛하여 黃金을 橫帶하고 騁乎淄澠之間하니 有生之樂하고 無死之心하니 故로 不勝也니이다 單이 明日에 厲氣巡城하고 立於矢石之所하여 援枹鼓之하니 狄人이 乃下하다

전단이 狄을 공격하여 삼 개월이 되어도 이기지 못하였다. 노중연이 말하였다. "장군께서 즉묵에 계실 때 단언하여 말씀하기를 '피하여 갈만한 곳도 없으려니와 내가 아니면 종묘도 망하리라' 하였습니다. 그 때는 장군은 죽을힘을 다

하려는 마음만 있었고 사졸들은 살기를 꾀하려는 분위기가 없었습니다. 눈물을 훔치면서 팔을 떨쳐 흔들면서 싸우려고 하지 않은 이가 없었습니다. 이제는 장군이 동쪽으로 액읍 백성들의 봉양을 받고 있고 서쪽으로는 치수 가에서 즐길 만한 여유가 있습니다. 황금으로 허리띠를 하고 치수와 민수의 사이에 말을 달리니 사는 즐거움만 있고 죽기를 각오하는 마음이 없게 되었습니다. 그러므로 이기지 못하는 것입니다." 전단이 다음 날에 분발하여 성을 순시하여 시석이 쏟아지는 곳에 서서 북채를 잡고 북을 울려 진군을 독려하니 狄人이 마침내 항복하였다.

* 魯仲連(노중련): 전국시대 제나라의 모사이자 유세가. 진나라가 위나라의 한단을 포위하자, 마침 노중련이 조나라의 손님으로 갔다가 한단에 갇히게 되었다. 그때 위왕은 객경 신원연(辛垣衍)을 조나라로 파견하여 진왕을 제왕으로 추대하라고 권유했다. 난처해진 조나라의 평원군은 노중련을 찾아가 신원연을 만나게 했고, 뛰어난 유세를 펼쳐서 조나라를 위기에서 구해냈다. 그러나 그는 자신에게 주는 재물이나 지위를 물리치고 평생 은사로 살았다. 揮(휘): 뿌리다. 奮臂(분비): 팔을 떨쳐 흔듦. 厲氣(여기): 기를 떨침. 분발함. 夜邑之奉(액읍지봉): 전단에게 액읍 만호를 봉함을 이른다. 澠(민): 강 이름. 산동성에 있음. 矢石(시석): 화살과 쇠뇌로 발사하는 돌. 枹(포): 북채. 떡갈나무. 枹鼓(포고): 북채와 북. 도둑을 경계하여 치는 북. 下(하): 항복하다.

夜音亦 澠音民 樂音洛 枹音桴 ○夜邑은 屬萊州라 淄澠은 二水名이라 矢는 箭也요 石은 砲也라 援은 持요 枹는 擊鼓槌也니 言擊鼓以進兵也라

夜邑은 萊州에 속한다. 淄와 澠은 두 강 이름이다. 矢는화살이요 石은 砲이다. 援은 잡아 쥔 것이요 枹는 북을 치는 짤막한 몽둥이니 북을 쳐서 군대를 진격시킴을 말한 것이다.

* 桴(부): 북채. 마룻대. 槌(퇴): 짤막한 몽둥이. 망치.

襄王이 既立에 而孟嘗君이 中立爲諸侯無所屬하니 王이 畏之하여 與連和하다

양왕이 이미 즉위함에 맹상군이 중립하여 제후에 속한 바가 없게 되니 왕이

두려워하여 그와 함께 연합하여 화친을 꾀하였다.

* 連和(연화): 둘 이상의 독립한 것이 연합함. 연합하여 화목함.

屬은 音이 竹이니 連也라

屬은 音이 속이니 잇는다는 뜻이다.

初에 馮驩이 聞孟嘗君好客하고 而來見할새 置傳舍러니 十日에 彈劒作歌曰 長鋏아 歸來乎여 食無魚로다하니 遷之幸舍하여 食有魚矣라 又歌曰 長鋏아 歸來乎여 出無輿로다하니 遷之代舍하여 出有輿矣라 又歌曰 長鋏아 歸來乎여 無以爲家로다하니 孟嘗君이 聞之하고 不悅이러라

처음에 풍환이 맹상군은 식객을 좋아한다는 소문을 듣고 와서 알현하니 전사(傳舍)에 머물게 했다. 열흘이 되어 칼을 튕기며 노래하여 말하기를 "장검아 돌아갈거나? 밥상에 생선반찬이 없도다." 하니 그를 행사로 옮기게 하여 밥상에 생선이 있게 하였다. 또 노래하여 말하기를 "장검아 돌아갈거나? 출타할 때에 수레가 없도다." 하니 그를 대사로 옮기게 하여 출타할 때에 수레가 있게 하였다. 또 노래하여 말하기를 "장검아 돌아갈거나? 가장이 되어 식솔을 거느릴 수가 없도다."하니 맹상군이 이를 듣고 기뻐하지 않았다.

* 馮驩(풍환): 제(齊)나라의 재상(宰相)인 맹상군의 식객(食客). 長鋏(장협): 장검(長劍). 傳舍(전사): 旅館. 나그네의 숙소(신분이 낮은 손님들을 위해 마련한 숙소). 거의 초보 식객을 머물게 하는 객사. 幸舍(행사): 중간계층의 빈객이 드나드는 숙소. 어느 정도 인정받은 식객의 객사. 代舍(대사): 上等의 빈객이 드나드는 숙소. 주인의 일을 대신하게 할 만한 식객의 객사.

好傳 皆去聲 鋏音刧 家叶音姑 ○傳舍는 旅館也라 置驩於此하니 蓋暫留宿食也라 鋏은 劍名이라 或曰 劍把也라 幸舍는 蓋異其飲食이라 代舍는 蓋不徒行이라

傳舍는 旅館이다. 풍환을 이곳에 머물게 한 것이니 대개 잠시 머물러 유숙하고 먹는 곳이다. 鋏은 劍의 이름이다. 어떤 이는 말하기를 劍을 잡는다는 뜻이라고 했다. 幸舍는 대개 그 飮食이 전사보다 달랐다. 代舍는 대개 도보로 다니지 않게 하였다.

時에 邑入이 不足以奉客이라 使人出錢於薛하니 貸者多나 不能與息이라 孟嘗君이 乃進驩하여 請責之러니 驩往不能與者하여 取其券燒之러니 孟嘗君이 怒한대 驩이 曰 令薛民으로 親君이라 하더니 孟嘗君이 竟爲薛公하여 終於薛하니라

이때에 봉읍의 수입이 식객을 받들기에 넉넉하지 못하였다. 사람을 시켜서 설읍에 돈을 빌려주었는데 빌린 자는 많았으나 이자마저도 내는 자가 없었다. 맹상군이 마침내 풍환을 보내어 그들에게 따지기를 청하였다. 풍환이 원금을 갚거나 이자를 낼 수 없는 자들에게 가서 그들의 문권들을 모와 불살라 버렸다. 맹상군이 분노함에 풍환이 말하기를 "설 땅의 백성으로 하여금 주군을 어버이로 여기게 하려 함이었습니다." 하였다. 맹상군이 마침내 설공이 되어 설에서 일생을 마치게 되었다.

* 邑入(읍입): 봉읍에서 거두는 조세수입. 責(책): 요구하다. 따져 밝히다. 규명하다. 薛民親君(설민친군): 설 땅의 백성들로 하여금 맹상군을 어버이로 받들게 하다. 교토삼굴(狡兎三窟)의 고사가 여기에서 나온다. 민왕의 미움을 사서 갈 곳이 없었는데 풍환이 설에 잠시 머물기를 청하였다. 맹상군이 설에 이르자 부모를 만난 듯이 환영하자 풍환의 뜻을 그제야 알아차리고 감사해 하였다. 풍환이 말하였다. "교활한 토끼는 구멍을 세 개나 뚫지요. 지금 경(卿)께서는 한 개의 굴을 뚫었을 뿐입니다. 따라서 아직 고침무우(高枕無憂)를 즐길 수는 없습니다. 경을 위해 나머지 두 개의 굴도 마저 뚫어드리지요." 그래서 그는 위(魏)나라의 혜왕(惠王)을 설득하여 맹상군을 등용하면 부국강병(富國强兵)을 실현할 것이며 동시에 제나라를 견제하는 힘도 될 수 있다고 역설했다. 마음이 동한 위의 혜왕이 금은보화를 준비하여 세 번이나 맹상군을 불렀지만 그 때마다 풍환은 맹상군에게 응하지 말 것을 은밀히 권했다. 이 사실은 제나라의 민왕에게 알려지게 되었고 아차 싶었던 민왕은 그제서야 맹상군의 진가를 알아차리고 맹상군에게 사신을 보내 자신의 잘못을 사과하고 다시 재상의 직위를 복직시켜 주었다. 두 번째의 굴이 완성된 셈이다. 두 번째의 굴을 파는데 성공한 풍환은 세 번째 굴을 파기 위해 민왕을 설득,

설 땅에 제나라 선대의 종묘를 세우게 만들어 선왕(先王) 때부터 전승되어 온 제기(祭器)를 종묘에 바치도록 했다. 선대의 종묘가 맹상군의 영지에 있는 한 설혹 제나라 왕의 마음이 변심한다 해도 맹상군을 함부로 대하지 못할 것이라는 계산에서였다. 이리하여 맹상군은 재상에 재임한 수십 년 동안 별다른 화를 입지 아니했는데 이것은 모두 풍환이 맹상군을 위해 세 가지 보금자리를 마련한 덕이다. 이 고사는 불안한 미래를 위해 미리 준비를 해야 한다는 말로 완벽한 준비 뒤에는 뜻하지 않는 불행이 찾아오지 않음을 말한 것이다.

出去聲 貸音態 券音勸 〇邑入은 謂封邑所收租稅也라 貸는 借也라 息은 利錢也라 責之는 謂責貸者不納利息之罪也라 券은 契約也라 言驩見薛民貧而不能與息者하고 輒焚其券而不追取하여 將以使薛民으로 受惠하고 而親愛其君也라

邑入은 封邑의 租稅 수입을 이른다. 貸는 빌려준 것이다. 息은 이자로 내는 돈이다. 責之는 돈을 빌린 자들이 利息을 납부하지 못한 죄를 규명함을 이른다. 券은 契約의 문서이다. 풍환이 설민들이 가난하여서 능히 이식을 낼 수 없음을 보고 문득 그 문서를 불사르고 좇아 거두려 아니하여 장차 이로써 설민들로 하여금 은혜를 받게 하고 그 주군을 친애하도록 하였다고 말한 것이다.

襄王이 卒하고 子建이 立하니 母君王后賢하여 事秦謹하고 與諸侯로 信이러니 君王后卒에 齊客이 多受秦金하고 爲反間하여 勸王朝秦하고 不修攻戰之備하니라 不助五國하여 攻秦이라 秦王政이 旣滅五國하고 兵入臨淄하니 王建이 遂降이라 遷于共하여 處之松柏之間而死하고 以齊爲郡하니라 齊人이 歌之曰 松邪아 柏邪아 住建共者客邪아 하더라

양왕이 죽고 아들 건이 즉위하니 어머니 군왕후가 현명하여 진나라를 삼가하여 섬기고 제후와 더불어 신의를 지켰다. 군왕후가 죽음에 제나라 식객이 秦나라에서 많은 금을 받고 反間을 꾀하여 왕에게 권하여 秦나라에 조회하게 하고 침공의 전쟁에 대비함을 수행하지 못하게 하였다. 다섯 나라가 서로 돕지 아니하여 진나라에 공격을 당하였다. 진나라 왕 정이 이미 다섯 나라를 멸하고 병력

이 제나라 임치로 쳐들어오니 왕 건이 드디어 항복하였다. 공 땅에 옮기어서 송백의 사이에 처하여 죽게 하고 제나라로 郡을 삼았다. 제나라 사람이 노래하여 말하기를 "소나무야! 잣나무야! 건을 공 땅에 머무르게 한 것이 어느 객이더냐?" 하였다.

* 母君王后(모군왕후): 어머니 군왕후. 건의 아버지인 양왕의 부인. 제후파환(齊后破環)의 고사가 있음. 전국책에 다음과 같은 이야기가 있다. 제나라 민왕이 신하에게 살해되고 그의 아들 법장이 성명을 갈고 거라는 지방의 태사 집에 머슴이 되었다. 태사 교의 딸이 법장의 얼굴을 보고 이상히 여기어 보통사람이 아니라고 생각하였다. 그리고 불쌍하게 여겨 항상 몰래 옷을 해서 입히고 음식을 차려서 먹이고, 그와 내연의 관계를 가졌다. 후에 법장이 즉위하니 이가 곧 양왕이다. 태사의 딸로 왕후를 삼았다. 양왕이 죽고 아들 건이 즉위하였다. 왕후는 진나라를 조심스럽게 섬기고 제후들과 신의를 지켰다. 이 때문에 건이 왕위에 있은 지 40여 년 동안에 외적의 침해를 받은 적이 없었다. 한번은 秦나라 소왕이 사신을 보내어, 섭정을 하던 왕후에게 고리가 연결된 옥련환(玉蓮環)이라는 완물(玩物)을 주면서 말하기를, "제나라에는 지혜 있는 사람이 많으니, 이 옥고리를 풀 수 있겠는가?"라고 하였다. 왕후가 이것을 여러 신하에게 보였으나 그것은 옥으로 복잡한 고리를 만든 퍼즐 같은 것으로서 아무도 풀 줄을 몰랐다. 왕후는 방망이를 들어 이것을 쳐서 부수고 진나라 사신에게 겸손하게 말하기를, "삼가 이렇게 풀었습니다."라고 하였다. 소스라치게 놀란 사신이 자기 나라로 돌아가 보고 들은 대로 복명하자 진의 대신 범저(范雎)가 혀를 내두르며 탄복하였다. "실로 여걸(女傑)입니다. 제나라는 도모할 수 없습니다." 이에 진왕은 제왕과 맹약하여 서로 침략하지 않기로 정하였고, 그로부터 제나라가 평안해졌다. 反間(반간): 말을 바꾸어서 이간하는 것.

間은 去聲이니 言反其言以離間之也라 共은 恭同邑名이니 屬河內라 ○世紀에 田齊는 自太公和로 至王建하여 凡七世라

間은 去聲이니 그 말을 반대로 하여 이로써 離間함을 말한다. 共은 恭과 마찬가지로 邑名이니 河內에 속한다. ○『帝王世紀』에 田齊는 太公 田和로부터 王 建에 이르러서 모두 7世라 하였다.

司馬溫公이 曰 從橫之說은 雖反覆百端이라 然이나 合從者는 六國之利也니 向使六國으로 能以信義相結이면 則秦雖强暴나 烏得而亡之哉아 蓋以二晉으로 而攻齊楚하니 是自絶其根柢也요 以齊楚로 而攻三晉하니 是自撤其藩蔽也라 烏有撤其藩蔽리오 以媚盜曰 盜

將愛我而不攻이라하면 豈不悖哉아

司馬溫公이 말하였다. "합종 연횡의 說은 비록 백 가지 단서로 엎치락 되치락 하였다. 그러나 合從의 설은 六國이 이로웠으니 저번에 六國으로 하여금 능히 信義로써 서로 결합하게 하였다면 秦나라가 비록 强暴하다 하나 어찌 얻어 그들을 망하게 할 수 있었겠는가? 대개 三晉으로써 齊楚를 공격하게 하였으니 이는 스스로 그 근저를 끊게 한 것이요, 齊楚로 三晉을 공격하게 하였으니 이는 스스로 그 藩蔽를 거두게 한 것이다. 어찌 그 藩蔽를 거둘 수 있단 말인가? 도적에게 아첨하여 말하기를 '도적이 장차 나를 사랑하여 치지 않을 것이라' 한다면 어찌 어긋나지 않겠는가?"

* 藩蔽(번폐): 울타리.

⑬趙

趙之先은 本與秦으로 同姓이니 祖於蜚廉하여 有子季勝하고 其後에 有造父者하여 事周穆王하니 以功으로 封趙城하니라 由是로 爲趙氏하니라

조나라의 선조는 본래 진과 더불어 같은 성이니 비렴을 시조(始祖)로 하여 아들 계승이 있었고 그 후에 조보라는 이가 있어 주나라 목왕을 섬기니 功이 있으므로 조성에 봉하여졌다. 이로부터 조씨의 나라가 되었다.

蜚는 與飛로 同이라 趙城은 縣名이니 屬霍州라

蜚는 飛로 더불어 같다. 趙城은 縣 이름이니 霍州에 속한다.

* 蜚(비): 바퀴. 메뚜기. 풍뎅이.

春秋時에 有趙夙者하여 事晉이러니 夙이 生成子衰하고 衰生宣子盾하니 人이 曰 趙衰는 冬日之日也오 趙盾은 夏日之日也라하니

冬日은 可愛하고 夏日은 可畏러라

　춘추시대에 조숙이라는 이가 있어 晉을 섬기었다. 숙이 성자 최를 낳고, 최는 선자 순을 낳으니 사람들이 말하기를 "조최는 겨울날의 해요, 조순은 여름날의 해이다." 하니, 겨울 해는 가히 사랑할 만한 것이고, 여름 해는 가히 두려워할 만한 것이라 한 것이다.

　衰　初危反　盾　徒本反

　盾이　生朔이러니　大夫屠岸賈滅朔之族할새　朔有遺腹子武하니　賈索之不得이어늘　朔客程嬰公孫杵臼相與謀　曰　立孤與死孰難고　嬰이曰　死易立孤難耳라　하니　杵臼曰　子爲其難하라　하고　杵臼取他兒하여　匿山中하니라　嬰이　出하여　謬曰　與我千金이면　吾告趙氏孤處라　하니　賈喜하여　乃使人으로　隨嬰하여　殺杵臼及兒하니　而趙氏眞孤在러라　嬰이　後에　與武로　滅賈하고　竟立武나　而自殺以下하여　報宣孟及杵臼하니라

　순이 삭을 낳으니 대부 도안가가 삭의 일족을 멸했는데 삭에게는 유복자인 무가 있었다. 도안가가 그 아이를 찾았으나 찾지 못했다. 삭의 식객이었던 정영과 공손저구가 서로 더불어 모의하여 말하기를 "외롭게 된 무를 세우는 것과 이 한 목숨 죽는 것이 어느 것이 더 어려운가?" 정영이 말하기를 "죽는 것이 쉽고 그를 세우는 것이 어려울 것이다." 하니, 저구가 말하기를 "그대가 그 어려운 일을 맡아야 한다." 하고, 저구가 다른 아이를 데리고 가서 산중에 숨었다. 정영이 세상에 나와 속여 말하기를 "나에게 천금을 주면 내가 조삭의 아들이 있는 곳을 알려 주겠다." 하였다. 도안가가 기뻐하여 마침내 사람을 시켜 정영을 따라가 저구와 아이를 죽이게 하니 조삭의 진짜 아들은 살 수 있게 되었다. 정영이 후에 무와 함께 도안가를 멸하고 끝내 무를 즉위시켰다. 그러나 스스로 목숨을 끊어 땅에 묻혀 선맹과 저구의 희생에 보답하였다.

* 屠岸賈(도안가): 춘추시대 晉나라 사람. 靈公의 총애를 받았고 景公 때 司寇가 되었다. 역모를
　꾸미다 趙武와 程嬰에 의하여 일족이 몰살당하였다. 謬(류): 그릇되다. 속이다. 기만하다. 宣孟
　(선맹): 선자 조순의 字.

　父在而孕하여 沒而生을 曰遺腹子요 幼而無父를 曰孤라 他兒는 他人子也라 匿은 藏也
라 謬는 詿妄也라 秦은 以一鎰로 爲一金이라 下는 地下也라 宣은 卽宣子이니 盾孟은
其字也라

　아버지가 계실 때 잉태하여 돌아가신 뒤에 낳은 자를 遺腹子라 말하고, 어린 나이에 아비가
없는 이를 孤라 한다. 他兒는 他人의 자식이다. 匿은 숨는 것이다. 謬는 속임이다. 秦은 一鎰로
一金을 삼았다. 下는 地下이다. 宣은 곧 宣子이니 盾孟은 그의 字이다.

　愚按컨대 人之所難者는 莫甚於死也라 死苟得其所면 雖殺身捐軀라도 復何所顧避哉아
若程嬰과 公孫杵臼는 於其君是已니 趙氏族滅矣요 遺腹子危矣하니 而二子는 不忘食祿之
義하고 不畏沒身之誅니라 一爲死易於前하여 以脫屠岸賈之索武하고 一爲立孤難於後하여
而自殺以下하여 報宣孟及杵臼하니 其抗節致忠하고 視死如歸하니 爲何如哉아 嗚呼라 世
有貪生忍恥 忘君事讎者하니 視二子에 寧無顔厚乎아

　내가 살펴보건대 사람이 어렵게 여기는 바는 죽음보다 심한 것이 없을 것이다. 죽음이 만일
그 죽을 곳을 얻으면 비록 몸을 죽이고 몸을 버리더라도 다시 어찌 피할 곳을 돌아보겠는가?
程嬰과 公孫杵臼 같은 이는 그 임금에게 곧 마칠 뿐이다. 趙氏의 일족이 멸한 마당이요 遺腹
子마져 위태로운 지경이니 二子는 食祿의 의리를 잊지 아니하고 몸을 잃는 형벌을 두려워하지
않은 것이다. 한 사람은 앞서 죽는 쉬운 일을 담당하여 屠岸賈가 武를 찾으려 한 위험에서 벗
어나게 하였고, 한사람은 뒤에 武를 찾아 세우는 어려 일을 담당하고서는 스스로 죽어 지하에
묻히니, 그 절개를 겨루어 충성을 이루고 죽는 것을 고향에 돌아가는 것과 같이 여겼으니 어쩌
한가? 아아! 세상에는 삶을 탐하고 수치스러운 짓을 차마 해내며 임금을 잊고 원수를 섬기는
자들이 있으니 이 두 사람을 봄에 어찌 얼굴이 두껍지 아니하다 하겠는가?

* 視死如歸(시사여귀): 죽는 것을 고향(故鄕)에 돌아가는 것과 같이 여긴다는 뜻으로, '죽음을 두
　려워하지 아니함'을 이르는 말. 顔厚(안후): 얼굴이 두꺼움. 뻔뻔스러워서 부끄러운 줄을 모름
　을 이르는 말.

武卒하니 號를 文子라 文子生景叔하고 景叔이 生簡子鞅하니라
簡子有臣하니 曰周舍라 死하니 簡子每聽朝에 不悅曰 千羊之皮不
如一狐之腋이라 諸大夫朝에 徒聞唯唯하고 不聞周舍之鄂鄂也일새
니라

무가 죽으니 시호를 문자라 하였다. 문자가 경숙을 낳고 경숙이 간자 앙을 낳
았다. 간자에게 신하가 있었는데 주사라 하였다. 그가 죽었는데 간자가 매번 조
회를 들음에 기뻐하지 않으며 말하기를 "천 벌의 양 갖옷이 한 벌의 여우 겨드
랑이 갖옷만 못하다." 하였다. 모든 大夫들이 조회함에 한갓 "네네!" 하는 소리
만을 듣고 주사의 직언을 들을 수 없었기 때문이다.

* 鞅(앙): 가슴걸이. 뱃대끈. 一狐之腋(일호지액): 한 벌의 여우 갖옷. 집액성구(集腋成裘)라 하여
  여우의 겨드랑이 밑에 난 흰털을 모아 갖옷을 만든다. 唯唯(유유): 네네. 남의 뜻을 거스르지
  않는 모양. 지당한 말씀이라고 그저 굽실거리는 모양. 鄂鄂(악악): 바른 말을 거리낌 없이 하는
  모양. 직언(直言). 악(鄂)은 나라 이름. 고을 이름. 한계. 나타나다. 놀라다. 곧은 말을 하다

鞅 倚兩反 朝 音潮 腋 音亦 唯上聲 ○腋은 肘也라 狐腋은 白而溫하니 最貴라 唯唯者
는 應之速而無辨難也라 鄂은 諤同이라 謇忤之意니 直言也라

腋은 팔꿈치까지 이다. 여우 겨드랑이 털은 희고도 따뜻하니 가장 귀하게 친다. 唯唯는 응답
을 빨리 하고 辨難함이 없는 것이다. 鄂은 諤과 같은 뜻이다. 어렵게 하고 거스르는 뜻이니 直
言하는 것이다.

* 肘(주): 팔꿈치. 諤(악): 곧은 말 하다. 기탄없이 말하다. 謇(건): 떠듬거리다. 어렵다. 힘들다. 발
  어사로 쓰이기도 한다.

簡子의 長子는 曰 伯魯요 幼는 曰 無恤이니 書訓戒之辭於二簡
하여 以授二子曰 謹識之하라 하고 三年而問之한대 伯魯는 不能擧
其辭하고 求其簡하니 已失之矣오 無恤은 誦其辭甚習하고 求其簡

하니 出諸懷中而奏之어늘 於是에 立無恤爲後하다

간자의 큰 아들은 백로요 막내는 무휼이다. 훈계의 말을 두 죽간에 써서 두 아들에게 주어 말하기를 "삼가 이것들을 기억하라" 하고 삼년이 지난 뒤에 물어보았다. 백로는 그 말을 제시하지 못하고 그 죽간을 찾으니 이미 그것을 잃어버렸다. 무휼은 그 말을 외우기를 매우 익숙히 하였고 그 죽간을 찾으니 품속에서 꺼내어 바쳤다. 이에 무휼을 세워 후사로 삼았다.

長上聲 識는 音이 志니 記也라 習은 熟也라

識는 音이 지이니 '기억하다'라는 뜻이다. 習은 익숙하게 익혔다는 뜻이다.

簡子使尹鐸으로 爲晉陽이러니 請曰 以爲繭絲乎잇가 以爲保障乎잇가 簡子 曰 保障哉인저 尹鐸이 損其戶數하니 簡子謂無恤曰 晉國에 有難이어든 必以晉陽으로 爲歸하라 하니라

간자가 윤탁으로 하여금 진양 땅을 다스리게 하였는데, 윤탁이 청하여 말하기를 "견사를 할까요? 보장을 할까요?"하자 간자가 말하기를 "보장을 하여라." 하니 윤탁이 그 집의 수를 줄이니 간자가 무휼에게 일러 말하기를 "晉나라에 어려움이 있거든 반드시 진양으로 귀의처를 삼거라." 하였다.

* 繭絲(견사): 부세(賦稅). 세금을 거둬들임. 保障(보장): 호구의 수를 줄임. 恤(휼): 근심하다. 饑民을 먹이다.

難去聲○爲는 猶治也라 晉陽은 縣名이니 屬太原이라 慈湖王氏 曰 繭絲者는 賦稅也요 保障者는 藩籬也라 尹鐸之意는 不在賦稅하고 而在藩籬니 此는 其所以保晉陽也라 損은 減也니 減損戶數는 則賦稅輕하여 而民力舒也라 趙는 本晉大夫라 故로 簡子自謂晉國也라 歸는 依投也라

爲는 다스린다는 뜻과 같다. 晉陽은 縣 이름이니 太原에 속한다. 慈湖王氏가 말하였다. "繭絲

는 賦稅이고 保障은 울타리 즉 국경을 지키는 것이다. 尹鐸의 뜻은 賦稅에 있지 않고 藩籬에 있었으니 이것은 그가 晉陽을 보전하려한 때문이다. 損은 減한다는 뜻이니 戶數를 줄였다는 것은 곧 賦稅를 가벼이 하여 백성들이 힘을 펼 수 있게 한 것이다. 趙氏는 본디 晉나라 大夫였기 때문에 簡子가 스스로 晉國이라 이른 것이다. 歸는 귀의하여 들어감이다.

簡子卒하고 無恤立하니 是爲襄子라 智伯이 求地於韓魏하니 皆與호대 求於趙에 不與어늘 率韓魏之甲하고 以攻趙하니 襄子出走晉陽이어늘 三家圍而灌之하니 城不浸者三版이오 沈竈産鼃호대 民無叛意러라 襄子陰與韓魏約하여 共敗智伯하여 滅智氏而分其地하다

간자가 죽고 무휼이 즉위하니 이이가 양자이다. 지백이 땅을 韓氏와 魏氏에 구하니 모두 주었으나 趙氏에게 구함에 주지 않았다. 韓과 魏의 병사를 거느리고 趙를 공격했다. 양자가 진양으로 달아나거늘 智·韓·魏 三家가 포위하고 물을 대서 공격하니 城 가운데 잠기지 아니한 것이 三版 정도였고 아궁이 마다 잠겨서 개구리가 나와도 백성들은 배반할 뜻이 없었다. 양자가 몰래 韓氏·魏氏와 함께 약속하여 함께 지백을 패배시켜 지씨를 멸망시키고 그 땅을 나누어 가졌다.

* 三版(삼판): 넓이가 두 자를 판이라 하니 여섯 자 정도만 아직 잠기지 않은 것이다. 竈(조): 부엌. 부뚜막. 鼃(와): 개구리. 음란한 소리.

鼃는 蛙同이라 ○廣二尺曰版이라 言城被灌浸而不沒者는 惟三版而已라 陰은 私也라

鼃는 蛙와 같다. ○넓이가 二尺 쯤 된 것을 版이라 한다. 성이 물을 대서 잠기는 피해를 당하여 아직 침몰되지 않은 것이 겨우 三版일 뿐이었다고 말한 것이다. 陰은 사사로이 몰래 한 것이다.

司馬公이 曰 智伯之亡也는 才勝德也니 聰察彊毅之謂才요 正直中和之謂德이라 才者는 德之資요 德者는 才之帥也라 是故로 才德兼全이면 謂之聖人이요 才德兼亡이면 謂之愚人

이요 德勝才면 謂之君子요 才勝德이면 謂之小人이라 凡取人之術에 苟不得聖人君子而與
之면 與其得小人으론 不若得愚人이라 然이나 德者는 人之所嚴이요 才者는 人之所愛니
愛者는 易親하고 嚴者는 易疏라 是以로 察者多蔽於才하여 以遺於德이라 自古以來로 國
之亂臣과 家之敗子는 才有餘而德不足하여 以至顚覆者多矣니 豈特智伯也哉아

사마온공이 말하였다. "智伯이 망한 것은 재주가 덕보다 승했기 때문이다. 聰察疆毅를 才라
이르고 正直中和를 德이라 이른다. 才는 德의 자료이고 德은 才의 장수다. 이런 때문에 才와 德
이 함께 온전하면 聖人이라 이르고, 才와 德이 모두 없으면 愚人이라 이르고, 德이 才보다 승하
면 君子라 이르고, 才가 德보다 승하면 小人이라 이른다. 무릇 사람을 취하는 방법에 진실로 聖
人과 君子를 얻어 그들과 함께 할 수 없다면 그 小人을 얻기 보다는 愚人을 얻음만 같지 못할
것이다. 그러나 德이라는 것은 사람들마다 엄연히 여기고 才라는 것은 사람들마다 아끼는 바이
니 아낀다는 것은 친하기 쉽고 엄연함은 소원해지기 쉽다. 이런 때문에 살피는 것이 재에 가려
짐이 많아 덕을 잃게 되는 것이다. 예로부터 이래로 나라 안의 亂臣과 집안의 敗子는 才가 넉
넉함이 있고 德이 不足하여서 顚覆에 이른 자가 많으니 어찌 다만 智伯뿐이겠는가?

襄子漆智伯之頭**하여** 以爲飮器러니 智伯之臣豫讓이 欲爲之報仇
하여 乃詐爲刑人**하여** 挾匕首하고 入襄子宮中塗厠이러니 襄子如厠
이라가 心動索之**하여** 獲讓하니라

양자가 지백의 머리에 옻칠하여 술그릇을 만들었다. 지백의 신하 예양이 지백
을 위하여 원수를 갚고자 하여 마침내 거짓으로 형인(刑人)이 되어 비수를 끼고
양자 궁중의 뒷간 가는 길에 숨어들어갔다. 양자가 측간에 가려다가 마음이 동
하여 그 곳을 수색하게 하여 예양을 사로잡았다.

* 刑人(형인): 엄환(閹宦). 내시부에 속한 궁중의 남자 내관. 임금의 시중을 들거나 숙직 따위의
일을 맡아보았으며 모두 거세된 사람이었기 때문에 형인이라고 부른 것이다. 같은 말로는 내
관(內官)·내수(內豎)·내환(內宦)·노공(老公)·시인(寺人)·엄관(閹官)·엄수(閹豎)·엄시(閹寺)·엄환(閹
宦)·중관(中官)·총환(寵宦)·폐환(嬖宦)·혼시(閽寺)·환관(宦官)·환부(宦夫)·환시(宦侍)·환자(宦者)·황
문(黃門) 등이 있다.

飮如字니 又去聲이라 匕는 音이 比요 厠은 音이 致라 ○飮器는 劉氏曰 酒器니 每賓

說之하여 示恨深也라 하고 晉灼이 曰 溲便器니 蓋賤之也라 하니 未知孰是라 刑人은 閹
宦也라 匕首는 尺八短劍也니 其頭類匕라 故로 曰 匕首라 塗는 路也라 厠은 溷舍也라
言讓詐爲宦者하여 入宮中하여 登厠路傍에 以伺襄子라가 而刺之也라

  飮은 글자와 같은 뜻이니 또한 去聲이기도 하다. 匕는 音이 비요 厠은 音이 측이다. ○飮器
에 대해서는 劉氏가 말하기를 "酒器이니 매번 빈객들에게 그것을 설명하여 원한이 깊었다는 것
을 보인 것이다" 하였고, 晉灼이 말하기를 "溲便器이니 대개 그것을 천하게 여기기 위한 것이
다"라고 하였으니 누가 옳은지 알 수 없다. 刑人은 閹宦이다. 匕首는 한 자에서 여덟 치 정도의
短劍이니 그 머리가 숟가락과 유사한지라 그런 때문에 匕首라한 것이다. 塗는 路와 같은 뜻이
다. 厠은 溷舍이다. 예양이 거짓으로 내시가 되어 궁중에 들어가서 측간에 오르는 길가에서 襄
子를 엿보다가 그를 찌르려 한 것을 말한 것이다.

* 飮如字又去聲(음여자우거성): 飮은 글자와 같은 뜻이니 또한 去聲이기도 하다. 상성일 때는
'마시다'의 뜻이고, 거성일 때는 '마시게 하다, 먹이다'의 뜻이다. 溲(수): 반죽하다. 씻다. 일다.
똥오줌을 누다. 오줌. 閹宦(엄환): 내시(內侍). 거세를 당하여 후궁에서 일하는 남자. 溷(혼): 똥
오줌. 돼지우리. 어지럽다. 섞이다. 伺(사): 엿보다.

問曰 子不嘗事范中行氏乎아 智伯이 滅之호대 子不爲報仇하고 反委質於智伯이러니 智伯이 死에 子獨何爲報讎之深也아

  양자가 물어 말하기를 "그대는 일찍이 범씨와 중항씨를 섬기지 않았는가? 지
백이 그들을 멸하였으되 그대는 원수를 갚고자 아니하고 도리어 지백에게 몸을
바쳐 섬기더니 지백이 죽음에 그대는 유독 어찌하여 원수 갚기를 심하게 하려
하는가?"

* 委質(위질): 자신을 돌보지 않고 섬기는 것.

  爲는 去聲이라 質은 音이 只니 身也라 言委質其身하여 而忠事之也라

  爲는 去聲이다. 質은 音이 只니 볼모로 잡힌 몸이다. 자신의 몸을 저당하여 충성으로 그를
섬기는 것을 말한다.

　* 爲去聲(위거성): 爲는 去聲이다. 평성 支자 운통으로 쓰일 때는 '하다, 베풀다, 간주하다, 다스리다' 등으로 쓰인다. 거성 寘자 운통으로 쓰일 때는 '위하다, 돕다, 보답하다, 장차' 등으로 쓰인다. 質(질): 저당하다. 볼모.

日 范中行氏는 衆人遇我하니 我는 故로 衆人報之하고 智伯은 國士遇我하니 我는 故로 國士報之니라

　예양이 말하기를 "범씨와 중항씨는 보통사람으로 나를 대우하였다. 내가 그런 때문에 보통사람으로서 보답한 것이고, 지백은 국사로서 나를 대우하였으니 내가 그런 때문에 국사로서 보답하려는 것이다." 하였다.

　遇는 待也라

　遇는 대우함이다.

襄子曰 智伯이 死無後어늘 而此人이 欲爲報仇하니 眞義士也라 舍之하라 謹避而已니라

　양자가 말하기를 "지백이 죽어 후사가 없거늘 이 사람이 지백을 위하여 원수를 갚고자 하니 참으로 의사(義士)이다. 그를 놓아 주거라. 삼가고 피할 뿐이다." 하였다.

　爲는 去聲이라 舍는 上聲이니 釋也라

　爲는 去聲이라 舍는 上聲이니 '풀어주다'의 뜻이다.

　* 舍上聲釋也(사상성석야): 舍는 上聲이니 '풀어주다'의 뜻이다. 去聲 禡자 운통이면 '집, 창고, 관부' 등의 뜻이고, 上聲 馬자 운통이면 '쏘다, 버리다, 베풀다, 폐지하다, 떠나다' 등으로 쓰인다.

讓이　又漆身爲癩하고　吞炭爲啞하여　行乞於市하니　其妻는　不識
也로대　其友識之하여　曰　以子之才로　臣事趙孟이면　必得近幸하리
니　子乃爲所欲爲顧不易邪아　何乃自苦如此오

예양이 또 몸에 옻을 발라 악창을 만들고, 숯불을 삼켜 벙어리가 되었다. 저
자거리에서 구걸을 행하니 그 처는 알아보지 못하였다. 그 벗이 그의 마음을 알
아차리고 말하기를 "그대의 재주로 신하가 되어 조맹을 섬긴다면 반드시 가까
이에서 총애를 얻을 수 있을 것인데 그대는 이에 하고자 하는 것을 함이 도리
어 쉽지 않겠는가? 어찌하여 이에 스스로 고통스럽게 하기를 이와 같이 하는
가?"하였다.

癩音賴　易音異　○漆有毒이라　人近之면　則患瘡疾苦癩라　然이나　漆身以變其容하고　吞
炭以變其聲하니　妻不識者는　容也요　友識之者는　心也라　晉六卿에　趙氏最長이라　故로　曰
趙孟이라　近幸者는　親近寵幸也라　所欲爲는　指報仇而言이라　自苦는　指癩啞而言也라

옻칠은 毒이 있다. 사람이 그것을 가까이 하면 곧 瘡疾과 苦癩의 병이 든다. 그러나 몸에 옻
칠을 발라 그 용모를 변장하고, 숯불을 삼켜서 그 목소리를 변장하였으니 아내가 알아보지 못
한 것은 그의 용모였고 벗이 그를 알아본 것은 마음이었다. 晉나라 六卿 가운데 趙氏가 最나이
가 많았다. 그런 때문에 趙孟이라 한 것이다. 近幸은 親近하고 寵幸함이다. '하고자 하는 바'는
원수 갚고자 한 것을 가리켜 말한 것이다. '스스로 고통스럽게 한다.' 함은 악창이 들게 하고 병
어리가 되게 한 것을 가리켜 말한 것이다.

讓이　曰　不可하다　旣委質爲臣하고　又求殺之면　是는　二心也라
凡吾所爲者는　極難耳나　然이나　所以爲此者는　將以愧天下後世에
爲人臣懷二心者也라하더라

예양이 말하기를 "옳지 않다. 이미 몸을 의탁하여 신하가 되고 또 다시 그를
죽이기를 구한다면 이는 두 마음을 갖는 것이다. 무릇 내가 하고자 하는 것은
지극히 어려운 일이나, 이와 같이 하는 까닭은 장차 천하 후세에 신하가 되어

두 마음을 품는 자들을 부끄러워하게 하고자 한 것이다” 하였다.

言旣臣事之면 不當有二心이니 吾爲此하여 固知報仇之難은 不過盡吾之心이니 以爲後世人臣으로 懷二心之愧而已니라

‘이미 신하가 되어 그를 섬겼으면 두 마음을 품는 것은 부당하니 내가 이를 위하여 굳이 원수를 갚는 어려움을 알게 한 것은 나의 마음을 다한 것에 지내지 않는다. 후세에 신하된 자로서 두 마음을 품는 이를 부끄럽게 하고자 한 것일 뿐이다’라고 말한 것이다.

襄子出할새　讓이　伏橋下러니　襄子馬驚이어늘　索之하여　得讓하니　遂殺之하다

양자가 외출할 때에 예양이 다리 아래에 숨어있었는데 양자의 말이 놀라거늘 그 곳을 수색하게 하여 예양을 찾아서 드디어 그를 죽였다.

伏은 藏也라

伏은 엎드려 숨은 것이다.

胡氏 曰 君子爲名譽而爲善이면 則其善이 必不誠이요 人臣이 爲利祿而效忠이면 則其忠이 必不盡이라 使智伯으로 有後하여 而豫子爲之報仇면 其心을 未可知也나 智伯無後矣로되 而讓也不忘國士之遇하고 以死許之하여 至再三而愈篤이니 則無所爲而爲之者라 眞可謂義士耳라 然이나 襄子知其如此로되 而終殺之하니 何以爲人臣之勸哉아

胡氏가 말하였다. “君子가 名譽를 위하여 善을 행하였다면 그 善이 반드시 정성스러울 수 없을 것이고, 신하가 利祿을 위하여 忠을 행하였다면 그 忠이 반드시 극진하지 못하였을 것이다. 智伯으로 하여금 후사가 있어서 예양이 그를 위하여 원수를 갚고자 하였다면 그의 마음을 알 수가 없었을 것이나 智伯이 후사가 없었으되 예양이 또한 國士로 대우해 준 것을 잊지 아니하고 죽음으로써 허여하여 두 번 세 번 하여 더욱 독실함에 이르렀으니 하려는 것이 없이 이를 행한 사람이라 참으로 의로운 선비라 이를 뿐이다. 그러나 襄子는 그가 이와 같은 사람이라는 것을 알았으면서도 끝내 그를 죽여 버렸으니 무엇으로 신하 된 자를 권면할 것인가?”

賈誼 曰 此는 一豫讓也니 其始에 忘君事讎는 行若狗彘已而요 抗節致忠은 行出乎烈士하니 皆人主使然也라 然則 爲人君者는 可不以禮遇其臣下哉아

賈誼가 말하였다. "이것은 豫讓이 한결같이 한 것이니 그 처음에 임금을 잊고 원수를 섬기는 자는 행실이 개나 돼지 같을 뿐이요 절개를 겨루고 충성을 지극히 함은 행실이 烈士들에게서 나오니 모두 임금이 그들로 하여금 그렇게 하도록 한 것이다. 그렇다면 임금 된 이는 그 신하들을 예로써 대우하지 않을 수 있겠는가?"

* 賈誼(가의 B.C.200~B.C.168): 중국 전한(前漢) 문제(文帝) 때의 학자이며 정치가이다. 문제를 섬기며 유학과 오행설에 기초를 한 새로운 제도의 시행을 주장하였다. 저서에 『좌씨전훈고(左氏傳訓詁)』, 『신서』, 『복조부(鵬鳥賦)』 등이 있다.

襄子立伯魯之孫浣하니 是爲獻子라 獻子生烈侯籍이러니 以周威烈王命으로 爲侯하다

양자가 백로(伯魯)의 손자 완을 세우니 이이가 헌자이다. 헌자가 열후 적을 낳으니 주나라 위열왕의 명으로 제후가 되었다.

浣音澣

* 浣(완): 옷을 빨다. 열흘. 근심을 씻어버리다. 澣(한): 씻다. 열흘.

歷武公敬侯成侯하고 至肅侯하니 秦人이 恐喝諸侯하여 求割地러라

무공과 경후와 성후를 지내고 숙후에 이르니, 진나라 사람들이 제후들에게 공갈하여 땅을 베어주기를 구하였다.

* 恐喝(공갈): 남으로 하여금 공포심(恐怖心)을 자아내게 하려고 을러서 무섭게 함. 공하(恐嚇). 거짓말. 하(嚇)는 '노하다, 꾸짖다'의 뜻.

恐喝은 蓋以大言으로 恐脅之하여 使畏也라

恐喝은 대개 크게 말함으로써 두렵게 위협하여 두려워하게 한 것이다.

有洛陽蘇秦하여　游說秦惠王호대　不用이어늘　乃往說燕文侯하여 與趙從親하니라

낙양에 소진이 있어 진나라 혜왕에게 유세하였으나 등용되지 못하였다. 이에 가서 연나라 문후에게 유세하여 조나라와 더불어 從親하게 하였다.

* 蘇秦(소진): 전국(戰國) 시대(時代)의 모사(謀士). 낙양 사람. 진(秦)나라에 대항하는 다른 대국 의 동맹책(同盟策)을 성공(成功)시켜 6국의 재상(宰相)을 겸임(兼任)하였다 함. 연횡책(連衡策) 을 제창한 장의(張儀)와 더불어 종횡가(縱橫家)라 일컬어짐. 從親(종친): 전국시대의 韓·魏· 趙·燕·齊·楚 등 6國이 합종하여 진나라에 대항 함. 蘇秦이 主唱함.

說音稅 從音宗 下並同 ○洛陽은 縣名이니 屬河南이라

洛陽은 縣 이름이니 河南에 속한다.

燕資之하여　以至趙어늘　說肅侯曰　諸侯之卒이　十倍於秦하니　幷 力西向이면　秦必破矣리이다　爲大王計하오니　莫若六國從親하여　以 擯秦이니이다 하니라

연나라가 자금을 주어 조에 이르거늘 숙후를 설득하여 말하기를 "제후의 병 졸들이 진나라 보다 열 배가 되니 힘을 아울러 서쪽을 향하면 진나라는 반드시 깨뜨릴 수 있습니다. 대왕을 위하여 꾀하오니 6국이 종친(從親)하여 진을 물리 침만 한 것이 없을 것입니다." 하였다.

爲 去聲 擯 必刃反 ○給助路費曰資라 六國은 燕趙韓魏齊楚也라 擯은 斥也라

路費를 주어 돕는 것을 資라한다. 六國은 燕·趙·韓·魏·齊·楚이다. 擯은 물리친다는 뜻이다.

肅侯乃資之하여 以約諸侯하니 蘇秦이 以鄙諺으로 說諸侯曰 寧爲鷄口언정 無爲牛後라 하니 於是에 六國이 從合하다

숙후가 마침내 자금을 주어 제후들을 종약(從約)하게 하니 소진이 비언(鄙諺)으로 제후들에게 달래어 말하기를 "차라리 닭의 부리가 될지언정 소의 뒤는 되지 말라" 하니 이에 6국이 합종하였다.

* 鄙諺(비언): 항간에 퍼져 쓰이는 말. 이언(俚言). 상말. 莫若(막약): ~ 함 만 같지 못하다. 擯 (빈): 물리치다.

諺은 音이 彦이니 俗語也라 正義에 曰 鷄口는 雖小나 猶能進食이요 牛後는 雖大나 乃出糞也라 陳氏曰 鷄口는 雖小나 貴也요 牛後는 雖大나 賤也니 喩寧爲小國之君이언정 無爲大國之臣也라

諺은 音이 언이니 세속의 말이다. 『史記正義』에 말하기를 "닭의 주둥이는 비록 작지만 오히려 나아가 먹을 수 있고, 소의 뒤는 비록 크지만 곧 똥이 나오는 곳이다"라고 하였다. 陳氏가 말하기를 "닭의 주둥이는 비록 작지만 貴하고, 소의 뒤는 비록 크지만 賤하니, 차라리 소국의 임금이 될지언정 대국의 신하노릇을 하지 말라"고 비유한 것이다.

* 正義(정의): 당나라 장수절(張守節) 지은 『史記正義』를 말함. 裵駰(배인)의 『史記集解』 및 司馬貞(사마정)의 『史記索隱』과 더불어 사기 3대 주석서의 하나.

蘇秦者는 師鬼谷先生이라

소진은 귀곡선생을 스승으로 삼았다.

* 鬼谷先生(귀곡선생): 귀곡자(鬼谷子)는 왕후(王詡) 혹은 왕선(王禪)이라 불리는 전국시대의 사

상가이다. 그는 당시 초나라 땅인 청계(淸溪)에 위치한 귀곡지방에 은거하여 스스로를 귀곡선생이라 하며 종횡설을 논한 『귀곡자(鬼谷子)』 3권을 지었다고 한다. 출생연도 등을 알 수는 없으나, 대략 B.C. 3세기경의 인물이라고 추측된다. 그는 종횡가(縱橫家)의 비조로 알려져 있으며, 그의 제자 중에 가장 걸출한 인물로는 전국시대에 진(秦)나라와 대항하는 6국의 합종책(合從策)을 이루어 냈던 소진(蘇秦)과, 이와 반대로 6국을 진나라와 결합시키는 연횡책(聯橫策)을 주도한 장의(張儀)를 들 수가 있다. 그리고 『손자병법』을 쓴 군사전략가 손빈(孫臏)과 방연(龐涓)도 그의 제자였다고 한다. 이들은 모두 무형의 모략을 감추고 조용히(無爲) 있는 것 같으나, 항상 싸우지 않고 비용도 들지 않는 싸움(戰於不爭不費)을 강조한 사람들이며, 결과적으로 남들이 모르는 지혜를 가지고 남들이 할 수 없는 일을 하였던 사람들인데, 『귀곡자』 속에 이미 이런 생각이 중요하게 다루어지고 있다.

鬼谷先生은 謂王詡이니 居淸溪之鬼谷이라 因號焉이라

鬼谷先生은 王詡를 이르니 淸溪의 鬼谷에 살았다. 이 때문에 號로 불러진 것이다.

初出遊라가 困而歸하니 妻不下機하고 嫂不爲炊러라

처음으로 유세를 떠나갔다가 곤궁하여 돌아오니 처는 베틀에서 내려오지도 아니하였고 형수는 그를 위해 불도 때주지 아니하였다.

爲去聲

至是에 爲從約長하여 幷相六國하고 行過洛陽할새 車騎輜重이 擬於王者하니 昆弟妻嫂側目不敢仰視하고 俯伏侍取食이라

이에 이르러 종약의 수장이 되어 6국의 재상을 아우르고 행차가 낙양을 지나갈 때에 거마와 짐이 왕에 비길 만 하였으니 형제와 아내와 형수가 곁눈으로 보며 감히 마주보지 못하고 구부리고 엎드려 모시고 음식을 취하였다.

* 車騎輜重(거기치중): 거마와 짐. 타는 수레와 짐 실은 수레.

長은 上聲이요 相과 騎는 皆去聲이라 輜重은 音이 菑仲이니 載衣物之車也라 擬는 比也라

長은 上聲이다. 相과 騎도 모두 去聲이다. 輜重은 音이 菑仲이니 의복이나 물건을 실는 수레이다. 擬는 '비기다'라는 뜻이다.

蘇秦이 笑曰 何前倨而後恭也오

소진이 웃어 말하기를 "어찌 전에는 오만하더니 뒤에는 공손하게 되었습니까?"하였다.

倨音句니 傲慢也라

倨는 音이 句이니 '오만하다'는 뜻이다.

嫂 曰 見季子位高金多也로이다 하니라

형수가 말하기를 "계자의 높은 지위와 많은 재물을 보았기 때문입니다" 하였다.

季子는 秦의 字也라

季子는 소진의 字이다.

秦이 喟然歎曰 此一人之身이로되 富貴면 則親戚이 畏懼之하고 貧賤이면 則輕易之어든 況衆人乎아 使我로 有洛陽負郭田二頃이면 豈能佩六國相印乎아 하고 於是에 散千金하여 以賜宗族朋友하다

소진이 위연히 탄식하여 말하기를 "이는 한 사람의 몸이로되 부귀하면 친척이 그를 두려워하고 빈천하면 그를 가볍고 쉽게 보는데 하물며 다른 사람이겠는가? 나로 하여금 낙양에 성에 가까이 있는 농지 2경만 있었다면 어찌 능히 6

국의 재상 인을 찰 수 있었겠는가?” 하고는 이에 천금을 나누어서 종족과 붕우
들에게 나누어 주었다.

* 頃(경): 백묘(百畝). 사방 6척(四方六尺)을 일보(一步)라 하고 백보(百步)를 일묘(一畝)라 함. 지
금은 1묘가 30평임. 負郭田(부곽전): 성에 가까이 있는 밭.

　　易는 音이 異이니 慢也라 負郭田은 近城田也라 百畝爲頃이라 相은 去聲이라

　　易는 音이 異이니 쉽게 여긴다는 뜻이다. 負郭田은 城 가까이 있는 농지이다. 百畝를 頃이라
한다. 相은 去聲이다.

* 相去聲(상거성): 相이 去聲 漢자 운통일 때는 ‘보다, 돕다, 가신, 재상’ 등으로 쓰인다. 平聲 陽
　자 운통일 때는 ‘서로, 바탕’ 등으로 쓰인다.

　　既定從約하고　歸趙하니　肅侯封爲武安君이라　其後에　秦이　使犀
首로　欺趙하여　欲敗從할새　約齊魏伐趙하니　蘇秦恐하여　去趙하니
而從約解러라

　　이미 종약을 정하고 조나라에 돌아오니 숙후가 봉하여 무안군으로 삼았다. 그
후에 진나라가 서수 공손연으로 하여금 조나라를 속여 종약을 깨뜨리고자 할
때 제나라와 위나라가 조나라를 치기로 언약하니 소진이 두려워하여 조나라를
떠나자 종약이 해체 되었다.

　　犀首는　官名이니　即公孫衍也라　秦使衍으로　欺齊魏하여　以伐趙러니　肅侯讓蘇秦이라
秦恐하여　請使燕으로　必報齊라가　乃去趙하니　而從約解러라

　　犀首는 官名이니 곧 公孫衍이었다. 秦나라는 공손연으로 하여금 齊나라와 魏나라를 꾀여 趙
나라를 치게 하였다. 肅侯가 蘇秦을 나무라자 소진이 두려워하여 연나라로 하여금 반드시 제나
라에 보복할 것을 청하였다. 마침내 소진이 조나라를 떠나니 합종의 약정은 자연 모두 해체되
었다.

肅侯子武靈王이 立하여 始胡服하고 招騎射하여 略胡地하며 滅中山하고 欲南襲秦이라가 不果러라

숙후의 아들 무령왕이 즉위하여 비로소 호복을 하고 기사를 불러 호 땅을 노략질 하며 중산국을 멸하고 남쪽으로 진을 습격하고자 하다가 결행하지 못하였다.

騎去聲 ○胡服은 胡虜之服也라 騎射는 騎馬射弓之人也라 北狄曰胡라 中山은 國名이라

胡服은 胡虜의 衣服이다. 騎射는 말을 타고 활을 쏘는 사람들이다. 北狄을 胡라 말한다. 中山은 國名이다.

* 胡虜(호로): 북방의 이민족(異民族)인 흉노(匈奴)를 이르는 말. 외국인(外國人)을 얕잡아 이르는 말.

傳子惠文王하니 惠文이 嘗得楚和氏璧이러니 秦昭王이 請以十五城으로 易之어늘 欲不與나 畏秦强하고 欲與나 恐見欺러라

아들 혜문왕에게 전하니 혜문왕이 일찍이 초나라의 화씨벽을 얻었는데 진나라 소왕이 15개의 성으로 바꾸기를 청하였다. 주지 아니 하고자 하나 진나라의 강함이 두렵고, 주려고 하나 속임을 당할까 두려웠다.

* 和氏璧(화씨벽): 화씨의 보옥. 『韓非子』에 다음과 같이 기술되어 있다. 초나라 사람 화씨가 초산에서 옥돌을 얻어 여왕에게 봉헌하였다. 여왕이 옥장이로 하여금 이를 감정하게 하였다. 옥장이가 말하였다. "돌입니다." 왕은 화씨가 속였다고 여겨, 그 왼쪽 발의 발꿈치를 잘랐다. 여왕이 죽고 무왕이 즉위하였다. 화씨는 또 그 옥돌을 무왕에게 봉헌하였다. 무왕이 옥장이로 하여금 이를 감정하게 하였다. 또 말하기를 "돌입니다." 하였다. 왕이 또 화씨가 속였다고 여겨 그의 오른발 발꿈치를 잘랐다. 무왕이 죽고 문왕이 즉위하였다. 화씨는 이에 그 옥돌을 품고 초산 아래에서 3일 밤낮으로 우니, 눈물이 다하고 피가 이이겄다. 왕이 이를 듣고 사람을 시켜 그 까닭을 묻게 하였다. "천하에 월형을 받은 자가 많은데, 그대는 어째서 슬피 우는가?" 화씨

가 말하였다. "저는 월형을 받은 것을 슬퍼하는 것이 아니라, 이는 보옥인데 이를 돌이라 품평한 것을 슬퍼하는 것이며, 곧은 선비를 사기꾼이라 부르니, 이것이 제가 슬퍼하는 바입니다." 왕이 이에 옥장이로 하여금 그 옥돌을 다듬어 보옥을 얻게 되었다.(楚人和氏 得玉璞楚山中하여 奉而獻之厲王이러니 厲王이 使玉人相之라 玉人이 曰 石也니이다 王이 以和爲誑라하고 而刖其左足이라 及厲王薨에 武王卽位하니 和又奉其璞而獻之武王이러니 武王이 使玉人相之라 又曰 石也니이다 王이 又以和爲誑라하고 而刖其右足이라 武王崩에 文王卽位하니 和乃抱其璞,하고 而哭於楚山之下에 三日三夜러니 泣盡而繼之以血이러라 王이 聞之하고 使人問其故曰 天下之刖者多矣로되 子奚哭之悲也아 和曰 吾非悲刖也니이다 悲夫寶玉而題之以石이요 貞士而名以誑하니 此吾所以悲也.로이다 王이 乃使玉人으로 理其璞하여 而得寶焉이라)

易音亦 ○楚和氏者는 楚國 卞和氏也라 嘗得玉於荊山이라 故로 曰 和氏璧也라 易은 換也라

楚和氏라는 것은 楚國의 卞和氏이다. 일찍이 荊山에서 옥을 얻었기 때문에 和氏璧이라 한 것이다. 易은 '바꾸다'의 뜻이다.

藺相如願奉璧往이라가 城不入則臣請完璧以歸하리이다

인상여가 "원컨대 구슬을 받들고 갔다가 성을 주지 아니하면 신이 청컨대 구슬을 온전히 하여 돌아오겠습니다." 하였다.

藺音돈

旣至에 秦王이 無意償城이어늘 相如乃紿取璧하고 怒髮指冠하여 郤立柱下 曰 臣頭與璧俱碎라하고 遣從者懷璧間行先歸하고 身待命於秦하니 秦昭王이 賢而歸之하다

이미 이르러 진왕이 성으로 갚을 뜻이 없거늘 인상여가 이에 속여 구슬을 취하고, 노하여 머리털이 곤두서서 관을 찌르는 것처럼 몹시 성을 내며 물러나와 기둥아래에 서서 말하기를 "신의 머리는 구슬과 함께 부서질 것입니다."라하고, 종자로 하여금 구슬을 품고 몰래 먼저 돌려보내고 자신은 진나라에 명을 기다

리니 진나라 소왕이 현명하게 여겨 돌려보냈다.

* 髮指(발지): 몹시 성내는 모양. 遣(견): 하게하다. 하여금.

　償音常　紿蕩亥反　從間　皆去聲　○償은　酬也라　紿는　欺也라　卻은　退也라　間行은　謂私便捷徑也라

　償은 '갚는다'는 뜻이다. 紿는 '속이다, 의심하다'의 뜻이다. 卻은 '물러나다'의 뜻이다. 間行은 은밀한 편으로 재빠르게 함을 이른다.

* 從(종): 平聲 冬字韻統일 때는 '쫓다, 따르다' 去聲 宋字韻統일 때는 '버금, 마음대로, 일가, 하인' 間(간): 平聲 刪字韻統일 때는 '사이, 때, 양수사' 去聲 諫字韻統일 때는 '틈을 타다, 차별, 혐의, 틈, 참여하다, 살피다, 사사로이하다, 은밀히' 紿(태): 속이다. 의심하다. 私便(사편): 사사로이 준비한 인편(人便). 捷徑(첩경): 지름길. 빠른 방법.

秦王이　約趙王會澠池할새　相如從이러니　及飮酒에　秦王이　請趙王鼓瑟하니　趙王이　鼓之라

　진나라 왕이 조나라 왕과 언약하여 민지에서 회합할 때에 인상여가 따라갔다. 술을 마실 때에 진왕이 조왕에게 비파 연주하기를 청하니 조왕이 비파를 연주하였다.

* 澠(민): 고을 이름. 강 이름(승).

　澠音免　從去聲　○澠池는　縣名이니　屬陝州라　瑟은　絲屬이니　二十五絃이라

　澠池는　縣名이니　陝州에 속한다. 瑟은　絲屬이니　二十五絃이다.

相如請秦王擊缶하여　爲秦聲하니　秦王이　不肯이라

　인상여가 진왕에게 부(缶)를 쳐서 진나라 노래 부르기를 청하니 진왕이 좋아

하지 아니하였다.

缶는 音이 否이니 盛酒瓦器也라 秦俗에 擊之以節樂이라

缶는 音이 否이니 술을 담는 사기그릇이다. 秦나라 풍속에 이것을 두드려 곡조와 가락을 맞춘다.

相如 曰 五步之內에 臣이 得以頸血로 濺大王하리이다 左右欲刃之에 相如叱之하니 皆靡라 秦王이 爲一擊缶하니 秦이 終不能有加於趙하고 趙亦盛爲之備하니 秦不敢動이러라

인상여가 말하기를 "다섯 걸음 안에서 신이 능히 목에서 흐르는 피로 대왕에게 뿌릴 수 있습니다."라고 하였다. 좌우가 그를 베려고 함에 인상여가 사납게 꾸짖으니 다 물러나 엎드렸다. 진나라 왕이 이 때문에 한번 부(缶)를 치니 진나라가 마침내 조나라에 공격을 가하지 못하였고, 조나라도 또한 강성(强盛)하게 방비를 하니 진나라가 감히 움직이지 못하였다.

* 濺(천): 흩뿌리다. 刃(인): 칼날. 칼. 베다. 靡(미): 쓰러지다. 복종하다. 연루되다. 쏠리다.

濺音箭 叱音只 爲去聲 ○五步之內는 言至近也라 濺은 汚洒也라 刃은 殺也라 叱은 厲聲喝之也라 靡는 退伏也라

五步之內는 지극히 가까움을 이른다. 濺은 오물을 뿌리는 것이다. 刃은 죽인다는 뜻이다. 叱은 사나운 소리로 꾸짖는 것이다. 靡는 물러나 엎드리는 것이다.

趙王이 歸하여 以相如로 爲上卿하니 在廉頗右라

조왕이 돌아와서 인상여로 상경을 삼으니 염파의 오른 쪽에 있게 되었다.

古者에 尙右라 故로 以右爲上也라

옛적에는 오른 쪽을 숭상했다. 그런 때문에 오른쪽으로 위를 삼은 것이다.

頗 曰 我爲趙將**하여** 有攻城野戰之功**하고** 相如는 素賤人**이라** 徒
以口舌로 居我上**하니** 吾 羞爲之下**라** 我見相如**면** 必辱之**하리라**

염파가 말하기를 "나는 조나라의 장군이 되어 성을 공격하고 들에서 싸운 공
이 있고 인상여는 본래 미천한 사람이라 한갓 입과 혀를 놀려 나보다 위에 거
하니 내가 아래 됨을 부끄럽게 여긴다. 내가 인상여를 보면 반드시 욕을 보일
것이다." 하였다.

將去聲

相如聞之**하고** 每朝**에** 稱疾**하여** 不欲與爭列**하고** 出**이라가** 望見
이면 輒引車避匿**하니** 其舍人**이** 皆以爲恥**하니라**

인상여가 이를 듣고 매번 조회에 병을 핑계 대여 더불어 서열을 다투고자 아
니하고, 나가다가도 멀리 보이면 문득 수레를 끌어 피하여 숨으니 그의 집안사
람들이 다 치욕스럽게 여겼다.

朝平聲 ○列은 位序也라 舍人은 猶言家人也라

列은 자리의 순서이다. 舍人은 家人이라 말함 같다.

相如 曰 夫以秦之威**로도** 相如廷叱之**하여** 辱其群臣**하니** 相如雖
駑**나** 獨畏廉將軍哉**아** 顧念**컨대** 强秦**이** 不加於趙者**는** 徒以吾兩人
在也**러니** 今兩虎共鬪**면** 其勢不俱生**하리니** 吾所以爲此者**는** 先國家
之急**하고** 而後私仇也**라하니라**

인상여가 말하기를 "저 진나라의 위엄으로도 내가 조정에서 그들을 꾸짖어
서 그 군신들을 욕보였으니 내가 비록 노둔하나 유독 염장군을 두려워하겠는가.
다만 생각해 보건대 강한 진나라가 조나라를 공격하지 않는 것은 다만 우리 두

사람이 있기 때문이다. 지금 두 호랑이가 서로 다툰다면 그 형세가 함께 살지 못할 것이니 내가 이렇게 하는 까닭은 국가의 급함을 먼저하고 사사로운 원수를 뒤로 여긴 때문이다." 하였다.

夫는 平聲이요 駑는 音이 奴이니 鈍也라 爲此는 指稱疾避匿而言이라

夫는 平聲이요 駑는 音이 奴이니 노둔하다는 뜻이다. 爲此는 병을 칭탁하고 피하여 숨었던 것을 가리켜 말한 것이다.

頗聞之하고 肉袒負荊하고 詣門謝罪하고 遂爲刎頸之交하다

염파가 이를 듣고 웃통을 벗고 가시나무를 지고 문에 이르러 사죄하고 드디어 문경지교가 되었다.

* 肉袒負荊(육단부형): 웃옷 한쪽을 벗고 가시나무를 짐. 곧, '잘못을 크게 뉘우침'의 뜻. 袒(단): 웃통을 벗다. 옷을 벗어 메다. 소매를 걷다. 刎頸之交(문경지교): 생사를 함께하여 목에 칼을 찔러도 마음을 변하지 않는 친한 사이.

袒音但 刎音抆 ○露臂曰袒이라 負는 荷也라 荊은 楚屬이라 刎頸은 謂刎割其頸이라도 合爲一人也라

팔을 드러내는 것을 袒이라 한다. 負는 '메다'의 뜻이다. 荊은 회초리의 등속이다. 刎頸은 목을 자르고 베일지라도 한 사람을 위하여 합심함을 이른다.

楊氏曰 古之智者는 以小事大하니 有以皮幣犬馬珠玉而不得免者라 至乃棄國而逃之하연 況一璧乎아 雖與之라도 可也라 相如計不出此하여 而欲以身死之하니 可謂失義而傷勇矣라 及其完璧而歸趙에 亦何益哉아 至於澠池之會엔 則其危又甚矣니 雖勿往이라도 可也라 相如爲國卿相하여 挾萬乘之君하고 以蹈危事하니 其勇智又不足이라 重趙使秦으로 不敢懦焉하고 乃欲以頸血濺之하니 豈非孔子所謂暴虎馮河死而無悔者歟아

楊氏가 말하였다. "옛적에 지혜로운 자는 작은 것으로 큰 것을 섬긴다. 피륙과 폐백과 犬馬

와 珠玉으로써도 면할 수 없는 것이 있다. 마침내 나라를 버리고 도망감에 이르러서는 하물며 하나의 구슬 따위이겠는가? 비록 그것을 주어버린다 하더라도 옳을 것이다. 相如의 計策은 여기에서 벗어나지 못하여 몸으로써 죽기를 원하였으니 의(義)를 잃고 용(勇)을 상했다고 이를 만하다. 그 구슬을 온전히 하여 조나라에 돌려보냄에 이르러서 또한 무슨 이익이 있었는가? 澠池의 회합에 이르러서는 그 위태로움이 또한 심하니 비록 가지 말아야 하는 것이 옳았다. 相如는 나라의 卿相이 되어 萬乘의 임금을 의지하고 위험한 일을 실행하였으니 그의 용맹과 지혜가 또한 不足하다 할만하다. 거듭 趙나라가 秦나라로 하여금 감히 두려워서 벌벌 떨게도 못하였고 마침내 목에서 흐르는 피로 뿌리고자 하였으니 어찌 공자께서 이르신바 '맨손으로 범을 때려잡고 하수를 걸어 건너다가 죽어도 후회가 없는 자'가 아니겠는가?"

* 惴(췌): 두려워하여 벌벌 떨다. 暴虎馮河(포호빙하): 맨 손으로 범을 잡고 배 없이 황하를 건넌다. 아무 준비도 없이 무모하게 쓸 데 없는 용기만 내는 사람을 말함.(『논어·술이』子謂顔淵曰 用之則行하고 舍之則藏을 唯我與爾有是夫인져 子路曰 子行三軍이면 則誰與시리잇고 子曰 暴虎馮河하여 死而無悔者를 吾不與也니 必也臨事而懼하며 好謀而成者也니라. 공자가 안연에게 일러 말씀하셨다. '쓰여 지면 행하고, 버려지면 감춰어 두는 것을 오직 나와 네가 이것을 할 수 있을 것이다.' 자로가 말하기를 '선생님께서 삼군을 행하신다면 누구와 함께 하시겠습니까?' 공자 말씀하셨다. '맨손으로 범을 때려잡고 하수를 걸어 건너다가 죽어도 후회가 없는 자를 나는 함께 아니하니, 반드시 일에 임해서 두려워하며, 도모하여 이루는 자를 좋아한다.')

惠文王子孝成王이 立이라 秦이 伐韓하니 韓上黨降於趙라

조나라 혜문왕의 아들 효성왕이 즉위하였다. 秦이 韓을 정벌하니 한나라 상당의 땅으로 조나라에 항복하였다.

上黨은 郡名이니 屬山西라 今潞州是也라 通鑑에 上黨守馮亭이 謀曰 秦兵日進하여 韓不能支니 不如歸趙라 韓趙爲一이면 可以當秦矣리라 하니라

上黨은 郡名이니 山西에 속한다. 지금의 潞州가 이곳이다. 『通鑑』에 上黨의 郡守 馮亭이 계책을 내어 말하기를 "秦나라 군대가 날로 강해져서 韓나라가 능히 지탱할 수 없을 것이니 趙나라에 귀의하는 것만 같지 못하다. 韓나라와 趙나라가 하나가 된다면 秦나라를 당해낼 수 있을 것이다." 하였다.

秦이 攻趙하니 廉頗軍長平하고 堅壁不出하니라

진나라가 조나라를 공격하니 염파가 장평에 군진을 치고 성벽을 굳게 지키기만 하고 나아가 싸우지 않았다.

軍은 屯駐也라 長平은 城名이니 在澤州高平西라 堅壁은 謂堅守營壁하여 不出戰也라

軍은 군대를 屯駐하는 것이다. 長平은 城 이름이니 澤州 高平의 西쪽에 있다. 堅壁은 군영의 성벽을 굳게 지켜 나아가 싸우지 않는 것이다.

秦人이 行千金爲反間 曰 秦獨畏은 馬服君趙奢之子括爲將耳라 하니라

진나라 사람이 천금을 주어 반간을 하여 말하기를 "진나라가 오직 두려워하는 것은 마복군 조사의 아들 괄이 장수되는 것일 뿐이다" 하였다.

* 反間(반간): 敵의 간첩(間諜)을 이용하여 도리어 我軍에 역이용하는 계략. 馬服君趙奢(마복군조사): 조사(趙奢)는 본래 조(趙)나라의 부세를 징수하는 낮은 관리였다. 한 번은 평원군(平原君) 집에서 조세를 내지 않으려고 하자 법에 따라 그 집의 책임자 아홉 명을 사형에 처하였다. 이때 평원군이 진노하여 조사를 죽이려 하자 그는 이렇게 말했다. "당신은 조나라의 귀공자이십니다. 지금 당신의 집에서 공사(公事)를 받들지 않는 것을 그대로 둔다면 국법은 흔들릴 것이고, 국법이 약해지면 나라도 약해지게 됩니다. 나라가 약해지면 제후들이 병사를 모아 침범할 것이고, 제후들이 군사를 일으키면 조나라는 멸망할 것입니다. 그렇게 된다면 공께서 이와 같은 부를 누리실 수 있겠습니까?" 이 일로 조사는 국가 세금을 관장하는 자리에 발탁되었고, 후에는 마복군 (馬服君)에 봉해져 염파, 인상여와 같은 지위가 되었다.

間將 皆去聲 ○奢는 嘗爲趙將有功하여 封馬服君이라

奢는 일찍이 조나라 장수가 되어 공이 있어서 馬服君에 봉해졌다.

王이 使括로 代頗하니 相如 曰 王이 以名使括하시니 若膠柱鼓

瑟耳니 括이 徒能讀父書하고 不知合變也니이다 王이 不聽이러라

　왕이 조괄로 하여금 염파를 대신하게 하니 인상여가 말하기를 "왕이 명성만
으로써 조괄을 부리시니, 기러기발을 아교로 붙여 비파를 치는 것과 같습니다.
괄이 한갓 아비의 글을 읽을 줄만 알고 변화에 부합할 줄은 알지 못합니다."라
고 하였으나 왕이 듣지 아니하였다.

* 膠柱鼓瑟(교주고슬): 비파나 거문고의 기러기발을 아교로 붙여 놓으면 음조(音調)를 바꾸지 못
　하여 한 가지 소리밖에 내지 못하듯이 고지식하여 융통성(融通性)이 전혀 없음을 나타내는 말.
　또는 규칙(規則)에 얽매여 변통할 줄 모르는 사람을 이름.

　柱者는 瑟上雁足이니 所以移游上下하여 以調聲也라 瑟은 二十五絃이니 一絃一柱로
以膠粘之면 則不能鼓矣라

　柱라는것은 비파 위에 세우는 기러기발이니 위 아래로 놀려서 소리를 조율하는 것이다. 瑟은
25 絃이니 한 현에 하나의 기러기발로 아교를 칠하여 붙이게 되면 능히 곡을 변통하여 연주할
수 없게 된다.

　括이 少學兵法할새 以天下莫能當이라하여 與父奢로 言之에 奢
不能難이나 然이나 不謂善也하니 括母問故한대 奢曰 兵은 死地也
어늘 而括이 易言之하니 趙若將括이면 必破趙軍이라 하니라

　괄이 어려서 병법을 배울 때에 천하에 능히 감당할 사람이 없다 하여 아버지
조사로 더불어 병법에 대하여 말함에 조사가 능히 논란하지는 않았으나 그러나
잘한다고도 말하지 아니했다. 괄의 어머니가 연유를 물었는데 조사가 말하기를
"전쟁이란 목숨을 내 놓는 곳이거늘 괄이 쉽게 말하니 조나라가 만약 괄을 장
수로 삼으면 반드시 조나라 군사를 파멸시킬 것이다." 하였다.

　少難易將 皆去聲 ○難은 辨難也니 言括以兵爲易而奢不與辨難하고 亦不謂其善將兵하
니 所以括母疑而問也라

難은 어려움을 변론함이니 조괄이 병법의 운용을 쉽게 여김으로써 조사가 함께 그 어려움을
변론하지도 않고　또한 그가 장수와 병졸의 운영을 잘한다고도 말하지 않으니 이 때문에 조괄
의 어머니가 의심하여 물은 것이다.

及括이 將行에 其母上書하여 言括을 不可使라 하니라

괄이 장차 떠나감에 미쳐 그의 어머니가 임금에게 글을 올려 '괄을 장수로 삼
아서는 안 된다.'고 말하였다.

有卽有不稱妾請無隨坐之語라

『통감』에 '곧 장수의 적임에 맞지 않더라도 첩에게는 청컨대 연좌의 죄를 묻지 마소서'라고
한 말이 있다.

* 其母上書하여 言括을 不可使라 하니 王이 曰 吾已決矣로라 母이 曰 卽有不稱이라도 妾은 請無隨
　坐하소서 王이 許之하다.

括이 至軍하여 果爲秦將白起所射殺하고 卒四十萬이 皆降이러니 坑於長平하다

괄이 군진에 이르러 과연 진나라 장수 백기에게 사살(射殺)을 당하였고 군졸
사십만이 모두 항복하였는데 장평에 매장되어버렸다.

爲將 皆去聲 ○坑은 謂殺而壓之於谷也라

坑은 죽여서 그들을 골짜기에 묻어버린 것을 이른다.

趙相平原君公子勝食客이　常數千人이라　客有公孫龍者러니　能爲 堅白同異之辨이러라

조나라 재상 평원군 공자 승의 식객이 항상 수천인이었다. 객중에 공손룡이란

자가 있었으니 능히 견백동이(堅白同異)의 논변을 잘 하였다.

* 堅白同異之辯(견백동이지변): 공손룡 등의 변론법. 堅白이란 옥의 단단함과 흰 것을 분별함을 말하고, 同異란 同者로 하여금 상이케 하고 異者로 하여금 동일케 하는 것이다. 즉 질이 단단하고 빛이 흰 돌이 있을 때 그것을 보고는 다만 흰 것인 줄을 알되 단단한지는 알지 못하고, 그것을 손으로 만져 보고는 다만 단단한 것만 알되 흰 것인 줄은 알지 못하므로, 단단한 돌과 흰 돌은 서로 다른 것이고 같은 것이 아니라는 의론이며, 까마귀를 백로라 하고 백로를 까마귀라 하여 강변(强辯)으로 사람을 굴복시키는 논변술이다. 다시 말하면 억지를 써서 옳은 것을 그르다 하고 그른 것은 옳다 하고 같은 것을 다르다고 하고 다른 것을 같다고 하는 궤변. 공손룡(公孫龍)은 혜시(惠施)·등석(鄧析) 등과 함께 명가(名家)에 속하는 인물로 명실(名實)을 바로잡아야 함을 주장하였으나 궤변에 흐르고 말았다. 그의 백마비마론(白馬非馬論)도 같은 종류이다. 백마가 말이 아니라는 것은 백마의 개념과 말의 개념이 동일하지 않기 때문이라는 것이다. 公孫龍(공손룡, BC 320~BC 250): 중국 전국시대(戰國時代)의 사상가로 조(趙)나라 사람이다. 자는 자병(子秉). 평원군(平原君)의 식객 되어 공자의 후손인 공천(孔穿)과 논담(論談)하였으며 위(魏)나라의 공자 모(牟)와 친교가 있었다. 그는 당시에 명실(名實: 이름과 실상, 개념과 사실)의 관계가 일탈되고 혼란되어 있는 상태를 크게 문제 삼아, 자기 재능의 특장에 의지하여 수백론(守白之論: 백을 지키는 논증)을 제시했다.

　龍의 字는 子石이라 莊子註에 云하되 公孫龍이 著守白論하여 行于世라 하니 堅白은 蓋卽守白이니 言堅執其說하여 而守之也라 龍之辨이 將合異以屬同이라 故로 曰 同異라

　공손룡의 字는 子石이다. 成元英의 『莊子』註에 이르되 '公孫龍이 守白論을 지어 世上에 행하였다.'하였다. 堅白論은 대개 守白論이니 그 말을 굳게 잡아 그것을 지킴을 말한 것이다. 公孫龍의 변론이 장차 다른 것으로써 같다는 데 속하게 합치시켰기 때문에 同異論이라 말하기도 한다.

秦이 攻趙邯鄲하니 平原君이 求救於楚할새 擇門下文武備具者二十人하여 與俱호대 得十九人이러라

　진나라가 조나라 한단을 공격하니 평원군이 구원을 초나라에 청할 때에 그 문하에 문무를 겸비한지 20인을 가려서 함께 가려고 하였는데 19인만을 얻었다.

邯鄲은 音이 寒單이요 縣名이니 爲磁州라

邯鄲은 音이 寒單이요 縣 이름이니 磁州이다.

毛遂自薦이어늘 平原君이 曰 士處世若錐處囊中하여 其末이 立見하나니 今先生이 處門下三年에 未有聞이라

모수가 스스로 천거하거늘 평원군이 말하였다. "선비가 처세하는 것이 송곳이 주머니 속에 있는 것과 같아서 그 끝이 서서 나타나는 것인데 이제 선생이 문하에 처한 지 삼년이나 되었으되 아직 소문을 들은 것이 없습니다."

處上聲 錐音追 見音現 下同 ○錐는 鑽也라 囊은 袋也라 末은 錐杪也라 見은 露出也라

錐는 송곳이다. 囊은 주머니이다. 末은 송곳의 끝이다. 見은 드러남이다.

* 杪(초): 가늘다. 나무 끝.

遂 曰 使遂로 得處囊中이면 乃脫穎而出이오 非特末見而已니이다

모수가 말하였다. "저로 하여금 주머니 속에 처하게 하였다면 마침내 송곳 자루 채 밖으로 드러났을 것이요 다만 끝만 드러나 보일 뿐이 아니었을 것입니다."

* 穎(영): 칼자루. 뾰족한 끝. 이삭. 빼어나다. 우수하다. 脫穎(탈영): 영탈(穎脫). 재능(才能)이 뛰어나게 우수(優秀)함.

脫은 猶突也라 穎은 音이 影이라 錐는 芒也라

脫은 돌출되었다는 말과 같다. 穎은 音이 影이다. 錐는 뾰쪽한 송곳의 끝이다.

平原君이 乃以備數하니 十九人이 目笑之러라

평원군이 이에 모수로서 숫자를 채우니 19인이 눈짓으로 서로 보면서 그를 비웃었다.

目笑는 謂目相視而含笑之也라

目笑는 눈으로 서로 바라보고서 웃음을 짓는 것이다.

至楚하여 定從不決이어늘 毛遂按劒歷階升 日 從之利害兩言而決耳어늘 今日出而言하여 日中不決은 何也오

초나라에 이르러 합종을 정함에 결론이 나지 아니하거늘 모수가 칼을 어루만지며 계단을 지나 올라가 말하였다. "합종의 이해는 두 마디의 말이면 결단할 뿐이거늘 오늘 해가 뜨기 시작할 때부터 말하여 해가 중천에 이르러도 결단하지 못함은 어찌된 일입니까?"

決은 斷也라

決은 결단이다.

楚王이 怒叱 日 胡不下오 吾與而君으로 言인댄 汝는 何爲者오

초왕이 노하여 꾸짖어 말하였다. "어찌 내려가지 않느냐? 내가 너희 주군과 더불어 말하고 있는데 너는 어찌된 놈이냐?"

胡는 何也라 下는 謂下階也라 而는 汝也라 君은 指平原君이라

胡는 '어찌'라는 뜻이다. 下는 층계를 내려감을 이른다. 而는 汝의 뜻이다. 君은 平原君을 이

른다.

毛遂按劒而前曰　王所以叱遂는　以楚國之衆也나　今十步之內에　不得恃楚國之衆也오　王之命이　懸於遂手하니이다　以楚之强으로도　天下莫能當이어늘　白起는　小豎子耳라　一戰而擧鄢郢하고　再戰而燒夷陵하며　三戰而辱王之先人하니　此는　百世之怨이오　趙之所羞니이다　合從은　爲楚오　非爲趙也니이다

모수가 칼을 쥐고 앞으로 나서며 말하였다. "왕이 저를 꾸짖을 수 있는 것은 초나라의 군대를 믿기 때문이나 이제 10보의 안에는 믿을 만한 초나라의 군대도 없습니다. 왕의 목숨이 저의 손에 달려있습니다. 초나라의 강함으로도 천하를 능히 감당할 수 없거늘 백기는 작은 애송이일 뿐이라 한 번 싸움에 언영을 들어 먹었고, 두 번 싸움에 이릉을 불태웠으며, 세 번 싸움에 왕의 선인들을 욕되게 하였으니, 이는 백 세대의 원한을 남긴 것이요 조나라의 수치입니다. 합종은 초나라를 위함이요 조나라를 위함이 아닙니다."

鄢音偃　爲去聲　○鄢은　城名이니　在襄州라　夷陵은　郡名이요　屬湖北이니　今峽州라

鄢音偃　爲去聲　○鄢은　城의　이름니　襄州에　있다. 夷陵은　郡　이름이요　湖北에　속하니　지금의　峽州이다.

王이　曰　唯唯라　誠若先生之言이로소이다　謹奉社稷以從하리이다

왕이 말하였다. "예예! 진실로 선생의 말과 같습니다. 삼가 사직을 받들어 따르겠습니다."

唯는　上聲이니　應之速也라　臨川陳氏　曰　古者建國에　左祖右社하니　蓋左陽右陰이라　陰主殺이라　故로　軍行이면　則載社主以行하여　示征伐之하니　不敢專也라　或曰　社主土하고　稷主穀하니　稷何與於軍行乎아　曰　稷은　非土면　無以生이요　土는　非稷이면　無以見生이니　效以其同功而均利라　故로　言社則幷稷而言之니　非謂載稷主以行軍也라

唯는 上聲이니 응답을 빠르게 한 것이다. 臨川陳氏가 말하였다. "옛적에 나라를 세움에 왼편에 종묘를 오른편에 사직단을 세우니 대개 左를 陽으로 右를 陰으로 여긴 때문이다. 陰은 殺을 주로한지라 故로 군대를 움직이려면 社主를 실코서 행하여 征伐의 뜻을 보이니 감히 마음대로 하지 못한다." 어떤 이가 말하기를 "社는 土를 위주로 하고 稷은 穀을 위주로 하니 稷은 어떻게 군대의 움직임에 함께하는가?"하니 다음과 같이 대답하였다. "稷은 土가 아니면 生할 수 없고 土는 稷이 아니면 생하는 것을 볼 수 없을 것이나 그 功을 하나로 하고 利를 고르게 하는 것으로써 효험을 삼는지라 故로 社를 말하였다면 곧 稷도 아울러 말한 것이니 稷主를 싣고서 行軍한다 이르지 아니한 것이다."

遂에 曰 取鷄狗馬之血來하라하고 捧銅盤하여 跪進曰 王當歃血以
定從하소서 次者는 吾君이오 次者는 遂니이다 하니라 左手로 持
盤하고 右手로 招十九人하여 歃血於堂下曰 公等은 碌碌하니 所謂
因人成事者也라 하더라

모수가 말하기를 "닭과 개와 말의 피를 가져오라" 하고는 구리쟁반을 받들어 꿇어 앉아 올리며 말하였다. "왕께서 마땅히 犧牲馬의 피를 마심으로써 합종을 확정하소서. 다음은 우리 임금이요 다음은 제가 犧牲犬의 피를 마시겠습니다." 이어서 왼손으로 쟁반을 받들고 오른손으로 열아홉 사람을 모두 불러 犧牲鷄의 피를 당 아래에서 마시게 하며 말하기를 "공들은 자잘하니 이른바 남을 따라 일을 이루는 자들이다." 하였다.

* 歃(삽): 마시다. 맹세를 다짐하며 희생의 피를 마심.

歃所甲反 ○臨川陳氏 曰 凡盟用牲하니 貴賤不同이라 天子는 牛馬하고 諸侯는 犬豕하고 大夫以下는 用鷄라 今摠盟之故로 曰 鷄狗馬也라 歃은 飮也니 殺牲取血하여 以祭同盟之神하고 同盟者는 共飮其血하고 而瘞其餘也라 碌碌者는 庸常也라

臨川陳氏가 말하였다. "모든 동맹에는 희생을 쓰니 貴賤에 따라 다르다. 天子는 牛馬로 하고 諸侯는 犬豕로 하고 大夫以下는 鷄로 쓴다. 이제 모두 함께 맹세한 때문에 鷄와 狗와 馬을 말한 것이다. 歃은 마시는 것이니 희생을 죽여 피를 취하여 同盟之神에 제사하고 同盟하는 자들

은 함께 그 피를 마시고 그 나머지를 땅에 묻는다. 碌碌이라는 말은 못나고 평범하다는 것이다.

* 瘞(예): 묻다.

平原君이　定從하고　歸하여　曰　毛先生이　一至楚에　使趙로　重於
九鼎大呂라　하고　以遂로　爲上客하다

평원군이 합종의 맹약을 정하고 돌아와 말하기를 "모수 선생이 한 번 초나라
에 이름에 조나라로 하여금 구정과 대여보다 더 중하게 하였다" 하고 모수로
상객을 삼았다.

九鼎은　禹所鑄者라　大呂는　正義에　曰　周廟大鐘이라

九鼎은 禹임금이 주조하신 것이다. 大呂는 『史記正義』에 말하기를 '周廟(주묘)의 大鐘이다'라
고 하였다.

楚將春申君이　救趙할새　會魏信陵君이　亦來救趙하여　大破秦軍邯
鄲下하다

초나라 장군 춘신군이 조나라를 구원할 때에 마침 위나라 신릉군이 또한 와
서 조나라를 구원하여 진나라 군대를 한단의 아래에서 대파하였다.

將去聲　下同

* 將(장): 평성(平聲) 陽字韻統 일 때는 '돕다, 드리다, 바치다, 기르다, 보내다'의 뜻이고 去聲 漾
　字韻統일 때는 '장수, 거느리다'의 뜻임.

孝成王子悼襄王이　立하다　思復用廉頗爲將이러니　時에　頗奔在魏
라　遣人視頗할새　頗之仇郭開與使者金하여　令毀之하니라

효성왕의 아들 도양왕이 즉위하였다. 다시 염파를 등용하여 장수 삼기를 생각

하였더니 이때에 염파가 달아나 위나라에 있었다. 사람을 보내 염파를 만나 보려 할 때에 염파를 원수 로 여기는 곽개가 사자에게 돈을 주어 그로 하여금 염파를 비방하게 하였다.

復 扶又反 使去聲 下同

* 使(사): 去聲 實字韻統 일 때는 '사신으로 가다, 사신으로 보내다'의 뜻이고, 上聲 紙字韻統 일 때는 '부리다, 하여금, 가령'의 뜻이다.

頗見使者**하여** 一飯에 斗米肉十斤**하고** 披甲上馬**하여** 以示可用이**러니** 使者還曰廉將軍이 尙善飯이나 然이나 與臣坐頃之에 三遺矢矣**러이다** 王이 以爲老**하여** 遂不**召러라**

염파가 사자를 만나서 한 끼 밥에 쌀 한 말과 고기 열 근을 먹고 갑옷을 걸치고 말에 올라서 가히 등용할 만 하게 보였다. 사자가 돌아와서 말하기를 "염 장군이 아직 잘 먹기는 하나 그러나 신과 더불어 앉은 잠깐 사이 세 번이나 변을 저리더이다."하자 왕이 늙었다고 여겨 드디어 부르지 아니하였다.

* 披(피): 쪼개다. 나누다. 옷을 걸치다. 입다. 遺矢(유시): 똥오줌을 저리는 것.

矢는 屎로 同하니 言坐不久而大便不禁者三也라

矢는 屎와 같으니 앉아서 오래지 않아 大便을 금치 못한 것이 세 번이었다고 말한 것이다.

楚人이 迎頗於魏**나** 頗爲楚將**하여** 無功**하고** 曰 我思用趙人이라 **하더니** 尋卒**하다**

초나라 사람이 염파를 위나라에서 맞이하였으나 염파가 초나라 장수가 되어 공을 세우려는 뜻이 없었다. 그가 말하기를 "나는 조나라 사람들을 쓰기를 생각할 뿐이다." 하더니 얼마 후에 죽었다.

* 尋(심): 얼마 후. 찾다. 생각하다. 보통. 평소. 거듭.

頗는 以趙士卒로 訓鍊有素라 故로 思用之也라 尋은 猶俄也라

염파는 趙나라 士卒들로써 訓鍊시킴이 본래 있었다. 故로 조나라 사졸들을 쓰기를 생각한 것이다. 尋은 얼마 후와 같은 뜻이다.

* 思用之也(사용지야): 그들을 쓰기를 바란다. 조나라 장수로써 조나라 사졸들을 부리기를 생각한다는 것이다. 남의 군대의 사졸을 지휘할 뜻이 없다는 뜻이다.

趙得李牧爲將에 先居北邊하여 破匈奴러라

조나라가 이목을 얻어 장수를 삼음에 먼저 북변에 거하여 흉노를 깨뜨렸다.

北狄 曰 匈奴라

北狄을 匈奴라 한다.

悼襄王의 子幽繆王遷이 立하니 秦王政이 遣兵攻趙할새 牧爲大將하여 敗之하니 秦이 縱反間하여 言牧將反이라하니 遷이 誅之니라

도양왕의 아들 유목왕 천이 즉위했다. 진나라 왕 정이 군대를 보내 조나라를 공격할 때에 이목이 대장이 되어 그들을 패퇴시키니 진이 반간을 놓아 이목이 장차 모반할 것이라 말하니 유목왕 조천이 그를 죽였다.

繆音木 間去聲

* 繆(목): 시호. 사당 차례. (무): 얽다. (규): 바르다. (류): 어긋나다. (료): 두르다. (류): 힘쓰다. (묘): 성씨. 間(간): 平聲 刪字韻統이면 '사이, 요사이, 때, 양수사' 등으로 쓰이고 去聲 諫字韻統이면 '혐의, 틈, 사이에 두다, 헐뜯다, 이간하다'의 뜻이고, 上聲 濟字韻統이면 '검열하다, 간소

하다'의 뜻이다.

秦兵이 至하여 虜遷하다 趙之亡에 大夫立趙嘉爲王하니 王于代러라

진나라 군대가 이르러 천을 사로잡아 가버렸다. 조나라가 망함에 대부들이 조가(趙嘉)를 세워 왕을 삼으니 代에서 왕이 되었다.

代는 州名이니 屬今山西라 通鑑에 嘉奔代하여 自立爲王하니 趙之亡大夫 稍稍歸之라 하니라

代는 州의 이름이니 지금의 山西에 속한다. 『通鑑』에 '조가(趙嘉)가 代州로 달아나 스스로 즉위하여 왕이 되니 趙의 亡大夫들이 점점 그에게 귀의하였다.'하니라.

秦이 進攻破代하고 遂滅趙爲郡하다

진나라가 나아가 공격하여 代를 깨뜨리고 드디어 조를 멸하고 郡을 삼았다.

世紀에 趙自烈侯受命하여 至王嘉하니 凡十一世라

『世紀』에 趙나라는 烈侯로부터 命을 받아 王嘉에 이르니 모두 11세였다.

⑭魏

魏之先은 本與周同姓이니 文王子畢公高之後也라 國絕하고 有苗裔하니 曰 畢萬이라 事晉하여 邑于魏러라

魏나라의 선조는 본래 周와 同姓이니 문왕의 아들 필공 高의 후예이다. 나라는 끊어지고 먼 후손이 있었으니 필만이라 하였다. 晉을 섬겨 魏에 食邑을 얻게 되었다.

* 苗裔(묘예): 먼 후손. 여러 대를 걸친 먼 후대(後代)의 자손(子孫). 邑(읍): 식읍(食邑). 국가(國

家)에서 공신(功臣)에게 내려주어 조세(租稅)를 거두어 개인(個人)이 받아쓰게 한 고을.

魏는 縣名이니　屬大名이라

魏는 縣名이니　大名에　屬한다.

數世에　有絳하고　絳後四世에　有桓子者하니　與韓趙로　共滅智氏而分之하다

여러 世代를 지남에 강(絳)이라는 이가 있었고 강의 뒤로 4世 만에 桓子라는 이가 있었으니 韓씨 趙씨와 함께 智氏를 멸하고 그 땅을 나누었다.

提要에　畢萬이　生武子하고　武子는　生悼子하고　悼子는　生昭子絳하고　絳은　生舒하고　舒는　生俉하고　俉는　生桓子駒하니라

『提要』에 '畢萬이 武子를 낳고 武子는 悼子를 낳고 悼子는 昭子 絳을 낳고 絳은 舒를 낳고 舒는 俉를 낳고 俉는 桓子 駒를 낳았다.'고 하였다.

桓子之孫　曰　文侯斯者하니　以周威烈王命으로　爲侯하여　以卜子夏田子方으로　爲師하고　過段干木之閭에　必式하니　四方賢士多歸之러라

桓子의 손자는 문후 사라는 이를 말한다. 주나라 위열왕의 命으로 제후가 되어 복자하와 전자방으로 스승을 삼고 단간목의 마을 문을 지나갈 때에 반드시 恭敬을 표하니 사방의 현사들이 다 그에게 귀의하였다.

* 卜子夏(복자하): 성은 복(卜)이고 이름은 상(商). 자하(子夏)는 그의 자이다. 공자의 제자. 자하가 삼년상을 마친 뒤 공자를 보고 거문고를 타며 절절하게 슬퍼했던 고사가 있다. 순경의 설은 그 연원이 위로 근모자(近牟子), 맹중자(孟仲子), 이극(李克), 증신(曾申)을 거쳐 복자하(卜子夏)에 까지 이른다. 자하는 공자(孔子)가 『시경』을 산삭(刪削)하여 기술(記述)한 뜻을 종합하여 서론(序論)을 지어 문하의 제자에게 주었다. 지금 세상에서 익히고 있는 『시경』 삼백편의 소서(小序)는 비록 모공(毛公)이 지은 것이라고 하지만 실로 자하에게 근본해서 설을 세운 것이라

하는 이도 있다. 田子方(전자방): 자하의 제자. 段干木(단간목): 간목부의(干木富義)라는 고사가 있음. 위(魏)나라의 문후(文候)가 단간목이 한가롭게 살고 있는 마을을 지나가다가 수레 위에서 그를 향해서 절하며 "간목은 덕으로 빛나고, 과인(寡人)은 권세로 빛난다. 권세는 덕을 따르지 못하고, 재물은 의만 같지 못하다. 아아, 간목은 그의 덕과 과인의 권세를 바꾸려 하지 않을 것이다."하고 탄식했다고 함.

式은 車前橫木이니 有所敬이면 則俯而憑之니라

式은 수레 앞에 가로 댄 나무이니 공경을 표할 일이 있으면 머리를 숙여 이곳에 기댄다.

文侯之子擊이 遇子方于道하여 下車伏謁호대 子方이 不爲禮하니 擊이 怒曰 富貴者驕人乎아 貧賤者驕人乎아 子方이 曰 亦貧賤者驕人耳니 富貴者安敢驕人이리오 國君이 驕人이면 失其國하고 大夫驕人이면 失其家호대 夫士는 貧賤者라 言不用行不合이면 則納履而去하나니 安往而不得貧賤哉리오 擊이 謝之하다

문후의 아들 격이 자방을 길에서 만나 수레에서 내려 엎드려 배알하였으나 자방이 예로 대우하지 아니하니 격이 분노하여 말하기를 "부귀한 자가 백성에게 교만 하는가? 빈천한 자가 백성에게 교만 하는가?" 자방이 말하기를 "또한 빈천한 자가 백성에게 교만할 뿐이니, 부귀한 자가 어찌 감히 백성에게 교만하리오. 나라의 임금이 백성에게 교만하면 그 나라를 잃고, 대부가 백성에게 교만하면 그 집을 잃되, 무릇 선비는 빈천한 자라서 말이 쓰이지 아니하며 행함이 합당하지 아니하면 신 끈을 묶고서 떠나가나니 어디 간들 빈천을 얻지 못하리오."하니 격이 사죄하였다.

夫士之夫 音扶 行去聲 ○古者에 坐則脫履하고 去則納而著之니라

옛적에 앉을 때에는 신을 벗고 떠나려 하면 신발 끈을 매어 신는다.

文侯謂李克曰　先生이　嘗敎寡人호대　家貧에　思良妻하고　國亂에
思良相이라　하더니　今所相이　非魏成則翟璜이니　二子何如오

문후가 이극에게 일러 말하였다. "선생이 일찍이 과인을 가르치되 '집이 가난
함에 어진 아내를 생각하고, 나라가 어지러움에 좋은 재상을 생각한다.' 하였는
데, 지금 재상을 할 사람이 위성 아니면 책황이니 두 사람이 어떠합니까?"

相去聲　下並同　翟　狄澤　二音　璜音黃

* 相(상): 去聲이니 '재상'이라는 뜻이다. 翟(적): 꿩. 꿩 깃. 성씨로는 '책'으로 읽는다.

克이　曰　居視其所親하며　富視其所與하고　達視其所擧하며　窮視
其所不爲하고　貧視其所不取하나니　五者에　足以定之矣리이다　子夏
田子方　段干木은　成所擧也라　乃相成하다

이극이 말하기를 "居함에 그 친한 바를 보며, 넉넉함에 그 베풀어 주는 바를
보고, 영달(榮達)함에 그 천거하는 바를 보며, 궁함에 그 하지 않는 바를 보고,
가난함에 그 취하지 않는 바를 보나니 다섯 가지에 족히 정할 수 있을 것입니
다." 하였다. 복자하와 전자방과 단간목은 위성(魏成)이 천거한 바라 마침내 위
성을 재상으로 삼았다.

* 이극은 책황(翟璜)이 위문후에게 천거한 사람들은 모두 그의 신하가 되었지만 위성(魏成)이
　천거한 복자하(卜子夏), 전자방(田子方), 단간목(段干木)은 위문후의 스승이 되어 임금의 신하를
　천거한 사람과 임금의 스승들을 천거한 사람을 비교해 보면 어떤 사람이 더 나은지를 구분할
　수 있을 것이라고 한 것이다. 이로써 위문후는 위로는 복자하(卜子夏), 전자방(田子方), 단간목
　(段干木) 등을 스승으로 삼고, 아래로는 이극(李克), 위성자(魏成子), 책황(翟璜), 오기(吳起), 서
　문표(西門豹) 등을 두게 되었다.

達은　謂達而在上이요　窮은　謂窮而在下라

達은 현달하여서 윗자리에 있음을 이르고 窮은 궁핍하여 아래에 처하여 있음을 이른다.

有衛人吳起者**하여** 初仕魯**할새** 魯欲使起**로** 擊齊**나** 而起娶齊女**로** 疑之**러니** 起殺妻以求將**하여** 大破齊師**하니라**

위나라 사람 오기란 자가 있어 처음에 노나라에서 벼슬을 하였다. 노나라가 오기로 하여금 제나라를 치고자 하였으나 오기가 제나라 여자에게 장가든 것으로 그를 의심하였더니 오기가 아내를 죽이고 장수가 되기를 구하여 제나라 군대를 크게 격파하였다.

將去聲 下並同

或**이** 曰 起**는** 殘忍薄行人也**라** **하니** 起恐得罪**하여** 亡歸魏**하니** 文侯以爲將**하여** 拔秦五城**하다**

혹자가 말하기를 "오기는 잔인하고 경박한 행실의 사람이다." 하니 오기가 죄를 얻을까 두려워하여 도망하여 위나라에 귀의하였다. 문후가 장수로 삼아서 진나라의 다섯 성을 빼앗았다.

行去聲 ○拔者는 攻而擧之也니 如拔木然이라

拔이라 한 것은 공격하여 뽑아 든 것이니 나무를 뽑아 든 것 같이 한 것이다.

起與士卒**로** 同衣食**하고** 卒有病疽**어늘** 起吮之**하니** 卒母聞之**하고** 哭曰 往年**에** 吳公**이** 吮其父**하니** 不旋踵死敵**이러니** 今又吮其子**하니** 妾**이** 不知其死所矣**라** **하더라**

오기가 사졸로 더불어 衣食을 함께하고 사졸 중에 종기난 자가 있거늘 오기가 그것을 빨아 치료해 주었다. 사졸의 어미가 이 시연을 듣고 통곡하여 말하기를 "지난해에 오공이 그 아비의 종기를 빨아 낳게 해주었더니 발꿈치를 돌리지 아니하고서 적에게 죽음을 당하였는데 이제 또 그 자식을 빨아 낳게 해주었으니 나는 그 아이가 죽을 곳을 알지 못하겠구나.” 하였다.

疽는 音이 蛆이니 癰也라 吮은 徂兗反이요 吸也니 謂吸其膿血也라 旋踵은 謂轉步也라

疽는 音이 蛆이니 癰也라 吮은 徂兗反으로 ‘빨다, 들여 마시다’의 뜻이니 그膿血을 빨아냄을 이른다. 旋踵은 발걸음을 돌림을 이른다.

* 蛆(저): 구더기. 지네. 노래기. 癰(옹): 악창. 등창.

文侯卒하고　擊이　立하니　是爲武侯라　武侯浮西河而下할새　中流에　顧謂吳起曰美哉라　山河之固여　魏國之寶也로다　起曰　在德이오　不在險하니　昔에　三苗氏는　左洞庭이오　右彭蠡로되　禹滅之하시고　桀之居는　左河濟하고　右泰華하며　伊闕이　在其南하고　羊腸이　在其北호대　湯이　放之하시고　紂之國은　左孟門이오　右太行이오　恒山이　在其北하고　大河經其南호되　武王이　殺之하시니　若不修德이면　舟中人이　皆敵國也니이다　하니　武侯　曰　善타　하다

문후가 죽고 격이 즉위하니 이이가 무후이다. 무후가 서하에 배를 띄워 내려갈 때에 중류에서 짐짓 오기에게 일러 말하기를 “아름답도다! 산하의 험고함이여! 위나라의 보배로다.” 하였다. 오기가 말하기를 “덕에 달려 있을 뿐이요 험고함에 있는 것이 아닙니다. 옛날 삼묘씨는 왼쪽에 동정호가 있고 오른쪽에 팽려호가 있었으나 우왕이 이를 멸하셨고, 걸왕이 거한 곳은 왼쪽에 河水와 濟水가 있고 오른쪽에 태산과 화산이 있었으며, 이궐산이 그 남쪽에 있었고 양장산이 그 북쪽에 있었으나 탕이 이를 추방하셨고, 주왕의 나라는 왼쪽에 맹문산이 있었고 오른쪽에는 태항산이 있었으며 항산이 그 북쪽에 있었고 대하가 그 남쪽을 지나갔으나 무왕이 그를 죽이셨습니다. 만약 덕을 닦지 않으면 배안의 사

람이 모두 적국의 사람입니다.” 하니 무후가 말하기를 “좋은 말이다” 하였다.

行音杭 恒胡登反 ○洞庭은 湖名이니 在岳州巴陵縣西라 彭蠡는 澤名이니 在彭澤縣東이니 卽鄱陽湖也라 河濟는 二水名이라 泰華伊闕孟門太行恒山은 皆山名이라 羊腸은 坂名이니 在太原晉陽西北이라

洞庭은 호수 이름이니 岳州 巴陵縣 西쪽에 있다. 彭蠡는 못의 이름이니 彭澤縣 東쪽에 있으니 곧 鄱陽湖라고도 한다. 河濟는 두 강의 이름이다. 泰와 華와 伊闕과 孟門과 太行과 恒山은 모두 山名이다. 羊腸은 고개 이름이니 太原과 晉陽의 西北에 있다.

* 鄱(파): 땅이름.

武侯卒하고　子惠王罃이　立하여　東敗於齊에　將軍龐涓이　與太子申으로　皆死하고　南敗於楚하며　西喪地於秦하니라　乃卑辭厚幣하여　以招賢者할새　孟子至而不能用이러라

무후가 죽고 아들 혜왕 영이 즉위하였다. 동쪽으로 제나라에게 패함에 장군 방연이 태자 신과 더불어 모두 죽었고, 남쪽으로는 초나라에게 패하였으며 서쪽으로는 진나라에게 땅을 빼앗겼다. 마침내 말을 낮추고 예물을 두터이 하여 현자를 초빙할 때에 맹자가 이르렀으나 등용하지 않았다.

* 罃(영): 물동이

罃 於耕反 喪去聲 ○朱子曰 惠王三十年에 齊擊魏하여 破其軍하고 虜太子申이라 十七年에 秦取魏少梁하고 後에 魏數獻地於秦이라 又與楚將昭陽戰敗하여 亡其七邑이라 三十五年에 卑辭厚幣로 以招賢者할새 而孟子至梁이라 有何必曰利와 賢者樂此와 不違農時와 仁者無敵之語나 惠王이 以爲迂遠而闊於事情이라 하여 不能用也라

朱子가 말씀하였다. “惠王 30년에 齊나라가 魏나라를 공격하여 그 군대를 격파하고 太子 申을 사로잡았다. 17년에는 秦나라가 魏나라 少梁을 취하였고 後에도 魏나라는 자주 秦나라에 땅을 바쳤다. 또한 楚나라 장수 昭陽과 싸우다가 敗하여 일곱 읍을 잃었다. 35년에 말을 낮추고

폐백을 두터이 하여 현자를 초빙하자 孟子가 梁땅에 이르렀다. 이때 '何必曰利'와 '賢者樂此'와 '不違農時'와 '仁者無敵'의 말이 있었으나 惠王이 事情에 迂遠하고 우활하다 여기고 능히 등용하지 못하였다.”

襄王이 立하니 孟子去之齊하시니라

양왕이 즉위하니 맹자가 떠나 제나라에 가셨다.

有不似人君之語라

'不似人君'이라 한 말이 있다.

魏人에 有張儀者하니 與蘇秦으로 同師하고 嘗游楚러니 爲楚相所辱하니 妻慍有語어늘 儀曰 視吾舌하라 尙在否아 하니라

위나라 사람 중에 장의란 이가 있었다. 소진으로 더불어 스승이 같았다. 일찍이 초나라에 유세하였으나 초나라 재상에게 욕을 당한 바가 되었다. 처가 성내어 말함이 있거늘 장의가 말하기를 “내 혀를 보라 아직 있지 아니한가?” 하였다.

* 張儀(장의): 전국(戰國) 시대(時代) 위(魏)나라의 정치가(政治家)·유세가(遊說家)·소진(蘇秦)과 더불어 종횡(縱橫)의 술책을 귀곡(鬼谷) 선생(先生)에게서 배웠다. 뒤에 진(秦)나라 혜문왕(惠文王)의 신임을 받아 재상(宰相)이 되어, 연횡의 책(策)으로 한(韓)·제(齊)·조(趙)·연(燕) 등 연횡책을 유세하여 열국으로 하여금 진(秦)나라에 복종(服從)하게 하였음. 혜문왕이 죽은 후, 참소를 받아 그 뜻을 이루지 못하고 위(魏)나라에서 객사(客死)함.

爲去聲 ○史記에 曰 儀嘗從楚相飮이라가 已而오 亡璧이러니 意儀盜之하고 乃執而笞之라 視舌在否는 示將復爲游說也라

『史記(사기)』에 말하기를 “장의가 일찍이 楚나라 재상인 昭陽을 따라 술을 마셨는데 이윽고 화씨벽을 잃어버렸다. 장의가 훔쳤을 것이라고 생각하고 마침내 잡아서 몽둥이질을 당하였다.”라 하였다. '혀를 보라 아직 남아 있지 않는가?' 한 것은 장차 다시 游說를 행할 것임을 보여준

것이다.

* 史記曰(사기왈): 筌蹄曰이라 되어 있으나 오기(誤記)여서 바로잡았다. 『사기·장의열전』을 이름. 亡璧(망벽): 昭陽亡璧(소양망벽)과 繆賢得玉(목현득옥) 완벽귀조(完璧歸趙)·회벽유죄(懷璧有罪)의 고사는 모두 화씨벽에 의한 것이다. 한편 조나라의 혜문왕(惠文王)은 이름이 목현(繆賢)이라는 내시를 총애하고 있었다. 혜문왕은 그에게 내시들을 관장하는 환자령(宦者令)이라는 벼슬에 임명하고 국정을 행하는데 가끔 그의 의견을 물었다. 어느 날 갑자기, 손님 하나가 목현을 찾아와 백벽(白璧)을 가지고 와서 사줄 것을 청했다. 목현은 그 백벽의 색깔이 찬란하게 빛나고 겉에는 흠집이 하나도 나 있지 않은 완벽한 것이라 5백금의 황금을 주고 그것을 사서 옥공(玉工)에게 보였다. 옥공이 보고 크게 놀라며 말했다. "이것은 화씨벽(華氏璧)이라는 참으로 귀중한 백벽입니다. 초나라 상국 소양(昭陽)이 잔치를 벌이고 연회에 참석한 빈객들에게 자랑하다가 한눈을 파는 사이에 잃어버렸던 것입니다. 이에 소양은 장의를 의심하여 그를 붙잡아 죽도록 매를 때린 결과 장의가 앙심을 품고 초나라를 떠나 진나라로 들어가게 된 것입니다. 후에 소양은 천금의 황금을 상으로 걸고 이 화씨벽을 찾았지만 그것을 훔쳐간 사람은 감히 갖다 바치지 못했기 때문에 지금까지 화씨벽을 다시 찾지 못하게 된 것입니다. 오늘 이 귀중한 화씨벽이 대감의 수중에 들어오게 된 것은 뜻밖의 일이라고 하겠습니다. 이 백벽은 참으로 그 가치를 논할 수 없는 천하의 보물이니 반드시 여러 겹으로 싸서 깊숙이 간수하시고 절대로 남에게 함부로 보여주면 안 될 것입니다." 목현이 묻기를 "그렇다면 무엇 때문에 이 벽옥이 그렇게 가치가 높다는 것인가?" 옥공이 말하였다. "이 옥을 어두운 곳에 놓아두면 밝은 빛을 발하여 그 위에는 티끌 하나 머무를 수 없으며, 사악한 귀신을 물리치기도 하여 '야광지벽(夜光之璧)'이라고 부르기도 합니다. 만일 그 벽옥을 자기의 앉은자리 옆에 놔둔다면 겨울에는 주위가 훈훈해져 가히 화로를 대신할 수 있으며, 여름에는 시원해져 그 앉아 있는 백 보안에는 해충이 달려들지 못합니다. 이 외에도 다른 일반 벽옥은 따를 수 없는 기이한 일들이 많이 나타나 이것을 '지보(至寶)'라고 부르는 것입니다." 목현이 시험해 보니 과연 옥공이 말한 그대로였다. 그는 즉시 보물을 담는 궤를 만들어 그 안에 넣고 다시 그것을 대 광주리 안에 넣어 깊숙이 간직했다. 어떤 사람이 이 사실을 알고 왕에게 알렸다. "목현 중시(中侍)가 화씨벽을 얻어 간직하고 있다 합니다." 혜문왕(惠文王)이 목현을 불러 화씨벽에 대한 것을 묻고 자기에게 바치라고 말했다. 목현은 화씨벽이 너무 아까워 혜문왕에게 가져다 바치지 않았다. 혜문왕이 노하여 사냥 나갔다 돌아오던 길에 갑자기 목현의 집에 들이닥쳐 그의 집을 수색하여 화씨벽을 넣어둔 궤를 찾아 가지고 궁궐로 돌아왔다. 목현은 조왕이 자기의 죄를 추궁하고 죽이지나 않을까 걱정하여 나라 밖으로 도망치려고 하였다. 목현의 식객 중에 인상여(藺相如)라는 사람이 있었다. 그는 달아나려는 목현의 옷자락을 잡아당기며 말했다. "대감은 어디로 가시려고 하시는 것입니까?" 목현이 말하기를 "연나라로 가서 몸을 피할까 합니다." 인상여가 말하였다. "대감

께서는 연왕을 어찌 안다고 몸을 함부로 움직여 그에게 몸을 의탁하려고 하시는 것입니까?”
목현이 말하였다. “내가 옛날에 대왕을 따라 국경 부근에서 열렸던 연왕과의 회맹을 위해 호
종(扈從)을 나갔을 때, 연왕이 나의 손목을 아무도 몰래 붙잡으며 ‘원컨대 그대와 친분을 맺고
싶소.’라고 말했습니다. 연왕이 나를 사모하고 있는 것은 그 말로 알 수 있어 내가 연나라로
도망치려고 하는 것이오.” 인상여가 연나라로 가면 안 된다고 하면서 말했다. “대감께서는 잘
못 생각하고 계십니다. 그것은 조나라가 강하고 연나라가 약했기 때문에 연왕은 대감이 조왕
에게 총애를 받고 있다는 것을 알고 대감과 친교를 맺으려고 한 것이지 대감을 사모해서 그런
말을 한 것이 아닌 것입니다. 이로 인하여 대감께서는 연왕에게 듣기 좋은 말을 듣고 조왕에
게 연왕을 좋게 말했을 것입니다. 지금 대감께서는 조왕에게 죄를 얻고 연나라로 도망치려고
하는데 그러나 연왕은 오히려 대감으로 인하여 조왕이 연나라를 토벌하게 될 것을 두려워하여
필시 대감을 포박하여 조나라에 송환하여 조왕의 환심을 사려고 할 것입니다. 연나라로 가시
게 되면 목숨이 위태롭게 될 것입니다.” 목현이 말하였다. “그렇다면 어찌해야 되겠오?” 인상
여가 말하였다. “대감께서는 조왕에게 그다지 큰 죄를 지었다고는 할 수 없습니다. 단지 화씨
벽을 빨리 바치지 않은 것 뿐이라 만약에 웃통을 벗고 도끼와 참요대(斬腰臺)를 지고 머리를
땅 바닥에 박으며 죄를 청하면 왕께서는 틀림없이 대감을 용서해 주실 것입니다.” 목현이 인
상여의 말대로 조왕 앞으로 나가 죄를 청하자 조왕은 과연 목현의 죄를 용서하고 죽이지 않았
다. 목현은 인상여가 지혜로운 사람이라고 생각하고 그를 상객으로 받들었다.

　○莊子書에 云하되 得魚忘筌이요 得兎忘蹄라 하니 故로 曰 筌蹄라 筌蹄者는 討魚搏
兎之器也라

『莊子』의 글에 이르기를 ‘물고기를 얻으면 통발을 잊고, 토끼를 얻으면 올무를 잊는다.’ 하였
으니 그런 때문에 筌蹄라 말한 것이다. 筌蹄라는 것은 물고기를 잡고 토끼를 잡는 기구이다.

* 筌蹄(전제): 고기를 잡는 통발과 토끼를 잡는 올가미란 뜻으로, 목적(目的)을 위한 방편(方便)
을 이르는 말.

蘇秦이 約從時에 激儀使入秦하니 儀 曰 蘇君之時에 儀何敢言이리오 하니라

소진이 종약 할 때에 장의를 격동시켜 진나라에 들어가게 하니 장의가 말하
기를 “소군의 때에 내가 무엇을 감히 말하겠는가?” 하였다.

按컨대 蘇秦이 使人說張儀하여 來謁己하고 乃先戒門下하여 勿爲通하고 又使不得去者
數日이러니 及見에 又慢辱之旣激하여 其怒而入秦이라 乃陰使人하여 贍其資하고 隨之入
秦이라가 他日에 以實告曰 蘇君이 憂秦伐趙敗從約하고 以爲非君不得秦柄이라 所以激君
之怒하고 使臣陰奉給君資로이다 此는 蘇君之計也니이다하니 故로 儀曰 蘇君云云이라

  살펴보건대 소진이 사람을 시켜 장의를 달래어 찾아와 자기를 알현토록 하고는 마침내 먼저
문하 사람에게 분부해 통하게 하지 말게 하고 또한 그로 하여금 떠날 수도 없도록 한 것이 몇
날이었다. 만남에 미쳐 또한 그를 거만하게 욕을 보이고 이미 격동시켜 그가 노하여 진나라로
들어가게 하였다. 마침내 몰래 사람을 시켜 그의 노자를 돕고 그를 따라 진나라로 들어가게 하
였다가 다음 날에 사실로써 고하게 하여 말하기를 "소진은 진나라가 조나라를 쳐서 합종을 깨
드리는 것을 두려워하고 있습니다. 또한 당신이 아니라면 진나라의 권력을 얻을 수 없을 것이
라 여겼습니다. 이 때문에 당신의 분노를 격동시키고 신으로 하여금 몰래 당신의 밑천을 제공
하게 했습니다. 이 모든 것이 소진의 계책이었습니다."하였다. 그러므로 장의가 말하기를 "소
군운운"이라 한 것이다.

* 贍(섬): 구휼하다. 儀曰蘇君云云(의왈소군운운): 張儀曰 嗟乎라 此在吾術中而不悟라 吾不及蘇君
  明矣로다 吾又新用이니 安能謀趙乎아 爲吾謝蘇君하라 蘇君之時에 儀何敢言이며 且蘇君在에 儀
  寧渠能乎아(장의가 말하였다. "아, 이것은 배운 술책 가운데 있었던 것인데 깨닫지 못하였다.
  내가 소진에 미치지 못한 것이 분명하다. 내가 또한 새로 등용되었으니 어떻게 조나라를 모해
  할 수 있겠는가? 나를 위해 소진에게 사뢰어 주오. '소진이 살아 있는 동안에는 장의가 무슨
  말을 감히 할 것인가? 또 소진이 있는 한 나 장의는 무슨 일을 할 수 있겠는가.'하더라고")

蘇秦이 去趙하고 而從解하니 儀專爲橫하여 連六國以事秦하니라
秦惠王時에 儀嘗以秦兵으로 伐魏하여 得一邑이라가 復以與魏하고
而欺魏割地하여 以謝秦하고 歸爲秦相하고 已而오 出爲魏相하니
實爲秦地러라 襄王時에 復歸相秦이라가 已而오 復出相魏以卒하다

  소진이 조나라를 떠나고 종약이 풀리니 장의가 오로지 연횡책을 행하여 六國
을 연합하여 진나라를 섬기게 하였다. 진나라 혜왕 때에 장의가 일찍이 진나라
병사로 위나라를 정벌하여 한 고을을 얻었나가 다시 위나라에 주고 위나라를

속여 땅을 나누어 진나라에 사례하게 하고 돌아와 진나라의 재상이 되었고 이
윽고 나아가 위나라의 재상이 되니 진실로 진나라 땅이 되었다. 양왕 때에 다시
돌아와 진나라 재상이 되었다가 이윽고 다시 나아가 위나라 재상으로 죽었다.

復扶又反 實爲之爲 去聲 ○正義에 曰 關東地從長六國共居之라 蘇秦이 相六國하여 令
從親以擯秦이라 故로 曰 合從이요 關西地橫廣秦獨居之라 張儀相秦하여 連六國以事秦이
라 故로 曰 連橫이라

『史記正義』에 말하였다. "關東의 지세가 세로로 길게 六國이 함께 居하였다. 蘇秦이 六國의
상이 되어 6국으로 하여금 세로로 親하고 秦나라를 대적하게 하였다. 이런 때문에 合從이라 말
한 것이다. 關西의 지세가 橫으로 넓어 秦나라가 홀로 居하였다. 張儀가 秦나라의 相이 되어 六
國을 연합하여 秦나라를 섬기게 하였다. 그런 때문에 連橫이라 부른 것이다.

景春이 曰 公孫衍과 張儀는 豈不誠大丈夫乎리오 一怒而諸侯懼하고 安居而天下熄하니
이다 孟子曰 是는 妾婦之道也니라 惡得爲大丈夫乎아 居天下之廣居하며 立天下之正位하
며 行天下之大道하여 得志하여는 與民由之하고 不得志하여는 獨行其道하여 富貴不能淫
하며 貧賤不能移하며 威武不能屈이 此之謂大丈夫니라

景春이 말하였다. "公孫衍과 張儀는 어찌 진실로 大丈夫가 아니겠습니까? 한 번 노함에 諸侯
들이 두려워하고 편안히 거함에 天下가 잠잠하였습니다." 孟子가 말씀하였다. "이는 妾婦의 道
일 뿐이다. 어찌 大丈夫라 할 수 있으리오. 天下의 넓은 집에 居하며 天下의 바른 자리에 서며
天下의 大道를 행하여 뜻을 얻으면 백성들과 함께 말미암고 뜻을 얻지 못하면 홀로 그 도를 행
하여 富貴로도 마음이 빠지지 않으며 貧賤으로도 마음이 움직이지 않으며 威武로도 그 뜻이 굽
히지 않는 것 이것을 大丈夫라 이르는 것이다."

* 『맹자·등문공장구하』에 실린 내용이다. 공손연과 장의는 모두 위(魏)나라 사람으로 아첨하고
  구차한 방법으로 권세를 절취하였으니 첩부의 순종하는 도리를 행하였을 뿐 대장부의 일을 행
  한 것이 아니라는 뜻이다.

魏安釐王이 立에 封公子無忌하여 爲信陵君하니 無忌愛人下士하
여 食客이 三千人이러라

위나라 안리왕이 즉위함에 공자 무기를 봉하여 신릉군을 삼으니 무기가 사람을 아끼고 선비에게 자신을 낮추어 식객이 3천인이나 되었다.

* 釐(리): 다스리다. 고치다. 탐하다. 下士(하사): 어진 선비에게 자신을 낮추는 일.

釐音熙 ○無忌는 安釐王의 異母弟也라

忌는 安釐王의 어머니가 다른 아우이다.

秦이 攻趙할새 魏王이 使晉鄙로 救之러니 秦昭王이 欲移兵先擊救者하니 王이 恐하여 止晉鄙兵하고 壁于鄴하니라

秦나라가 趙나라를 공격할 때에 魏나라 왕이 진비로 하여금 구원하게 하였다. 진나라 소왕이 군대를 이동시켜 먼저 구원군을 공격하고자 하니 위나라 왕이 두려워하여 진비의 병사를 멈추게 하여 업 땅에 군루(軍壘)를 쌓게 하였다.

* 鄴(업): 고을 이름. 춘추시대 제나라의 읍.

鄴은 郡名이니 屬江東이요 今彰德府라

鄴은 郡名이니 江東에 속하였고 지금의 彰德府가 이곳이다.

又使新垣衍으로 說趙하여 共尊秦爲帝하니 魯仲連이 往見衍 曰 彼秦者는 棄禮義上首功之國也니 卽肆然帝天下면 則連有蹈東海而死耳니이다하니 衍이 再拜 曰 先生은 天下士也로이다 吾不敢復言帝秦矣리이다 하니라

또한 위나라 왕이 신원연으로 하여금 조나라를 달래어 함께 진나라를 높여 제왕으로 섬기려 하였다. 노중연이 가서 신원연을 만나 말하기를 "저 진나라는 예의를 버리고 머리를 베어 바치는 것을 으뜸으로 삼는 나라입니다. 곧 방자하

게 천하의 제왕으로 삼으려 한다면 나는 동해를 밟고서 죽는 것만 있을 뿐입니다." 하니 신원연이 두 번 절하고 말하기를 "선생은 천하의 선비이십니다. 내가 감히 다시는 진나라를 제왕으로 섬기겠다는 말을 하지 않겠습니다." 하였다.

* 新垣衍(신원연): 위(魏)나라의 신하. 魯仲連(노중련): 제나라 사람. 전국 시대에 진(秦)이 조(趙)를 호되게 공격하고 있을 때 위(魏)의 신원연(新垣衍)이 조 나라로 가서, 진 나라가 군대를 철수하는 조건으로 진 나라를 황제의 나라로 높여주도록 하자고 제의하였다. 당시 조 나라에 와 있던 제(齊) 나라 사람 노중련(魯仲連)이 그것은 안 될 일이라고 만류한 일이 있었다. 首功(수공): 적군의 목을 벤 공. 蹈海(도해): 절개를 지키기 위하여 물에 빠져 죽음.

說音稅 復 扶又反 ○上은 與尙同이라 秦法에 斬首多者를 爲上功이라 하고 斬一人首에 賜爵一級也라 하니라

上은 尙과 같은 뜻이다. 秦나라의 法에 "斬首를 많이 한 자를 上功으로 삼는다." 하였고 "한 사람의 머리를 베면 한 등급의 작위를 하사하였다." 하였다.

趙平原君夫人은 無忌姉也라 趙急에 使者冠盖相望하며 責救於無忌하니 無忌請於王하고 及使賓客으로 游說萬端호대 王이 不聽이라

조나라 평원군의 부인은 무기의 누님이다. 조나라가 급함에 使者들이 연달아 수레의 덮개를 서로 바라보며 구하기를 무기에게 청하니 무기가 왕에게 청하고 빈객으로 하여금 오만 가지로 유세를 하였으되 왕이 들어주지 아니했다.

* 冠盖相望(관개상망): 使者의 왕래가 끊이지 않는 모양. 앞의 수레는 뒤의 수레의 덮개를 바라보며 뒤의 수레는 앞의 수레의 덮개를 바라봄. 責(책): 구하다. 萬端(만단): 온갖 방법.

姉音子 說音稅

客侯嬴이 敎無忌로 禱於王幸姬하여 竊得晉鄙兵符하고 且薦力士朱亥하여 與俱하고 謂秦鄙合符而疑則擊殺而奪其軍하라 一如嬴言

하여 得兵하고 以進하여 大破秦兵하고 解邯鄲圍나 而無忌不敢歸
魏러라

 객 후영이 무기로 하여금 왕의 행희에게 빌어 진비의 병부를 몰래 구하고 또한 역사 주해를 천거하여 함께 데리고 가도록 하고 이르되 "진비가 병부를 맞추어 보고 의심하면 쳐 죽이고 그 군사를 뺏으라." 하니 한결같이 후영의 말과 같이 하여 군사를 얻고 나아가 크게 진나라 군사를 깨뜨리고 한단의 포위를 풀었으나 무기는 감히 위나라에 돌아오지 못하였다.

* 教(교): 하여금. 幸姬(행희): 치우친 사랑을 받는 여자(女子).

 嬴音盈 ○朱子 曰 符는 以玉爲之하니 篆刻文字而中分之하여 彼此各藏其半이라가 有故면 則左右相合하여 以爲信也니라

 朱子가 말씀하였다. "부절은 玉으로써 이것을 만들었으니 文字를 篆刻하고 이것을 가운데로 나누어 彼此가 각각 그 반쪽을 간직하였다가 연고가 있게 되면 左右를 서로 합하여 신표로 삼았던 것이다."

 秦이 伐魏하니 魏患之하여 使人으로 請無忌호대 不肯歸어늘 客
毛公薛公이 見曰 魏急而公子不恤이라가 一旦에 秦이 克大梁하고
夷先王宗廟면 公子何面目으로 立於天下乎아

 진나라가 위나라를 정벌하니 위나라가 근심하여 사람으로 하여금 무기를 청하되 돌아오기를 즐겨 하지 아니하거늘 식객 중에 모공과 설공이 보고 말하였다. "위나라가 급함에 공자가 구휼하지 아니하다가 하루아침에 진나라가 대량을 이기고 선왕의 종묘를 없애면 공자가 무슨 면목으로 천하에 서리요"

 恤은 救也라 魏는 都大梁이라 夷는 滅也라

 恤은 구휼함이다. 魏는 大梁에 도읍하였다. 夷는 滅함이다.

無忌趣駕還하니　諸侯聞無忌爲魏將하고　皆遣救하니　無忌率五國
兵하고　敗秦兵於河外하여　追至函谷關而還하니라

무기가 말을 재촉하여 돌아오니 제후들이 무기가 위나라 장군이 됨을 듣고
다 군대를 보내어 구원하니 무기는 다섯 나라 군사를 거느리고 진나라 군사를
하외에서 쳐부수어 함곡관에 이르기까지 좇아갔다가 돌아왔다.

* 趣(촉): 재촉하다. 독촉하다. (취): 나아가다. 향하다. 뜻. 河外(하외): 황하 남쪽 언덕.

趣은　與促同이니　急也라　五國은　魏趙韓楚燕也라　河外는　黃河南岸也라

趣(촉)은 促과 같은 뜻이니 촉급함이다. 五國은 魏·趙·韓·楚·燕이다. 河外는 黃河 남쪽 언덕이
다.

臨江梁氏　寅　曰　從橫之說은　固皆詭術이나　然이나　爲從者는　實六國之利也라　當無忌之
時하연　六國益不支於秦矣라　然이나　無忌　一旦에　爲魏將하니　五國助之하여　大破秦軍이
러니　況於其初에　能以信義로　相親幷力西向이면　則秦雖强暴나　安得而亡之哉아　故로　曰
滅六國者는　六國也요　非秦也라　하니라

臨江梁氏 양인(梁寅)이 말하였다. 從橫之說은 진실로 모두 속이는 술수일 뿐이다. 그러나 합
종을 행한 것은 실로 六國의 이로움이었다. 無忌의 때를 당해서 六國이 더욱 秦나라에 대하여
지탱하지 못하였다. 그러나 無忌가 하루아침에 魏나라 장수가 되자 五國이 그를 도와 秦나라
군대를 大破하였으니 하물며 그 초기에 信義로써 서로 화친하고 힘을 함께 하여 서쪽을 향하였
더라면 秦나라가 비록 强暴하나 어찌 망하기까지야 하였겠는가? 그런 때문에 말하기를 '六國을
滅한 것은 六國이지 秦나라가 아니다.'라고 하는 것이다.

無忌卒十八年而王假立하고　後又二年에　秦王政이　遣兵伐魏하여
殺王假而滅魏爲郡하다

무기가 죽은 지 18년 만에 왕가가 즉위하고 후에 또 2년 만에 진왕 정(秦始
皇)이 군사를 파견하여 위나라를 정벌하여 왕가를 죽이고 위나라를 멸하여 郡

으로 삼았다.

世紀에 魏는 自文侯受命으로 至王假히 凡九世라 하니라

『世紀』에 '魏나라는 文侯가 命을 받음으로부터 王假에 이르기까지 모두 九世였다.' 하니라.

⑮韓

韓之先은 本與周同姓이니 武王子韓侯之後也라 國絶하고 其後裔
事晋하여 爲韓氏하다 韓武子之三世는 曰 厥이니 厥五世至康子하여
與趙魏로 共滅智氏하고 又二世至景侯虔하여 以周威烈王命으로 爲
侯하다

韓의 선조는 본래 周나라와 同姓이니 무왕의 아들 한후의 후예이다. 나라가
끊기고 그 후예가 晋을 섬겨 韓氏가 되었다. 韓의 무자 3世는 궐(厥)이니 궐의
5世인 康子에 이르러 趙씨와 魏씨로 더불어 智씨를 멸하였고, 또 2世인 경후 건
에 이르러 주나라 위열왕의 命으로 제후가 되었다.

提要에 武子事晋이라가 得封於韓原하여 遂爲韓氏라 厥은 謚요 獻子는 晋景公時에 爲
卿이라 自獻子로 歷宣子貞子簡子莊子康子武子하여 至景侯하니라

『提要』에 '武子가 晋을 섬기다가 韓原에 봉해짐을 얻어 드디어 韓氏가 된 것이다. 厥은 謚號
이다. 獻子는 晋나라 景公 때에 卿을 한 자이다. 獻子로부터 宣子와 貞子와 簡子와 莊子와 康子
와 武子를 지내어 景侯에 이르게 된 것이다.' 하였다.

韓相俠累與濮陽嚴仲子로 有隙이러니 仲子聞軹人聶政之勇하고
以黃金百鎰로 爲政母壽하고 欲因以報仇한대 政이 曰 老母在하니
政身을 未可以許人也로이다 하더니 及母卒에 仲子乃使政으로 圖

之하니　俠累方坐府에　兵衛甚嚴이어늘　政이　直入刺之하고　因自皮
面抉目하니　韓人이　暴其尸於市하고　購問호대　莫能識이러니　姊嫈
往哭之 曰 是는　深井里聶政也라　以妾在之故로　重自刑하여　以絶蹤
하니　妾이　奈何로　畏沒身之誅하여　終沒賢弟之名이리오 하고　遂死
政尸旁하다

　　韓나라 재상 협루가 복양에 사는 엄중자와 더불어 틈이 있었다. 엄중자가 지
읍 사람 섭정의 용맹함을 듣고 황금 백일로서 섭정의 어머니를 봉양하게 하고
이로써 원수 갚기를 부탁하고자 하였다. 섭정이 말하기를 "노모가 계시니 내 몸
을 가히 남에게 허락할 수 없습니다." 하였다. 어머니가 돌아가시자 엄중자가
마침내 섭정으로 하여금 그 일을 도모하였다. 협루가 바야흐로 관청에 앉아 있
을 때에 병사들의 호위가 매우 삼엄하였지만 섭정이 곧바로 들어가 그를 찔러
죽였다. 그리고는 스스로 얼굴 가죽을 벗겨내고 눈동자를 도려내어 죽었다. 韓
나라 사람들이 그 주검을 저자에 드러내고 현상을 걸어 묻되 능히 아는 이가
없었다. 누이 앵이 가서 곡하여 말하기를 "이는 심정리의 섭정이다. 내가 살아
있는 때문에 거듭 스스로 상처를 내서 자취를 끊으려 한 것이니 내가 어찌 몰
신(沒身)의 형벌을 두려워하여 끝내 어진 동생의 이름을 덮을 수 있겠는가" 하
고 드디어 섭정의 주검 곁에서 죽었다.

* 濮(복): 강 이름. 軹(지): 굴대머리. 鎰(일): 무게 이름. 중량. 중량 단위(스물넉 냥). 嫈(앵): 예쁘
다. 젊은 부인.

　　俠音挾　累平聲　濮音卜　軹音止　暴 步木反　購音構　嫈音鶯　重 持用反　○臨川陳氏 曰 濮
陽은　縣名이니　屬開州라　軹亦縣名이니　屬河內라　爲壽는　猶言養老也라　因은　托也라　圖
는　謀也라　公相之居 曰 府라　皮面은　謂披其面皮요　抉目은　謂出其眼睛이니　欲令人不識
也라　暴은　露也라　以財相求 曰 購라　深井里는　在軹縣이라　重은　復也라　自刑은　指皮面
抉目而言이라

　　臨川陳氏가 말하였다. "濮陽은 縣名이니 開州에 속해 있다. 軹도 또한 縣名이니 河內에 속해

있다. 爲壽는 養老라 말하는 것과 같다. 因은 손으로 밀어서 여는 것이다. 圖는 도모함이다. 公相이 居하는 곳을 府라 한다. 皮面은 그 얼굴 가죽을 베껴 냄을 이르고 抉目은 그 눈동자를 적출해 내는 것을 이르니 사람들로 하여금 알아보지 못하게 하고자 한 것이다. 暴(폭)은 드러냄이다. 재물로써 서로 구함을 購라 한다. 深井里는 軹縣에 있었다. 重은 거듭이다. 自刑은 皮面抉目을 가리켜서 한 말이다.

* 托(탁): 맡기다. 부탁하다. 밀다. 손으로 밀어서 열다. 욕인이보구(欲因以報仇)에서 '원수 갚기를 부탁하고자 해서'로 해석함.

景侯四世至哀侯하여 徙都鄭하다

경후의 4世인 애후에 이르러 鄭으로 도읍을 옮겼다.

四世는 景侯烈侯文侯哀侯也라 韓은 本都穎川이라가 至是에 滅鄭이라 因徙都之니라

四世는 景侯와 烈侯와 文侯와 哀侯이다. 韓은 본래 穎川에 도읍하였다가 이때에 이르러 鄭나라를 멸망시켰다. 때문에 이곳으로 도읍을 옮긴 것이다.

哀侯二世至昭侯하니 鄭人申不害以黃老刑名之學으로 爲昭侯相하여 國治兵强이러라

애후의 2世인 소후에 이르니 鄭나라 사람 신불해가 황노(黃老)와 형명(刑名)의 학으로써 소후의 재상이 되어 나라가 잘 다스려지고 군대가 강하게 되었다.

* 黃老之學(황노지학): 전한 초기에 유행한 법가와 도가의 융합 사상이면서 중국의 정치사상. 진나라가 멸망하고 한나라가 중국을 통일하였을 때 새로운 정치사상을 정립하려는 시도로 등장하였다. 황로는 黃帝와 老子를 가리킨다. 황제는 중국 전설상의 제왕으로 법칙의 발견자, 법률의 제정자로서 상징화되어 법가적 사고를 대표하며, 노자는 도가의 시조로서 허심과 무위의 心術에 의해 세상에 대처함을 특징으로 한다. 刑名之學(형명지학): 刑名으로써 나라를 다스리는 근본으로 삼는 학문. 전국시대에 신불해, 상앙, 한비자 등이 제창하였다.

治去聲 ○二世는 哀侯懿侯也라 黃老는 黃帝老子也라

二世는 哀侯와 懿侯이다. 黃老는 黃帝와 老子이다.

昭侯有弊袴하여　命藏之하고　不以賜左右하니　侍者　曰　君亦不仁者矣로이다　昭侯　曰　明主는　愛一嚬一笑하나니　嚬도　有爲嚬하고笑도　有爲笑커든　今袴　豈特嚬笑哉리오　吾必待有功者라　하니라

소후가 해진 바지가 있어 命하여 보관하게 하고 좌우에게 주지 아니하니 侍者가 말하기를 "임금도 또한 어질지 못한 사람이로다." 소후가 말하기를 "명철한 군주는 한번 찡그림과 한번 웃는 것을 아끼나니, 찡그리는 것도 할 만 함이 있어 찡그리고, 웃음도 할 만 함이 있어 웃는 것인데 이제 바지가 어찌 특별히 한 번 찡그리고 웃는 것 뿐 이리요. 내 반드시 공이 있는 자를 기다릴 것이다." 하였다.

爲去聲　○嚬도　亦笑也라
嚬도 또한 웃는 것과 같은 의미를 지닌다.

昭侯卒하고　子宣惠王이　立이러니　三世至桓惠王하니　韓上黨守降趙하여　致趙受秦兵而有長平之敗하니라

소후가 죽고 아들 선혜왕이 즉위 하였는데 3世인 환혜왕에 이르니 한나라 상당의 태수가 조나라에 항복하여 조나라가 진나라의 전쟁를 받음에 이르러 장평에서 패배한 일이 있었다.

* 上黨(상당): 郡이름. 山西省의 남동쪽에 있다. 전국시대에는 韓나라 땅이었으나 秦나라가 병합하여 郡을 두었다.

三世는　宣惠王襄王僖王也라　降趙事는　詳見趙紀라
三世는 宣惠王과 襄王과 僖王이다. 趙나라에 항복한 일은 『趙紀』에 자세히 보인다.

又一世至王安하여 秦王政이 遣將하여 虜安하고 遂滅韓爲郡하다

또 1世인 왕안에 이르러 진나라 왕 정이 장군을 파견하여 왕안을 사로잡고 드디어 韓을 멸하고 郡을 삼았다.

世紀에 韓은 自景侯受命으로 至王安히 凡十世라

『世紀』에 '韓나라는 景侯가 受命한 이래로부터 王安에 이르기까지 모두 十世였다.'라고 하였다.

⑯楚

楚之先은 出自顓頊하니 顓頊之子 爲高辛火正하고 命曰 祝融이라

楚의 선조는 전욱으로부터 나왔으니 전욱의 아들이 제곡(帝嚳) 고신(高辛)의 화정이 되었고 명하여 축융이라 하였다.

* 火正(화정): 地理를 맡은 벼슬 이름. 祝融(축융): 불을 맡은 신.

高辛은 帝嚳也라 或曰 當作高陽이라 하니라 火正은 官名이니 疑卽黎也라

高辛은 帝嚳이다. 어떤 이가 말하기를 "마땅히 高陽이라 해야 한다."고 하였다. 火正은 官名이니 아마도 곧 黎인가 싶다.

* 黎(리): 구리(九黎). 리(黎)는 사서에 의하면 국호로 사용할 때는 "나라이름 리"로 발음 한다고 기록되어 있다. '孔安國이 曰 九黎君號蚩尤是也(구리의 통치자는 치우다)'라는 기록이 있음. 군호(君號)는 통치자라는 뜻이다. 고신씨(高辛氏)의 후예라는 뜻으로 고구리(高九黎)라고 부른 것이라 한다.

弟吳回 復居其職하다

아우 오회가 다시 그 직위에 居하였다.

復去聲

二世에 有季連者하여 得半姓하고

2世에 계련이란 자가 있어 미(半) 姓을 얻었고

* 半(미): 양이 울다. 양의 울음. 간(半)은 풀이름, 율무이름의 뜻.

半音米

季連之後에 有鬻熊하여 事周文王하더니 成王이 封其子熊繹於丹陽하고 至夷王時하여 楚子熊渠者僭稱王이러니 十一世 至春秋하여 有曰 武王하니 益强大하니라

계련자의 뒤에 육웅이 있어 周나라 문왕을 섬기었다. 성왕이 그 아들 웅역으로 단양에 봉하고 이왕 때에 이르러 楚나라 자작 웅거라는 자가 참람히 왕이라 칭했다. 11世대만에 춘추 시대에 이르러 무왕이라 부르는 이가 있어 더욱 강대해 졌다.

自熊渠로 立摯紅 熊延 熊勇 熊嚴 熊霜 熊徇 熊咢 若敖 霄敖 蚡冒하여 至武王하니 凡十一世라

웅거로부터 지홍과 웅연과 웅용과 웅엄과 웅상과 웅순과 웅악과 약오와 소오와 분모가 차례로 즉위하여 무왕에 이르렀으니 모두 11세대 만이었다.

至文王하여 始都郢하고 成王이 與齊桓公으로 盟召陵하고 尋與宋襄公으로 爭霸하고 後에 與晉文公으로 戰城濮하니라

문왕에 이르러 비로소 영 땅에 도읍을 하였다. 성왕이 제나라 환공과 더불어 소릉에서 회맹하였다. 이윽고 송나라 양공과 더불어 패권을 다투고 뒤에 진나라

문공과 더불어 성복에서 전쟁을 하였다.

* 尋(심): 이윽고. 얼마 후에.

　召音邵 濮音卜 ○召陵은 杜預曰 穎川縣也라 城濮은 陳氏曰 衛地이니 今濮州라

　召陵은 杜預가 말하기를 '穎川縣이라' 하였다. 城濮은 陳氏가 말하기를 '衛나라 땅이니 지금의 濮州이다'라 하였다.

歷穆王至莊王하여 卽位三年에 不出令하고 日夜爲樂이라가 令國中호대 敢諫者死하리라 하니라

　목왕을 지나 장왕에 이르러 즉위한지 3년이 지나도 令을 내리지 않았고 낮과 밤으로 즐기기만 하다가 나라 안에 겨우 令을 내리되 "감히 諫하는 자가 있으면 죽이리라" 하였다.

令去聲 樂音洛

伍擧 曰 有鳥在阜하여 三年不蜚不鳴하니 是何鳥也니잇고

　오거가 말하였다. "어떤 새가 언덕에 있는데 3년이 되어도 날지 아니하고 울지 아니하니 이것이 어떤 새 입니까?"

* 蜚(비): 飛와 통용.

土山 曰 阜라
土山을 阜라 한다.

王이 曰 三年不蜚하니 蜚將衝天이오 三年不鳴이면 鳴將驚人이라

왕이 말하였다. "3년을 날지 않았으니 날면 장차 하늘을 찌를 것이오, 3년을
울지 않았으니 울면 장차 사람들을 놀라게 할 것이다."

衝音中

蘇從이　亦入諫하니　王이　乃左執從手하고　右抽刀하여　以斷鐘鼓
之懸하고　明日聽政할새　任伍擧蘇從하니　國人이　大悅하고　又得孫
叔敖하여　爲相하여　遂霸諸侯하다

소종이 또한 들어와 諫하니 왕이 마침내 왼손으로 소종의 손을 잡고 오른손
으로 칼을 뽑아 종과 북의 악기를 매달아 놓은 것 들을 끊어버렸다. 다음날 정
사를 들을 때에 오거와 소종에게 맡기니 나라사람들이 크게 기뻐하였다. 또한
손숙오를 얻어 재상을 삼아 드디어 패제후가 되었다.

斷音短

歷共王　康王　郟敖　靈王　平王　昭王　惠王　簡王　聲王　悼王　肅王　宣
王　威王하여　至懷王이러라

공왕과 강왕 협오와 영왕과 평왕과 소왕과 혜왕과 간왕과 성왕과 도왕과 숙
왕과 선왕과 위왕을 지나 회왕에 이르렀다.

共恭同　陝音夾

秦惠王이　欲伐齊호대　患楚與從親하여　乃使張儀로　說懷王曰　王
이　閉關而絶齊면　請獻商於之地六百里하리이다　하니　懷王이　信之
하고　使勇士로　北辱齊王하니　齊王이　大怒而與秦合이라

진나라 혜왕이 제나라를 정벌하고자 하되 초나라가 더불어 합종으로 친할 것
을 근심하여 이에 장의로 하여금 초나라 회왕에게 유세하여 말하기를 "왕이 빗

장을 닫고 제나라와 절교를 한다면 청컨대 상과 오의 땅 600 리를 헌납하도록 하겠습니다." 하니 초나라 회왕이 이를 믿고 용사로 하여금 북쪽의 제나라 왕을 욕보이니 제나라 왕이 크게 노하여 진나라와 더불어 합하였다.

從音宗 說音稅 ○商於는 二邑名이니 在弘農이라

상(商)과 오(於)는 두 邑의 이름이니 弘農에 있다.

楚使受地於秦하니 儀曰 地從某至某 廣袤六里라 하니 王이 大怒하여 伐秦이라가 大敗하니라

초나라가 사신을 보내어 진나라로부터 땅을 받으려 하였다. 장의가 말하기를 "땅이 某로부터 某에 이르기까지 동서와 남북이 6里입니다." 하니 초나라 왕이 크게 노하여 진나라를 공격하다가 크게 패하였다.

* 廣(광): 동서의 길이. 袤(무): 남북의 길이. 또는 세로의 연장.

使는 去聲이라 袤는 音이 茂이니 長也요 廣은 闊也라

使는 去聲이다. 袤는 音이 茂이니 길다는 뜻이고 廣은 넓다는 뜻이다.

* 使(시): 上聲 紙字 韻統일 때는 '사'로 읽고 '부리다, 하여금, 가령, 따르다, 쓰다' 등으로 쓰이고, 去聲 寘字 韻統일 때는 '시'로 읽고 '사신, 심부름꾼, 사신으로 가다, 사신으로 보내다' 등으로 쓰인다. 특히 '사신, 심부름꾼'등의 명사로 쓰일 때는 본음이 '사'였다.

秦昭王이 與懷王으로 盟于黃棘하다

진나라 소왕이 회왕과 더불어 황극에서 회맹하였다.

黃棘은 地名이니 在房襄二州之境이라

黃棘은 地名이니 방주와 양주 두 고을의 접경지역에 있다.

旣而오 遺書懷王하여 願與君王으로 會武關이라 하니 屈平이 不
可라 호대 子蘭이 勸王行이러니 秦人이 執之以歸라 楚人이 立其
子頃襄王하고 懷王은 卒於秦하니 楚人이 憐之하여 如悲親戚이러
라

이윽고 초나라 회왕에게 글을 남겨 "원컨대 군왕과 더불어 무관에서 만나고
자 한다." 하니 굴평이 "불가하다" 하되 자란이 왕을 권하여 가게 하더니 진나
라 사람들이 그를 잡아서 돌아갔다. 초나라 사람들이 그 아들 경양왕을 세우고
회왕은 진나라에서 죽으니 초나라 사람이 이를 불쌍히 여겨 친척과 같이 슬퍼
하였다.

遺去聲 屈九勿反 ○武關은 在商州商洛縣이라 屈平의 字는 原이요 少字는 靈均이라
本與楚로 同姓이나 武王子瑕 食采於屈하여 因氏焉이라 子蘭은 懷王少子也라

武關은 商州 商洛縣에 있다. 屈平의 字는 原이요 젊었을 때의 字는 靈均이었다. 본래 楚나라
로 더불어 同姓이었으나 武王의 아들 瑕가 屈에 식읍과 채지를 정하여 이로 인해서 씨가 되었
다. 子蘭은 懷王의 少子이다.

臨江梁氏 曰 懷王이 以貪地之故로 而爲秦所誑하여 輕絶齊交하고 又興忿兵伐秦取라가
敗하니 亦可悟矣어늘 而又信秦之詭言하고 往會武關하여 迫以入秦하고 朝於章臺하여 要
以割地라가 卒至客死하니 可悲也夫인져

臨江梁氏가 말하였다. "懷王이 땅을 탐한 연유로 진나라의 속임을 당한바 되어 경솔하게 제
나라와 교제를 끊어 버렸고 또한 분함을 일으켜 병력을 이끌고 진나라를 쳐서 취하려다가 패하
였으니 또한 깨달을 만하거늘 또한 진나라가 속이는 말을 믿고 무관의 회맹에 가서 급박하게
진나라에 들어갔고 章臺에서 조회하여 땅을 나누어 주기를 구하다가 끝내 객사를 당함에 이르
렀으니 슬퍼할 일이로다."

初에 屈平이 爲懷王所任이러니 以讒見疏하고 作離騷하여 以自
怨이러니 至頃襄王時하여 又以譖으로 遷江南하여 遂投汨羅以死하

니라

처음에 굴평이 회왕에게 신임을 받게 되었는데 참소로써 소원함을 당하고 이 소를 지어 스스로 원망하였다. 경양왕 때에 이르러 또 참소로써 강남에 좌천되어 드디어 멱라수에 투신하여 죽었다.

疏疎同 汨音覓 ○離는 遭也요 騷는 憂也니 屈平이 作之하여 冀王之少寤也라 汨은 水名이니 在豫章이라 應劭 曰 汨水는 在羅라 故로 曰 汨羅라 하니 今長沙屈潭이 是也라

離는 '걸리다, 만나다'의 뜻이요 騷는 근심함이니 屈平이 이것을 지어 왕이 조금이라도 깨어 있기를 바란 것이다. 멱(汨)은 水名이니 豫章에 있다. 應劭가 말하였다. "汨水는 羅에 있다. 그런 때문에 汨羅라 하는 것이니 지금의 長沙 屈潭이 이곳이다."

朱子 曰 原之爲人은 其志行이 雖或過於中庸하여 不可以爲法이나 然이나 皆出於忠君愛國之誠心也라

朱子가 말씀하였다. "原의 사람 됨은 그 뜻과 행실이 비록 혹 中庸에 지나쳐서 법으로 삼을 수는 없다. 그러나 모두 임금께 충성하고 나라를 사랑하는 정성스러운 마음에서 나온 것이라 할 수 있다."

秦이 拔郢하니 楚徙都於陳하고 頃襄王이 卒하니 子考烈王이 立하여 又徙於壽春하고 春申君黃歇이 行相事하다

秦나라가 영을 빼앗으니 초나라가 도읍을 陳에 옮기고 경양왕이 죽으니 아들 고열왕이 즉위하여 또 수춘으로 옮기고 춘신군 황헐이 재상의 일을 행하였다.

壽春은 縣名이니 屬安豊이라

壽春은 縣名이니 安豊에 속해 있었다.

當是時하여 齊有孟嘗君하고 魏有信陵君하고 趙有平原君하고 楚有春申君하여 皆好客할새 春申君食客은 三千人이라

이때를 당하여 齊나라는 맹상군(田文)이 있고, 魏나라는 신릉군(魏無忌)이 있고, 趙나라는 평원군(趙勝)이 있고, 楚나라는 춘신군(黃歇)이 있어서 모두 식객 두기를 좋아하였다. 춘신군의 식객은 3천인이었다.

好去聲

平原君이 使人於春申君할새 欲夸楚하여 爲玳瑁簪하고 刀劍室을 飾以珠玉이러니 春申君上客이 皆躡珠履以見之하니 趙使大慙이러라

평원군이 사람을 춘신군에게 보낼 때에 초나라에 과시하고자 하여 대모로 비녀를 하고 칼집을 주옥으로 꾸미게 하였는데, 춘신군의 상객이 모두 구슬 신을 신고서 접견을 하니 조나라 사자가 크게 부끄러워하였다.

* 夸(과): 자랑하다. 사치하다. 뻗치다. 玳瑁(대모): 열대 지방의 바다거북. 등 껍데기는 장식용품 의 재료로 씀.

使去聲 玳音代 瑁音昧 夸는 矜燿也라 室은 鞘也라
夸는 자랑하고 빛나는 것이다. 室은 칼집이다.

* 鞘(초): 칼집. 말 가슴걸이.

趙人荀卿이 至楚하니 春申君이 以爲蘭陵令하다

조나라 사람 순경(荀卿)이 초나라에 이르니 춘신군이 난릉의 영(令)으로 삼았다.

令去聲 ○荀卿은 名이 況이니 著書三十二篇이라 蘭陵은 縣名이니 屬邳州라
荀卿은 이름이 況이니 著書 32篇이 있다. 蘭陵은 縣名이니 邳州에 속해 있었다.

* 邳(비): 크다. 나라 이름. 언덕.

李園이 以妹로 獻春申君이라가 有娠而後에 納之考烈王하여 是
生幽王하니 園이 使盜로 殺春申君하여 以滅口而專楚政하다

이원이 누이동생을 춘신군에게 바쳤다가 임신함이 있은 이후에 그를 고열왕
에게 바쳐 이에 유왕을 낳으니 이원이 도적으로 하여금 춘신군을 죽여 입을 막
고 초나라 정사를 전단하였다.

娠은 音이 申이니 孕也라
娠은 音이 申이니 잉태함이다.

幽王이 卒하고 弟哀王이 爲楚人所殺하여 而立其庶兄負芻러라

유왕이 죽고 아우 애왕이 초나라 사람에게 살해되어 그의 서형인 부추가 즉
위하였다.

爲去聲

秦王政이 遣將破楚하고 虜負芻하여 滅楚爲郡하다

진왕 정이 장수를 파견하여 초나라를 격파하고 부추를 사로잡아 초나라를 멸
하여 郡을 삼았다.

世紀에 楚自熊繹으로 至負芻하니 凡四十一世라
『世紀』에 楚나라는 熊繹으로부터 負芻에 이르렀으니 모두 四十一世였다.

⑰燕

燕은 姬姓이니 召公奭之所封也라

燕은 희성이니 소공 석을 봉한 곳이다.

奭音式

三十餘世에 至文公하여 嘗納蘇秦之說하여 約六國爲從이러라

30餘 世에 문공에 이르러 일찍이 소진의 설을 받아들여 6국과 약속하여 합종하였다.

從音宗

文公이 卒하고 易王噲立十年에 以國讓其相子之하여 南面行王事하고 而噲는 老不聽政이라하고 顧爲臣하니 國이 大亂이어늘 齊伐燕取之하고 醢子之而殺噲하니라

문공이 죽고 역왕 쾌가 즉위한지 10년 만에 나라를 그 재상 子之에게 양위하여 남면하여 왕의 일을 대행하게 하고 쾌는 "연로하여 정사를 들을 수 없다."하고 도리어 신하가 되니 나라가 크게 어지러워졌다. 제나라가 연나라를 정벌하여 취하고 子之로 육장(肉醬)을 담고 쾌를 죽여 버렸다.

* 噲(쾌): 목구멍. 시원하다. 밝다. 환하다.

易音亦 噲音快 ○諡法에 好更改舊 曰 易이라 顧는 反也니 言噲反爲子之之臣也라

諡法에 다시 '옛 법으로 고치기를 좋아함을 易이라 한다.' 하였다. 顧는 '도리어'라는 뜻이니 噲가 도리어 子之의 신하가 됨을 이른다.

孟子 曰 子噲도 不得與人燕이며 子之도 不得受燕於子噲니라 하시니 說者는 謂諸侯는 土地人民을 受之天子하고 傳之先君하니 私以與人이면 則與者受者 皆有罪也니라

孟子가 말씀하시기를 "子噲도 燕나라를 어느 누구에게 줄 수 없으며 子之도 子噲에게서 燕

나라를 받을 수 없다.” 하셨으니 말씀하신 뜻은 '諸侯는 土地와 人民을 天子에게서 받고 先君에게서 전해 받는 것이니 사사로이 어느 누구에게 주려한다면 주는 자나 받는 자나 모두 죄를 얻게 되는 것이다.'라고 말씀하신 것이다.

* 公孫丑章句下 제8장의 말이다. 제나라 신하인 심동(沈同)이 연나라를 칠 수 있겠느냐고 묻는 말에 답하신 것이다.

燕人이 立太子平하여 爲君하니 是爲昭王이라 吊死問生하고 卑辭厚幣하여 以招賢者할새 問郭隗曰 齊因孤之國亂而襲破燕하니 孤極知燕小不足以報나 誠得賢士與共國하여 以雪先王之恥孤之願也니 先生은 視可者하소서 得身事之호리이다

연나라 사람이 태자 평을 세워서 임금을 삼으니 이이가 소왕이다. 죽은 자를 조문하며 산 자를 위문하고 말을 겸손하게 낮추고 폐백을 두터이 하여 현자를 초빙할 때에 곽외에게 물어 말하기를 “제나라는 우리나라가 어지러움을 틈타 연나라를 습격하여 깨뜨리니 나는 연나라가 작아서 족히 보복할 수 없음을 지극히 알지만 진실로 현명한 선비와 더불어 나라를 함께하여 선왕의 수치를 씻음이 나의 소원입니다. 선생은 가한 사람을 보여 주시요. 능히 몸으로 그를 섬길 것입니다.”하였다.

隗 五罪反 ○雪은 洗也라
雪은 씻는다는 뜻이다.

隗曰 古之君에 有以千金으로 使涓人求千里馬者러니 買死馬骨五百金而返하니 君이 怒한대 曰 死馬도 且買之어든 況生者乎잇가 馬今至矣로이다 하더니 不朞年에 千里馬至者三이러이다 今王必欲致士신댄 先從隗始하시면 況賢於隗者 豈遠千里哉잇가

곽외가 말하기를 "옛날 임금 중에 천금으로 연인(涓人)을 시켜 천리마를 구해 오게 한 이가 있었습니다. 죽은 말의 뼈를 500금에 사가지고 돌아오니 임금이 크게 노하였습니다. 연인이 말하기를 '죽은 말도 또한 그러한 값에 사왔는데 하물며 살아있는 것이겠습니까? 천리마가 이제 이르러 올 것입니다.'하였더랍니다. 과연 일 년도 못되어 천리마가 이르는 것이 세 마리나 되었습니다. 이제 왕께서 반드시 선비를 이르게 하고자 하신다면 먼저 저로부터 시작하시면 하물며 저보다 현명한 자가 어찌 천리를 멀다 여기겠습니까?"라고 하였다.

* 涓人(연인): 잡무를 보는 하급 관리. 궁중에서 청소를 담당하는 사람. 내시.

　　○涓人은 典謁之官이니 主居中而涓潔者라

　　涓人은 典謁하는 관리이니 주군의 중간에 거하여 말끔하게 일을 처리하는 사람이다.

* 典謁(전알): 손과 주인 사이에서 말을 전달하는 일. 또는, 그 사람. 涓潔(연결): 깨끗하게 함. 말끔하게 처리함.

於是에 昭王이 爲隗하여 改築宮하고 師事之하니라

이에 소왕이 곽외를 위하여 궁을 개축하고 스승으로 섬기게 되었다.

　　爲去聲

於是에 士爭趨燕하여 樂毅自魏往하니 以爲亞卿하여 任國政이러니 已而오 使毅로 伐齊할새 兵入臨淄하니 齊王이 出走어늘 毅乘勝하여 六月之間에 下齊七十餘城이나 惟莒卽墨이 不下하니라

이에 선비들이 앞 다투어 연나라로 달려왔다. 악의(樂毅)가 위나라로부터 가니 아경을 삼아서 국정을 맡겼다. 이윽고 악의로 하여금 제나라를 정벌하게 하여 병사들이 임치에 들어가니 제나라 왕이 달아나거늘 악의가 승세를 타고 6개월 사이에 제나라 70여성을 함락시켰으나 오직 거와 즉묵 만이 함락되지 않았다.

* 亞卿(아경): 경의 다음 벼슬. 곧 참판, 좌우(左右)윤 따위를 공, 정경 따위에 상대(相對)하여 일컫던 말.

　毅音義

　愚按컨대 燕昭 遭家不造하여 破滅之餘에 爲衆所立하여 卽欲爲君父報仇하니 宜若衰微而不能濟也라 然이나 燕弔死問生하고 親賢下士하여 委任樂毅하여 使之伐齊하니 六月之間에 下齊七十餘城이라 其治效 猶若是之速이니 而況强大之國으로 聖明之君이 能用天下之賢才者乎아 詩曰 無競維人이면 四方이 其訓之라하니 豈不信哉아

　내가 살펴보건대 燕나라 昭王이 국가를 이루지 못함을 만나 破滅하는 나머지에 백성을 위하여 즉위하여 곧 君父를 위하여 원수를 갚고자 하였으니 의당 衰微하여서 능히 구할 수 없을 것 같았다. 그러나 燕나라가 죽은 이들을 조문하며 살아남은 이들을 위문하고 현자들에게 친히 하고 선비들에게 겸손하여 樂毅에게 업무를 위임하여 그로 하여금 齊나라를 정벌하게 하니 여섯 달 사이에 齊나라 70여성을 함락 시켰다. 그 다스림의 효험이 오히려 이와 같이 빠르니 하물며 강대한 나라로 통명한 임금이 능히 天下의 賢才들을 등용한 者 이겠는가? 詩에 말하기를 "이보다 굳셈이 없는 이가 오직 이 사람이면 사방이 그를 법으로 삼는다."하였으니 어찌 믿지 않을 수 있겠는가?

* 詩曰(시왈): 大雅・蕩之什・抑詩이다. 衛나라 武公이 厲王을 풍자하고 또한 스스로 경계를 삼은 시이다. 競(경): 굳세다.

　昭王이 卒하고 惠王이 立하니 惠王이 爲太子하여 已不快於毅러니 田單이 乃縱反間曰 毅與新王으로 有隙하여 不敢歸하고 以伐齊爲名하니 齊人은 惟恐他將來면 卽墨이 殘矣라 하나 惠王이 果疑毅하여 乃使騎劫으로 代將而召毅하니 毅奔趙한대 田單이 遂得破燕而復齊城하다

昭王이 죽고 惠王이 즉위하였다. 惠王이 太子였을 때 이미 악의에게 유쾌(愉快)하지 못한 일이 있었다. 田單이 마침내 반간을 놓아 말하기를 "악의가 燕나라 새 왕(惠王)과 더불어 틈이 있어 감히 돌아가지 못하고 齊나라를 정벌함으로써 명분을 삼으니 齊나라 사람은 오직 다른 장수가 오면 즉묵(卽墨)이 살아남을지 두려워한다." 하니 惠王이 과연 악의를 의심하여 이에 기겁(騎劫)으로 하여금 장수를 대신하게 하고 악의를 소환(召喚)하니 악의가 趙나라로 달아났다. 田單이 드디어 능히 燕나라를 깨뜨리고 齊나라 城을 회복하였다.

間將騎 皆去聲 復音伏

惠王後에 有武成王孝王하고 至喜王하니 喜의 太子丹이 質於秦이러니 秦王政이 不禮焉이어늘 怒而亡歸하여 怨秦欲報之러니라

惠王의 뒤에 武成王과 孝王이 있고 喜王에 이르니 희의 태자 丹이 秦나라에 볼모가 되었다. 秦王 政이 禮로 대하지 아니하거늘 노하여 도망하여 돌아와 秦나라를 원망하여 그것을 보복하고자 하였다.

質音至

秦將軍樊於期得罪하고 亡之燕하니 丹이 受而舍之니라

秦나라 장군 번오기(樊於期)가 죄를 얻고 도망하여 燕나라로 가니 丹이 받아들여 객사에 머무르게 하였다.

於音烏 ○亡은 逃也라 之는 往也라 舍는 館也라

亡은 도망함이다. 之는 감이다. 舍는 객사이다.

丹이 聞衛人荊軻賢하고 卑辭厚禮로 請之하여 奉養無不至라 欲遣軻하니 軻請得樊將軍首와 及燕督亢地圖하여 以獻秦하니라

丹이 衛나라 사람 형가(荊軻)의 현명함을 듣고 말을 낮추고 禮를 두터이 하고 그에게 보복해 줄 것을 청하여 받들어 모시기를 지극하게 하지 않음이 없었다. 형가를 보내고자 하니 형가가 번장군의 머리와 연나라의 독항(督亢)의 지도를 얻어서 秦나라에 바치기를 청하였다.

* 亢(항): 높다. 목. 목덜미. 막다. 가물다. 요해처(要害處). 본음이 '강'이다.

    養去聲 亢 岡抗二音 ○督亢은 燕之膏腴地이니 欲以誑秦이라 故로 畵圖以獻之라

    督亢은 燕나라의 기름진 땅이니 이로써 秦나라를 속이고자 하였다 그러므로 지도를 그려서 진나라에 바치자고 한 것이다.

* 膏腴地(고유지): 고유지지(膏腴之地). 건 땅. 기름진 땅.

   丹이 不忍殺於期어늘 軻自以意로 諷之曰 願得將軍之首하여 以 獻秦王이면 必喜而見臣하리니 臣이 左手로 把其袖하고 右手로 揕 其胸이면 則將軍之仇報하고 而燕之恥雪矣리이다 하니라

    丹이 차마 번오기를 죽이지 못하거늘 형가가 스스로 의도한 바로써 번오기에게 일러 말하기를 "원컨대 장군의 머리를 얻어서 秦王에게 바치면 반드시 진왕이 기뻐하여 신을 만나보고자 할 것입니다. 그 때에 신이 왼손으로 그의 소매를 잡고 오른손으로 그의 가슴을 찌르게 되면 장군의 원수를 갚고 연의 수치를 씻을 수 있을 것입니다." 하였다.

* 諷(풍): 외다. 암시하다. 비유로 일깨워주다. 사물에 비유하여 간하다. 揕(침): 찌르다. 때리다.

   揕은 知鴆反이니 刺也라

   揕은 知鴆反이니 刺也라

* 鴆(짐): 짐새. 남방 광동(廣東)에서 사는 독이 있는 새. 몸의 길이는 21~25cm이며, 몸은 붉은 빛을 띤 흑색, 부리는 검붉은색, 눈은 검은색이다. 뱀을 잡아먹는데 온몸에 독기가 있어 배설물이나 깃이 잠긴 음식물을 먹으면 즉사한다고 한다. 깃에 독성이 있어 술을 담가 사약으로 씀.

於期 慨然遂自刎하니 丹이 奔往伏哭하고 乃以函盛其首하니라

　　번오기가 개연히 드디어 스스로 목을 베니 丹이 달려가 엎드려 통곡하고 마침내 상자에 그 머리를 담았다.

* 慨然(개연): 억울하고 원통하여 몹시 분하다.

　　盛音成 ○伏哭은 伏尸而哭也라

　　伏哭은 시신 앞에 엎드려 통곡한 것이다.

又嘗求天下之利匕首하여　以藥焠之하여　以試人하니　血如縷立死라

　　또한 일찍이 천하의 예리한 匕首를 구하여 독으로써 담금질을 하여 사람에게 시험하니 피가 실처럼 뿌려지면서 선채로 죽었다.

* 焠(쉬): 담금질하다. 물들이다. 태우다.

　　焠는 楚碎反이니 謂煅煉하되 而納之於藥水하여 令毒也라 縷는 絲也니 言血如絲縷之細卽立死也라

　　焠는 楚碎反이니 담금질을 하되 그것을 독약의 물에 넣어서 독성을 지니게끔 함을 이른다. 縷는 실이니 피가 마치 실 날이 가늘게 날리는 것처럼 흘리며 선채로 죽어버림을 이른다.

乃裝遣이러니　軻行至易水하여　歌曰　風蕭蕭兮여　易水寒이로다

壯士一去兮여 不復還이로다

마침내 행장을 챙겨 형가를 떠나보냈다. 형가가 떠나서 역수에 이르러 노래하여 말하였다. "바람은 쓸쓸히 불고 역수는 차갑구나! 장사가 한번 떠나면 다시 돌아오지 못 하리라!"

易音亦 復扶又反

于時에 白虹이 貫日하니 燕人이 畏之러라

이때에 흰 무지개가 해를 꿰뚫으니 燕나라 사람들이 두려워하였다.

白虹者는 日旁氣暈也니 兵象也요 日은 君象也라 蓋國君被兵之兆라 故로 燕人畏之니라

白虹은 태양의 곁에 형성된 기운이 무리를 이룬 것이니 병화(兵禍)를 상징하고 태양은 군주를 상징한다. 대개 나라의 임금이 병화를 당할 징조이다. 그런 때문에 연나라 사람들이 두려워한 것이다.

軻至咸陽하니 秦王政이 大喜見之어늘 軻奉圖進할새 圖窮而匕首見이어늘 把王袖揕之라가 未及身하고 王이 驚起絶袖어늘 軻逐之하니 環柱走러라 秦法에 羣臣侍殿上者不得操尺寸兵이라 左右以手搏之하고 且曰 王負劍하소서 遂拔劍하여 斷其左股하니 軻引匕首하여 擿王不中이라 遂體解以徇하니라

형가가 함양에 이르니 진왕 정이 크게 기뻐하며 그를 만났다. 형가가 지도를 받들어 올릴 때에 지도가 다 펴지자 비수가 드러났다. 왕의 소매를 잡고서 찌르려다가 몸에 미치지 못하고 왕이 놀라 일어나니 소매만 끊어졌다. 형가가 왕을 좇으니 기둥을 돌아서 달아났다. 秦나라 법에 여러 신하들 가운데 殿上에서 시종하는 자는 능히 한 치의 병기도 所持할 수 없었다. 좌우가 맨손으로써 그를

쳐서 막고 또 말하기를 "왕께서는 검을 등에 지소서"하고 외쳤다. 드디어 검을 빼어 그 왼쪽 다리를 잘랐다. 형가가 비수를 당겨서 왕에게 날렸으나 맞지 않았다. 드디어 몸 전체가 찢겨진 채 조리돌림을 당하였다.

* 摘(적): 들추다. 때리다. 열다. 徇(순): 조리를 돌리다.

　　首見之見 音現 搏音剝 斷音短 摘擲同 中去聲 ○王劭 曰 凡帶劍上長하여 拔之不出室이라 今欲王推之於背하여 令前短易拔이라 故로 曰 負劍하소서 하니라 體解以徇은 謂逐節解脫其肢體하여 以示衆也라

　　王劭가 말하였다. "대체로 허리에 찬 검이 위가 길어서 뽑으려 해도 칼집에서 채 다 빠져 나오지 않는다. 이제 왕으로 하여금 이 차고 있는 칼을 등으로 밀어서 칼로 하여금 앞이 짧게 해서 쉽게 뽑도록 하고자 한 것이다. 그러므로 말하기를 '칼을 등에 지소서!'라고 한 것이다." 體解以徇은 몸의 마디를 따라 그 사지를 해체 시켜서 이로써 백성들에게 조리를 돌려 보게 한 것이다.

秦王이　大怒하여　益發兵伐燕하니　喜斬丹以獻이러니　後三年에 秦兵이　虜喜하고　遂滅燕爲郡하다.

　　秦王이 크게 노하여 더욱 군사를 내어 燕나라를 정벌하니 喜가 丹을 베어서 바치었다. 3년이 지난 뒤에 秦兵이 喜를 사로잡고 드디어 燕을 멸하고 郡을 삼았다.

　　世紀에 燕은 自惠侯로 至王喜하여 凡三十五世라

　　『世紀』에 燕나라는 惠侯로부터 王喜에 이르러 모두 35세라 하였다.

　　司馬公이 曰 燕丹이 不勝一朝之忿하여 以犯虎狼之秦하여 輕慮淺謀하여 挑怨速禍하여 使召公之廟로 不祀하니 罪莫大焉이라 夫爲國家者는 任官以才하여 立政以禮하고 懷民以仁하고 交隣以信하니 是以로 官得其人하고 政得其節하고 百姓은 懷其德하고 四隣은 親

其義라 如是면 則國家安如磐石하고 熾如焱火하여 觸之者碎하고 犯之者焦하리니 雖有强
暴之國이라도 何足畏焉이리오 丹은 釋此不爲하고 顧以萬乘之國으로 決匹夫之怒하여 逞
盜賊之謀라가 功隳身僇하고 社稷爲墟하니 可悲也夫인져 而荊軻는 懷其豢養之私하여 不
顧七族하고 欲以尺八匕首로 强燕而弱秦하니 不亦愚乎아

　사마온공이 말하였다. "燕丹이 하루아침의 분노를 이기지 못해 虎狼이 같은 秦나라를 범하였
다. 경솔한 생각과 천박한 꾀를 내어 원망을 돋우고 화를 재촉하여 召公의 사당으로 하여금 제
사를 받지 못하게 하였으니 죄 중에 이보다 큰 죄는 없을 것이다. 대저 나라를 다스리는 자는
재능 있는 이로서 관리에 임명하여 정사를 세움에 禮로써 하고 백성을 품어줌에 仁으로써 하고
이웃을 사귐에 信으로써 해야 한다. 이러므로 관직은 그 마땅한 사람을 얻고 정사는 그 절도를
얻고 百姓은 그 덕을 생각하고 사방의 이웃들은 그 의리를 생각하게 된다. 이와 같이 하면 國
家는 편안하기가 磐石과 같고 치열(熾烈)함이 세차게 타오르는 불길과 같아서 접촉되는 것들은
부숴버리고 범하려 든 자는 태워져버릴 것이니 비록 强暴한 나라가 있다 하더라도 어찌 두려워
할 것이 있겠는가? 丹은 이러한 일을 놓아두고서 하지 않고 도리어 萬乘의 나라로써 匹夫의 분
노를 풀고자 결행하여 盜賊의 꾀를 펴려다가 공은 무너지고 몸은 죽음에 이르게 하고 社稷은
폐허가 되게 하였으니 슬퍼할만 하구나! 荊軻는 연단이 받들어 봉양해준 사사로운 정만을 생각
하여 七族을 돌아보지 않고 한 자에서 여덟 치 정도에 이르는 匕首로써 燕나라를 강하게 하고
秦나라를 약하게 만들고자 하였으니 또한 어리석지 아니한가?"

* 熾(치): 성하다. 불길이 세다. 焱(염): 불꽃. 불길이 세차게 타오르는 모양. 決匹夫之勇(결필부지
　용): 결필부지노(決匹夫之怒)의 잘못이므로 바로 잡음. 隳(휴): 무너뜨리다. 깨뜨리다. 쓸모가 없
　게 되다. 僇(륙): 욕을 보이다. 죽이다. 墟(허): 터. 언덕. 豢(환): 기르다. 사육하다. 이익을 앞세
　워 상대방을 꾀다. 七族(칠족): 증조(曾祖)・조(祖)・부(父)・자기(自己)・자(子)・손(孫)・증손(曾
　孫)의 직계친을 중심(中心)으로 하고, 방계친으로 증조의 삼대손 되는 형제(兄弟)・종형제・재
　종형제(兄弟)를 포함(包含)하는 동종 친족(親族)의 일컬음. 또한 고모의 자녀(子女)・자매의 자
　녀(子女)・딸의 자녀(子女)・외족・이종・생질・장인 장모 및 자기(自己) 동족.

⑱秦

秦之先은 本顓頊之裔니 曰 大業者 生栢翳하니 舜이 賜姓嬴氏러
니 其後에 有蜚廉하고 蜚廉의 孫은 女防이라

　秦의 선조는 본래 전욱(顓頊)의 후예이다. 大業이라 하는 자가 백예(栢翳)를

낳으니 舜이 영(嬴)씨라는 성을 하사하였다. 그 후에 비렴이라는 이가 있었고
비렴의 손자는 여방이었다.

嬴音盈 女音汝 ○世紀에 蜚廉이 生惡來하고 惡來는 生女防이라

『世紀』에 蜚廉이 惡來를 낳고 惡來는 女防을 낳았다 하였다.

女防之後에 有非子하여 好馬러니 爲周孝王하여 主馬於汧渭之間하니 馬大蕃息이라 分土爲附庸하여 邑之秦이러라

여방의 후에 비자가 있어 말을 좋아하였다. 주나라 효왕을 위하여 말을 견수
(汧水)와 위수(渭水)의 사이에서 맡아 길렀다. 말이 크게 번식되자 효왕이 그에
게 땅을 나누어 주고 부용으로 삼고 秦 땅을 식읍으로 주었다.

* 汧(견): 강 이름. 병(汫)은 '손을 씻다'라는 뜻의 다른 자. 渭(위): 강 이름. 감숙성 위원현에서
　황하로 흐르는 강.

好爲分 皆去聲 汧音牽 ○汧渭는 二水名이라 蕃은 盛이요 息은 生也라 凡裂土하여 以
封諸侯하고 其受封者各有分이라 故로 曰 分土라 附庸은 小國也니 孟子 曰 不能五十里
는 不達於天子하고 附於諸侯하니 曰 附庸이 是也라 秦은 州名이니 屬鞏昌이라

汧과 渭는 두 강 이름이다. 蕃은 번성함이요 息은 불어남이다. 대체로 땅을 쪼개어 諸侯를
봉하고 그 봉함을 받은 자들에게 각각 나누어 줌이 있었다. 그러므로 分土라 한 것이다. 附庸은
小國이니 孟子가 말씀하기를 "五十里가 되지 않는 나라는 天子에게 바로 진달하지 못하고 諸侯
에게 붙여 부탁한다."하였으니 附庸이라 하는 것이 이것이다. 秦은 州名이니 鞏昌에 屬한다.

閱二世至秦仲하여 始大하니라

2세를 지나 秦仲에 이르러 비로소 나라가 커졌다.

* 閱(열): 겪다. 차례차례 거치다.

二世는 秦侯公伯也라

二世는 秦侯 公伯이다.

歷莊公하고 至襄公하여 犬戎이 弑幽王하니 襄公이 救周有功이어늘 封爲諸侯하고 賜以岐西地러라

장공을 지나고 양공에 이르러 犬戎이 주나라 유왕을 시해하였다. 양공이 주나라를 구한 공이 있어 봉하여 제후로 삼고 기산 서쪽의 땅을 하사하였다.

岐西地는 蓋西周畿內八百里之地라

기산의 서쪽 땅이란 대개 西周 畿內 八百里의 땅이다.

歷文公 寧公 出子 武公 德公 宣公 成公하고 至繆公하니라

문공·영공·출자·무공·덕공·선공·성공을 지나고 목공(繆公)에 이르렀다.

繆는 音이 木이니 孟子는 作穆이라

繆은 音이 木이니 孟子는 穆이라 하였다.

有百里奚者하니 故虞大夫也라 晋人이 伐虢할새 假道於虞하니 其實은 欲幷虞取之라 奚知虞公不可諫而先去之러니 秦繆公이 聞其賢하고 以爲相하여 政事를 皆屬焉이라

백리해(百里奚)라는 이가 있었는데 옛 虞나라의 대부였다. 晉나라 사람이 괵(虢)을 정벌할 때에 도로를 우에서 빌리니 그 진실은 우를 아울러 취하고자 하는 것이었다. 백리해가 우공에게 諫할 수 없음을 알고 먼저 떠났다. 秦 목공이 그의 현명함을 듣고 재상을 삼아서 정사를 모두 맡기려고 하였다.

* 百里奚(백리해): 가난한 농민 출신으로 춘추시대 우(虞)나라의 대부였으나 진(晉)나라가 가도
멸괵(假道滅虢) 후 우나라를 멸망시켰을 때 포로가 되었다. 그 후 진(晉)나라 헌공이 우호를
위해 그의 딸 백희를 진(秦) 목공에게 시집보낼 때 수행하는 노비가 되었다. 이 때 초나라로
도망쳐서 牧夫가 되었는데 진(秦)나라 목공(穆公)은 그의 재능을 알아보고 다섯 장의 양가죽으
로 그를 사서 재상으로 삼았다. 이 때문에 '다섯 장 양가죽으로 사 온 대부'란 뜻의 오고대부
(五羖大夫)로 불렸으며, 진목공을 도와서 패왕의 대업을 이룩하였다. 假道於虞(가도어우): 우
나라에 길을 빌리다. 괵(虢)은 주문왕의 아우인 괵중(虢仲)이 세운 나라로 平王이 동쪽으로 수
도를 옮길 때 서괵으로 옮겼다가 晉나라에 의해 멸망하였다. 이 이야기는 바로 괵이 晉나라에
의해 망할 때 나온 것이다. 晉나라 헌공(獻公)이 괵을 치고자 하여 순식(荀息)에게 의견을 물
었다. 왜냐하면 괵으로 가자면 중간에 있는 소국인 虞나라를 지나가야 했기 때문이었다. 순식
이 계책을 말했다. "우나라 임금은 욕심이 많은 사람입니다. 그러니 수극(垂棘)에서 나는 구슬
과 굴(屈) 지방에서 나오는 명마를 보내 길을 빌려 달라고 하면 분명 허락할 것입니다." 순식
의 계책대로 구슬과 말을 보내자 우임금은 마음이 흔들려 이 일을 궁지기(宮之奇)라는 책사에
게 의논하였다. 궁지기가 말했다. "진나라 군대는 우리에게 길을 빌려 괵을 무너뜨린 뒤에 반
드시 우리를 공격할 것입니다. 그러니 길을 빌려 주어서는 안 될 것입니다. 우리 우나라와 괵
은 이빨과 입술 같은 사이로, 입술이 없어지면 이빨이 시린 것처럼 괵이 망한 뒤면 우리 우나
라도 위태로워질 것입니다." 그러나 욕심에 눈먼 우나라 임금은 이를 허락하고 말았다. 결국
진나라는 괵을 멸망시키고 돌아오는 길에 우나라까지 공격해서 함락시키고 말았다. 궁지기의
건의를 묵살한 우나라 임금도 비참한 최후를 맞이하였다. 눈앞의 이익으로 앞날을 예측하지
못한 어리석음이 빚어 낸 비극이었다. 이 이야기에서 함께 나온 성어가 순망치한(脣亡齒寒)이
다.

　　虢音國 屬音竹 ○百里奚는 其先이 本姬姓이니 家于百里라 因氏焉이라 虢虞는 並國名
이라

　　百里奚는 그 선조가 본래 姬姓이었다. 집이 百里에 있었으므로 인하여 씨를 삼았다. 虢과 虞
는 모두 國名이다.

　　孟子曰 百里奚는 虞人也니 晉人이 以垂棘之璧과 屈産之乘으로 假道於虞하여 以伐虢
이어늘 宮之奇는 諫하고 百里奚는 不諫하니 知虞公之不可諫이라 而不諫可謂不智乎아
知虞公之將亡而先去之하니 不可謂不智也라 時擧於秦하여 知繆公之可與有爲也하여 而相
之하니 可謂不智乎아 相秦而顯其君於天下하여 可傳於後世하니 不賢而能之乎아

孟子가 말씀하였다. "百里奚는 虞나라 사람이다. 晉나라가 垂棘의 구슬과 屈에서 나는 마필로써 虞나라에 길을 빌려 虢을 치려하였거늘 宮之奇는 諫하였고 百里奚는 諫하지 아니 하였으니 虞公이 諫해서 될 인물이 아님을 안 것이다. 간하지 아니함을 지혜롭지 못하다 이르겠느냐? 虞公이 장차 도망하여 먼저 떠날 것이라는 것을 알았으니 지혜롭지 못하다고 말할 수는 없을 것이다. 때마침 秦나라에 등용되어 繆公이 함께 다스림을 행할 만한 덕이 있는 줄을 알아서 그를 도왔으니 지혜롭지 못하였다 이르겠느냐? 秦나라를 도와서 그 임금을 천하에 드러내어 후세에 전하였으니 어질지 아니하고서야 능하겠느냐?"

*『맹자·만장장구상』제9장의 말과 약간의 출입이 있다.

百里奚 進其友蹇叔하여 以爲上大夫하다

백리해가 그의 벗 건숙을 천거하여 상대부로 삼게 하였다.

蹇은 姓也니 九輦反이라

蹇은 姓이니 九輦反이다.

繆公이 送晉惠公하여 歸晉이러니 已而오 倍秦하고 合戰于韓할새 繆公이 爲晉軍所圍러니 岐下에 有嘗食公馬者三百人이 馳冒晉軍하여 遂脫繆公以反하다 先是에 繆公이 亡善馬하니 野人이 共得之러니 吏逐得하고 欲法之한대 公이 曰 食善馬하고 不飮酒면 傷人이라 하고 皆賜酒而赦之러니 至是하여 聞秦擊晉하고 皆願從하여 推鋒爭死하여 以報德하다

목공이 晉惠公을 보내어 晉에 돌아갔다. 이윽고 晉나라가 秦을 배반하고 韓에서 만나 싸울 때에 목공이 晉軍에게 포위되었는데 기산 아래에서 일찍이 목공의 말을 잡아먹었던 자 300인이 말을 달려 晉軍에 돌진하여 드디어 목공을 탈출시켜 돌아왔다. 이보다 앞서 목공이 좋은 말을 잃었는데 野人들이 함께 그것을 얻어 잡아 먹어버렸다. 관리들이 쫓아가 그 현장을 잡고 그들을 법으로 다스리고자 하였다. 목공이 말하기를 "준마의 말고기를 먹고 술을 마시지 아니하면 사람이 상하게 된다는 말이 있다."라고 하고는 모두 술을 하사하여 주고 그들을 용서하였었다. 이때에 이르러 秦 목공이 晉나라를 공격함을 듣고 모두 따르기를 원하여 칼날을 밀어내고 죽기로 싸워 그의 덕에 보답한 것이다.

倍與背同 爲去聲 推土回反 ○韓은 縣名이니 屬同州라 按春秋傳컨대 晉獻公이 嬖於驪姬러니 欲殺惠公文公等이라가 二公이 奔秦이라 獻公卒에 惠公許秦五城하고 以求入國이라 及入而弗與라 故로 曰 倍秦也라 亡은 失也라 善은 良也라 法之는 謂加之以刑也라

韓은 縣名이니 同州에 속한다. 『春秋傳』을 살펴보건대 晉나라 獻公이 驪姬를 총애하더니 惠公과 文公 等을 살해하고자 하다가 두 공자(公子)들이 秦나라로 망명하였다. 獻公이 죽음에 惠公이 秦나라에게 다섯 城을 주기로 하고 入國시켜 주기를 원하더니 입국함에 이르러서는 성을 내어주지 아니하였다. 그러므로 말하기를 秦나라를 배반했다고 하는 것이다. 亡은 잃음이다. 善은 좋다는 뜻이다. 法之는 형벌을 가한 것을 이른다.

* 驪姬(여희): 여융(驪戎)족 족장의 딸. 진헌공(晉獻公)이 여융을 정벌했을 때 동생과 함께 헌공에게 바쳐져서 총애를 받았다. 자신의 아들인 해제(奚齊)를 태자로 삼기 위해서 원래의 태자(太子) 신생(申生)을 모함해서 죽게 했다. 다른 첩의 아들 중이(重耳: 나중에 진문공이 됨)와 이오(夷吾: 나중에 진혜공이 됨)는 그녀의 악독함을 보고 국외로 도주하였다. 晉惠公(진혜공): 이름은 이오(夷吾). 진헌공의 아들로서 어머니는 적(狄)의 호씨(狐氏) 딸이었다. 진헌공이 여희를 총애하면서 자신과 소원해지자 수도를 떠나서 굴읍(屈邑)에 거주하다가 다시 양(梁)으로 도망쳤다. 진헌공이 죽은 뒤에 이극의 도움으로 진혜공이 되었으나, 자신이 보위에 오르는데 큰 역할을 한 이극에게도 땅을 분봉해주기로 약속했지만 권력을 잡자 도리어 누명을 씌워 죽여 버렸다. 惠公許秦五城(혜공허진오성): 목공 9년 진헌공(晉獻公)이 죽자 여희(驪姬)의 아들인 해제(奚齊)가 옹립되었으나 신하인 이극 등에게 시해 당하자 국외에 망명 중이던 이오(夷吾 후의 진혜공)가 목공의 도움을 호소했다. 목공은 이에 백리해에게 군대를 이끌고 가서 이오가 귀국할 수 있도록 도와주었다. 이때 이오는 "만약 내가 왕위에 오을 수만 있다면 진(晉)나라의 하서(河西)지역 5개 성을 모두 진(秦)나라에 할양 하겠습니다"라고 약속했다. 하지만 이오는 막상 귀국하여 즉위한 후 약속을 어겼다. 대부 비정(丕鄭)을 보내 진(秦)나라에 인사만 올리고 땅은 한 뙈기도 주지 않았다. 이오의 이런 행동에 화가 난 대부 비정이 이오를 몰아내고 중이(重耳)를 세우기 위해 계략을 꾸몄으나 오히려 진(晉)나라 신하들의 의심을 사 죽임을 당하고

말았다. 비정의 아들 비표(邳豹)가 가까스로 진(秦)나라로 탈출해오자 목공은 그를 후대했다. 목공 22년 진(秦)나라에 인질로 와있던 진혜공의 태자 어가 혜공이 병들었다는 소식을 듣고는 몰래 도망간 일이 발생했다. 사실 목공 20년에 진(秦)나라는 주변에 있던 양(梁)과 예(芮) 두 나라를 병합시킨 일이 있었다. 원래 어의 모친은 양나라 사람이었다. 때문에 태자 어는 진(晉)나라에 다른 공자들이 많이 있는 관계로 혹시라도 자신이 왕위 계승에서 밀릴까 우려해 진(秦)나라와의 신의를 저버리고 몰래 도망갔던 것이다. 평소 어에게 각별한 관심을 갖고 친족 여인까지 아내로 삼게 해 준 목공의 입장에서 어의 배신은 괘씸하기 그지없는 일이었다. 혜공이 죽으면 무사히 고국으로 호송해 보위를 잇게 해줄 수 있건만 이를 믿지 못하고 몰래 도망쳐버렸기 때문이다. 사적으로 보자면 혜공은 목공의 처남이고 어는 목공의 외 조카이다. 이듬해 진혜공이 죽자 어가 보위를 이었다. 그러나 신의를 저버린 어의 행태에 실망한 목공은 애초 의도대로 중이(重耳)를 귀국시켜 진(晉)의 군주로 옹립하고자 했다. 이에 진(秦)나라에 와 있던 중이에게 어의 아내를 비롯한 5명의 친족 여인을 주어 후하게 대접하고 이듬해인 목공 24년 봄 군대를 보내 중이를 호송했다. 이가 바로 진문공(晉文公)이다.

繆公이 又送晋文公하여 歸晋하여 立而霸諸侯러라

목공이 또 晋 문공을 보내어 晋에 돌아가서 즉위하니 제후의 패자가 되었다.

事見左傳僖公二十三年이라

사실이 『左傳』僖公 23년 조에 보인다.

晋文公이 卒한대 秦이 遣孟明하여 襲鄭하고 因破滑이러니 晋襄公이 敗之崤하니라

晋나라 문공이 죽었다. 秦나라가 孟明을 보내어 鄭나라를 습격하였고 따라서 골(滑) 땅을 격파하였는데 晋나라 양공이 효산에서 그들을 패퇴시켰다.

* 孟明(맹명): 백리해의 아들. 滑(골): 하남에 있는 진(晉)의 요새. 어지럽다. (활): 미끄럽다. 교활하다. 崤(효): 산 이름.

崤音爻 ○孟明은 姓이 百里요 名은 視라 滑은 小國名이라 崤는 山名이니 在河南府

永寧縣이라

孟明은 姓이 百里요 名은 視이다. 滑은 小國의 이름이다. 崤는 山名이니 河南府 永寧縣에 있다.

繆公이 不替孟明하고 修國政이러니 後에 伐晋得志하고 遂霸西戎하다

목공이 맹명을 교체하지 아니하고 국정을 수행하게 하였다. 후에 진을 정벌하여 뜻을 얻었고 드디어 서융에 패자가 되었다.

陳氏殷 曰 替는 廢也니 言孟明이 雖有喪師之罪나 而穆公이 終不廢之하니 故로 孟明이 益修國政하여 卒伐晉하니라 有濟河焚舟取王官과 及封崤尸等事하니 詳見左傳文公三年이라

陳殷이 말하였다. "替는 폐함이니 孟明이 비록 군대를 잃은 죄가 있었지만 穆公이 끝내 그를 폐하지 않았다. 그러므로 孟明이 더욱 國政을 열심히 수행하여 마침내 晉나라를 정벌하게 된 것이다. 황하를 건너 배를 불태워버리고 王官을 취한 일과 효산(崤山)에서 죽은 시신을 수습하여 매장하고 환군한 등의 일이 있었으니 『左傳』文公 3年 조에 자세히 보인다."

歷康公 共公 桓公 景公 哀公 惠公 悼公 厲共公 躁公 懷公 靈公 簡公 惠公 出子 獻公하고 至孝公하니라

강공·공공·환공·경공·애공·혜공·도공·여공공·조공·회공·영공·간공·혜공·출자와 헌공을 지나 효공에 이르렀다.

躁音竈 共恭同

河山以東에 强國이 六이오 小國이 十餘로대 以夷狄으로 遇秦하고 擯不與諸侯之會盟하니라

黃河와 華山의 동쪽에 강국이 여섯이고 소국이 10여 국이었으나 秦나라를 이적(夷狄)으로 대우하고 배척하여 제후들의 회맹에 참여하지 못하게 하였다.

與預同 ○河는 謂黃河요 山은 謂華山이라 遇는 待요 擯은 棄요 與는 干也라

河는 黃河를 이르고 山은 華山을 이른다. 遇는 대우함이요 擯은 물리쳐 버리는 것이요 與는 간여함이다.

孝公이 下令호되 賓客羣臣에 有能出奇計强秦者면 吾且尊官하고 與之分土하리라

효공이 令을 내리되 "빈객과 군신 중에 능히 奇計를 내어 秦나라를 강하게 할 자가 있으면 내가 장차 관직을 높이고 더불어 땅을 나누어 줄 것이다." 하였다.

令分 皆去聲 下並同

衛公孫鞅이 入秦하여 因嬖臣景監하여 以求見하고 說以帝道王道라가 三變爲霸道하고 而後에 及强國之術하니라

衛나라 공손앙이 秦에 들어와서 총애 받는 신하 경감(景監)을 통하여 뵙기를 구하고 五帝의 道와 三王의 道로써 유세하다가 세 번째는 바꿔 霸道를 설명하였다. 그런 뒤에 나라를 강하게 할 술책을 설명함에 이르게 되었다.

* 公孫鞅(공손앙 ?~B.C. 338): 衛의 서얼·公子로서 이름은 鞅, 성은 公孫, 그 조상은 본래 姬姓이었다. 전국 시대 진(秦)나라의 명재상. 제자 백가(諸子百家)의 한 사람. 별명은 상앙(商鞅)·위앙(衛鞅)·상군(商君). 일찍이 형명학(刑名學)을 공부하고 진나라 효공(孝公)을 섬김. 법치주의(法治主義)에 입각한 부국 강병책(富國强兵策)을 단행하여 진나라의 국세(國勢)를 신장시킴. 효공이 죽자 그간 반감이 쌓인 귀족들의 참소(讒訴)로 사형 당함. 鞅은 어려서부터 刑名의 學을 좋아하였다. 그의 저서는 『상군서(商君書)』 혹은 『상자(商子)』로도 부른다. 이목지신(移木之信)의 고사는 상군의 법정신에 있어서 믿음을 강조한 한 정신의 표현이라 할 수 있다.

見音現　說音稅　○因은　托也라　帝道는　五帝之道요　王道는　三王之道라　霸道는　五霸之
道也라

因은 '밀어서 열다, 통하게 하다'의 뜻이다. 帝道는 五帝의 道요 王道는 三王의 道이다. 霸道
는 五霸의 道이다.

公이　大悅하여　欲變法호되　恐天下議己하니　鞅이　曰　民은　不可
與慮始오　而可與樂成이라　하고　卒定令하니라

공이 크게 기뻐하여 法을 고치고자 하였으나 천하가 자기를 비난할까 두려워
하였다. 공손앙(公孫鞅)이 말하기를 "백성이란 시작을 함께 생각할 수는 없으나,
이룬 것을 더불어 즐길 수는 있습니다."하고 마침내 令을 정하였다.

樂音洛

令民으로　爲什伍하여　相收司連坐하고　不告姦者는　腰斬하고　告
姦者는　與斬敵同賞하며　匿姦者는　與降敵同罰하고　有軍功者는　各
以率로　受爵하며　爲私鬪者는　各以輕重으로　被刑하고　大小戮力하
여　本業耕織하고　致粟帛多者는　復其身하고　事末利及怠而貧者는
舉以爲收孥하니라

백성으로 하여금 열 집과 다섯 집으로 만들어 수사(收司)와 연좌(連坐)의 법을
서로 적용 하도록 하였다. 간악함을 알리지 않는 자는 허리를 베고, 간악함을
알리는 자는 적을 베는 것과 같게 상을 주며, 간악함을 숨기는 자는 적에게 항
복하는 것과 같게 벌을 주고, 軍功이 있는 자는 각각 비율로 작위를 받을 수 있
도록 하였다. 사사로이 싸움을 하는 자는 각각 경중으로 형벌을 받게 하였다.
크던 작던 힘을 써서 농사짓고 베를 짜는 것을 본업으로 삼고 곡식과 비단 바
치기를 많이 한 자는 그 몸에 부역을 면제하고, 말단의 이익(商工)을 일삼거나
게을러 가난한 자는 들어내어 처자들을 관아의 노비로 삼았다.

* 收司(수사): 10가(家)를 한 조(組)로 하여 그 중의 한 집이 죄가 있을 경우(境遇) 다른 아홉 집이 관청(官廳)에 고발(告發)하던 제도(制度). 連坐(연좌): 같은 자리에 잇대어 앉음. 다른 사람의 범죄(犯罪)에 대해서 특정(特定)한 범위(範圍)의 몇 사람이 연대(連帶) 책임(責任)을 짐. 復(복): 면제하다. 세금이나 노역 따위를 면제하다. 收孥(수노): 연좌법의 하나. 죄를 범한 사람의 처자를 관의 노비로 삼는 일.

降音抗 率律同 ○慈湖王氏 曰 五家爲伍요 十家爲什이라 司는 管也니 言爲什伍之法하여 使之相收相管라 一家有罪면 九家同擧하니 否則連坐罪也라 爵은 官秩也라 復은 除也니 謂免其身役也라 事는 猶務也라 末利는 商賈也라 孥는 妻子也니 言糾擧而收錄하여 其妻子沒爲官奴婢也라

慈湖王氏가 말하였다. 五家를 伍라하고 十家를 什이라 한다. 司는 연관함이니 什伍之法을 만들어 그들로 하여금 相收하고 相管하게 하여 一家에 罪가 있으면 九家가 함께 들어 고발하게 한 것이니 그러하지 않으면 罪를 連坐하여 묻는 것을 말한 것이다. 爵은 벼슬의 등급이다. 復은 면제함이니 그 身役을 면제해줌을 이른다. 事는 힘써 일함과 같다. 末利는 商賈이다. 孥는 妻子이니 糾擧하고 收錄하여 그들의 妻子들을 모두 官奴婢로 삼는 것을 말한다.

令旣具未布에 立三丈之木於國都市南門하고 募民有能徙北門者면 予十金이라 하니 民이 怪之하여 莫敢徙어늘 復曰 能徙者予五十金이라 하니 有一人徙之어늘 輒與五十金하고 乃下令이러라

法令은 이미 갖추어졌으나 아직 頒布하지 않았을 때, 세 길의 나무를 국도(國都)의 저자 남문에 세우고 백성들을 불러 모아 능히 북문에 옮기는 자가 있으면 십 금을 주겠다고 하였다. 백성들이 이것을 괴이하게 여겨 감히 옮기려는 이가 없자 다시 말하기를 "능히 옮기는 자에게는 오십 금을 주겠다."고 하였다. 그것을 옮긴 한 사람이 있어서 바로 오십 금을 주고 마침내 法令을 반포하였다.

募는 召也라 予는 與同이라 復는 去聲이니 扶又反이라

募는 불러 모음이다. 予는 與와 같다. 復는 去聲이니 扶又反이다.

太子犯法이어늘 鞅이 曰 法之不行은 自上犯之라 君嗣는 不可施
刑이라 하고 刑其傅公子虔하고 黥其師公孫賈하니라

태자가 법을 범하게 되었다. 공손 앙이 말하기를 "법이 행해지지 아니함은 위
에서부터 법을 범하기 때문이다. 그러나 왕위를 이을 이에게는 형벌을 시행할
수 없다." 하고 태자를 보좌하던 공자 건에게 형벌을 가하고 그의 사부 공손 가
에게 묵형을 가하였다.

罪其師傅者는 以其敎訓不嚴故也라

그의 스승과 보좌하는 이에게 罪를 물은 것은 태자에게 敎訓을 엄격하게 적용할 수 없었기
때문이다.

秦人이 皆趨令하니 行之十年에 道不拾遺하며 山無盜賊하고 家
給人足하여 民이 勇於公戰하고 怯於私鬪하니 鄕邑이 大治하니라

진나라 사람이 모두 法令을 따라 지켰다. 행한지 십 년 만에 도로에는 흘린
것을 줍지 아니하고, 산에는 도적이 없었으며, 집집마다 넉넉하고 사람마다 만
족해하였다. 백성이 나라를 위한 전쟁에는 용감하였고 사사로운 다툼에는 겁내
었으니 향읍이 크게 다스려졌다.

給은 亦足也라 治는 去聲이라

給은 또한 넉넉하다는 뜻이다. 治는 去聲이다.

初言令不便者來言令便이어늘 鞅이 曰 此는 亂法之民也이라 하
고 盡遷之邊하니 民莫敢議令하니라

처음에 法令이 불편하다고 말하던 자들이 와서 法令이 편하다고 말하였다. 공
손 앙이 말하기를 "이는 법을 어지럽히는 백성이다." 하고 모두 그들을 변경(邊

境)으로 쫓아내니 백성들이 감히 法令을 옳다 그르다 의논하는 이가 없게 되었다.

塞外 曰 邊이라

변새의 외방을 邊이라 한다.

令民으로 父子兄弟同室內息者爲禁하고 廢井田하고 開阡陌하여 更爲賦稅法하니 秦人이 富强이라 封鞅商於十五邑하고 號曰商君이라 하다.

백성들로 하여금 父子와 兄弟가 한 집안에서 사는 것을 禁하게 하였고, 井田法을 폐하고 阡陌을 열어 부세 법을 고치니 진나라 사람들이 富强하게 되었다. 공손 앙을 상오의 땅 15읍에 봉호를 상군이라 하였다.

更音庚 於音烏 ○田間路를 曰 阡陌이니 卽經界也라 井田之制는 方里爲井하니 井九百畝界爲九區 中爲公田이라 八家各受一區하고 但借其力助耕公田하여 而不復稅其私田하니 至是廢之하고 而更爲貢法也라

농지 사이의 길을 阡陌이라 하니 곧 經界이다. 井田의 제도는 方里로 井을 삼았으니 井은 九百畝니 경계를 아홉 구역으로 만들고 중앙을 公田으로 만들었다. 여덟 집이 각각 一區를 받고 다만 그 힘으로 돕는 노력만을 빌려 公田을 경작하게 하였고 다시 그들의 私田에 세금을 부과하지 않았다. 이때에 이르러 그 제도를 폐지하고 貢法으로 고쳤다.

* 方里爲井(방리위정): 方里로 井을 삼다. 『공자가어·시주 왕언해편』에 '주나라 제도로는 300보를 1리로 삼고, 1000보를 1정으로 삼고, 3정을 1날로 삼고, 3날로 1구를 삼았다. 이 말은 이수로 정을 말할 수 없으니, 정은 방리의 이름으로부터 나왔다(周制, 三百步爲里, 千步爲井, 三井而埒, 埒三而矩, 此說里數不可以言井 井自方里之名)'라고 하였다. 埒(랄): 바자울, 낮은 담, 둑, 제방. 貢法(공법): 하(夏)나라 때의 세(稅) 매기는 법. 사전의 소출에 따라 세금을 부과하는

제도.

司馬公이 曰 夫信者는 人君之大寶也라 國保於民하고 民保於信이라 故로 古之王者는 不欺四海하고 覇者는 不欺四隣하고 善爲國者는 不欺其民하고 善爲家者는 不欺其親이니라 不善者는 反之니 是以로 上下離心하여 以至於敗하니 所利不能藥其所傷하고 所獲不能補其所亡이라 豈不哀哉아 商君은 以刻薄之資로 處攻戰之世로되 猶且不敢忘하여 信以畜其民하니 況爲四海治平之政者哉아

사마온공이 말하였다. "대저 신의(信義)라는 것은 人君의 큰 보배이다. 나라는 백성들을 보호하고 백성들은 신의을 보존한다. 그러므로 옛날의 임금들은 천하 四海를 속이지 않았고, 覇者는 사방의 이웃 나라들을 속이지 않았고, 나라를 잘 다스리는 자는 그 백성들을 속이지 않았고, 집안을 잘 다스리는 자는 그 친지들을 속이지 않았다. 잘하지 못하는 자들은 이와 반대로 하니 이 때문에 上下가 마음이 떠나서 패망하는 데 까지 이르게 되니 이롭다 하는 것도 그 상처 난 곳에 약이 될 수 없고 얻은 바가 그 없어진 바를 보충할 수 없는 것이다. 어찌 슬프지 않겠는가? 商君은 刻薄한 자질로써 攻戰하는 세상에 처하였으되 오히려 또한 감히 잊지 않고서 信義로써 그 백성들을 길렀으니 하물며 四海가 잘 다스려지고 공평한 정사를 행한 사람이겠는가?"

孝公이 薨하고 惠文王이 立하니 公子虔之徒告鞅欲反이라 한대 鞅이 出亡할새 欲止客舍러니 舍人이 曰 商君之法에 舍人無驗者는 坐之라 하니 鞅이 歎曰 爲法自弊一至此哉아 하고

효공이 薨하고 혜문왕이 즉위하였다. 공자 건의 무리가 공손 앙이 모반할 것이라고 무고하였다. 공손 앙이 달아나 도망할 때에 객사에 머무르고자 하였는데 객사 주인이 말하기를 "商君의 법에 사람 중에 징험할 수 없는 자를 객사에 묵게 할 경우는 연좌에 걸린다."고 거절하니 공손앙이 탄식하여 말하기를 "법을 만들어 스스로 당하는 폐해가 한결같이 이에 이르는구나." 하였다.

* 爲法自弊(위법자폐): 자기가 정한 법을 스스로 범하여 죄를 당한다는 뜻으로, 자기가 한 일로 자기가 고난을 당함을 비유적으로 이르는 말.

上舍人은 店家人也오 下舍人은 停藏人也니 言停人止宿이라가 無文憑可驗者면 罪坐客店主人也라 弊는 害也라

위에 舍人은 객사의 주인이고 아래의 舍人은 은닉해 준 사람이니 停人을 머물러 재웠다가 문서로 증빙할 증거가 없는 자인 경우가 되면 客店主人에게 罪를 연좌하여 물었다고 말한 것이다. 弊는 해를 당함이다.

* 停藏(정장): 감춤. 은닉함. 文憑(문빙): 증거(證據)로 삼을 만한 문서(文書).

去之魏러니 魏不受하고 內(납)之秦하니 秦人이 車裂以徇하다

도망하여 魏나라로 갔으나 魏나라 사람들이 받아들이지 않았고 그를 秦으로 들여보내니 秦나라 사람들이 수레에 매달아 사지를 찢어 죽이고 조리를 돌렸다.

內은 音이 納이니 送也라 裂은 分也니 言以四肢와 及首로 繫於五馬하여 鞭之使走하고 裂尸爲五하여 以示衆也라

內은 音이 納이니 보낸다는 뜻이다. 裂은 찢어 나눔이니 四肢와 머리로써 다섯 마리의 말에 매달아 말들에게 채찍을 가하여 달리게 하고 시신을 찢어 다섯으로 만들어 백성들에게 조리를 돌려 보인 것이다.

鞅이 用法酷하여 步過六尺者는 有罰하고 棄灰於道者는 被刑하여 嘗臨渭論囚할새 渭水盡赤이러라

공손 앙이 법을 적용함이 혹독(酷毒)하여 步를 정할 때에 여섯 자를 넘게 한 자는 벌을 주었고 거름으로 쓸 재를 길에 버리는 자는 형벌에 처하여, 일찍이 위수에 임하여 죄수를 재판할 때 위수가 온통 붉었다.

* 步(보): 사방 여섯 자의 넓이. 요즈음의 坪.

秦制에 六尺爲步요 二百四十步爲畝라 過之면 則畝寬而稅少라 故로 有罰이라 灰는 所

以糞田이니 棄之면 則爲惰農이라 故로 有刑이라

　秦나라 제도에 6尺을 步라 하고 240步를 畝라 하였다. 이보다 넘으면 곧 묘의 면적이 더 넓지만 세금은 적어지게 된다. 그래서 처벌을 둔 것이다. 灰는 농지에 거름으로 쓰이는 것이니 이것을 버리게 되면 농사를 게을리 한 것이다. 때문에 형벌에 처한 것이다.

惠文王이　薨하고　子武王이　立하니　武王이　使甘茂로　伐韓한대 茂　曰　宜陽은　大縣이나　其實은　郡也니　今倍數險行千里하니　攻之難하니이다

　혜문왕이 薨하고 아들 무왕이 즉위하였다. 무왕이 감무(甘茂)로 하여금 韓나라를 정벌하게 하니 甘茂가 말하기를 "韓나라 도읍 宜陽은 큰 縣이라 하지만 그 실상은 작은 郡입니다. 그럼에도 이제 험난함은 갑절이나 되고 천리를 행군하여야 하니 공격하기가 어렵습니다."

　宜陽縣은　屬今河南이니　言宜陽은　爲大縣이나　其實當一郡也라

　宜陽縣은 지금의 河南에 속하니 宜陽은 大縣이지만 그 실상은 一郡에 해당한다고 말한 것이다.

魯人에　有與曾參同姓名者하여　殺人하니　人이　告其母호대　母織自若이러니　及三人告之에　母投杼下機하여　踰墻而走하니　臣賢이 不及曾參하고　王之信臣이　又不如其母하며　疑臣者　非特三人이니 臣恐大王之投杼也니이다

　"魯나라 사람 중에 증삼과 성명이 같은 자가 있어서 살인을 하였습니다. 사람들이 증자의 어머니에게 알렸으나 어머니가 그럴 리가 없다고 여겨 놀라지 않고 베를 짜기만 하였습니다. 세 사람 째 와서 그 일을 고함에 이르러서는 어머니가 북(杼)을 던지고 베틀을 내려와 담을 넘어서 달려갔습니다. 臣의 현명함이 증삼에 미치지 못하고, 왕께서 신을 믿음이 또한 그 어머니에 미치지 못하며,

臣을 의심하는 자가 다만 세 사람 뿐만이 아닐 것입니다. 신은 대왕께서 북(杼)을 던졌던 증자의 어머니처럼 의심할까 두렵습니다."

曾參은 孔子弟子니 字는 子輿라 自若은 言不驚動也라 投는 棄也라 杼는 梭也라

曾參은 孔子의 弟子니 字는 子輿이다. 自若은 놀라 동요하지 않음을 말한다. 投는 던져버리는 것이다. 杼는 북이다.

魏文侯 令樂羊으로 伐中山할새 三年而後에 拔之하고 反而論功할새 文侯 示以謗書一篋하니이다

"魏나라 문후가 樂羊으로 하여금 중산을 정벌할 때에 삼년이 지난 뒤에 빼앗고 돌아와 공을 논할 때에 문후가 그를 비방의 글 한 상자를 보여주었습니다."

篋은 音이 怯이니 箱也라

篋은 音이 怯이니 상자(箱)이다.

再拜 曰 非臣之功이오 君之力也니이다하니 今臣은 羈旅之臣也오 樗里子와 公孫奭이 挾韓而議면 王必聽之하리이다

"악양이 두 번 절하고 말하기를 '신의 공이 아니요 임금의 힘이었습니다.'하였습니다. 이제 신은 기려의 신하일 뿐이니 저리자와 공손석이 韓나라를 끼고서 저에 대하여 의논하고 비방하면 왕께서는 반드시 들을 것입니다."

* 羈旅之臣(기려지신): 외국에서 벼슬살이 하는 사람. 樗(저): 가죽나무.

樗音樞 ○樗里子는 名이 疾이요 秦惠王弟也니 居渭南之陰鄕이라 其里有樗樹라 因號焉이라

樗里子는 이름이 疾이요 秦나라 惠王의 아우이다. 渭水 남쪽의 陰鄕에 거주하였다. 그 마을

에는 가죽나무가 있었다. 따라서 이것을 이름으로 삼은 것이다.

王이 曰 寡人弗聽이라 하고 乃盟于息壤하니라

왕이 말하기를 "과인은 그들의 참소를 듣지 않을 것이다." 하고 마침내 식양에서 맹세하였다.

息壤은 秦邑名이라

息壤은 秦나라 邑 이름이다.

茂攻宜陽이러니 五月而不拔하니 二人이 果爭之라 武王이 召茂하고 欲罷兵이러니 茂曰 息壤이 在彼니이다 하니 王이 乃悉起兵佐茂하여 遂拔之하다

감무가 의양을 공격하였다. 5개월이 지나도 빼앗지 못하니 두 사람이 과연 간쟁하였다. 무왕이 감무를 부르고 전쟁을 그만 중지하라고 하니, 무가 말하기를 "임금과 맹세를 했던 식양 땅이 저기에 있습니다." 하니 왕이 마침내 병사를 총동원하여 감무를 도와서 드디어 의양을 빼앗았다.

爭去聲 ○息壤在彼는 言有盟也라 佐는 助也라

息壤이 저기에 있다 한 것은 맹세함이 있었음을 말한 것이다. 佐는 도움이다.

武王이 有力하여 好戲하니 力士에 任鄙 烏獲 孟說이 皆至大官이러니 王이 與孟說로 擧鼎이라가 絶脉死하니라

무왕이 힘이 있어 놀기를 좋아하니 力士에 임비, 오획, 맹열이 다 높은 벼슬에 이르게 되었다. 왕이 맹열과 더불어 솥을 들어 올리다가 혈맥이 끊어져 죽었다.

好去聲 任音壬 說音悅 ○以其死非命이라 故로 不稱薨이라

그가 非命에 죽었기 때문에 薨이라 칭하지 않은 것이다.

弟昭襄王稷이 立하니 有魏人范雎者하여 嘗從須賈使齊러니 齊王이 聞其辯口하고 乃賜之金及牛酒하니라

아우 소양왕 직이 즉위하였다. 魏나라 사람 범저란 자가 있어 일찍이 수가(須賈)를 따라 齊나라에 使臣으로 갔다. 齊나라 왕이 그의 辯口를 듣고 이에 金과 쇠고기와 술을 하사하였다.

* 范雎(범저): 전국(戰國)시대 위(魏)나라 사람. 처음에는 위(魏)나라에서 벼슬하다 실패하여 진(秦)나라에 가서는 시황제의 증조인 소왕(昭王)에게 원교근정책(遠交近政策)으로 유세하여 재상까지 되었고 응후(應侯)에 봉(封)해지기도 하였다. 범휴(范雎)나 범수(范誰)로 잘못 표기하는 경우도 있음. 雎(저)는 물수리, 징경이. 雎(휴)는 부릅떠보다, 흘겨보다. 『사기·범저채택열전(范雎蔡澤列傳』이 있음.

雎士余反 從使 皆去聲 ○須賈는 乃密須氏之後로 爲魏大夫라

須賈는 곧 密須氏의 후예로 魏나라 대부이다.

賈疑雎以國陰事告齊라 하여 歸告魏相魏齊하니 魏齊怒하여 笞擊雎하고 折脅拉齒하니 雎佯死러니 卷以簀하여 置厠中하고 使醉客으로 更溺之하여 以懲後하니라

수가(須賈)는 범저가 나라의 비밀스런 일로써 齊나라 왕에게 告하였는가 하고 의심하여 돌아와 魏의 재상 위제에게 告하니 위제가 노하여 범저를 매질하고 갈비뼈를 부러뜨리고 이를 부러뜨리니 범저가 거짓 죽은 체 하였다. 대자리로 말아서 측간 안에 두고 취객으로 하여금 번갈아 오줌을 누게 하여 뒷날 징벌의 본보기로 삼았다.

* 溺(뇨): 오줌을 누다. (닉): 빠지다. (약): 강 이름.

　　拉落合反　佯音羊　卷捲同　更音庚　溺尿同　○拉은　摧也라　佯은　詐也라　簀은　曲薄也라
更은　迭也라　懲은　戒也라

　　拉은 부러뜨림이다. 佯은 거짓으로 속이는 것이다. 簀는 曲薄이다. 更은 번갈아서 함이다. 懲
은 징계함이다.

* 簀(책): 대자리. 살평상. 궤(簣)와는 다른 글자.

雎告守者得出할새　更姓名　曰　張祿이라

　　범저가 지키는 자에게 청하여 살아 나갈 수 있었는데 성명을 바꾸어 장록이
라 하였다.

　　更音庚

秦使者王稽至魏라가　潛載與歸하여　薦于昭襄王하여　以爲客卿하니　敎以遠交近攻之策하다　時에　穰侯魏冉이　用事러니　雎說王罷之而代爲丞相하여　號를　應侯라　하다

　　秦나라 使者 왕계가 魏나라에 왔다가 몰래 싣고서 돌아와서 소양왕에게 천거
하여 객경으로 삼게 하였다. 왕으로 하여금 먼 곳은 교제하고 가까운 곳은 공격
하는 계책을 시행하게 하였다. 이때에 양후 위염이 정사의 일을 처리하였는데
범저가 왕을 설득하여 파직시키고 대신 승상이 되어 號를 응후라 하였다.

　　說音稅　○潛은　竊也라　外國人으로　爲卿이라　故로　曰　客卿이라　遠交는　指齊楚요　近攻
은　指三晉也라

　　潛은 '가만히, 몰래'의 뜻이다. 外國人으로서 卿이 되었기 때문에 客卿이라 한 것이다. 遠交는
齊·楚를 가리키고 近攻은 三晉을 가리킨다.

林之奇 曰 秦之所以卒幷六國者는 以其用遠交近攻之策也라 蓋三晉者는 天下之樞紐也
니 秦攻之而齊楚不救하고 是以로 天下之樞紐를 委之於秦矣라 天下之樞紐를 旣委之於秦
이면 則齊楚燕欲不亡得乎아

林之奇가 말하였다. "秦나라가 마침내 六國을 병탄할 수 있었던 것은 그 遠交近攻의 정책을
사용했기 때문이다. 대개 三晉의 지역은 天下의 樞紐이다. 秦나라가 그들을 공격하였으나 齊·楚
가 구원하지 않았고 이 때문에 天下의 樞紐를 秦나라에 맡긴 셈이 되었다. 天下의 樞紐를 이미
秦나라에 맡겼다고 하면 齊·楚·燕이 망하고자 아니해도 할 수 있겠는가?

魏使須賈 聘秦하니 雎弊衣로 間步往見之한대 賈驚 曰 范叔은
固無恙乎아 하고 留坐飲食 曰 范叔은 一寒如此哉아 하고 取一綈
袍贈之하니라

魏나라 사신 수가(須賈)가 秦나라에 聘問하니 범저(范雎)가 해진 옷으로 살며
시 가서 보니 수가(須賈)가 놀라 말하기를 "范叔께서는 진실로 아픈 데는 없으
십니까?" 하고 머물러 앉아 음식을 먹으며 말하기를 "범숙은 여전히 가난함이
이와 같은가?" 하고 한 제포(綈袍)를 가져다가 그에게 주었다.

* 恙(양): 근심. 걱정. 병. 綈(제): 비단. 두껍게 짠 비단. 綈袍(제포): 두꺼운 명주로 만든 솜옷.

間去聲 恙音漾 綈音提 ○恙은 疾也라 綈는 繒也니 袍衣之有絮著者라

恙은 근심걱정이다. 綈는 비단이니 袍衣 중에 솜을 놓아 만든 것이다.

遂爲賈御하여 至相府曰 我爲君先入하여 通于相君호리라 賈見其
久不出하고 問門下하니 門下 曰 無范叔이오 鄕者는 吾相張君也니
이다 하니 賈知見欺하고 乃膝行入謝罪하니라

드디어 須賈를 위하여 수레를 몰아 재상의 관부에 이르리 밀하기를 "내가 그
대를 위하여 먼저 들어가 相君에게 연통하리다." 하였다. 수가는 그가 오래도록

나오지 아니함을 보고 하인에게 물으니 하인이 말하기를 "범숙이란 사람은 없고 아까 들어간 분은 우리 승상 장군입니다." 하니 수가가 속임 당함을 알고 이에 무릎으로 기어들어가 사죄를 하였다.

爲相鄕　皆去聲

睢坐責讓之　曰　爾所以得不死者는　以綈袍로　戀戀하여　尙有故人之意耳라　하고　乃大供具하여　請諸侯賓客할새　置莝豆其前而馬食之하니라

범저가 앉아서 꾸짖어 말하기를 "네가 능히 죽지 않는 까닭은 제포로 戀戀하여 아직 옛 친구의 정이 남아 있었기 때문일 뿐이다." 하였다. 이에 갖은 예물을 크게 갖추어 제후와 빈객을 청할 때에 좌두(莝豆)를 그의 앞에 두고 말을 먹이듯이 하였다.

* 戀戀(연연): 사모하여 잊지 못함. 供具(공구): 부처나 보살(菩薩)에게 공양(供養)하는 향(香)·화(華)·번개(幡蓋)·음식(飮食) 따위, 또는 그런 것을 공양(供養)하는 데 쓰는 그릇. 莝豆(좌두): 마소의 먹이로 쓰는 짚과 콩.

莝音剉　食音似　○莝는　斬草也라　豆盛莝器를　或曰　菽也라

莝는 풀을 자른 것이니 여물이다. 콩이 담겨진 여물 그릇을 어떤 이는 콩이라고만 했다.

使歸하여　告魏王曰　速斬魏齊頭來하라　不然이면　且屠大梁하리라　하니　賈歸告魏齊하니　魏齊出走而死하다

수가로 하여금 돌아가 魏나라 왕에게 告하게 하여 말하기를 "빨리 魏齊의 머리를 베어 오라 그렇지 아니하면 장차 대량을 도륙(屠戮)할 것이다." 하니 수가

가 돌아와 위제에게 고하니 위제가 달아나 죽었다.

屠는 滅也라 大梁은 魏都也라

屠는 滅함이다. 大梁은 魏나라 도읍이다.

雎旣得志于秦하니 一飯之德도 必償하고 睚眦之怨도 必報러라

범저가 이미 秦나라에서 뜻을 얻고 나서는 밥 한 그릇의 德도 반드시 갚았고 애자의 원망도 반드시 보복하였다.

* 睚眦之怨(애자지원): 눈을 한 번 흘겨 본 작은 원한. 睚(애): 눈초리. 흘겨보다. 째려보다. 眦 (자): 흘기다. 눈초리.

睚는 牛懈反이요 眦는 助邁反이니 瞋目貌라

睚는 牛懈反이요 眦는 助邁反이니 성내어 흘겨보는 눈 모양이다.

王이 旣用雎策하여 歲加兵三晉하여 斬首數萬하니 周赧王이 恐하여 與諸侯로 約從攻秦이러니 秦이 攻周하니 赧王이 入秦하여 頓首請罪하고 盡獻其邑三十六하다

왕이 이미 범저의 계책을 써서 해마다 군사로 三晉(韓·魏·趙)에 공격을 가하여 수만의 머리를 베니 周나라 난왕이 두려워하여 제후와 더불어 약종하고 秦을 공격하였다. 秦이 周나라를 공격하니 난왕이 秦에 들어가 머리를 조아리고 죄를 청하며 그 36개의 읍을 다 바쳤다.

從音宗

秦將武安君白起與范雎로 有隙이러니 廢爲士伍하고 賜劒死於杜

郵하니　王이　臨朝歎曰　內無良將하고　外多强敵이라　한대　雎懼러니
蔡澤이　曰　四時之序에　成功者去라　하니　雎稱病하고　澤이　代之라

　秦나라　장군　무안군　백기가　범저와　더불어　틈이　있었는데,　백기의　직위를　강
등시켜　병사를　삼고　백기에게　검을　하사하여　두우에서　죽게　하였다.　왕이　조회
에　임하여　탄식하여　말하기를　"안으로　훌륭한　장수가　없고,　밖으로　강적이　많
다."　하였다.　범저가　두려워하니　채택이　말하기를　"四時가　순서대로　돌아가듯이
공을　이룬　자는　물러나는　것이다."　하니　범저가　병을　핑계대고　채택이　그　자리
를　대신하였다.

* 士伍(사오): 병사의　대오.　낮은　지위.

　郵音尤　朝音潮　○境上行舍　曰　郵라　杜郵는　在咸陽城　四十里라

　境上行舍를　郵라　한다.　杜郵는　咸陽城　四十里에　있었다.

昭襄王이　薨하고　子孝文王柱立이러니　薨하고　子莊襄王楚立이라
가　薨하고　嗣爲王者는　政也라　遂幷六國하니　是爲秦始皇帝하다

　소양왕이　薨하고　아들　효문왕　주가　즉위하였다가　薨하고　아들　장양왕　초가
즉위하였다가　薨하고　이어서　왕이　된　자는　政이다.　드디어　6국을　병합하니　이이
가　秦始皇帝이다.

　世紀에　秦은　自非子受命으로　至莊襄王하니　凡三十六世라

　『世紀』에　秦은　非子가　受命함으로부터　莊襄王에　이르니　모두　36세였다.

黃帝以來로　百里之國이　萬區하니　蓋自中國으로　以達於四裔니라

　黃帝以來로　열거된　百里之國은　萬區이다.　대개　나라의　중심으로부터　사방으로

뻗어 나아간 후예들인 것이다.

四裔는 謂八夷니 如衣之末裾也라

四裔는 八夷를 이르니 마치 저고리 끝의 옷자락과 같다.

* 八夷(팔이): 구이(九夷) 중에 중앙을 빼고 나머지 여덟 구역. 구이(九夷)는 중앙의 황이(黃夷)를
  비롯하여 여덟 구역의 견이(畎夷)·우이(于夷)·방이(方夷)·백이(白夷)·적이(赤夷)·현이(玄夷)
  ·풍이(風夷)·양이(陽夷) 등의 구족(九族)을 지칭함.

中國之制에 可攷於王制者는 九州千七百七十三國이라

천자국의 제도에 『禮記·王制』에서 상고할 만 한 것은 '9州에 1,773개 나라이
다.'라고 하였다.

王制는 禮記篇名이라 九州之內에 一州는 屬王圻하고 容九十三國이라 外八州는 容一
千六百八十國이니 倂之면 凡千七百七十三國이라

王制는 『禮記』 篇名이다. 九州의 안에 一州는 王圻에 속하고 93 개 나라를 포함한다. 그 밖
에 八州는 1,680 개 나라를 포함하니 이를 아울러 합치면 모두 1,773 개 나라이다.

古之建侯에 各君其國하고 各子其民하여 而宗主於天子하니라

옛적에 侯를 세움에 각각 그 나라를 다스리고 각각 그 백성들을 사랑하여 天
子를 宗主로 섬겼다.

建은 立也라 王制에 比年一小騁하고 三年一大騁하고 五年一朝之類 是也라

建은 세움이다. 王制에 매년 一小騁하고 3년마다 一大騁하고 5년마다 一朝하는 따위가 이것
이다.

歷夏殷하여 至周하니 强幷弱하고 大呑小라 春秋十二國外에 存

者無幾요 戰國存者는 六七이니 至是遂幷於秦하니라

　夏나라와 殷나라를 지내어 周나라에 이르니 强한 나라는 弱한 나라를 병탄하고 큰 나라는 작은 나라를 병탄하였다. 春秋시대에는 12개국 외에 살아남은 것이 거의 없고 戰國시대에는 남아 있는 것이 예닐곱 개 뿐이니 이에 이르러 드디어 秦나라에 병합되고 말았다.

　無幾는 言不多也라

　無幾는 많지 않다고 말한 것이다.

　雙湖胡氏 曰 七國에 莫强於秦이요 亦莫强於六國이라 秦用遠交近攻之策하여 卒以蠶食天下하니라 六國이 爲謀不固하니 齊獨坐視五國之亡이라가 自謂得計하여 同歸于盡이라 吁秦非强也요 詐有餘也라 六國非弱也요 智不足也라 使智足以燭秦之詐하고 信足以結六國之交하며 義足以尊周而爲之主면 雖族秦求吾所大欲도 可也어니와 奈何其不然하여 以待覆亡之不暇오 可勝歎哉로다

　雙湖胡氏가 말하였다. "七國 중에 秦나라보다 강한 나라는 없고 또한 六國보다 강한 나라가 없다. 秦나라는 遠交近攻의 정책을 써서 마침내 天下를 蠶食하였다. 六國이 도모함이 견고하지 못하였으니 齊나라가 홀로 五國의 망함을 坐視만 하다가 스스로 계책을 얻었다 이르고 함께 망하고 말았다. 아 秦나라가 강한 것이 아니었고 속임수 남음이 있었던 것이다. 六國이 약했던 것이 아니라 지혜가 부족하였던 것이다. 저들로 하여금 지혜는 능히 秦나라의 속임수를 불살라 버리고 믿음은 능히 六國의 교제를 맺게 하며 의리는 능히 周나라를 높여 이에 천하의 주인으로 섬기게 하였으면 비록 진나라를 족멸하고 내가 크게 하고자 한 바를 구함도 가능하였을 것인데 어찌하여 그들이 그렇게 하지 아니하여 전복되고 패망함을 기다릴 틈도 주지 않았는가? 탄식할 만하도다.

* 族秦(족진): 진나라 일족(一族)을 모조리 멸망(滅亡)시킴. 杜牧의 <阿房宮賦>에 '아! 6국을 멸한 자는 6국이요 진나라가 아니며, 진나라를 족멸한 자는 진나라이지 천하가 아니다(嗚呼라 滅六國者는 六國也요 非秦也며 族秦者는 秦也요 非天下也라).'라고 하였음.

『國譯 史略通攷 Ⅰ』 終

本原

史略通攷 I

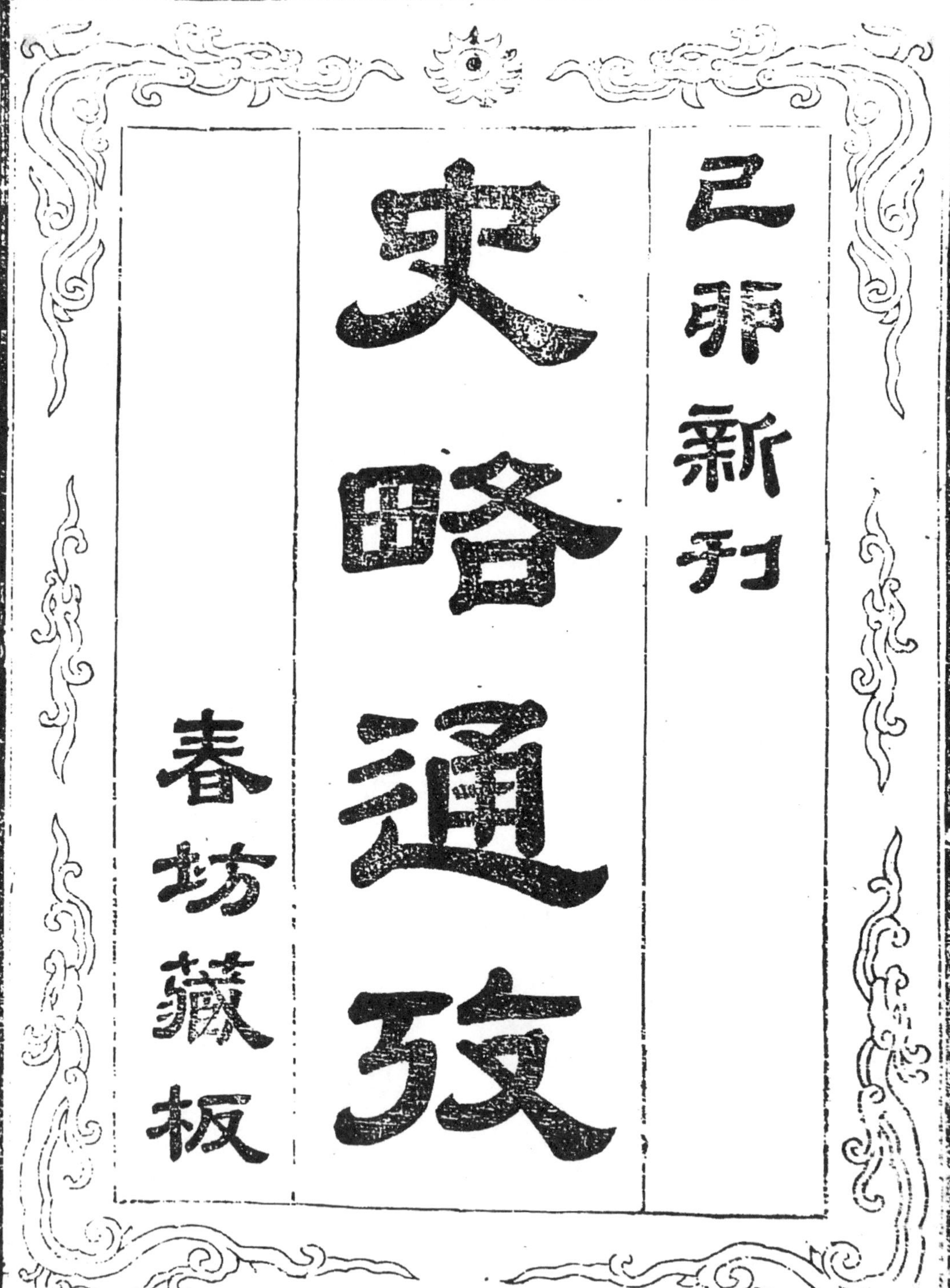

己卯新刊
史略通攷
春坊藏板

目次

古今歷代標題註釋十九史略通攷卷之一

前進士廬陵曾先之編次
松篯門人鄱陽竹窩余進宗海通攷

太古

天皇氏，以木德王〔王去聲。凡有天下者，人臨其身之日，王則平聲；臨天下而言曰王，則去聲，後皆倣此。○木德王謂以木德治天下，凡旗服牲用皆尚青色。餘如火德王謂赤、土黄、金白、水黑，皆此意也。〕，歲起攝提〔爾雅：太歲在寅曰攝提格。〕，無為而化〔謂上古民淳，不待教令而自化也。〕。兄弟十二人，各一萬八千歲。

地皇氏，以火德王。兄弟十一人，亦各一萬八千歲。

人皇氏，兄弟九人，分長九州，凡一百五十……

世合四萬五千六百年

九州冀兗青徐揚荆豫梁雍也此時未有九州之目盖追言之耳

開之師曰八千之千當作百盖邵子以有

地至于窮盡謂之一元一元有十二會一

會一萬八百年戌會則閉物而消天亥會則消

戌會則閉物而消天亥會則消天而

午會則昃該四萬五千餘年物固有民

之時也夫自開闢以來固有民物

契亦傳聞其名而稽考其曰天皇氏地

盖亦傳聞其名而稽考其曰史者以生民以來若

干年歲真有一萬八千歲截然不以

真有一萬八千歲截然不以四萬五千六

録之於唐堯之前而置之於人皇氏以後有曰

此盖亦誤矣學者不可不察

[有巢氏]構木為巢食木實居　構架也謂聚樂薪以禮記所謂居橧巢

[遂人氏]始鑽燧教人火食　鑽燧木之謂

是也木實桃李之類至遂人氏始鑽燧

桃李之類

取火也。火食謂在書契以前，年代國都不可〔烹飪欽而食也。改與考，同證也〕然。

昊與暤通，明也，蓋以木德王。吳以骴馴伏羲牲，故彌伏羲氏也。太昊伏羲氏，位在東方，象日之明，故彌太昊。義氏也，故彌伏羲氏也。

太昊伏羲氏

風姓，蛇身人首，代燧人氏而王。都陳〔臨川〕。

陳氏殷曰：姓者統其祖考之所自出，氏者別其子孫之所自分。曰伏羲王天下，始畫八卦〔八卦乾坤坎離震巽艮兊也。○孔安國曰：伏羲王天下，龍馬負圖出於河，遂則其文以畫八卦是也〕。造書契以代結繩之政〔書契謂刻木書字也。結繩者，上古未有文字，大事則結繩記之也，大其繩以記之也，小事則小其繩以記之也〕。制嫁娶，以儷皮為禮〔儷音麗。儷皮二，鹿皮也。以女從夫曰嫁，取女為妻曰娶，儷偶數也。上古未有布帛，衣鳥獸皮，故以之為禮，後世納幣本此〕。

二一

結網罟教佃漁
罟音古○佃取禽獸曰畋漁取魚鼈曰漁
養犧牲以充庖
厨故曰庖犧
牛羊豕曰牲犧色純者也宰殺烹餁之所曰厨○六畜之類其初亦野物也惟聖人養之察其性馴者教人家養之
有龍瑞以龍
紀官也　號龍師
伏羲受命有龍馬負圖出河之瑞故以龍紀官也春官青龍夏官赤龍秋官白龍冬官黑龍中官黃龍
木德王都於陳
天子所居曰都總也
庖犧崩
禮記上其死日如從天墜地故曰崩天子死曰崩

女媧氏

立亦風姓木德王始作笙簧
女媧氏蓋伏羲之女也或曰伏羲妹也笙以匏為之十三管列匏中而施簧管中吹笙則鼓動其簧以發聲也嚴氏曰笙則載動
女媧氏沒有

栢皇氏　**中央氏**　**歷陸氏**　**驪連氏**　**赫胥氏**　**尊盧氏**　**共工氏**　**大庭氏**

混沌氏　昊英氏　朱襄氏　葛天氏　陰康氏　無懷氏

風姓相承十五世
承繼也陳氏曰年代莫知幾何不敢強說愚按伏羲以下唐堯以上年代不見於經傳無從稽考世紀所載固難盡信今姑從之

炎帝神農氏
姜姓人身牛首繼風姓而立火德
以火德王故曰炎帝又蹣神農氏也教耕故蹣炎帝以始
斲木為耜揉木為耒始教耕
斲斫也○似探忍尤及求力遂反耜所以起土柴柄也牛首蓋頭有角音擬耜音帮
作蜡祭以赭鞭
蜡音清祀商曰嘉平周曰大蜡秦曰臈祭名其一也蜡當大禘泰曰臈祀祭用赭鞭赭音者○
鞭草木
赭赤也崇仁吳氏曰禘祭之後用赤鞭鞭動春氣欲草木早生赤屬陽假其氣也陳氏曰羲一也
嘗百草始有醫藥教
日謂鞭起其毒則是當百草始有醫藥草之事然亦無所據也

入日中為市，交易而退。〔醫亦作毉。○貿易居貨、貿易之所曰市。〕

都於陳，徙曲阜。〔屬兗州，曲阜縣名。〕

〔帝來、帝襄、帝榆……則作明、百依、直襄作哀〕傳八世，五百二十年。姜姓。〔紀世〕

黃帝軒轅氏

黃帝軒轅氏。〔以土德王，故稱黃帝。以居軒轅之丘，故又稱軒轅氏也。〕

公孫姓，又曰姬姓，名軒轅，有熊國君，少典子。〔本姓公孫，長居姬水，因改姓姬。電，樞星，北斗第一星也。〕

母見大電繞北斗樞星，感而生帝。

炎帝世衰，諸侯相侵伐，軒轅乃習用干戈，以征不享，諸侯咸歸之。與炎帝戰于阪泉之野，克之。〔阪音反。炎帝蓋……〕

蚩尤作亂,其人銅鐵額,能作大霧,軒轅作指南車,與蚩尤戰於涿鹿之野,禽之,遂代炎帝為天子。

榆干盾戈戰也,不享謂不來朝享之國也。阪泉地名在上谷。○按征伐始此,世變可知矣。

蚩音嗤,涿音卓,禽與擒同。○蚩尤當時諸侯者,陰侯。銅鐵額,言其頭堅如銅鐵也。○陳氏曰,霧者陰陽蒙胄之氣,蚩尤能為之,以昏迷軍士。軍士有樓四角,常指南,用以示軍士。軒轅作指南車,用之以定四方,亦示軍士,雖或回轉,日車上常指南,用子。午盤針屬此。定平今涿州。鹿郡名屬此。定平今涿州通涿。古制木為龍,又考唐憲宗始為之。

土德王,以雲紀官,為雲師。

雲師:應劭曰,黃帝受命,有雲瑞,故以雲紀事也。春官青雲,夏官縉雲,秋官白雲,冬官黑雲,中官黃雲。

以風后為相,力牧為將,傚此。學者當以意求之。受河圖,見日月星辰之象,始有星官之書。河圖

本詳盖與伏羲河圖異也

命大撓占斗建作甲子容成造曆
撓音鬧占音詹隸音利○大撓容成隸首伶倫皆臣名占測也驗斗柄初昏所指月建也甲子而以天干十地支十二配為六十甲子也

隸首作算數伶倫造律呂
謂九章筭法也黃鍾大蔟截竹為筩陰陽各六以為五音之上下黃鍾大蔟姑洗蕤賓夷則無射為六陽律大呂夾鍾仲呂林鍾南呂應鍾為六陰呂也

舟車以濟不通
服之類衣

為文章以義貴賤作
文章衣也

畫壃分州得百里之國萬區遠夷之國莫不入貢
壃音疆野

帝崩有子二十五人其得姓者十四人
世紀黃帝在位一百十年黃帝正妃螺祖生提要云黃帝二十五子

二子曰玄嚻昌意又有庶子餘二十五人為庶人其中十四人有爵土得賜姓王位在西方象晚日

少昊金天氏
以金德王位在西方象晚日之明故緟少昊金天氏也

少昊金天氏

名玄嚚，黄帝子也，亦曰青陽。其立也，鳳鳥適至，以鳥紀官。（鳳瑞禽，羽虫之長，王者德盛則至。左氏傳曰：）祝鳩氏司徒也，睢鳩氏司馬也，鳲鳩氏司空也，爽鳩氏司寇也，鶻鳩氏司事也。〇世紀：少昊金德王，在位八十四年。

顓頊高陽氏

（顓頊音專旭。〇高陽盖顓頊所興之地名，因以為氏。今開封府杞縣是也。）昌意之子，黄帝孫也。少昊之衰，九黎亂德，民神雜糅，不可方物。（黎氏九入，當時諸侯雜糅混厭也。方猶分辨也。）顓頊受之，乃命南正重司天以屬神，火正（重平聲，屬音竹。）黎司地以屬民，使無相侵瀆。（南正、火正並官名。）

命南正重司天以屬神命火正黎司地以屬民使復舊常無相侵瀆也

揚子法言重黎篇火作此重黎人名重少昊子黎顓頊子祝融也司主也屬神謂明其祭祀屬民謂明其三綱五常之道言神不侵民民不瀆神也

紀顓頊以水德王在位七十八年始作曆以孟春為元

帝嚳高辛氏

嚳音酷○高辛蓋帝嚳所興之地名因以為氏在西京偃師縣

玄囂之孫黃帝之曾孫也生而神靈自言其名代顓頊而立居於亳

亳音泊地名○世今亳州○紀玄囂生蟜極蟜極生帝嚳以木德王在位七十五年

帝堯陶唐氏

堯名也夏商以前帝王並以名稱至周文武始有諡而諡

法有翊善傳聖曰堯及善行德義曰堯者蓋因唐帝以起義非謂當時即以堯諡唐

帝也舜禹繼紂皆倣此堯初爲唐侯後爲天子都陶故號陶唐氏也

帝堯陶唐氏

伊祈姓，或曰名放勛，帝嚳子也。

放　勛　○朱子曰放至也勛功也本　史臣贊堯之辭後人因以爲堯名也

其仁如天，其知如神，就之如日，望之如雲。

知去聲　言其發育萬物○其仁如天　言其無所不知也○其知如神　就猶依也言人依就之如隆寒之向日也　仰望之如大旱之望雲也

以火德王，都平陽，茅茨不剪，土階三等。

平陽府名屬今山西　剪裁也言以茅茨盖屋不取整齊也　茨音慈　等級也

有草生庭，十五日以前日生一葉，以後日落一葉，月小盡則一莢厭而不落，名曰蓂莢，觀之以知旬朔。

厭音葉　蓂音冥○廉乾黃之意　十日旬月一日朔

治天下五十年，不知天[下]……

下治歟不治歟，億兆願戴已歟，不願戴已歟。問左右不知，問外朝不知，問在野不知。

〔治天下之治，平聲。治之、欸之，治去聲；者、則去聲，後凡皆做此。朝，音潮。○為理物之義者，平聲。○十萬曰億，十億曰兆。戴，仰也。郊外曰野也。〕

乃微服游於康衢，聞童謠曰：立我烝民，莫匪爾極，不識不知，順帝之則。

〔服，徵賤之服也。陳氏曰：徵賤之服。爾雅：路五達曰康，四達曰衢。烝，眾也。句，贊美之辭。言立此眾民無非帝德，我則無所識、無所知，唯順堯帝之法則而已。〕

有老人含哺鼓腹，擊壤而歌曰：日出而作，日入而息，鑿井而飲，耕田而食，帝力何有於我哉。

〔哺，音步。○食在口曰哺。擊壤，亦戲也。詳見風土記。蓋老人怡神養性之具也。作，作起也。此五句樂道之辭。〕

番陽石氏曰堯德如天廣大無窮康衢之謠
感戴之也擊壤之歌則忘之矣王者之民皞
皞如也其如是乎又曰康衢之謠童子之辭
也擊壤之歌老人之辭也老少各得其樂於
此見矣
愚謂帝堯聞此歌謠蓋始知天下之治億兆
之願戴已也
觀于華華封人曰噫請祝聖人使聖人壽富多
男子堯曰辭多男子則多懼富則多事壽則多
辱封人曰天生萬民必授之職多男子而授之

職何懼之有富而使人分之何事之有天下有道與物皆昌天下無道修德就閒千歲厭世去（華去聲）而上僊乘彼白雲至于帝鄉何辱之有（閒閒同僊仙同○華嶽山名封人掌封疆之官噫歎辭祝祈願也昌盛也厭棄也）堯

十二年有九年之水使鯀治之（鯀治水必九載弗績而後黜之也）九載弗績舉舜攝行天子事（九峯蔡氏曰四嶽官名蓋一人而總四嶽諸侯之事也）堯子丹朱不肖（肖似也言其不似賢也詳見孟子）乃薦舜於天堯崩舜即位

帝舜有虞氏（諡法仁聖盛明曰舜說見唐紀虞舜氏因以為有天下之號）

帝舜有虞氏

姚姓。或曰名重華。瞽瞍之子。顓頊六世孫也。○姚音遙。重平聲。重復也。瞽瞍音古叟。言堯有光華。而舜又有光華。故曰重華。重華本史臣贊舜之辭。因以為舜名也。目有瞳而無明曰瞽。無瞳曰瞍。舜父有目而不識賢愚。故稱瞽瞍。世紀。顓頊生窮蟬。窮蟬生敬康。敬康生句望。句望生橋牛。橋牛生瞽瞍。瞽瞍生舜。

父惑於後妻。愛少子象。常欲殺舜。舜盡孝悌之道。烝烝乂不格姦。○少去聲。○象舜異母弟也。善兄弟曰悌。父母曰孝。兄弟曰悌。烝進也。○象雖慶人倫之變。而能盡以善自治。乂治。格至也。使父母及弟進進以善自治。不至大惡。言舜雖慶人倫之變而能盡治。使不至大惡為姦惡也。

耕歷山。民皆讓畔。漁雷澤。人皆讓居。陶河濱。器不苦窳。所居成聚。二年成邑。三年成都。音苦。

古又孔五反窳音宇○歷山在河東雷澤在濟
陰陶謂燒土為器也河濱在濟陰陶宅陶若窳謂
濫惡不中也或曰苦猶患也言舜陶河濱不復患民化
其德不以窳器相欺自是民頼其用不復患於
是矣聚落也如村落部落部落也民周禮四井為邑四
邑為都成聚落也如村落成邑成都言民歸舜之
謂天下之士多就之者以是上言舜之格姦漸如其邑所
也舜之德化於內也成都以上言舜之德化於外自會
堯聞之聰明舉於畎畝妻以二女曰娥皇女英
畎音犬妻去聲釐音離嬀音圭
釐降於嬀汭
汭音芮○以女事人曰妻嬀音治
降下也嬀水名在歷山西水北曰汭又小水
入大水之名蓋二水合流之內也舜居於此堯
治裝以二女下嫁之所謂
二女事之以觀其內是也
遂相堯攝政放驩兜
流共工殛鯀竄三苗舉八元八凱
驩音歡相去聲
兜當侯反共平聲殛音棘○朱子曰流徙也竄匿也
兜人名共工臣名二人比周相與為黨殛誅也

方命圮族治水無功竄逐也三苗國名
不服皆不才之子故舜誅之所謂四罪而天下
咸服是也元善也凱和也高辛氏有才子八人
謂伯奮仲堪叔獻季仲伯虎仲熊叔豹季狸也
天下謂之八元舜舉之使布五教高陽氏有才
子八人謂蒼舒隤敳檮戭大臨龐降庭堅仲容
叔達也天下謂之八凱
舜舉之使主后土也　堯崩舜避位河南天下
朝覲訟獄謳歌者不歸堯之子而歸舜遂即位
朝音潮○朱子曰河南即豫州訟之也
獄謂獄不決而訟之也詳見孟子　以土德王命
九官咨十二牧
命九官謂命禹為司空棄為后稷契為司徒垂共工益為
夷作秩宗皋陶作士夔典樂龍作納言也十二
牧謂冀兗青徐揚荊豫梁雍幽并營十二州
民之官也　四海之內咸戴舜功　也戴仰
五絃之琴歌　南風之詩而天下治其詩曰南風之薰兮可以

解吾民之慍兮南風之時兮可以阜吾民之財
兮治去聲○慍含怒意阜厚也盛也
時景星出卿雲興百工相
卿與慶同和去聲漫叶音縵○慶雲五也
和而歌曰卿雲爛兮禮漫漫兮日月光華朝復
旦兮
祥雲也蓋王者制禮作樂得天意則景星出德至山陵則卿雲興百工百官也漫漫衆盛貌
石氏曰南風之詩上之所以樂也卿雲之歌
下之所以樂也君臣上下各得其樂於此見
矣
舜子商均不肖乃薦禹於天舜南巡狩崩於蒼
梧之野在位六十一載崩即帝位
天子道端使曰

守之土也，詳見舜典。蒼梧，山名，亦曰九疑，在今道州寧遠縣南，舜墓在焉。孟子謂舜卒於鳴條，與此不同，未知孰與是。

舜禹俱祖顓頊，而舜虞氏、夏氏，言氏所以別其子孫之所自分也。

夏后氏禹

姒姓，或曰名文命，鯀之子，顓頊孫也。陳氏曰：命，教也。言禹敷其文教於四海，因以文命為禹名也。

愚按堯舜禹世系皆司馬遷所記，而魯氏仍其舊為全，以其說考之，堯禹則是黃帝五世孫，而舜則是黃帝九世孫，堯奚為以二女下嫁五從姪，而安於同姓之無別乎？且舜禹俱

氏族　卷一

祖顓頊而禹去顓頊才三世舜去顓頊還七
世亦不合事情舜何由反先受堯禪而後傳
禹乎大抵史遷以二帝三皇秦漢俱祖黃帝
恐皆附會故其顛錯謬戾有如此者豈可盡
信哉堯舜禹之事乃聖人授受之大節故宇
不可不辨

鯀陻洪水舜殛禹代之勞身焦思居外八年過
家門不入陸行乘車水行乘船泥行乘橇山行
乘樏開九州通九道陂九澤度九山告厥成功
舜嘉之使率百官行天子事

作栿○陻塞也橇以板為之其狀如箕樏上檋以鐵為之其狀如錐施之屨下以山行不蹉跌也九道九州之路也陂者障兩聚水貢所謂雷夏既澤彭蠡既瀦之類是也九州之山也禹貢所謂導岍及歧至于荊山是也○朱子曰鯀不順五行之性築隄以下之水故弗績禹則順水之性而導之使下故成功程子曰今河北有鯀是亦其證也

崩禹避位於陽城天下之人不歸舜之子而歸禹乃踐位水德王以寅月為歲首（陽城嵩山下深谷中）聲為律身為度左準繩右規矩（詳見孟子言應律數身所行合尺度準平繩直規圓矩方皆法度之器言其動作威儀皆可則象也）起以勞天下之民（勞去聲下同安慰也）出見罪人下車問而泣曰堯舜之人以堯舜之心為心寡人為君

百姓各自以其心為心、寡人痛之。〔寡人、寡德之人、謙辭也。〕古有醴酪、〔酪、乳漿也。〕至禹時、儀狄作酒、禹飲而甘之、曰、後世必有以酒亡國者、遂疏儀狄。〔疏、跡同、言不親近也。〕收九牧之金、〔九牧、九州牧伯也。〕鑄九鼎、〔九鼎象九州、盖烹飪之器、而傳國之寶。〕三足象三德、〔三德謂正直剛柔也。〕以享上帝鬼神。〔享、祭也。〕會諸侯於塗山、〔塗山在臨濠府鍾離縣西。〕執玉〔玉謂五等之圭璧。〕帛者萬國。〔帛謂玄纁黃三色之幣帛也。諸侯所執也。附〕禹濟江、黃龍負舟、舟中人懼、禹仰天歎曰、吾受命於天、竭力以勞萬民、生寄也、死歸也、視龍猶蝘蜓、〔猶、如也。〕顏色不變、龍俛首低尾而逝。

鼮挺蜥蜴也，一名守宮，龍而無角，謂蛇而有足也。

禹南巡，至會稽〔會音檜，稽音府，在今紹興府〕之山而崩。

益賢，能繼禹道。禹嘗薦益於天。

天謳歌朝〔朝音潮〕覲者不之益而之啟，曰：吾君之子也。

啟遂立。

孔子曰：唐虞禪，夏后殷周繼其義，一也。

孟子曰：天與賢則與賢，天與子則與子。〔詳見孟子本文〕

有扈氏〔扈音戶，夏同姓之國〕無道，啟討之于甘〔甘，地名，在扶風鄠縣。事見書甘誓傳文〕。

啟崩，子太康立。盤遊弗返，有窮后羿，立其弟仲康，而專其政。羲和黨於羿，僭侯承王

命征之羿音詣亂音卯○窮國后君也羲氏和氏夏合為一官也胤國侯爵也事見書胤征篇仲康崩子相立羿弒相篡立嬖臣寒浞又相去聲篡初患反浞食角反○下殺上曰弒逆而奪取之曰篡嬖寵幸也寒浞姓名也鄧氏曰王相立二十八年為羿所弒夏統中絕者四十年○按篡弒之亂始此殺羿自立相之后有仍國君女也方娠娠音申孕也奔有仍而生少康其後少康有田一成有衆一旅十里地為成五百人為旅靡臣名緡功因夏舊臣靡兵滅浞而復禹之績自少康以來歷王杼王槐王芒王泄王不降王扃王廑至孔甲好鬼神事淫亂夏德衰天降二龍有雌雄陶唐氏之後有劉累者學擾龍

以事孔甲，賜之姓御龍氏。龍一雌死，潛醢以食孔甲。（好，去聲。累，力畏反。擾，謂馴其性而豢養之也。醢，音海。醢，醬也。食，音似。藏龍以為醢以食孔甲。孔甲既饗，復求致龍，懼不能致龍而逃。）孔甲復求之，累懼而逃。

孔甲之後歷〔印〕〔印〕，至〔印〕，是為桀。貪虐，力能伸鐵鉤索，伐有施氏。有施以妹喜女焉。（妹，外紀作妹。女，去聲。諡法：賊人多殺曰桀，說見唐紀。施，國名，當時諸侯。）有寵，所言皆從。為瓊宮瑤臺，殫民財。肉山脯林，（脯，乾肉也。肉山脯林，喻其多也。）酒池可以運船，糟堤可以望十里，一鼓而牛飲者三千人。妹喜以為樂。（樂，音洛，紀作洛。）龍逢諫，桀殺之。國人大崩。湯伐桀，桀走鳴條而死。

糟如堤防之高十里可望見之也牛飲謂低頭
就池飲酒如牛飲水然山壞日崩言人心離物
如山崩而不可故也鳴條地名在
安邑西不曰崩而曰死蓋賊之也

夏為天子一十七世凡四百五十八年

雙峯胡氏曰舜之稱禹有曰地平天成六府
三事允治萬世永賴時乃功謂宜禹有天下
子孫世守而不失也然舜傳而太康失邦四
傳而王相滅國人孰不以為天之不可必也
然少康以遺腹子羈旅遺竄之餘有田一成
有眾一旅輔以遺臣靡卒能復禹之績祀夏
配天不改舊物誠以禹之功大德厚故天陰

騰於冥冥之中也邪嗚呼以一太康而失邦
以一王相而滅國又以一少康而中興栽培
傾覆固天道之常亦存乎其人耳未可專論
其世也有天下者尚鑑乎茲

殷王成湯

子姓名履湯弭也武功也成湯因以為有天下之稱也殷遷亳始稱殷或殷商並稱也其先曰契帝嚳之子也契音屑其母簡狄有娀氏之女娀音嵩魯頌管切○朱子曰見玄鳥墮卵吞之而生契玄鳥鳦也春分玄鳥降高辛氏之妃簡狄祈於郊禖遺卵簡狄吞之而生契也契為唐虞司徒封於商賜姓契為司徒掌教之商州名屬今陝西以吞卵而生故賜子姓傳昭明相土昌若曹圉

曰冥曰振曰微曰報丁報乙報丙主壬主癸相去

聲圍音女主癸子天乙是爲湯始都亳使人以幣聘

伊尹于莘進之於桀不用尹復歸湯如是者五

莘所臻反復扶又反下並同○伊尹名摯莘國名在汴州陳留縣或曰在同州郃陽縣桀

殺諫者關龍逢湯使人哭之桀怒囚湯夏臺

已而得釋逢音旁○夏臺夏獄名殷曰羑里周曰圜土秦曰囹圄釋放也湯出

見有張網四面而祝之曰從天降從地出從四

方來者皆罹吾網湯曰噫盡之矣乃解其三面

改祝曰欲左左欲右右不用命者入吾網諸侯

聞之曰湯德至矣及禽獸罹音离遭也噫音希歎辭至極也言禽獸

欲從左去者則左之欲從右去者則右之但不用命者乃入吾網此可見仁人之本心矣小者命此大者可知待物如此待人可知

伊尹相湯伐桀放之南巢諸侯尊湯為天子金德王以丑月為歲首

蔡氏曰廬江六縣有居巢城今無為州巢縣是也桀奔於此因以放之

楊氏曰伊尹之相湯以三聘之勤也其就桀也湯進之也湯豈有伐桀之意哉其進伊尹以事之也欲其悔過遷善而已伊尹既就湯則以湯之心為心矣及其終也人人歸之天命之不得已而伐之耳若湯初求伊尹即有伐桀之心而伊尹遂相之以伐桀則是以取天

下為心也以取天下為心豈聖人之心哉大旱七年太史占之曰當以人禱〔所為之為去聲斷音短苴子余反○太史官名令欽天監官也人禱謂殺人以祭也〕湯曰吾所為請者民也〔所請言為民而請雨也〕若必以人禱吾請自當遂齋戒剪爪斷髮身嬰白茅〔嬰繞也〕以身為犧牲禱于桑林之野以六事自責曰政不節歟〔不節謂政事奢〕民失職歟〔失職謂民生不遂〕宮室崇歟女謁盛歟〔女謁婦女請託也〕苞苴行歟〔苞藉曰苴謂賄賂略也〕讒夫昌歟〔讒夫昌謂佞人盛多也〕言未已大雨方數千里

湯崩太子太丁早卒〔禮記云大夫死曰卒〕次子【外丙】立二年崩弟【仲壬】立四年崩

太丁未立而卒故亦攜卒

太丁之子【太甲】立不明伊尹放之

桐宮居憂三年悔過自責尹乃奉歸亳修德諸

不明謂昏暗所謂顛覆湯之典刑是也

侯歸之桐湯墓所在伊尹營宮放太甲於此太

甲為仲壬後故

為居喪三年

公孫丑曰伊尹曰予不狎于不順放太甲于

桐民大悅太甲賢又反之民大悅賢者之為

人臣也其君不賢則固可放與孟子曰有伊

尹之志則可無伊尹之志則篡也

自太甲歷【沃丁】【太庚】【小甲】【雍己】至【太戊】亳有祥

桑穀共生于朝一日暮大拱伊陟曰妖不勝德

卞巳各卷一 十六

君其修德。太戊修先王之政，三日而祥桑枯死。殷道復興，諸稱中宗也。（戊音茂，朝音潮。○祥妖異也。拱一日，外紀作七日。伊陟，伊尹子也。）

自太戊歷仲丁、外壬至河亶甲。（水患者，河決之害也。相，州名。彰德府，是今河東河中府龍門縣，蓋相都，又有河決之害，故遷耿也。）

河亶甲避水患，遷于相。（名城，名在河中府龍門縣，蓋相都，河水所毀曰圮，故遷耿也。）

至祖乙，居耿，又圮于耿，又有歷祖辛。

祖乙復遷于亳。

自祖乙歷沃甲、祖辛、祖丁、南庚、陽甲至盤庚。盤庚自奄遷于亳殷。（盤庚，詳見書盤庚篇。）

自盤庚歷小辛、小乙至武丁。

武丁得良弼，曰說，為胥靡，築于傅巖，求得之，立為相。

武丁祭湯，有飛雉升鼎耳而雊，武丁懼而反己。

殷道復興彌稱高宗 說音悅○說人名姓傅說 音構○說人名姓傅說高宗以物色得之也 靡築護之 陝州虞虢之界遄道所經有澗水冲壞常使 謂聯繋相從服後之刑徒也傅巖傅氏之巖 賢而貪故雜野雞也雛鳴也反已 諸反身而求也

自武丁歷【祖庚 祖甲 廩辛 康丁】至【武乙】無道為偶人謂之天神與之博令人為行天神不勝乃僇辱之為革囊盛血仰而射之命曰射天出獵為暴雷震死

○陳氏曰以土木為人曰偶人局戲曰博為行音行為暴之為去聲射音石 僇裂同盛音盛下同射音石 凛音凛為行音行為暴之為去聲射音石 革囊皮袋也以其死非命故不 者代行博乘也革囊皮袋反

歷【太丁 帝乙】至【帝辛】名受號為紂資辯捷疾 崩稱

手格猛獸智足以拒諫言足以飾非 諡法殘義曰紂 損善曰紂

十七
一

說見唐紀
格擊也

始為象箸箕子歎曰彼為象箸必不盛以土簋將為玉杯玉杯象箸必不羹藜藿衣短褐而舍茅茨之下則錦衣九重高臺廣室稱此以求天下不足矣

簋音晷衣去聲稱去聲○象箸以象牙為箸也箕國子爵紂諸父也土簋尾器藜藿野菜菽豆葉褐毛布也九重言宮闕深也平聲稱去聲

伐有蘇氏有蘇以妲己女為有寵其言皆從厚賦稅以實鹿臺之財盈鉅橋之粟廣沙丘苑臺以酒為池懸肉為林為長夜之飲諸侯有畔者紂乃重刑辟為銅柱以膏塗之加於炭火之上使有罪者緣之足滑跌墜火中與

妲音妲女去聲去聲縣平聲聲

妲己觀之，大樂，名曰炮烙之刑。〔辟音僻　樂音洛　炮音泡　烙音洛〕〔○畔與叛同，背也。辟，法也。膏，油也。跌，失足也。置肉於火曰炮，以火灼肉曰烙。〕庶兄微子數諫不從，去之。比干諫三日不去，紂怒曰：吾聞聖人之心有七竅。剖而觀其心。箕子〔妾母所生曰庶。數音朔。竅苦吊反。佯音羊。庶，微國，子爵也。○婢皆以罪諸人為之。庶子佯詠狂惑疾也。古者奴婢皆以罪人為之。箕子因諫得罪，故為奴。〕佯狂為奴，紂囚之。

朱子曰：三人之行不同，而皆出於至誠惻怛之意，故不咈乎愛之理，而有以全其心之德也。孔子所以謂之三仁。

陳氏曰：微子去之，欲存宗祀；比干死諫，欲悟

君心箕子佯狂意猶規諫迹雖不同為仁一
也
周侯昌及九侯鄂侯為紂三公紂殺九侯鄂侯
爭弁脯之昌聞而歎息紂囚昌羑里昌之臣散
宜生求美女珍寶進紂大悅乃釋昌昌退而修
德諸侯多叛紂歸之昌卒子發立率諸侯伐紂
紂敗子牧野衣寶玉自焚死殷亡
九音仇鄂音岳散上聲爭音
衣皆去聲羑音酉〇周九鄂並國名侯爵也三公太師太傅太保也散氏宜生名羑里殷獄名
箕子後朝周過故殷墟傷宮室毀壞
牧野在紂都朝歌南
生禾黍欲哭不可欲泣則為近婦人乃作麥秀

之歌曰麥秀蔪蔪兮禾黍油油彼狡童兮不與我好兮殷民聞之皆流涕朝音潮○史記武王克商封箕子於朝鮮而不臣此曰朝周即所謂於周為丘墟也為客者也殷墟謂殷之宮室廢為丘墟也有聲曰哭無聲有涙曰泣蔪薪秀貌油油盛貌狡童指紂好謂善也殷為天子三十一世六百四十四年

雙湖胡氏曰湯聖德革命而興由湯至于武丁賢聖之君六七作天下歸殷久矣久則難變也使紂中主猶可守業奈何淫虐而不已耶盖至於此始知不可專以祖德論也有德則與無德則亡天豈容一毫私意於其間其

周

周，古公亶父所居之地，武王因以為有天下之端也。

周武王 姬姓，名發，后稷十六世孫也。按父子相承為一世，自唐至周十六世，止一千二百餘年，又三十年亦為一世，周武王有天下時，該一千二百餘年，殊不合事情，其謬誤昭昭矣。世次多不足信，朱子詩傳亦謂古公為后稷十三世孫，蓋據此說，兩未之考耳。

后稷名棄，棄母曰姜嫄，為帝嚳元妃，出野見巨人迹，心欣然踐之，生棄，以為不祥，棄之隘巷，馬牛避不踐，置之平林，適會林中多人遷之，從置寒冰，鳥覆翼之，以為神，遂收之。隘，於懈反。覆，敷救反。○以初棄之，故名棄。姜姓，嫄名，有邰氏女也。隘，狹也。會，值也。遷之，謂移置於地也。覆盖翼，藉之也，以一翼藉之也。

朱子曰無人道而生子或者以為不祥故棄
之而有此異也於是始收而養之然巨迹之
說先儒或頗疑之而張子曰天地之始固未
始先有人也則人固有化而生者矣盖天地
之氣生之也蘇氏亦曰凡物之異於常物者
其取天地之氣常多故其生也或異麒麟之
生異於夫羊蛟龍之生異於魚鼈物固有然
者矣神人之生而有異於人何足怪哉斯言
得之矣

見時屹如巨人之志其游戲好種樹及成人能

相地之宜教民稼穡興於陶唐〔句〕虞夏之際為農師封於邰別其姓姜后稷（屹卓貌樹猶植也相視也種曰稼斂曰穡際謂交會之間邠部國名在京兆府武功縣朱子曰邰后稷之母家也豈其或滅遷而遂以其地封后稷歟）卒子不窋立夏后氏政衰不窋失其官奔戎狄之間（夷曰狄不窋失其官蓋當夷羿篡之時又少康興典復其官也）不窋卒子鞠立鞠卒子公劉立復修后稷之業務耕種百姓懷之遷于豳（復扶又反豳音邠一作邠州名屬今陝西豳音彬一屬今陝西）自公劉歷慶節皇僕差弗毀隃公非高圉亞圉公叔鉏（作差）至古公亶父獯鬻侵之去豳渡漆（踰音圍女組一作祖）

漆沮逾梁山邑於岐山之下居焉豳人曰仁人也不可失也扶老攜幼以從他旁國皆歸之

父音甫獯鬻音熏育狄人名漆沮音七趨水名在扶風杜陽縣梁山在雍州岐山縣邑作邑也

原作邑於此因改國號曰周

岐山在扶風美陽西北其南有周原

古公長子太伯次虞仲其妃太姜生少子季歷季歷娶太任生昌乃有聖德太伯虞仲知古公欲立季歷以傳昌乃如荊蠻斷髮文身以讓季歷

長上聲○少去聲○太姜姜姓女也太任摯國任氏女也如往也荊蠻者南夷之名文身謂刻其身而涅之以示不可為君也

孔子曰太伯其可謂至德也已矣三以天下

讓民無得而稱焉說者謂太伯之德當商周
之際固足以朝諸侯有天下矣乃棄不取而
又泯其迹焉則其德之至極為何如哉宜夫
子之贊美而歎息之也

古公卒公季立公季卒昌立為西伯西伯修德
伯之長也紂命文王為西方諸侯之長得專征伐故彌西伯
諸侯歸之　虞芮爭
田不能決乃如周入界見耕者皆遜畔民俗皆
讓長二人慙相謂曰吾所爭周人所恥乃不見
西伯而還俱讓其田不取漢南歸西伯者四十
國皆以為受命之君三分天下有其二　○長上聲　虞芮

孔子曰三分天下有其二以服事殷周之德

其可謂至德也已矣

二國名如往也漢南漢水之南也盖天下歸又王者六州荆梁雍豫徐揚也惟青兖冀尚屬紂耳

有吕尚者東海上人窮困年老漁釣至周 句 西

伯將獵卜之曰非龍非彲非熊非羆非虎非貔

所獲霸王之輔果遇吕尚於渭水之陽與語大

悦曰自吾先君太公曰當有聖人適周周因以

興子真是邪吾太公望子久矣故號曰太公

望載與俱歸立為師謂之師尚父 彲音离 羆音皮 貔音皮父

二十二 一

音浦〇呂氏，尚名也。姓姜，隱於東海，聞文王善養老人，釣于周以就養焉。事見孟子。羆熊羆貔虎並獸名。渭水出渭沂縣鳥鼠山，至同州。〇馬父可尚父也。師尚父可尚也。

西伯卒，子發立，是為武王，率修西伯緒業。十三年，諸侯不期而會者八百，皆曰紂可伐。實無不可引歸，紂不悛，王乃伐之。〔悛音千，悛改過也。剛強直理。〕

〔志多窮，皆曰武懷改過也。又威強敵德，刑民克服過也。〕

張子曰：此事間不容髮，一日之間天命未絕，則是君臣。當日命絕，則為獨夫，然命之絕否，何以知之？人情而已。諸侯不期而會者八百，武王安得而止之哉。

伯夷叔齊叩馬而諫，左右欲兵之，太公曰：義人也，扶而去之。伯夷叔齊孤竹君之二子，叩馬說文云牽馬也，兵猶殺也，太公以二人知君臣之義，故扶而去之。

蓋武王太公之心，恐一時之無君；伯夷叔齊之心，恐萬世之無君。此義並行而不相悖也。

王既滅殷為天子，追尊古公為太王，公季為王季，西伯為文王，火德王，以子月為歲首。謚法經天緯地曰文，又道德博聞、勤學好問、慈惠愛民、愍民惠禮、錫民爵位、忠信據理，皆曰文。○朱子曰：天開於子，地闢於丑，人生於寅，故斗柄建此三辰之月，皆可以為歲首，而三代迭用之也。天下宗周，而伯夷叔齊恥之，義不食周粟，隱於首陽。

山作歌曰：登彼西山兮，采其薇矣，以暴易暴兮，不知其非矣。神農虞夏忽焉沒兮，我安適歸矣。于嗟徂兮，命之衰矣。遂餓而死。適音的。于吁同。○宗周謂事周⋯⋯首陽山在河中府河東縣南。薇似蕨，苦可食也。易，換也。言武王之暴與紂無異，如以暴易暴也。適，謂專主也。春秋傳曰：吾誰適從，是也。殂，死也。餓死，謂不食周祿以餓而死也。終身非飢也。

武王崩，太子誦立，是為成王。諡法：安民立政曰成。○誦，成王名。

成王幼，周公位冢宰攝政。管叔、蔡叔流言曰：公將不利於孺子，與武庚作亂。武庚者，武王所立紂子祿父為殷後者也。周公東征，誅武庚、管叔，放蔡叔，王長，周公歸政。武王弟也。長，上聲。○周公，名旦。冢宰，太宰也。長，王弟也。

也管叔名鮮蔡叔名度皆武王弟而兩監發者也

流言無根之言如水之流自彼而至此也不利

言其欲為篡弑不利於成王也歸猶還也

東征事詳見書金縢大誥及詩東山等篇

范氏曰以殺舜為事舜為天子也則封

之管蔡啟商以叛周公之為相也則誅之迹

雖不同道則一也盖象之禍及於舜而已故

舜封之管蔡流言將危周公以間王室得罪

於天下故周公誅之非周公誅之之天下之所

當誅也周公豈得而私之

初武王作鎬京謂之宗周是為西都將營洛邑

未果王欲如武王之志召公遂相宅周公至洛

築王城是爲東都以洛爲天下中四方入貢道里均也王居西都而朝會諸侯於東都（鎬音浩　相去聲　朝音潮○鎬京在豐邑之東召公名奭相視也言視洛之宜以營邑也）周公相成王爲左右自陝以西召公主之自陝以東周公主之（陝州名屬河南　陝音閃相去聲○）

按三代之興皆由賢臣禹拜昌言一饋十起姒氏以興湯學伊尹從諫弗咈子姓大昌文武之時尚父爲師亂臣十人周召夾輔實隆姬氏嗚呼用賢則興不用則亡爲人君者可不慎哉

交趾南有越裳氏，重三譯而來獻白雉，曰：「吾受命國之黃耇，天無烈風淫雨，海不揚波，三年矣。意者中國有聖人乎？」周公歸之王，薦于宗廟。使者迷歸路，周公錫以軿車五乘，皆為指南之制。使者載之，由扶南、林邑海際，朞年而至國。故指南車常為先導，示服遠人而正四方。

耇音狗，軿音玭，乘、使皆去聲。○交趾，郡名，本南粤之地，越裳國又在其南。通兩番之語曰譯，盖路經三國，恐一使不通，故重三譯而來也。重，平聲；譯，音亦。復黄，面色如垢，故曰黄耇。自「天無」至「聖人乎」十一字，乃黄耇之言也。歸之王，謂歸功也。稱先王神靈，故薦于宗廟也。錫，賜也；屏蔽者曰軿車。扶南、林邑二國名，並在南海。朞，一周曰朞；導，引也。○孔子曰：「如有王者，必世而後仁。」

後說者謂周自文武至于成王而後禮樂興即其效也

成王崩子康王釗音招

立成康之際天下安寧刑錯四十餘年不用錯音措○諡法安樂撫民曰康又淵源流通曰康溫柔好樂曰康錯捨置也慈承文武道隆○德盛之後民不犯刑也

康王崩子昭王瑕音遐立昭王南巡狩昭諡法聖聞周達曰昭開正義曰昭

至楚以膠舟載之溺不返楚人惡之以膠之舟進王御其舟至中流膠液舟而溺死○按周室之衰始此膠音交

子穆王滿立有造父者以善御幸於王得八駿幸寵也

馬遊行天下將皆有車轍馬迹王西巡樂而忘

返徐子乘時作亂造父御王長驅歸救亂命楚造父之後不註者做此

討徐誅之造音操父音甫樂音洛○諡法未詳曰絶地八駿

曰翻羽曰奔宵曰超景曰踰輝曰超光曰騰霧曰掛翼也或以驊騮騄駬赤驥白兔渠黃踰輪盜驪山子謂之八駿未知孰是徐國子爵姓嬴當時諸侯長驅言晝夜長驅不息也王將征犬戎祭音債父音甫觀音貫○犬戎西戎名祭國公爵謀父字也耀明也祭公謀父諫曰先王耀德不觀兵言先王以德服人不以兵威示人也王不聽征之得四白狼四白鹿以歸自是荒服不至言荒服遠方諸侯也睦和也諸侯不睦穆王崩子共王繄扈立正德美容曰共又敬順事上曰共○繄音烏奚反扈音戶共王崩子懿王囏立囏音艱辟音璧懿王崩弟孝王辟方立孝王崩子夷王燮立燮惡協反○以天子之尊而下堂見諸侯君弱之甚也以諸侯之卑而僭稱王臣強之甚也夷王下堂兩見諸侯楚始僭稱王僭音子念反夷王崩子

二二六　二二七

厲王胡立，無道暴虐侈傲，得衛巫，使監國人之謗者，以告則殺之（弒音試，誅殺不辜曰弒，王即殺之也），道路以目，王喜曰，吾能弭謗。召公曰，是障也，防民之口甚於防川，水壅而潰（壅音勇，潰音會），傷人必多，王弗聽，於是國人相與畔，王出奔彘（彘音滯，監禁察也，畔止也）。二相（周、召名。名非周公旦，名公奭也。自二公之後，凡皆通輔周名也。二相和協共理國事故。陳氏殷曰，彘縣名，屬河東，今霍邑是也）共理國事，號曰共和，者十四年而王崩，子（〇按：詩之變風、變雅始此）宣王靖立，任賢使能，有召穆公、方叔、尹吉甫、仲山甫等為政於內外，王化復行。

周室中興焉。（諡法：聖善周聞曰宣，善聞周達曰宣。賢有德者任之則足以正君，能有才者使之則足以修政而立。方叔南征荊蠻，召穆公名虎平淮夷，尹吉甫北伐獫狁，仲山甫以補袞職，所謂為政於內外也。）崩，子幽王宮湦立。

后之世有二龍降于庭，曰：「予，褒之二君。」藏其漦。褒歷夏殷，莫敢發，周人發之，褒化為龜，童女遇之而孕，生女，棄之。宣王時有童謠曰：「檿弧箕服，實亡周國。」（句）適有鬻是器者，宣王使人執之，其人逃（句）。於道見棄女，哀其夜號而收之，逸於褒。至是褒人有罪，入是女於王，是為褒姒，王嬖之。（嬖，必結反。褒，丑之反。龜音元。壓音掩。嬎音育，彌平聲。○諡法：壅遏不通曰幽。褒，誕沫也。龜似鼈而大。）

檿山桑也弧弓也箕竹名亦作箕草也服夫房反韣賣也逸藏也褒國姒姓之女故曰褒姒按龍漦之說恐為誕妄讀者詳之

褒姒不好笑王欲其笑萬方故不笑王與諸侯約有寇至則舉烽火名其兵來援乃無故舉火諸侯悉至而無寇褒姒大笑王乃廢申后及太子宜臼以褒姒為后其子伯服為太子宜臼奔申王求殺之弗得伐申申侯名犬戎寇宗周王舉烽火徵兵不至犬戎弒王驪山下

好去聲援音院驪音犁○臨川陳氏曰烽邊火也有警急則於高處舉之以為號也萬方謂多方以誘其笑也援救也徵召也申在鄧州信陽軍之境宜臼母家也驪山在華州渭南縣

愚按三代之亡皆由婦人桀愛末喜走死鳴條紂嬖妲己焚死牧野幽惑褒姒弑死驪山嗚呼后妃者紀綱之首王化之端也時之治亂國之存亡於是乎繫有天下者可不戒哉諸侯立宜臼是為平王此西都徧於戎徙居東都王城時周室衰微諸侯強幷弱齊楚秦晉始大平王之四十九年即魯隱公之元年其後孔子修春秋始此〔諡法布綱治紀曰平春秋魯史記之名孔子以平王東遷政教蹕令不行於天下故不得不因而修之以示褒貶之法也○孟子曰王者之迹熄而詩亡詩亡然後春秋作是也〕平王崩太子之子桓王林立崩子莊

王佗立，崩，子釐王胡齊立（佗音鉈）。齊桓公始霸。○諡法：辟土服遠曰桓，勝敵克亂曰莊，小心畏忌曰釐。釐王崩，子惠王閬立（閬音浪），崩，子襄王鄭立。晉文公始霸。襄王崩，子頃王壬臣立（頃音傾），崩，子匡王班立，崩，弟定王瑜立。楚莊王使人問鼎輕重，王孫滿郤之。○諡法：愛民好與曰惠，因事有功曰襄，又辟土有德曰襄，甄心動懼曰頃，純行不差曰定，又安民大慮曰定。○楚伐陸渾之戎，觀兵于周郊，定王使王孫滿之，楚子問鼎之大小輕重，欲逼周取之，在德不在鼎，周德雖衰，天命未改，鼎之輕重，未可問也。楚子慚懼而退。定王崩，子簡王夷立，吳始僭稱王，簡王崩，子靈王泄心立。孔子生於其時。靈王崩，子景王貴立，崩，子

鑑並庶弟子朝弑之晉人討子朝而立敬王丐

孔子卒于其時

崩子元王仁立崩子貞定王介立崩子哀王去

疾立弟思王叔帶襲弑之而自立少弟考王嵬

又攻弑思王而自立

威烈王午立晉趙氏魏氏韓氏始侯周自東遷

以來凡是二十世而愈微諸侯用兵爭強騙為

戰國其後司馬氏作資治通鑑宋子修綱目始

此〔謚法執德進業曰烈〕

愚按晉大夫放弒其君剖分晉國此人倫之
大變天理所不容人人得而誅之況天子乎
當是之時苟能以王法正之則周業之中興
可指日而待也計不出此反寵秩之使列於
諸侯是獎姦誨盜而自遺患也其可以示法
於天下乎故司馬公法春秋而作通鑑子朱
子因通鑑而修綱目並發原於此亦以王綱
之所係典禮之所存而天下之大經大法存
焉學者所宜反復而玩心也或曰通鑑之托

始於是也朱子於感與篇嘗有迷先幾之嶷

矣綱目修通鑑者則曷為無改焉盖夫子之

修春秋也曰其義則丘竊取之又曰述而不

作知此則知朱子之綱目矣

威烈王崩子安王驕立齊田氏始侯安王崩子

烈王喜立崩弟顯王扁立諸侯皆僭稱王顯五

崩子慎靚王定立崩子赧王延立五十九年與

諸侯約從攻秦秦昭王攻周赧王入秦頓首受

罪盡獻其邑秦受獻而歸赧王於周以卒周為

天子三十七世凡八百六十七年〔靚音淨　赧奴板反　○諡法〕

司馬溫公曰周自平王東遷以來日以衰微
至於戰國又分而為二其土地人民不足以
比疆國之大夫然天下猶尊而事之以為共
主守文武之宗祧綿綿焉父而不絕其故何
哉植本固而發源深也昔周之與也禮以為
本仁以為源自后稷以來至於文武成康其
講禮也備矣其施仁也深矣民習於耳目浹
於骨髓雖後世微弱其民將有陵慢之心則
畏先王之禮而不敢為將有離散之心則思

先王之仁而不忍去此其所以享國長久之
道然不然以區區數邑處於七暴國之間一
日不可存況於數十年乎

春秋戰國

周平王以後為春秋之世其列國與周同姓
者曰魯曰衛曰晉曰鄭曰曹曰蔡曰燕曰吳
其與周異姓者曰齊曰宋曰陳曰楚曰秦此
其大者餘小國若春秋所書杞許滕薛邾莒邾音朱莒音舉於十二列國之
江黃之屬不可盡述
中有齊桓公宋襄公晉文公秦穆公楚莊王

五霸事迹著論春秋諸國之終始有未及戰
國而先亡者有既及戰國而後亡者各舉其
㢮音慨略也周威烈王以後為戰國之世則秦
楚燕齊趙魏韓七大國而已秦楚燕猶為春
秋之舊國田齊趙魏韓則為戰國之新國凡
春秋戰國之國雖係周之諸侯而國異政實
不係於周難於盡載附見周之下方其時各
有先後則觀者詳之

姬姓泰伯仲雍之所封也太伯仲雍周太王之二子遜位奔荊
蠻荊蠻之入義而歸之自歸勾吳至武王克商遂封二子於吳十九世傳至壽夢

始稱王。壽夢四子，幼曰季札。札賢，欲使三子相繼立以及札。札義不可，封延陵，號曰延陵季子。聘上國，過徐，徐君愛其寶劒，季子心知之，使還，徐君已沒，遂解劒懸其墓而去。

使去聲。按吳世家，太伯之後曰季簡，曰叔達，曰周章，曰熊遂，曰柯相，曰疆鳩夷，曰餘橋疑吾，曰柯盧，曰周繇，曰屈羽，曰夷吾，曰禽慶，曰轉，曰頗高，曰句早，曰去齊，曰壽夢，為十九世也。四子諸樊、餘祭、夷昧、季札也。延陵，郡名，屬江浙，今常州是也。聘，問也。公羊傳曰：大夫來曰聘。徐，國名。

壽夢後四君而至闔廬，舉伍貞謀國事。貞字子胥，楚人，伍奢之子。奢誅而奔吳，以吳兵入郢。

四君謂諸樊、餘祭、夷昧、僚也。闔廬，諸樊子也，弑僚自立。郢，楚都，今江陵府是也。○郢音影。貞音偵。陳氏般音嚴。子胥以吳兵入郢。

三十二
一

入郢蓋為父報仇也

吳伐越闔廬傷而死子夫差立子胥復事之夫差志復讎朝夕臥薪中出入使人呼曰夫差而忘越人之殺而父邪周敬王二十六年夫差敗越于夫椒越王勾踐以餘兵棲會稽山請為臣妻為妾子胥言不可大宰伯嚭受越賂說夫差赦越夫音扶呼去聲勾音鉤嚭普珥反賂音路說音稅〇陳氏殷曰越臺夷之國姒姓也而汝也夫椒吳地名詳見左傳哀公元年勾踐反國懸膽於坐臥即仰瞻嘗之曰女忘會稽之恥耶句舉國政屬大夫種而與范蠡共治兵事謀吳女音汝膽音擔下同種上聲蠡音禮坐臥食所皆置蓋示苦也種姓文字子禽范蠡字少伯

子胥恥謀不用、怨望。夫差乃賜子胥屬鏤鏤音犁○屬鏤劍名之劍。子胥告其家人曰、必樹吾墓檟檟音賈○檟木名可為宮室棺。檟可材也。抉抉挑出也吾目、懸東門、以觀越兵之滅吳。乃自剄。夫差取其尸、盛盛音成以鴟夷鴟夷馬革囊也、投之江。吳人憐之、立祠江上、命曰胥山。○越十年生聚生聚生民聚財也、十年教訓。周元王四年、越伐吳。吳三戰三北北敗走也。夫差上姑蘇姑蘇山名或曰臺名在吳地、亦請成於越請成謂求和也。范蠡不可。夫差曰、吾無以見子胥、為幎冒幎音覓○冒音帽○幎巾也冒覆也言羞見子胥于地下故以巾覆面死也乃死。○世紀、吳自太伯至夫差三十二。

越既滅吳，范蠡去之，遺大夫種書曰：越王為人長頸烏喙〔還難皆去聲。喙許穢反，又音畫。樂音洛。朝音潮。○喙味也，言能喙害物也。〕可與共患難，不可與共安樂，子何不去？種稱疾不朝，或讒種且作亂，賜劍死。

輕寶珠玉與私從乘舟江湖浮海出齊，變姓名〔從去聲。○私從家屬。〕，自謂鴟夷子皮〔范蠡以夫差殺子胥而盛以鴟夷，故自必有罪為骗也。〕，父子治產至數十萬。齊人聞其賢，以為相。范蠡喟然嘆曰：居家致千金，居官致卿相，此布衣之極也，久受尊名不祥。乃歸相印，盡散其財，懷重寶間行，止於陶，自謂陶朱公，貲累鉅萬〔間相。〕

聲喟丘愧反○潜也陶今定陶縣屬曹州貨財也累積也

人猗頓往問術焉蠡曰畜五牸乃大畜牛羊於

猗氏十年間貨擬王公故天下言富者稱陶朱

猗頓（畜音旭牸音字○陳氏殷曰猗當作倚姓也術者生財之道也牸牝也多畜之則生育蕃也）擬比也

愚按太伯遜國封吳吾無間然矣季子以幼

不立克重天倫解劍懸墓不昧心許謂之不

賢可孚夫差不用子胥之忠諫又聽伯嚭之

讒言釋放仇讎自遺後患冒兩亟不亦也

我越既滅吳驕暴日甚種猶不去以讒見誅

三十一

夫惟范蠡見幾而作不俟終日卓乎其不可
及矣

【蔡】姬姓蔡仲之所封也周公放蔡叔於郭鄰其子胡率德改行復封于蔡後世至春秋之末為楚惠王所滅〔地名胡蔡仲之名也率循也行復爲皆去聲〇陳氏殷曰郭鄰言率循祖文王之德改父蔡叔之行也故放蔡叔事說見周紀〇世紀蔡自叔度至元侯凡二十四世〕

【曹】姬姓武王弟曹叔振鐸之所封也其後世至春秋中爲宋所滅〔振鐸鐸音托爲去聲〇世紀曹自振鐸至伯陽凡二十五世〕

【宋】子姓商紂庶兄微子啟之所封也武王克殷〔封紂子武庚……〕

父以續殷祀。王崩，管蔡與祿父作亂，周公誅祿父，乃封微子於宋，以代殷後，於周為客而不臣。

後世至春秋有襄公玆父者，欲霸諸侯，與楚戰。
公子目夷請及其未陣擊之，公曰：君子不困人
於阨，遂為楚所敗，世笑以為宋襄之仁。○阨厄同。
（子魚，襄公庶兄也。未陣，未成行陣也。阨，難也。）
其後有景公者，熒惑嘗
以其時守心。心，宋之分野，公憂之。司星子韋曰：
可移於相。公曰：相吾之股肱。曰可移於民。公曰：
君者待民。曰可移於歲。公曰：歲飢民困，吾誰為
君。子韋曰：天高聽卑，君有君人之言三，宜有動。
候之，果徙一度。○分相皆去聲。股音古。肱古
宏反。○熒惑火星，緯星也。心宿，經星也。心宿經……

星也宋豫州之域心病直焉司星官名欽天監官也發於相言移爽求相也動感也

歷數世至康王偃有雀生鸇占之曰必霸天下偃喜敗齊楚魏與爲敵國偃淫虐天下號之曰桀宋周赧王時齊湣王與楚魏共伐宋滅之而分其地

鸇字書不載戰國策作鸇往音欺疑即鴟鵃也湣音豫干慈湖王氏曰宋言宋暴如桀也○世紀宋自微子至康王凡三十二世

魯姬姓周公子伯禽之所封也周公相成王王有過則撻伯禽伯禽就封公戒之曰我文王之子武王之弟今王之叔父然我一沐三握髮一飯三吐哺起以待士猶恐失天下賢人汝之魯

慎無以國驕人 沐洗頭也食在口曰哺之 往也無毋遽禁止辭也 太公

封於齊五月而報政周公曰何疾也曰吾簡其

君臣禮（句）從其俗伯禽至魯三年而報政周公

曰何遲也曰變其俗革其禮喪三年而後除之

周公曰後世其北面事齊乎夫政不簡不易民

不能近平易近民民必歸之 喪夫皆平聲易音異 ○ 報政猶言述 周公問太公何

職也北面者臣事君之禮也近 親也言齊政簡易魯政煩難也

以治齊曰尊賢而尚功周公曰後世必有篡弒

之臣太公問周公何以治魯曰尊賢而親親太

公曰後世寖弱矣 寖音浸 漸也

按齊以尚功故田和簒立而姜氏不祀魯以親親故三桓擅權而公室以微二公之言並驗可謂有先見之知矣

伯禽十三世而至隱公為春秋之始隱公之弟曰桓公桓公之子曰莊公莊公有庶弟三人曰慶父其後為孟孫氏曰叔牙其後為叔孫氏曰季友其後為季孫氏是為三桓世執國命（十三世謂）

伯禽而下歷考公熙公幽公魏公厲公獻公真公武公懿公伯御孝公惠公隱公也歷閔公僖公文公宣公成公襄公至昭公伐季氏三家共攻之公奔乾侯以卒（乾音干乾侯晉邑名）弟定公立

以孔子為中都宰一年四方皆則之由中都為

司空進為大司寇（臨川陳氏曰中都邑名屬東平宰邑長也則法也司空大官名並）

相定公會齊侯於夾谷孔子曰有文事

者必有武備請具左右司馬以從既會齊有司

請奏四方之樂於是旌旄劍戟鼓譟而進孔子

趨而進曰吾兩君為好夷狄之樂何為於此齊

景公心怍麾之齊有司請奏宮中之樂優倡侏

儒戲而前孔子趨而進曰匹夫熒惑諸侯者罪

當誅請命有司加法焉首足異處景公懼歸語

其臣曰魯以君子之道輔其君而子獨以夷狄

之道。教寡人。於是齊人乃歸所侵魯鄆、汶陽、龜陰之地以謝魯。相從好語皆去聲。作音昨。麾音揮。倡音昌。鄆音運。○司馬官名也。夾谷今名夾山，在東海郡。具，俱也。戟，有枝兵也。好，和也。作憨，麾之，謂指揮使退也。優倡、俳優、倡妓也。侏儒，短小人也。語，告也。首足異處。慶，謂車裂其身也。鄆、汶陽、龜陰三邑名，本魯地也。齊所侵，至是以歸魯也。歸，猶還也。○臨川陳氏曰……樊惑迷亂……

孔子言於定公，將墮三都以強公室。叔孫氏先墮郈，季氏墮費，孟氏之臣不肯墮成，圍之弗克。郈許規反。○郈音后。費音秘。○墮毀也。三都即郈、費、成，三家之私邑也。三臣謂慶父之徒也。克，勝也。

或問：成既不墮，孔子如何便休？朱子曰：不久孔子去魯，若使父居，自須有箇處置。

孔子由大司寇攝行相事七日而誅亂政大夫
少正卯居三月魯大治齊人閒之懼乃歸女樂
於魯季桓子受之不聽政郊又不致膰俎於大
夫孔子遂去魯　相少治皆去聲歸音饋又如字攝蓋也必正卯姓名
膰祭肉也　也祭天曰郊　膰音煩○攝
孟子曰孔子為魯司寇不用從而祭膰肉不
至不稅冕而行不知者以為為肉也其知者
以為無禮也乃孔子則欲以微罪行行不欲
為苟去君子之所為衆人固不識也又曰孔
子之去魯曰遲遲吾行也去父母國之道也

三十八

〔詳見朱子集註〕

定公卒，子哀公立，欲以越伐三桓，不克。歷悼公、元公至繆公〔繆音木 孟子萬章篇〕，知尊子思而不能用。歷共公、康公至平公，嘗欲見孟子而不果〔見孟子梁惠王篇〕。歷文公至頃公〔頃音傾〕，為楚考烈王所滅〔為去聲〕。魯自周公至頃公凡三十四世。

○孔子名丘，字仲尼，其先宋人也〔自家語〕。熙，熙生弗父何，何生宋父周，周生世子勝，正考父，父生孔父嘉，嘉生木金父，金父生睪夷，睪夷生防叔，防叔奔魯，遂為魯人，生伯夏，伯夏生叔梁紇。

有正考父者，佐宋戴武宣三公，三命滋益恭，其鼎銘云：一命而僂，再命而傴，三命……

命而俯，循墻而走，亦莫余敢侮。饘於是，粥於是，以餬予口。

父音甫。僂音婁。傴音傴。傴於語反。走叶音祖。○正義：考父字也。滋益恭，猶言愈加恭敬也。其容傴，命為大夫；其容俯，命為卿；三命，其容俯。一命受職甚，再命受服，三命受爵，未知。是低頭也。或曰：低頭，一命受職，再命受服，三命受爵。恭人也，屏人也。循墻而走，避位不受命也。侮，慢言也。稠曰饘，稀曰粥，言餬我口也。此儉，鼎中之也。

氏所殺，至。防叔奔魯。有叔梁紇與顏氏女禱於尼丘而生孔子。紇下沒反。○叔梁字，紇名也。尼丘山在兗州。

孔氏滅於宋，其後適魯，為宋華。梁紇與顏氏女禱於尼丘而為兒嬉戲，常陳俎豆，設禮容。俎豆，祭器也。長上聲。樓音隻。○史掌文書之官。孟子作委吏，謂主委積倉庫。

長為季氏史，料量平；常為司職吏，畜蕃息。官。孟子作委吏，謂主委積倉庫。

〔版心〕答卷一　三十乙一

之吏也料量平所謂會計當也機與枓同盖係養犧牲之所也司機吏盖子作乘一田謂主苑囿芻牧之吏也畜蕃息所謂牛羊茁壯長也此盖孔子為貧而仕也

適周問禮於

老子反兩弟子稍益進也　適徃也

或問孔子何以問禮於老子朱子曰老子嘗
為周柱下史故知禮節文所以孔子問之老
子雖知禮然其意以為不必盡行行之反以
多事故欲滅絕之也

適齊景公將待以季孟之間

魯三卿季氏最貴君待之之禮極隆孟氏為下卿君待之之禮稍薄景公欲以季孟之間待孔子也

孔子反魯宅

公用之不終　詳見上文

適衛　由家顏讎

將適陳過達匡

人嘗為陽虎所暴孔子貌類陽虎止之。為去聲陽虎

子貨季氏之家臣也類似也時則有顏淵後文王既沒之語也既免及于衛

靈公所為去之之主遽伯玉家見南子史記靈公與夫人

人南子同車使孔子為次乘招搖市過之孔子醜之有未見好德之語過曹適宋

與弟子習禮大樹下桓魋伐拔其樹司馬魋音徒回反

有天生德語又微服過宋事也出於桓公故又稱桓氏時則適鄭鄭人曰東

門有人其顙似堯其項類皋陶其肩類子產

要以下不及禹三寸累累然若喪家之狗要音遙要與腰同喪平聲○顙額項頸也皋

臣子產鄭大夫公孫僑也喪家之狗蓋主人荒迷不見飲食故累累然瘦瘠而不得意也適陳主司城貞子家

又適衛有用

語之　我

將西見趙簡子至河聞竇鳴犢舜華殺死臨河歎曰美哉水洋洋乎丘之不濟此命也夫（竇鳴犢舜華皆晉賢大夫而簡子殺之故孔子至河而反）反于衛（又主蘧伯玉家靈公問陳）不對而行適陳（據論語則絕糧當在此時）適蔡如葉（邑名有葉公問答子路荷蓧等事沮溺耦耕）（攝葉楚音）反于蔡楚使人聘之陳蔡大夫謀曰孔子用於楚則陳蔡危矣相與發徒圍之於野孔子曰詩云匪兕匪虎率彼曠野吾道非邪吾何為於此子貢曰夫子道至大天下莫能容顏淵曰不容何病然後見君子楚昭王興師迎之乃得至楚將封以書社地七百里令

兒音似野叶上與牛反○詩小雅何草不黃之篇兒野一角率循行

孔子反乎衛
者也朱子曰書社地七百里
忍無此理時則有接輿歌
卒衛君輒欲得孔子為政有魯衛兄
弟又答子貢夷齊子路正名之語
名楚上卿執政時靈公已
書社者書其社之里人名於籍蓋以
孔子弟子二五家為里里二

季康子迎

歸魯哀公問政終不能用
有對哀公雙康子語
乃序書上

自唐虞下至秦繆
始二典終秦誓
刪古詩三千為三百

十一篇皆絃歌之禮樂自此可述
歌時則有諷杷曰
彈時則有諷

晚而喜易序彖象繫辭說卦
象杜岸反斷邑文王所繫一卦之吉凶如繫

文言讀易韋編三絕
宋撝益從周又翁語
如樂正盈耳等語之辭以斷一卦之吉凶如繫

乾元亨利貞是也孔子從而彖釋之故通

謂之彖今各卦彖曰以下之辭是也象釋

繫辭卦下之象辭一卦之義謂之大象爻

解一爻之義謂之小象也繫辭所以陳說八卦之

之聞奧人事之始終說卦所以

業之文言所以釋論乾坤之卦妙理皆陳孔子閣之語之

述故也至韋編三絕時則有假我數年學易之語之

史記作春秋自隱至哀十二公絕筆於獲麟筆

則筆削則削游夏之徒不能贊一辭

因魯

作以示褒貶哀公十四年西狩獲麟感而角

文宣成襄昭定哀也春秋之文至西狩獲麟而止

謂魯史故可者筆之不可者削之麟也

邪正為百王之大法然出自聖心之斷之在天已雖之

弟子言子游卜子夏也蓋春秋之義定時

游夏善於文學亦不能贊助一辭也時

則有莫我知之歎及知我罪我之語也

弟子三

千人身通六藝者七十二人　六藝禮樂射御書數也七十二人姓名具載家語弟子顏回最賢早卒後惟曾參得傳孔子之道年七十三而卒葬魯城北泗水上

宰我曰以予觀於夫子賢於堯舜遠矣

子貢曰見其禮而知其政聞其樂而知其德

由百世之後等百世之王莫之能違也自生

民以來未有孔子也又曰夫子之不可及也

猶天之不可階而升也夫子之得邦家者所

謂立之斯立道之斯行綏之斯來動之斯和

其生也榮其死也哀如之何其可及也

有若曰豈惟民哉麒麟之於走獸鳳凰之於
飛鳥泰山之於丘垤河海之於行潦類也聖
人之於民亦類也出於其類拔乎其萃自生
民以來未有盛於夫子也
孟子曰孔子聖之時者也孔子之謂集大成
集大成也者金聲而玉振之也
子鯉字伯魚早卒孫伋字子思作中庸　伋音急
子其門人也名軻魯孟孫氏之後生於鄒幼被
慈母三遷之教長受業子思之門人道既通游
齊梁不用退與萬章之徒難疑答問作七篇　長上

辟難去聲。○孟子字子車一說字子輿鄒縣
名屬滕州本邾國也三遷事見小學稽古篇

韓愈曰斯道也堯以是傳之舜舜以是傳之
禹禹以是傳之湯湯以是傳之文武周公周
公傳之孔子孔子傳之孟軻軻之歿不得其
傳焉荀與揚也擇焉而不精語焉而不詳又
曰孟軻師子思子思之學出於曾子自孔子
歿獨孟軻之傳得其宗故求觀聖人之道者
必自孟子始又曰孟子之功不在禹下

老子者楚苦縣人也李姓名耳字伯陽又曰字

嘗為周守藏史〔苦音戶耦音耦藏去聲○陳氏曰苦當作茍屬亳州葛洪傳從〕

毋姓李也　藏書室之史也　守見周衰去至關關令尹喜曰

關萬氏曰函谷關陳氏曰當是王門關　令守關之吏也尹姓喜名字公度青城人　子將隱矣為我著書乃著道德五千餘言而去

石氏原曰異端虛無之教始此然老子所著

止此五千言今道家書有稱老君云云者皆

後人假託言之耳

愚按老子五千言固亦嘉言然崇虛無故其

末流之弊遂使申韓荀揚蘇列之徒襲為邪

說誣行以惑世誣民充塞仁義而不可救也

嗚呼惜哉

其後有鄭人列禦寇蒙人莊周亦為老子之學 陳氏發曰鄭蒙鄭州滎陽邑

莊周著書侮孔子而誚諸子焉 名屬雎州列子著書二十篇莊子著書三十三篇為治也諸議也諸子七十子之徒也

愚按聖賢異端所為不同如冰炭矛盾每每相反莊周為老子虛無之學而惡聖賢之害已也蔽鑒空杜撰幻語以侮誚之盖欲以邪勝正乃勝是何其謬哉

姬姓武王弟康叔封之所封也 母弟同母弟也之弟也

後世至春秋有靈公夫人南子之亂子蒯聵欲綏南子茶果出奔 蒯音快瞶五怪反○南子宋女子姓亂淫也事見左傳定

名卷一

公十四年　蒯聵之子輒　蒯聵入輒拒之

朱子曰蒯聵欲殺母得罪於父而輒據國以
拒父皆無父之人也

子路與其難　太子之臣以戈擊子路　斷纓子路
曰君子死冠不免結纓而死　衛人醢子路　孔子
聞之命覆醢　與難皆去聲　斷音短　醢音海　覆音福　○子路孔子弟子姓仲名由　太子指蒯聵臣謂石乞孟黶也　纓冠系也　醢肉醬也　覆傾也　言子路為衛人所醢孔子聞之命覆家醢盖痛惜子路而不忍食其醢似也

朱子曰子路仕衛之失前輩論之多矣然子
路却是見不到非知其非義而苟為也

戰國時子思居於衛言苟變可將〔將去聲○衛侯謂慎公也〕衛侯曰變嘗為吏賦於民〔賦收租稅也〕食人二雞子〔雞子卵也〕故不用子思曰聖人用人猶匠之用木取其所長棄其所短故杞梓〔杞音起梓音子二木名皆良材〕連抱而有數尺之朽良工弗棄今君處戰國之世而以二卵棄干城〔干盾城所以扞外衛内故以為比〕之將此不可使聞於鄰國也衛侯言計非是而羣臣和者〔和去聲〕如出一口子思曰君之國事將日非矣君出言自以為是而卿大夫莫敢矯其非卿大夫出言自以為是而士庶人莫敢矯其非詩曰具

曰予聖誰知烏之雌雄　矯音皎正也詩小雅正月之篇具俱也言皆自以為聖人亦誰能別其言之是非如烏之雌雄相似而難辨也

衛最後亡至秦并天下為帝二世始廢諸侯為庶人　角衛君名也○世紀衛自康叔至君角凡四十二世

鄭　姓周宣王庶弟桓公友之所封也桓公子武公與其子莊公並為周司徒　司徒掌教之官　數世至聲公相子產子產者公族國氏名僑孔子過鄭與子產如兄弟云　句　穆襄以來鄭無歲不被晉楚之兵子產受之　句　以禮自固雖晉楚之暴不加焉　相去聲僑音喬○陳氏奐曰聲公當作簡公公族者鄭君之族也子產父字子

國因以國為氏　襄鄭穆公襄公也　鄭至周威烈王時君乙　乙鄭君名也○世紀鄭自桓公至君乙凡二十三世　為韓哀侯所滅韓徙都之

唐本堯裔子所封至武王所封叔　姬姓成王弟唐叔虞之所封也　時唐人作亂成王滅之因以唐封叔虞故曰唐叔虞其子燮遷晉因曰晉

成王與叔虞戲削桐葉為珪曰以此封若史佚請擇日　王曰吾與之戲耳佚曰天子無戲言遂封　佚音逸○瑞圭善汝也史太史佚其名也成叔虞封唐之失詳見柳子厚辨　後世至

文公霸諸侯　文公名重耳獻公之次子也獻公　嬖於驪姬殺太子申生而伐重耳於蒲重耳出　重平聲○陳氏棧曰驪戎氏女姬姓也蒲重耳　奔十九年而後反國　驪戎氏女

〔食邑也〕

嘗餒於曹、介子推割股以食之〔推音吹　食音似〕。歸、賞從亡者狐偃、趙衰、顛頡、魏犨〔胡結反　雙音犅〕、而不及子推。子推之從者懸書宮門、曰、有龍矯矯、頃失其所。五蛇從之、周流天下。龍飢乏食、一蛇割股。龍返於淵、安其壤土。四蛇入穴、皆有處所。一蛇無穴、號于中野〔平聲　下叶音戶上　野叶音戶割〕〔頃俄頃也　龍喻文公　五蛇喻狐趙顛魏介也　割割也〕。公曰、噫、寡人之過也。使人求之不得、隱綿上山中、焚其山、子推死焉。後人為之寒食〔為去聲○綿上地名在汾州　焚山盖欲逼之出也　後人以子推焚死其日不忍舉火故令冷食盖〕。文公環綿山田封之、號曰介山。

清朝前三日也環田封之以供介廟粢盛也

文公率其後遂世為霸，歷襄公、靈公、成公、景公、厲公至悼公，霸業復盛〔復，扶又反〕。又歷平公、昭公、頃公，公室益弱，而六卿范氏、中行氏、趙氏、魏氏、韓氏始大〔同知，去聲。○晉大夫荀氏，世為中軍將，故彌中行氏〕。歷定公至出公，知氏與趙、魏、韓氏分范、中行氏。公怒，四卿反攻，公出齊而死。哀公立，趙、魏、韓氏又滅智氏而分之。幽公立，晉獨有絳、曲沃，餘皆入趙、魏、韓氏，彌為三晉〔晉，絳州名，屬今山西曲沃其屬邑也。三卿共分晉地，故彌三晉〕。烈公立，三卿分晉地，以周威烈王命為侯。又歷孝公至靖公，魏武侯

韓哀侯趙敬侯共廢靖公為家人而分其地晉絕不祀（家人猶言庶人也。○世紀晉自叔虞至靖公三十九世。）

陳　嬀姓虞舜之後胡公滿之所封也周武王求舜之後而封之（嬀音規。）後世至春秋有公子完者出奔而仕於齊陳後為楚惠王所滅（為楚之為去聲。○世紀陳自胡公至閔公凡二十五世。）而完之後遂大於齊為田氏

齊　姜姓太公望呂尚之所封也後世至桓公霸諸侯五霸桓公為始名小白兄襄公無道羣公子恐禍及子糾奔魯管仲傅之小白奔莒鮑叔傅之（糾音九。桓公之弟也。傅相也。）襄公為羣無知所弑無知亦為

入所發聲爲去

齊人召小白於莒而魯亦發兵送糾管仲嘗遮莒道射小白中帶鈎小白先至齊
射音石中去聲○遮攔也○帶鈎條環也

而立鮑叔牙薦管仲為政公置怨而用之
置猶捨也

仲字夷吾嘗與鮑叔賈分財利多自與鮑叔不以為貪知仲貧也
賈音古坐商也

嘗謀事窮困鮑叔不以為愚知時有利不利也

仲嘗三戰三走鮑叔不以為怯知仲有老母也

仲曰生我者父母也知我者鮑子也

桓公九合諸侯一匡天下皆仲之謀
九左傳作糾○匡正也○子曰尊周室攘夷狄皆所以正天下也

一則仲父二則仲父
父音甫○仲父蓋尊稱之也　仲

史略　各鑒一

病桓公問羣臣誰可相易牙何如仲曰殺子以食君非人情不可近開方何如曰倍親以適君非人情不可近蓋開方故衛公子來奔者也豎刁何如曰自宮以適君非人情不可近仲死公不用仲言卒近之三子專權相食皆去聲○倍背同豎音柱○倍近親也宮淫刑也卒終也崇仁吳氏曰殺子傷仁倍親傷義自宮傷孝皆非人之常情故發不可傷恩親公內寵如夫人者六皆有子公薨五公子争立相攻公尸在床無殯者六十七日尸蟲出於戶如夫人者妾也長衛姬生武孟少衛姬生惠公鄭姬生孝公葛嬴生昭公密姬生懿公宋華子生雍禮記諸侯死曰薨薨幽晦之義也陳氏記曰桓公初薨立

公又辛而武孟等皆爭立古者死三日而殮殮而後殯殯而後葬也

孔子曰桓公九合諸侯不以兵車管仲之力也如其仁如其仁又曰管仲相桓公霸諸侯一匡天下民到于今受其賜微管仲吾其被髮左衽矣又曰管仲之器小哉

楊氏曰夫子大管仲之功而小其器蓋非王佐之才雖能合諸侯正天下其器不足稱也

蘇氏曰自修身正家以及於國則其本深其及者遠是謂大器管仲三歸反坫桓公内嬖六人兩霸天下其本固已淺矣管仲死桓公

覺天下不復宗齊自桓公八世謂孝公昭公懿公惠公頃公靈公莊公至景公有晏子者事之名嬰字平仲以節儉力行重於齊一狐裘三十年狐裘大夫之服三十年言服之久也豚肩不掩豆言儉之至也齊國之士待以舉火者七十餘家謂顧其賑給而得歡樂也晏子出其御之妻從門間窺其夫擁大蓋策駟馬意氣揚揚甚自得也既而歸妻請去曰晏子身相齊國名顯諸侯今者妾觀其出其志常有以自下者今子為人僕御自以為足妾是以求去也御者乃自抑損晏子怪而問之以實

對薦為大夫御謂御車者也○實對謂以妻言答之也公使晏子之晉與叔向私語以為齊政必歸陳氏言景公後五世至康公田和受周安王命為侯遷康公海濱以死姜氏遂絕不祀陳氏殷后也叔向晉大夫羊舌肸也五世謂子荼悼公簡公平公康公也○世紀齊自太公至康公凡三十世

田氏者本嬀姓故陳厲公佗子完之後也完奔齊為陳氏後又以陳氏為田氏完事齊桓公為工正卒謚敬仲佗音駝○工正官名○死後而考行易名曰謚五世至釐子乞事齊景公為大夫其收賦稅於民以小斗受之其粟予民以大斗行陰德於民而公

各象一

五十一

弗禁由此得齊衆乞專政〔蓋僖同名，音氣。予與同。○五世謂雅婚須〕

辛子成子恒弑簡公立平公〔恒，胡登切。○食，柔地也，言成子恒之食邑也〕無无字　開也

封邑大於公所食

子盤立與韓趙魏通使蓋三〔使，去聲。○三家，韓趙魏也。家，韓趙魏也〕家且有晉兩田氏

且有齊也

歷莊子白至太公和遂

以周安王命為侯辛子桓公午立辛子威王因

齊立初不治諸侯皆來伐八年楚大發兵加齊

齊使淳于髡請救于趙齎金百斤車馬十駟髡

仰天大笑王曰先生少之乎髡曰臣見道傍有

禳田者操一豚蹄酒一壺祝曰甌窶滿篝汙邪

滿車，五穀蕃熟，穰穰滿家。臣見其所持者狹，所欲者奢，故笑之。王乃益黃金千鎰、白璧十雙、車馬百駟。髡乃行。

治，去聲。髡，音坤。齎，音躋。篝，音句。汙，音蛙。邪，音爺。姓髡名，齊之辯士也。乘馬為駟。甌窶，高狹田也。汙邪，低下田也。五穀，稻黍稷麥菽也。篝，竹籠也。穰穰，豐盛貌。滿篝滿車，言高下皆熟，滿載而歸也。狹謂少也，奢謂多也。鎰二十兩也。

國幾不振。王乃召即墨大夫語之曰：自子之居即墨也，毀言日至。然吾使人視即墨，田野闢，民給官無事，東方寧，是子不事吾左右以求助也。封之萬家。召阿大夫語之曰：自子之守阿，譽言日至。然吾使人視阿，田野不闢，人民貧餒。趙

攻鄄子不救衛取薛陵子不知是子厚幣事吾左右以求譽也是日烹阿大夫與嘗譽者震懼莫敢飾詐齊大治諸侯不敢復致兵聲語治復皆去聲鄄音絹○振起也即墨屬膠州阿亦邑名屬東平鄄縣名屬濮州修飾詐為也威王與魏惠王會田於郊惠王問曰王亦有寶乎王曰無有惠王曰寡人國雖小猶有徑寸之珠照車前後各十二乘者十枚威王曰寡人之寶與王異吾臣有檀子者使守南城楚人不敢為寇泗上十二諸侯皆來朝有肹子者使守高唐趙人不敢東漁於河有黔夫者使守徐州

則燕人祭北門趙人祭西門有種首者使備盜
賊道不拾遺此四臣者將照千里豈特十二乘
梁惠王有慙色　乘去聲　朝音潮　黔渠金反　舒種上聲　○田與畋同獵
外百里曰郊　徑寸則圍三寸珠之大者也
縣名屬泰山　泗水名在魯地泗上者也　南城
昌徐州即薛縣也　宋氏曰燕在齊北
也十二國師未詳　盼即田盼也高唐州名在齊東
之西燕趙畏齊侵伐故各祭於其境以求福　威
也遺失也失物於道人亦不敢拾取之也
王齊子宣王立喜文學游說之士騶衍淳于髡
田駢慎到之徒七十六人皆為上大夫是以齊
稷下學士盛且數百人然孟子至而不能用
騶音鄒○劉向曰稷齊城門名游說之士期會於其下也或曰齊有稷山蓋立館於其下以會士於其下也

魏伐韓韓請救於齊齊使田忌為將以救韓魏將龐涓嘗與孫臏同學兵法涓為魏將軍自以所能不及以法斷其兩足而黥之齊使至魏竊載以歸至是臏為齊軍師直走魏都涓去韓而歸臏使齊師入魏地者為十萬竈明日為五萬竈又明日為二萬竈涓大喜曰我固知齊軍怯入吾地三日士卒亡者過半矣乃倍日并行逐之臏度其行莫當至馬陵道陜而旁多阻可伏兵乃斫大樹白而書曰龐涓死此樹下令齊師善射者萬弩夾道而伏期暮見火舉而發

〔待游士也〕

消果夜至斫木下見白書以火燭之萬弩俱發

魏師大亂相失消自到曰遂成竪子之名齊大

破魏師虜太子申　將去聲　臏匹忍反　斷音短　音榮　度音鐸　莫音慕　陿狹同

○黥墨刑　馬陵在濮州鄄城東北伏藏也　燭照也　竪子指孫臏言成就臏之名也

卒湣王立靖郭君田嬰者宣王之庶弟也封於

薛　薛郡名　有子曰文食客數千人名聲聞於諸侯驕為

孟嘗君　薛屬山東

司馬公曰君子之養士以為民也今田文盜

君之祿以立私黨張虛譽上侮其君下蠹其

民是蔽人之雄耳書曰逋逃主萃淵藪此之

謂也

秦昭王聞其賢乃先納質於齊以求見至則止
因欲殺之孟嘗君使人抵昭王幸姬以求解姬
曰願得君狐白裘蓋孟嘗君嘗以獻昭王無他
裘爲客有能爲狗盜者入秦藏中取裘以獻姬
姬爲言得釋即馳去變姓名夜半至函谷關關
法雞鳴方出客恐秦王後悔追之客有能爲雞
鳴者雞盡鳴遂發傳出食頃追者果至而不及
孟嘗君歸怨秦與韓魏伐之入函谷關秦割城
以和質音至蔵去聲傳直戀反○質謂納臣子抵猶投也師古曰姬者周之姓以為信也

賞於諸侯之女故婦之義媵皆稱姬後因總眾妾為娣也蓄貨財人所日藏函谷關在陝州桃林縣南傳即今驛舍也

王荊公曰世皆稱孟嘗君能得士士以故歸之而卒賴其力以脫於虎豹之秦嗟乎孟嘗君特雞鳴狗吠之雄耳豈足以言得士不然擅齊之強得一士焉宜可以南面而制秦尚取雞鳴狗吠之力哉雞鳴狗吠之出其門此士之所以不至也

孟嘗君相齊（相去聲）或毀之於王乃出奔湣王滅宋而驕燕昭王以齊嘗破燕之故與諸侯合謀

両攻齊燕軍入臨淄湣王走莒楚將淖齒救齊

及殺湣王而與燕共分齊之侵地 臨淄縣屬益都 莒縣屬密州

荀子曰國者天下之利用也人主者天下之

利勢也得道以持之則大安也大榮也積義

之源也不得道以持之則大危也大累也有

之不如無之及其綦也索為匹夫不可得也 綦音其窮極也索求也

齊湣宋獻是也

王孫賈從湣王於莒而失王處其母曰汝朝出

而晩來吾則倚門而望汝莫出而不還吾則倚

閭而望汝，今事王，王走，汝不知處，汝尚何歸？賈乃攻淖齒殺之，求湣王子法章而立之，保莒以抗燕（從去聲。○閭里門也。言平時汝歸，今失王處則當致身徇國，尚何歸乎。其母亦可謂之賢矣。法章即襄王也。）時齊城惟莒、即墨不下，即墨人推田單為將軍，身操版鍤，與士卒分功，妻妾編於行伍，收城中得牛千餘，為絳繒衣，畫五采龍文，束兵刃其角，灌脂束葦於尾，燒其端，鑿城數十穴，夜縱牛，壯士隨其後，牛尾熱，怒犇燕軍，所觸盡死傷，而城中鼓譟從之，聲震天地，燕軍敗走，七十餘城皆復為齊，迎襄王於莒，封單為

安平君〔鋪音挿　行音杭　○行陣部伍也　繪帛也　脂油也〕單攻狄，三月不克。魯仲連曰：「將軍在即墨，曰『無可往矣，宗廟亡矣』，將軍有死之心，士卒無生之氣，莫不揮泣奮臂欲戰。今將軍東有夜邑之奉，西有淄上之娛，黃金橫帶，騁乎淄澠之間，有生之樂，死之心，故不勝也。」單明日厲氣巡城，立於矢石之所〔夜音亦　澠音民　○夜邑屬　枹音桴〕，援枹鼓之，狄人乃下。〔萊州　淄澠二水名　矢箭也　石砲也　援兵也〕〔持枹擊鼓，提也。言擊鼓以進兵也。〕

兩〔襄王既立〕孟嘗君中立，為諸侯無所屬，王畏之，與連和〔屬音竹　連也〕。初，馮驩聞孟嘗君好客，而來見，置傳舍

十日彈鋏作歌曰長鋏歸來乎食無魚遷之幸舍食有魚矣又歌曰長鋏歸來乎出無輿遷之代舍出有輿矣又歌曰長鋏歸來乎無以為家孟嘗君聞之不悅〔好傳皆去聲鋏音劫家叶音○傳舍旅館也置驩於此盖暫留宿食也鋏劍名或曰劍把也幸舍盖異其飲食代舍盖不徒行〕驩邑入不足以奉客使人出錢於薛貸者多不能與息〔出去聲貣音態券音勸○邑入謂封邑所收租稅也貣借也息利錢也〕孟嘗君乃進驩請責之〔之謂責貣者不納利息之罪也〕驩往不能與者取其券燒之〔券契約也○見薛民貧而不能與息者輒焚其券而不追取〕孟嘗君怒驩曰今薛民親君孟嘗君竟為薛公終於薛

將以使薛民受惠
而親愛其君也受惠

襄王卒子建立毋君王后賢

事秦謹與諸侯信君王后卒齊客多受秦金為

反間勸王朝秦不修攻戰之備不助五國攻秦

秦王政既滅五國兵入臨淄王建遂降遷于其

慶之松栢之間而死以齊為郡齊人歌之曰松

邪栢邪住建共者客邪間去聲言反其言以離間之也共恭同邑名屬

河內○世紀田齊自太
公和至王建凡七世

司馬溫公曰從橫之說雖反覆百端然合從

者六國之利也向使六國能以信義相結則

秦雖強暴烏得而亡之哉蓋以三晉而攻齊

楚是自絕其根柢也，以齊楚而交三晉，是自撤其藩蔽也。烏有撤其藩蔽以媚盜，曰盜將愛我而不攻，豈不悖哉。

趙 之先本與秦同姓，祖於蜚廉〔蜚與飛同〕，有子季勝，其後有造父者，事周穆王，以功封趙城〔趙城縣名屬霍州〕，由是為趙氏。春秋時有趙鳳者，事晉，鳳生成子衰，衰生宣子盾〔衰初危反　盾徒本反〕。入曰：趙衰冬日之日也，趙盾夏日之日也，冬日可愛，夏日可畏。生朔，大夫屠岸賈滅朔之族。朔有遺腹子武，賈索之不得。朔客程嬰、公孫杵臼相與謀曰：立孤

與死孰難嬰曰死易立孤難耳難杵臼曰取他兒匿山中嬰出謬曰與我千金吾告趙氏孤處賈喜乃使人随嬰殺杵臼及兒而趙氏真孤在嬰後與武滅賈竟立武而自殺以下報宣孟及杵臼

父在而孕沒而生曰遺腹子幼而無父曰孤他兒他人子也謬誑妄也秦以一鑑為一金下地下也宣即宣子盾孟其字也

愚按人之所難者莫甚於死也死苟得其所雖殺身捐軀復何所顧避哉若程嬰公孫杵臼於其君是已趙氏族滅矣遺腹子危矣而二子不忘食祿之義不畏沒身之誅一為死

易於前，以脫屠岸賈之索。武一為立孤，難於後，兩自殺以下報宣孟及杵臼。其抗節致忠，視死如歸，為何如哉。嗚呼，世有貪生忍恥、忘君事讎者，視二子寧無顏厚乎。

武卒諡文子，文子生景叔，景叔生簡子鞅。簡子有臣曰周舍，死，簡子每聽朝不悅，曰：千羊之皮，不如一狐之腋。諸大夫朝，徒聞唯唯，不聞周舍之鄂鄂也。〔鞅倚兩反。朝音潮。腋音亦。腋肘也。狐腋白而温最貴。唯上聲。唯唯者應之速，兩無辨難也。鄂諤同。謇謇之意直言也。〕

簡子長子曰伯魯，幼曰無恤。書訓戒之辭於二簡，以授二子曰：謹識之。

三年而問之，伯魯不能舉其辭，求其簡，已失之矣。無恤誦其辭甚習，求其簡，出諸懷中而奏之。於是立無恤為後。〔長上聲，識音志，記也，習熟也〕簡子使尹鐸為晉陽，請曰：以為繭絲乎？以為保障乎？保障哉！尹鐸損其戶數。簡子謂無恤曰：晉國有難，必以晉陽為歸。〔難去聲。○晉陽縣名，屬太原。慈湖王氏曰：晉陽縣⋯⋯為猶治也。繭絲者賦稅也，保障者藩籬也，尹鐸之意不在賦稅而在藩籬，此其所以保晉陽也。損減戶數則賦稅輕而民力舒也。趙本晉大夫，故簡子自謂晉國也。歸，依投也〕無恤立，是為襄子。智伯求地於韓魏，皆與，求於趙，不與，率韓魏之甲以攻趙，襄子出走晉陽。三家

圍而灌之城不浸者三版沈竈產蠅民無叛意

襄子陰與韓魏約共敗智伯滅智氏而分其地

司馬公曰智伯之亡也才勝德也聰察疆毅

之謂才正直中和之謂德才者德之資德者

才之帥也是故才德兼全謂之聖人才德兼

亡謂之愚人德勝才謂之君子才勝德謂之

小人凡取人之術苟不得聖人君子而與之

與其得小人不若得愚人然德者人之所嚴

才者人之所愛愛者易親嚴者易踈是以察

者多蔽於才，兩遺於德。自古以來，國之亂臣、家之敗子，才有餘而德不足，以至顛覆者多矣，豈特智伯也哉！

襄子漆知伯之頭，以為飲器。智伯之臣豫讓欲為之報仇，乃詐為刑人，挾匕首，入襄子宮中塗厕。襄子如厕，心動，索之，獲讓。（飲如字又去聲。厠音比，又音致。器，劉氏曰：酒器。每實設之，示恨深也。便器、盂，賤之也，未知孰是。刑人，閽寺也。匕，短劍也，其頭類匕，故曰匕首。塗，路也。言讓詐為塗者，入宮中，登厕路傍，以伺襄子而剌之也。）問曰：子不嘗事范、中行氏乎？智伯滅之，子不為報仇，反委質於智伯；智伯死，子獨何為報

辯之深也〔為去聲，質音只。委質其身而忠事之也。〕曰：范中行氏眾人遇我，我故眾人報之；智伯國士遇我，我故國士報之。〔遇，待也。〕襄子曰：智伯死無後，而此人欲為報仇，真義士也，舍之謹避而已。〔舍，上聲，釋也。為，去聲。〕又漆身為癩，吞炭為啞，行乞於市，其妻不識也。其友識之，曰：以子之才，臣事趙孟，必得近幸，子乃為所欲為，顧不易邪？何乃自苦如此？〔癩音賴，易音異。〕○漆有妻，人近之則患瘡疾苦癩，然漆身以變其容，吞炭以變其聲。妻不識者，容也；友識之者，心也。晉六卿趙氏最長，故曰趙孟。近幸者，親近寵幸也。所欲為指報仇而言，自苦指癩啞而言也。讓曰：不可。既委質為臣，又求殺之，是二心也。

凡吾所為者極難耳然所以為此者將以愧天下後世為人臣懷二心者也

知報仇之難不過盡吾之心以為後世人臣懷二心之愧而已

言既臣事之不當有二心吾為此固

襄子出讓伏橋下襄子馬驚索之得讓遂殺之也　伏藏

胡氏曰君子為名譽而為善則其善必不誠人臣為利祿而效忠則其忠必不盡使智伯有後而豫子為之報仇其心未可知也智伯無後矣而讓也不忘國士之遇以死許之至再三而愈篤則無所為而為之者真可謂篤士耳然襄子知其如此而終殺之何以為人

臣之勸戒

賈誼曰此一豫讓也其始忘君事讎行善掩約

巍已而抗節致忠行出乎烈士皆人主使然

也然則為人君者可不以禮遇其臣下哉

襄子立伯魯之孫浣是為獻子獻子生烈侯籍

以周威烈王命為侯〔浣音澣〕歷武公敬侯成侯至

蕭侯秦人恐喝諸侯求割地〔恐喝盖以大言恐脅之使畏也〕有

洛陽蘇秦游說秦惠王不用乃往說燕文侯與

趙從親〔說音稅 從音宗下並同 洛陽縣名屬河南 燕資之以至趙〕

說蕭侯曰諸侯之卒十倍於秦幷力西向秦必

破美為大王計莫善六國從親以擯秦 為去聲 擯必刃反

燕趙韓魏齊楚也 ○給助路費曰資六國 擯斥也

肅侯乃資之以約諸

侯蘇秦以鄙諺說諸

諺俗語也 正義曰雞口雖小乃進食牛後雖大乃出糞 雞口雖小貴也牛後雖大賤也 陳氏曰雞口小國之君無為犬後大國之臣也 喻寧為小國之君

侯曰寧為雞口無為牛後

師鬼谷先生

鬼谷先生謂王詡居清溪之鬼谷因號之 鬼谷初出遊困而歸 蘇秦者

歸妻不下機嫂不為炊 為去聲 至是為從約長弄

相六國行過洛陽車騎輜重擬於王者昆弟妻 長上聲 相騎皆去聲 輈重音玆

嫂側目不敢仰視俯伏侍取食

仲載衣物之蘇秦笑曰何前倨而後恭也 卓也 擬比也 倨傲也 句倨傲音

嫂曰見季子位高金多也（季子蘇秦字也）曰此一人之身富貴則親戚畏懼之貧賤則輕易之況衆人乎使我有洛陽負郭田二頃豈能佩六國相印乎於是散千金以賜宗族朋友（易音亦異慢也負郭田近城田也百畝為頃相去聲）既而從約歸趙蕭侯封為武安君其後秦使犀首欺趙欲敗從約齊魏伐趙蘇秦恐去趙而從約解（犀首官名即公孫衍秦使衍欺齊魏以伐趙蕭侯讓蘇秦恐請使燕必報齊乃去趙兩從約解）趙蕭侯子武靈王立始胡服招騎射略胡地滅中山欲南襲秦不……傳子惠（騎去聲胡服胡虜之服也騎射騎馬射弓之入也此北狄曰胡中山國名）

文王惠文嘗得楚和氏璧秦昭王請以十五城
易之欲不與畏秦強欲與恐見欺
卞和氏也嘗得玉於荊山故曰和氏璧也易換也易音亦○和氏者楚國
藺相如願奉璧往城
藺音吝
不入則臣請完璧而歸
既至秦秦王無意償
城相如乃紿取璧怒髮指冠卻立柱下曰臣頭
償音常紿蕩亥反欺也卻退也從間退出皆去聲
與璧俱碎遺從者懷璧間行先歸身待命於秦
間行謂私便捷徑也
秦昭王賢而歸之
秦王約趙王會澠池相如従及飲酒
澠音免從去聲○澠池縣名屬陝州
秦王請趙王鼓瑟趙王鼓之
瑟絲屬二十五絃
相如請秦王擊缶為秦聲秦王不肯

缶音否盛酒瓦器也俗擊之以節樂也

相如曰五步之内臣得以頸血濺大王左右欲刃之相如叱之皆靡秦王為一擊缶秦終不能有加於趙趙亦盛為之備秦不敢動

濺音箭言至近也濺污洒也叱音只為去聲○五步之内叱厲聲刃殺也

趙王歸以相如為上卿在廉頗右者古尚右故以右為上也

頗曰我為趙將有攻城野戰之功相如素賤人徒以口舌居我上吾羞為之下我見相如必辱之相如聞之每朝稱疾不欲與爭列出望見輒引車避匿其舍人皆以為恥

聲○列位序也舍人猶言家人也

相如曰夫以秦之威相如廷

叱之辱其羣臣相如雖駑獨畏廉將軍哉顧念強秦不加於趙者徒以吾兩人在也今兩虎共鬭其勢不俱生吾所以為此者先國家之急而後私仇也（此指稱疾避匿而言　夫平聲　駑音奴鈍馬也）頗聞之肉袒（袒音但）負荊詣門謝罪遂為刎頸之交（荊也荊楚屬　刎頸謂刎）○袒音但刎音吻○露臂曰袒

楊氏曰古之智者以小事大有以皮幣犬馬珠玉而不得免者至乃棄國而逃之況一璧乎與之可也相如計不出此而欲以身死之可謂失義而傷勇矣及其完璧而歸趙亦

何益哉至於澠池之會則其危又甚矣雖勿
往可也相如為國卿相挾萬乘之君以蹈免
事其勇智又不足重趙使秦不敢憚焉乃欲
以頸血濺之豈非孔子所謂暴虎馮河死而
無悔者歟

惠文王子孝成王立秦伐韓韓上黨降於趙〔上黨
郡名屬山西今潞州是也通鑑上黨守馮亭謀
曰秦兵日進韓不能支不如歸趙韓趙為一可
以當秦矣〕秦攻趙廉頗軍長平堅壁不出〔長平城名
在澤州高平西西堅壁謂
堅守譬壁不出戰也〕秦人行千金為反間曰〔間將皆去
聲○〕秦獨畏馬服君趙奢之子括為將耳〔奢常

資□各卷一

為趙將有功封馬服君

王使括代頗。相如曰：「王以名使括，若膠柱鼓瑟耳（柱者，瑟上□足，所以移游上下以調聲也。瑟二十五絃，一絃一柱，必膠粘之，則不能調聲也）。括徒能讀父書，不知合變也。」王不聽。

括少學兵法，以天下莫能當，與父奢言之，奢不能難，然不謂善也（不謂其善將兵，所以括母嶷而問也。言括以兵為易，而奢不與辨難，亦難也）。括母問故，奢曰：「兵，死地也，而括易言之，趙善將括，括必破趙軍（少、難、易、將，皆去聲。○難辨。去聲）。」

及括將行，其母上書言括不可使（請無随坐之語。有即有不稱，妄）。括至，軍果為秦將白起所射殺，卒四十萬盡降，阬於長平（為、將，皆去聲。○坑謂殺而壓之於谷也）。趙相平原君□字勝。

食客常數千人客有公孫龍者能為堅白同異之辨龍字子石莊子註云公孫龍著守白論行之世堅白盖即守白言堅執其說而守之也龍之辨將合異以屬同故曰同異秦攻趙邯鄲邯鄲音寒單縣名為磁州平原君求救於楚擇門下文武備具者二十人與俱得十九人毛遂自薦平原君曰士處世若錐處囊中其末立見今先生處門下三年未有聞處上聲錐音追見音現下同○錐末錐秒也見露出也鏃也囊袋也遂曰使遂得處囊中方脱穎而出非特末見而已穎音影錐也穎猶實也平原君乃以備數十九人目笑之相視而含目笑謂目笑之至楚定從不決毛遂按劍歷階升曰從之笑之也也

六十五

利害兩言而決耳。今日出而言從，日中不決，何也？〔決，斷也。〕楚王怒，叱曰：胡不下！〔胡，何也。下，謂下階也。〕吾與而君言，汝何為者〔彼也。君指平原君。〕毛遂按劍而前曰：王之所以叱遂，以楚國之眾也。今十步之內，不得恃楚國之眾也。王之命懸於遂手。以楚之強，天下莫當。白起，小豎子耳，一戰而舉鄢郢，再戰而燒夷陵，三戰而辱王之先人，此百世之怨，趙之所羞。蓋合從為楚，非為趙也。〔鄢音偃，為去聲。○名在襄州。夷陵郡名，屬峽州，湖北今峽州。〕王曰：唯唯，誠若先生之言，謹奉社稷以從。〔唯，上聲，應之速也。臨川陳氏曰：古者……從祖右社，蓋左陽右陰，陰主殺，故軍行……〕

主以行示征伐之不敢專也或曰社主主稷主
穀稷何與於軍行乎曰稷非土無以生生土非稷主
無以見生效以其同功而均利故言社也
則弁稷兩言之非謂載稷主以行軍也遂曰取
雞狗馬之血來奉銅盤跪進曰王當歃血以定
從次者吾君次者遂左手持盤右手招十九人
歃血於堂下曰公等碌碌所謂因人成事者也
歃所甲反○臨川陳氏曰凡盟用牲貴賤不同
天子牛馬諸侯犬豕大夫以下用雞今總盟之
故曰雞狗馬也歃飲也殺牲取血以祭同盟之
神同盟者共飲血而瘞其餘也碌碌者庸常
也
平原君已從歸曰毛先生一至楚使趙重於
九鼎大呂以遂為上客　正義曰九鼎禹所鑄者大呂周廟大鐘
將春申君救趙會魏信陵君亦來救趙大破秦

軍邯鄲下（將，去聲。下同。）孝成王子悼襄王立，思復用（復，扶又反。）廉頗。為將時，頗奔在魏，遣人視頗。頗之仇郭開與使者金，令毀之（與，去聲。下同。）。頗見使者，一飯斗米，肉十斤，披甲上馬，以示可用。使者還曰：廉將軍尚善飯，然與臣坐，頃之三遺矢矣（矢，大便。不禁者三也。）。王以為老，遂不召。楚人迎頗於魏。頗為楚將，無功，曰：我思用趙人（素，故也。用之也。）。尋卒（尋，俄也。頗訓練趙人有士卒。）。趙得李牧為將，先居北邊（北狄曰匈奴也。），破匈奴。悼襄王子幽繆王遷立，秦王政遣兵攻趙，牧為大將敗之。秦縱反間，言牧將反，遷誅之。

繆〔音木，間去聲〕秦兵至虜遷趙之亡大夫立趙嘉為王于代〔代，州名，屬今山西。通鑑：嘉奔代，自立為王，趙之亡大夫稍稍歸之，至王嘉凡十一世〕攻破代遂滅趙為郡魏之先本與周同姓文王子畢公高之後也國絕有苗裔曰畢萬事晉邑于魏〔魏，縣名，大名數世有〕絳後四世有桓子者與韓趙共滅智氏而分之孫曰文侯斯者以周威烈王命為侯以卜子夏田子方為師過段干木之閭必式〔式，車前橫木，有所敬則俯而憑之〕四方賢士多歸之文侯之子擊遇于方

子道下車伏謁子方不為禮擊怒曰富貴者驕
人乎貧賤者驕人乎子方曰亦貧賤者驕人耳
富貴者安敢驕人國君驕人失其國大夫驕人
失其家夫士貧賤者言不用行不合則納履而
去安往而不得貧賤哉擊謝之〔夫士之夫音扶　行去聲○〕
〔坐則脫履去則納而著之〕文侯謂李克曰先生嘗教寡人家
貧思良妻國亂思良相今所相非翟成則翟
璜二子何如〔相去聲下並同翟狄澤二音璜音黃〕克曰居視其所親
富視其所與達視其所舉窮視其所不為貧視
其所不取五者足以定之矣子夏田子方段干

本成齊舉也乃相成達謂達而在上窮謂窮而在下有衛人吳起者初仕魯魯欲使起擊齊而起娶齊女魯疑之起殺妻以求將將去聲下並同大破齊師或曰起殘忍薄行行去聲人也起恐得罪亡歸魏文侯以為將擊秦拔五城拔者攻而舉之也如撥木然起與士卒同衣食卒有病疽疽音蛆癰也起吮之吮徂兗反嗽也謂以口吸其膿血也卒母聞之哭曰往年吳公吮其父不旋踵旋踵謂轉步也死敵今又吮其子妾不知其死所矣文侯卒子擊立是為武侯武侯浮西河而下中流顧謂吳起曰美哉山河之固魏國之寶也起曰在德不在險昔

三苗氏左洞庭右彭蠡禹滅之桀之居左河濟右泰華伊闕在其南羊腸在其北湯放之紂之國左孟門右太行恒山在其北大河經其南武王發之名不修德舟中人皆敵國也武侯曰善　行音杭恒胡登反○洞庭湖名在鼎州巴陵縣彭蠡澤名在彭澤縣東即都陽湖也水名泰華伊闕名在太原山名羊腸坂名在太原晉陽西北晉　王罃立東敗於齊將軍龐涓與太子申皆死南敗於楚西喪地於秦乃卑辭厚幣以招賢者孟子至而不能用　王三十年齊擊魏破其軍虜太子申十七年秦取魏少梁後魏獻地於秦又與楚將昭陽戰敗亡其

幣以招賢者而孟子至梁有何必曰利賢者樂此不違農時仁者無敵之語惠王以為迂遠而不閟於事情也

襄王立孟子去之齊君之不似入魏

有張儀者與蘇秦同師嘗游楚為楚相所辱妻慍有語儀曰視吾舌尚在否為去聲○儀嘗從楚相飲已而亡璧意儀盜之乃執而笞之視舌在否示將復為游說也○莊子書云得魚忘筌得兔忘蹄故曰筌蹄筌蹄者搏兔之器也

蘇秦約從時激儀使入秦儀曰蘇君之時儀何敢言按蘇秦使人說張儀謁已乃先戒門下勿為通又使不得去者數日又見慢辱之既怒而入秦乃陰使人贍其資隨之入秦實告蘇君之怒使臣陰奉給君資此蘇君柄所以激君君憂秦之伐趙敗從約以為非此蘇君得秦柄之計也故儀云

蘇秦去趙而從解儀專為橫連六

國以事秦秦惠王時儀嘗以秦兵伐魏得一邑復以與魏而欺魏割地以謝秦歸為秦相已而出為魏相實為秦間襄王時復歸相秦已而復出相魏以卒復扶又反實為之為去聲○正義曰關東地從長六國共居之蘇秦約六國令從親以擯秦故曰合從關西地廣之秦獨居之張儀相秦連六國以事秦故曰連橫

景春曰公孫衍張儀豈不誠大丈夫乎一怒而諸侯懼安居而天下熄孟子曰是妾婦之道也惡得為大丈夫乎居天下之廣居立天下之正位行天下之大道得志與民由之不得志獨行其道富貴不能淫貧賤不能移威

武不能屈，此之謂大丈夫。

魏安釐王立，封公子無忌為信陵君。無忌愛人下士，食客三千人。〔釐音熙。○無忌，安釐王異母弟也。〕秦攻趙，魏王使晉鄙救之。秦昭王欲移兵先擊救者，王恐，止晉鄙兵，壁于鄴，〔鄴，郡名，屬江東，今彰德府。〕又使新垣衍說趙共尊秦為帝。魯仲連往見衍曰：彼秦棄禮義，上首功之國也。即肆然帝天下，則連有蹈東海而死耳。衍再拜曰：先生，天下士也，吾不敢復言帝秦矣。〔說音稅。復，扶又反。○上與尚同。秦法斬首多者為上功，斬一人首賜爵一級也。〕趙平原君夫人，無忌姊也。趙急，使者冠蓋相……

望責救於無忌。無忌請於王，及使賓客游說萬端，王不聽（姊音子。說音稅）。客使嬴教無忌禱於王幸姬，竊得晉鄙兵符，且篤力士朱亥與俱，謂晉鄙合符而起則擊殺而奪其軍，一如嬴言，得兵以進，大破秦兵，解邯鄲圍（日符以王為之，篆刻文字而中分之，彼此各藏其半，有故則左右相合以為信也），而無忌不敢歸魏（嬴音盈。朱亥）。秦伐魏，魏患之，使人請無忌，不肯歸，客毛公、薛公見曰：魏急而公子不恤，一旦秦克大梁，夷先王宗廟（恤救也。魏都大梁。夷滅也），公子何面目立於天下乎。無忌趣駕還，諸侯聞無忌為魏將，皆遣救。無忌率五

國兵敗秦兵於河外追至函谷關而還趨與促同急也

五國魏趙韓楚燕也

河外黃河南岸也

臨江梁氏〔寅〕曰從橫之說固皆詭術然為從
者實六國之利也當無忌之時六國益不支
於秦矣然無忌一旦為魏將五國助之大破
秦軍況於其初能以信義相觀奮力西向則
秦雖強暴安得而亡之哉故曰滅六國者六
國也非秦也

無忌卒十八年而王假立後又二年秦王政遣
兵伐魏殺王假而滅魏為郡魏自文侯受命至王假凡九世

史略卷一

七十一

韓

之先本與周同姓武王子韓侯之後也國絕其後裔事晉為韓氏韓武子之三世曰嚴五世至康子與趙魏共滅智氏又二世至景侯虔以周威烈王命為侯〔武子事晉得封於韓原遂為韓氏嚴諡嚴子晉原公時為卿自嚴子歷宣子貞子簡子莊子康子武子至景侯〕韓相俠累與濮陽嚴仲子有隙仲子聞軹人聶政之勇以黃金百鎰為政母壽欲因以報仇政曰老母在政身未可以許人也又母卒仲子乃使政圖之俠累方坐府兵衛甚嚴政直入刺之因自皮面抉目韓人暴其尸於市購問莫能識妹縈往哭之曰

是深井里聶政也以姊在之故重自刑以絶蹤
妾奈何畏沒身之誅終沒賢弟之名遂死政尸
旁俠音挾累平聲僕音卜軹音止暴步木反購臨川陳氏曰暴陽
縣名屬開州軹亦縣名屬河內為壽猶言養老也謂披露其
也因托也圖謀也公相之居曰府皮面謂
面皮抉目謂出其眼睛欲人不識也自刑指
以財相求曰購深井里在軹縣重復也自刑
目丙言抉眼景侯四世至哀侯徙都鄭四世景侯烈
是滅鄭因徙都之韓本都頴川至哀侯二世至昭侯鄭人申不
害以黃老刑名之學為昭侯相句國治兵強去治
也黃老黃帝老子也聲二世哀侯懿侯昭侯昭侯有弊袴命藏之不以
賜左右侍者曰君亦不仁者矣昭侯曰明主愛

一嚬一笑，嚬有爲嚬，笑有爲笑，今袴豈特嚬笑哉，吾必待有功者。〔爲，去聲。○嚬，亦笑也。〕昭侯立，三世至桓惠王。〔三世：宣惠王、襄王、僖王。〕韓上黨守降趙，致趙兩有長平之敗。〔降趙事詳見趙紀。〕至王安，秦王政遣將虜安，遂滅韓爲郡。〔世紀：韓有景侯。〕自受命至王安，凡十世。

楚之先，出自顓頊。顓頊之子爲高辛火正，命曰〔印〕祝融。〔高辛，帝嚳也。或曰當作高辛。〕火正官名，疑即黎也。弟吳回復居其職。臧辭去。二世有季連者，得羋姓。〔羋音米。〕季連之後，有鬻熊，事周文王、成王，封其子熊繹於丹陽，至……

夷王時，楚子熊渠者僭稱王。十一世至春秋，有曰武王，益強大（自熊渠立摯紅、熊延、熊勇、熊霜、熊徇、熊咢、君敖、霄敖、蚡冒，至武王凡十一世）。至文王始都郢。成王與齊桓公盟召陵（召音邵，杜預曰潁川召陵縣也。城濮，陳氏曰衛地，今濮州也），尋與宋襄公爭霸，後與晉文公戰城濮。歷穆王至莊王即位，三年不出令，曰夜為樂（音洛），令國中敢諫者死（令去聲）。伍舉曰：有鳥在阜（土山曰阜），三年不蜚，蜚將衝天；三年不鳴，是何鳥也？王曰：三年不蜚，蜚將衝天；三年不鳴，鳴將驚人（衝音）。蘇從亦入諫，王乃左執從手，右抽刀以斷鐘鼓之懸。明日聽政，任伍舉、蘇從，國人……

大悅又得孫叔敖為相遂霸諸侯〔斷音短〕歷共王康王郟敖靈王平王昭王惠王簡王聲王悼王肅王宣王威王至懷王〔共恭同郟音夾〕秦惠王欲伐齊患楚與從親乃使張儀說懷王曰王閉關而絕齊請獻商於之地六百里懷王信之使勇士北〔從音宗說音稅商於二邑名在弘農〕辱齊王齊王大怒而與秦合楚使受地於秦儀曰地從某至某廣袤六里〔使去聲廣闊也袤音茂長也〕王大怒伐秦大敗既而遺書懷王秦昭王與懷王盟于黃棘〔黃棘地名在房襄二州之境〕與君王會武關屈平不可子蘭勸王行秦人執

之以歸楚人立其子頃襄王懷王卒於秦楚人憐之如悲親戚

遺去聲屈九勿反○武關在商州商洛縣屈平字原少字靈均本與楚同姓武王子瑕食采於屈因氏焉子蘭懷王少子也

臨江梁氏曰懷王以貪地之故而為秦所詒輕絕齊交又與忿兵伐秦取敗亦可悟矣而又信秦之詭言往會武關迫以入秦朝於章臺要以割地卒至客死可悲也夫

初屈平為懷王所任以讒見疎作離騷以自怨至頃襄王時又以讒遷江南遂授汨羅以死

同汨音覓○離遭也騷憂也屈平作之冀王之少寤也汨水名在豫章應劭曰汨水在羅故曰

汨羅今長沙屈潭是也

朱子曰原之為人其志行雖或過於中庸不可以為法然皆出於忠君愛國之誠心也秦拔郢楚徙都於陳頃襄王卒子考烈王立又徙於壽春時春縣屬安豐春申君黃歇行相事時齊有孟嘗君魏有信陵君趙有平原君楚有春申君皆好客好去聲春申君食客三千人君使人於春申君欲夸楚為玳瑁簪刀劍室飾以珠玉春申君上客皆躡珠履以見之趙使大慙使去聲玳音代瑁音冒慙昧夸矜耀也室鞘也趙人荀卿至楚春申君

以為蘭陵令令去聲○荀卿名況著書三十二篇蘭陵縣名屬邳州

李園

以妹獻春申君有娠而後納之考烈王是生幽娠音申

王園使盜殺春申君以滅口而專楚政

幽王卒弟哀王為楚人所殺而立其庶兄負芻

為去秦王政遣將破楚虜負芻滅楚為郡

熊繹至負芻凡四十一世

燕

姬姓公奭之所封也奭音式

公嘗納蘇秦之說約六國為從從音宗

王嘗立十年以國讓其相子之南面行王事而

噲老不聽政顧為臣國大亂齊伐燕取之臨子

之兩殺噲　易音亦噲音快○諡法好更改舊曰易顧反也言噲反為子之之臣也

孟子曰子噲不得與人燕子之不得受燕於

子噲說者謂諸侯土地人民受之天子傳之

堯君私以與人則與者受者皆有罪也

燕人立太子平為君是為昭王弔死問生卑辭

厚幣以招賢者問郭隗曰齊因孤之國亂而襄

破燕孤極知燕小不足以報誠得賢士與共國

以雪先王之恥孤之願也先生視可者得身事

之○隗五罪反雪洗也隗曰古之君有以千金使涓人求

千里馬者買死馬骨五百金兩返君怒曰買馬

且買之，況生者乎？馬今至矣。不朞年，千里馬至者三。今王必欲致士，先從隗始，況賢於隗者，豈遠千里哉！〔涓人與謁之官，主居中而涓潔者。〕於是昭王為隗築宮師事之〔為，去聲。〕。於是士爭趨燕，樂毅……以為亞卿，任國政。已而使毅伐齊，兵入臨淄，齊王出走，毅乘勝六月之間，下齊七十餘城，惟莒、即墨不下〔毅音義。〕。

愚按：燕昭遭家不造，破滅之餘，為眾所立。即燕欲為君父報仇，宜若義微而不能濟也；然燕弔死問生，親賢下士，委任樂毅，使之伐齊，六……

月之間下齊七十餘城其治效猶若是之速
兩況強大之國聖明之君能用天下之賢才
者李詩曰齊王維人四方其訓之豈不信哉
詔王卒惠王喜惠王為太子已不快於毅田單
乃縱反間間曰毅與新王有隙不敢歸以代齊為
名齊人怖懾能將來即墨殘矣惠王果疑毅乃
使騎劫代將兩名毅奔趙田單遂得破燕而
復齊城（間將騎皆去　聲復音伏）惠王後有武成王孝王至
王喜喜太子丹質於秦秦王政不禮為怒而亡
歸怨秦欲報之（質音至至）秦將軍樊於期得罪亡之

燕丹愛而舍之（之往也音烏○亡逃也舍館也）丹聞衛人荊軻賢卑辭厚禮請之奉養無不至（養去聲二音）欲遣軻請得樊將軍首及燕督亢（亢岡抗二音）地圖以獻秦（皆燕之膏腴地○欲誑秦故盡圖以獻之）丹不忍殺於期軻自以意諷之曰願得將軍之首以獻秦王必喜而見臣臣左手把其袖右手揕（揕知鴆反刺也）其胷則將軍之仇報而燕之恥雪矣於期慨然遂自剄丹奔往伏哭乃以函盛其首（盛音成○伏哭尸而哭也）又嘗求天下之利匕首以藥焠之（焠醉碎反謂煆煉而納之於藥水令毒藥淬之）以試人血如縷（縷絲也言血如絲縷之細即立死也）立死乃裝遣

軻行至易水，歌曰：風蕭蕭兮易水寒，壯士一去兮不復還。〔易音亦，復扶又反。〕于時白虹貫日，燕人畏之。〔白虹者，日旁氣暈也，兵象也。日，君象。盖國君被兵之兆，故燕人畏之。〕軻至咸陽。秦王政大喜，見之。軻奉圖進，圖窮而匕首見，把秦王袖揕之，未及身，王驚起，絕袖，軻逐之，環柱走。秦法，群臣侍殿上者不得操尺寸兵，左右以手搏之，且曰：王負劍！遂拔劍，斷其左股。軻引匕首擿王，不中，遂體解以徇。〔匕首見，見音現。搏音博。斷音短。擿，擲同。中，去聲。○王劭曰：凡帶劍上長，拔之不出室，今欲王推之於背，令前短易拔，故曰負劍。體解以徇，謂解脫其肢體以示衆也。〕秦王大怒，益發兵伐燕，喜斬丹以

歟後三年秦兵虜喜遂滅燕為郡　世紀燕自惠侯至王喜凡

司馬公曰燕丹不勝一朝之忿以犯虎狼之

秦輕慮淺謀挑怨速禍使召公之廟不祀罷

莫大焉夫為國家者任官以守立政以禮懷

民以仁交鄰以信是以官得其人政得其節

百姓懷其德四鄰親其義如是則國家安如

磐石熾如焱火觸之者碎犯之者焦雖有強

暴之國何足畏焉丹釋此不為顧以萬乘之

國決匹夫之勇逞盜賊之謀功隳身僇社稷

為虜可悲也夫！而荊軻懷其豢養之私，不顧七族，欲以尺八匕首強燕而弱秦，不亦愚乎！

【秦】

秦之先，本顓頊之裔，曰大業者，生柏翳，舜賜姓嬴氏。其後有蜚廉，蜚廉孫女防。（嬴音盈，女音汝。○世紀：惡來，惡來生女防。）女防之後有非子，好馬，為周孝王主馬於汧渭之間，馬大蕃息，分主為附庸。（好、為、分皆去聲。汧音牽。○汧、渭二水名。凡裂土以封諸侯，其受封者各有分，故曰分土。附庸，小國也。孟子曰：不能五十里，不達於天子，附於諸侯曰附庸，是也。秦，州名，屬鞏昌。）閱二世至秦仲始大，（二世，秦侯公伯也。）歷莊公至襄公。犬戎弒幽王，襄公救周有功，封為諸侯，賜以岐……

西地（岐西地盖西周畿內八百里之地）歷文公寧公出子武公

德公宣公成公至繆公（音木，孟子作穆）有百里奚者

故虞大夫也晉人伐虢假道於虞其實欲并虞

取之奚知虞公不可諫而先去之奚之秦繆公聞其

賢以為相政事皆屬焉（虢音國，屬音竹。○奚其先本姬姓家于虞／里因氏馬號，虞並國名）

孟子曰百里奚虞人也晉人以垂棘之璧屈

產之乘假道於虞以伐虢宮之奇諫百里奚

不諫知虞公之不可諫而不諫可謂不智乎

知虞公之將亡而先去之不可謂不智也時

象於秦知繆公之可與有為也而相之可謂
不智乎相秦而顯其君於天下可傳於後世
不賢而能之乎
百里奚進其友蹇叔次為上大夫
送晉惠公歸晉已而悟秦合戰于韓繆公為晉
軍所圍岐下有嘗食公馬者三百人馳冒晉軍
遂敗繆公以交先是繆公亡善馬野人共得之
逐逐得欲法之公曰食善馬不飲酒傷人皆賜
酒而赦之至是聞秦繫晉皆願從推鋒爭死以
報德倍與背同為去聲推吐回反○韓縣名屬同州按春秋傳晉厲公雙於驪姬

公、文公等二公奔秦。獻公卒，惠公許秦五城以求入國，及入而弗與，故曰倍秦也。〔亡，失也。加之以刑，法之謂也。〕繆公又送晉文公歸晉，立而霸諸侯。〔公事，見左傳僖二十三年。〕晉文公卒，秦遣孟明襲鄭，因破滑〔滑，小國名，在河南府鞏縣。〕。晉襄公敗之殽〔殽，音爻。○孟明姓百里名視。殽，山名，在河南府永寧縣。〕。繆公不替孟明〔句〕，修國政，後伐晉得志，遂霸西戎。〔替，廢也。言孟明雖有罪，而穆公終不廢之，故孟明益修國政，後伐晉，有濟河焚舟、取王官、及封殽尸等事，詳見左傳文公三年。〕歷康公、共公、桓公、景公、哀公、惠公、悼公、厲共公、躁公〔躁，音竈。共，恭同。〕、懷公、靈公、簡公、惠公、出子、獻公、至孝公，東強國六，小國十餘，以夷狄遇秦，不與諸侯……

卷一　二十一

之會盟與預同○河謂黃河山謂華山過待奔與干也孝公下令賓
客羣臣有能出奇計強秦者吾且尊官與之分
土令分皆去聲下並同衛公孫鞅入秦因嬖臣景監以求
見說以帝道王道三變為霸道而後及強國之
術見音現說音稅○因托也帝道五帝之道王道三王之道霸道五霸之道也
悅欲變法恐天下議己鞅曰民不可與慮始而
可與樂成樂音洛卒定令令民為什伍相牧司連
坐不告姦者腰斬告姦者與斬敵同賞匿姦者
與降敵同罰有軍功者各以率受爵為私鬥者
各以輕重被刑大小僇力本業耕織致粟帛多

者復其身。事末利及怠而貧者，舉以為收孥（音帑）。（抗率律同。○慈湖王氏曰：五家為伍，十家為什，司管也。言為什伍之法，使之相收相管，一家罪，九家同罪，否則坐罪也。爵，官秩也。復，除也，謂免其身役也。末利，商賈也。孥，妻子也。言籍沒而收錄其妻子，沒為官奴婢也。）

令既具，未布，立三丈之木於國都市南門，募民有能徙（募名也，予與同）北門者予十金。民怪之，莫敢徙。復（復去聲，扶又反）曰：能徙者予五十金。有一人徙之，輒與五十金，乃下令。太子犯法，鞅曰：法之不行，自上犯之。君嗣不可施刑，刑其傅公子虔，黥其師公孫賈（罪其師傅者，教訓不嚴故也）。秦人皆趨令，行之十年，道不拾遺，山無盜賊，家

給〔亦足也〕人足民勇於公戰怯於私鬪鄉邑大治〔治聲去〕
初言令不便者來言令便鞅曰此亂法之
民也盡遷之邊〔塞外曰邊〕民莫敢議令民父子兄弟
同室內息者為禁廢井田開阡陌更〔音庚〕為賦稅法
秦人富強封鞅商於〔音烏〕十五邑號曰商君
○田間路曰阡陌即經界也井田之制方里為
井井九百畝界為九區中為公田八家各受一
區但借其力助耕公田而不復稅
其私四至是廢之而更為貢法也
司馬公曰夫信者人君之大寶也國保於民
民保於信故古之王者不欺四海霸者不欺
四隣善為國者不欺其民善為家者不欺其

親不善者殺之，是以上下離心，以至於敗。所利不能藥其所傷，所獲不能補其所亡，豈不哀哉。商君以刻薄之資，處攻戰之世，猶且不敢忘信以畜其民，況為四海治平之政者哉。

孝公薨，惠文王立，公子虔之徒告鞅欲反。鞅出亡，欲止客舍，舍人曰：「商君之法，舍人無驗者坐之。」〔舍人者，人也。言停人止宿、無文憑可驗也。者，罪坐客店主人也。弊，害也。〕鞅歎曰：「為法自弊，一至此哉。」〔上舍人店家人，下舍人傳舍人。〕去之魏，魏人不受，內之。秦人車裂以徇，〔徇，音納，送也。裂，內四股双首，繫於五馬，鞅之使走，裂尸也。為五以示眾也。〕鞅用法酷，步過六尺者有罰，棄

灰於道者被刑當臨渭論囚渭水盡赤（秦制六尺為步二百四十步為畝過之則為畝寬而稅少故有罰灰所以糞田棄之則為惰農故有刑）惠文王罷子武王立武王使甘茂伐韓茂曰宜陽大縣（宜陽縣屬今河南）其實郡也（言宜陽為大縣其實當一郡也）今倍數險行千里攻之難（魯人有與魯參同姓名者殺）人人告其母母織自若及三人告之母投杼下機踰牆而走臣賢不及魯參（曾參魯人孔子弟子字子輿自若不驚動也投棄也杼筬也）王之信臣又不如其母起臣者非特三人臣恐大王之投杼也（魏文侯令樂羊伐中）山三年而後拔之及而論功文侯示以謗書一

篋再拜曰：非臣之功，君之力也。（篋音怯，箱也。）今臣羈旅之臣也，樗里子、公孫奭挾韓而議，王必聽之。（樗音樞。○樗里子名疾，秦惠王弟也，居渭南之陰鄉，其里有樗樹，因號樗里子。）王曰：寡人弗聽。乃盟于息壤。（息壤，邑名。）茂攻宜陽，五月而不拔。二人果爭之，武王召茂欲罷兵。茂曰：息壤在彼。（彼言有盟也。爭去聲。）王乃悉起兵佐茂，遂拔之。（佐助也。）武王有力好戲，力士任鄙、烏獲、孟說皆至大官。（好去聲。任音壬。說音悅。）王與孟說舉鼎，絕脉死。（以其死非命，故薨不稱薨。）弟昭襄王稷立，有魏人范雎者，（雎士余反。）嘗從須賈使齊，（從去聲。）齊王聞其辯口，乃賜之金及牛酒。

須賈疑雎以國陰事告齊，〔皆去聲。○須賈，須氏之後，為魏大夫。〕歸告魏相魏齊。魏齊怒，笞擊雎，折脅拉齒，〔拉，落合反，摧也。〕雎詳死，〔佯，詐也。〕卷以簀，〔簀，曲薄也。〕置廁中，使醉客更溺之，〔更，音庚。溺，尿同。〕以懲後。〔更，迭也。懲，戒也。〕得出，更姓名曰張祿。秦使者王稽至魏，潛載與歸，〔說，音稅。○潛，竊也。〕薦于昭襄王，以為客卿，〔外國人為卿，故曰客卿。〕教以遠交近攻之策。〔遠交指齊楚，近攻指三晉也。〕時穰侯魏冉用事，雎說王罷之，而代為丞相。

林之奇曰：秦之所以幷六國者，以其用遠交近攻之策也。蓋三晉者，天下之樞紐也，秦

攻之而齊楚不救，是以天下之樞紐委之於秦矣。天下之樞紐既委之於秦，則齊楚燕欲不亡得乎？

魏使須賈聘秦，雎弊衣間步往見之，賈驚曰：范叔固無恙乎！留坐飲食，曰：范叔一寒如此其一綈袍贈之也。間去聲。恙音漾。綈音提。○綈，繒也。袍，衣之有絮著者。為賈御，至相府，曰：我為君先入通于相君。其久不出，問門下，門下曰：無范叔，鄉者吾相張君也。賈知見欺，乃膝行入謝罪。為相鄉皆去聲。雎坐責讓之曰：爾所以得不死者，以綈袍戀戀尚有故

人之意耳乃大供具請諸侯賓客置莝豆其前

而馬食之也莝音剉食音似○莝斬草或曰莝器或曰莰也

王曰速斬魏齊頭来不然且屠大梁賈歸告魏使歸告魏

齊魏齊出走而死屠滅也梁魏都也大都也

飯之德必償睚眦之怨必報睚牛懈反眦士懈助王雎既得志于秦一貌日

既用雎筴歲加兵三晉斬首數萬周赧王恐與

諸侯約從攻秦秦攻周赧王八秦頓首請罪盡

獻其邑三十六宗從音秦將武安君白起與范雎

有隙廢為士伍賜劍死於杜郵王臨朝歎曰内

無良將外多強敵雎懼繁澤曰四時之序成功

者去雖稱病澤代之
郵音尤朝音潮○境上行舍曰郵杜郵在咸陽城四十里
昭襄王薨子孝文王柱立薨子莊襄王楚立
嬴嗣為王者政也遂并六國是為秦始皇帝
秦自非子受命至莊襄王凡三十六世
黃帝以来列百里之國萬區蓋自中國以達
於四裔
四裔謂八夷如衣之末裾也
中國之制可攷於王
王制禮記篇名
制者九州千七百七十三國
屬王圻容九十三國分八州容一千六百八十國併之凡千七百七十三國古之
遠侯各君其國字其民而宗主於天子
王制比年一小聘三年一大聘五年一朝之類是也
歷夏殷至周強

弁弱大吞小春秋十二國外存者無幾戰國
存者六七至是愈弁於秦無不多也_{無幾言不多也}
雙湖胡氏曰七國莫強於秦亦莫強於六國
秦用遠交近攻之策卒以蠶食天下六國為
謀不固齊獨坐視五國之亡自謂得計同歸
于盡吁秦非強也詐有餘也六國非弱也智
不足也使智足以燭秦之詐信足以結六國
之交義足以尊周而為之主雖族秦求吾所
大欲可也奈何其不然以待覆亡之不暇可
勝歎哉

註釋十九史略通攷卷之一